U0517244

HERMES

在古希腊神话中，赫耳墨斯是宙斯和迈亚的儿子，奥林波斯神们的信使，道路与边界之神，睡眠与梦想之神，亡灵的引导者，演说者、商人、小偷、旅者和牧人的保护神……

西方传统　经典与解释　**HERMES**
Classici et Commentarii

朗佩特集

The Collected Works
of Laurence Lampert

刘小枫◎主编

尼采的使命
——《善恶的彼岸》绎读

Nietzsche's Task
An Interpretation of *Beyond Good and Evil*

[加] 劳伦斯·朗佩特 Laurence Lampert ｜ 著

李致远 李小均 ｜ 译

華夏出版社

古典教育基金·蒲衣子资助项目

"朗佩特集"出版说明

朗佩特(1941—)以尼采研究著称,直到《哲学如何成为苏格拉底式的》(2010)问世之前,他的著述的书名都没有离开过尼采。《哲学如何成为苏格拉底式的》转向了柏拉图,该书"导言"虽然谈的是贯穿全书的问题,即柏拉图笔下的"苏格拉底是如何成为苏格拉底的",却以谈论尼采收尾。在该书"结语"部分,朗佩特几乎完全在谈尼采。

从尼采的视角来识读柏拉图,可以恰切地理解柏拉图吗? 或者说,我们应该凭靠尼采的目光来识读柏拉图吗? 朗佩特的要求不难理解,因为今人在思想上越长越矮,我们要理解古代高人,就得凭靠离我们较近的长得高的近人。不仅如此,这个长得高的近人还得有一个大抱负:致力于理解自身的文明思想传统及其面临的危机。否则,柏拉图与我们有何相干?

朗佩特在早年的《尼采与现时代》一书中已经提出:尼采开创了一部新的西方哲学史——这意味着他开创了一种理解西方古代甚至历代哲人的眼光。朗佩特宣称,他的柏拉图研究属于尼采所开创的新哲学史的"开端部分"。他提出的问题是:"柏拉图何以是一位尼采意义上的真正哲人?"这个问题让人吃惊,因为尼采的眼光成了衡量古人柏拉图甚至"真正的哲人"苏格拉底的尺度。尼采的衡量尺度是,伟大的哲人们应该是"命令者和立法者"。然而,这一衡量尺度不恰恰来自柏拉图吗? 朗佩特为何要而且公然敢倒过来说? 为什么他不问:"尼采何以是一位柏拉图意义上的真正哲人?"

朗佩特宣称,"对于一部尼采式的哲学史来说,施特劳斯几乎是不可或缺的源泉"。这无异于告诉读者,他对尼采的理解来自施特劳斯——这让我们想起朗佩特早年的另一部专著《施特劳斯与尼采》。通过以施特劳斯的方式识读施特劳斯，《施特劳斯与尼采》揭示出施特劳斯与尼采的深隐渊源。朗佩特认识到尼采的双重言辞凭靠的是施特劳斯的眼力，尽管在《施特劳斯与尼采》的最后，朗佩特针对施特劳斯对尼采的批判为尼采做了辩护。

《哲学如何成为苏格拉底式的》出版三年之后，朗佩特在施特劳斯逝世四十周年之际出版了专著《施特劳斯的持久重要性》。这个书名意在强调，施特劳斯让朗佩特懂得，为何"柏拉图的苏格拉底让一位神看起来是一个超越于流变的存在者，一位道德法官"，让他得以识读柏拉图《王制》卷十中苏格拉底最后编造的命相神话与荷马的隐秘关联，能够让他"从几乎二千五百年后具有后见之明的位置回望"这样一种教诲。

在柏拉图那里，尼采的所谓"大政治"是"一种为了哲学的政治"，即为了真正让哲学施行统治，必须让哲学披上宗教的外衣。苏格拉底－柏拉图都没有料到，他们凭靠显白教诲精心打造的这种"大政治"的结果是：宗教最终僭越了哲学的至高法权，并把自己的僭越当真了。尤其要命的是，宗教僭越哲学的法权在西方思想史上体现为哲学变成了宗教，这意味着哲学的自尽。尼采的使命因此是，如何让哲学和宗教各归其位。

朗佩特算得上是诚实的尼采知音。能够做尼采的知音已经很难，成为知音后还要做到诚实就更难。毕竟，哲人彼此的相似性的确已经丧失了社会存在的基础。朗佩特并不是施特劳斯的亲炙弟子，但确如施特劳斯的亲炙弟子罗森所说，他比诸多施特劳斯的亲炙弟子都更好、更准确地理解了施特劳斯。

最后必须提到，朗佩特还是一位优秀的作家。他的著作虽然无不涉及艰深的哲学问题，却具有晓畅而又浅显的叙述风格——这是他的著作具有诱惑力的原因。从这个意义上讲，朗佩特的真正老师是柏拉图。

刘小枫

古典文明研究工作坊

2021 年 5 月

目　录

尼采主要作品简称表

《敌》 *The Antichrist*（《敌基督》）

《集锦》 *Assorted Opinions and Maxims*（《意见与箴言集锦》）

《善恶》 *Beyond Good and Evil*（《善恶的彼岸》）

《悲剧》 *Birth of Tragedy*（《悲剧的诞生》）

《瓦格纳》 *The Case of Wagner*（《瓦格纳事件》）

《朝霞》 *Dawn of Day*（《朝霞》）

《瞧》 *Ecce Homo*（《瞧，这个人》）

《道德》 *On the Genealogy of Morality*（《道德的谱系》）

《快乐》 *Gay Science*（《快乐的科学》）

《人性》 *Human, All Too Human*（《人性、太人性》）

《反瓦格纳》 *Nietzsche Contra Wagner*（《尼采反瓦格纳》）

《希腊》 *Philosophy in the Tragic Age of the Greek*（《哲学在希腊人的悲
剧时代》）

《拜雷特》 *Richard Wagner in Bayreuth*（《瓦格纳在拜雷特》）

《叔本华》 *Schopenhauer as Educator*（《教育者叔本华》）

《偶像》 *Twilight of the Idols*（《诸偶像的黄昏》）

《历史》 *On the Use and Disadvantages of History for Life*（《论历史对生
活的利与弊》）

《权力》 *The Will to Power*（《权力意志》）

《漫游者》 *The Wanderer and His Shadow*（《漫游者及其影子》）

《扎》 *Thus Spoke Zarathustra*（《扎拉图斯特拉如是说》）

《书信集》 *Kritische Studienausgabe Briefe*（《考订学习版书信全集》）

《全集》 *Kritische Studienausgabe*（《考订学习版全集》）

中译本说明

上世纪三十年代，海德格尔结束短暂的政治生涯，放下形而上学的冲锋枪，决心重新思考西方思想的现代虚无主义命运；据说权力意志可以克服虚无主义，于是，他就找到尼采，想探个究竟，一读就是十年之久。后来，这些讲读成果结集出版，皇皇两卷之巨（参《尼采》，孙周兴译，商务印书馆2003），产生了广泛影响。作为大哲，海德格尔似乎不屑"照着讲"，而是要讲出尼采没来得及讲的"真正哲学"。"尼采的真正哲学"在哪里？在海德格尔看来，尼采想要表达的思想"在他自己出版的所有著作"中"没有最终得到完成，也没有以著作形式公之于世"，尼采自己"发表的文字始终都是前景部分"，而"真正的哲学总是滞后而终成'遗著'"；海德格尔打算"接着讲"，替尼采完成其真正的哲学，换言之，海德格尔自信自己能够比尼采本人更好地理解尼采思想（同前，页8–17，257，475–476）。从上述解释原则出发，海德格尔就理所当然地选择尼采的"遗著"作为自己的解读依据，即作为尼采哲学"主楼"的"权力意志"遗稿以及其他未刊的私人文字（如笔记、书信等）。

相比之下，上世纪另一位尼采解读大师施特劳斯更看重尼采的已刊作品，而非所谓的"遗著"。遗憾的是，施特劳斯尽管终生着迷尼采作品，却没留下皇皇解读之作，只在生平最后一部文集里夹了一篇解读《善恶的彼岸》的短文。为什么是《善恶的彼岸》而非"权力意志"遗稿？施特劳斯选择文本的理由显然不同于海德格尔：《善恶的彼岸》是尼采写得"最漂亮"而非最深刻的书，是尼采本人"亲手出版"的书而非未刊的遗著（"注意尼采《善恶的彼岸》的谋篇"，林国荣等译，见刘小枫编《尼采在西方》，上海三联书店，页 26 – 50）。

尼采写完《扎拉图斯特拉如是说》，曾稍作休整，为自己此前已刊的作品写了几篇新序，借此回顾了自己十五年的文字生涯；然后，他重新启航，计划写一部主要著作，标题拟为"权力意志"。这部主要著作后来一直处于撰写当中，但终究没有面世，倒是同时产生《善恶的彼岸》、《快乐的科学》第五卷、《道德的谱系》和《敌基督》等一系列成品（可称之为"价值重估"系列）。因此，有学者认为，尼采就"权力意志"想说的话已经散见于以上作品，在写完自传或精神崩溃之前，尼采想说的话已经说尽，当然也就没有什么未完成的"遗著"。从时间上看，《善恶的彼岸》显然是上述"价值重估"系列作品的起点，换言之，是尼采第二次启航的码头；从目录上看，《善恶的彼岸》明显分为哲学与政治/宗教两个部分——这正是致力复兴政治哲学的施特劳斯关心的问题，而海德格尔只关心"真正的哲学"。

以上种种迹象是否表明，早年曾以《自然权利与历史》回应过《存在与时间》的施特劳斯，晚年那篇解读《善恶的彼岸》的短文正是为了回应海德格尔的尼采解读？要搞清大家的解读及其意图，首先得理解他们解读的文本本身；反过来，只有借助大家的解读，取法乎上，才能接近文本本身的深广意蕴。本书作者朗佩特正是借助上哲施特劳斯的指引，逐章逐节解读尼采原文，带领我们穿越尼采用条条格言搭建而成的思想迷宫。

李小均博士已有译作多种，译品没得说，本书第五章以后部分就出自他的译笔；鄙人则勉力译出第四章以前部分并审读了全稿。

李致远

2008 年 10 月 10 日于康乐园

致　谢

　　幸赖 Robert Looker 和 Looker Foundation 的大力资助，笔者才得以动笔并完成拙著。写作期间，David Frisby 和 George Dunn 通读了全部手稿，提出了许多宝贵意见，大大改善了本书质量，笔者在此深表感谢！

引子：尼采的使命

[1] 尼采当时的使命是什么？就是哲学的使命：获得一个全面的、堪称正确的视角，以观察世界和人对世界的安排。经过尼采思想的洗礼，旧语言仍然用得着：作为对智慧的热爱，哲学旨在用理性的解释战胜非理性的解释，用理智或尼采所谓的"有血气的智性"（spirited intellect）引导解释。尼采的两部主要著作《拉图斯特拉是说》和《善恶的彼岸》表明，他已经获得了全面的视角；随之而来的是，另一项使命落在了尼采头上，即政治哲学的使命：在人类文化的生活世界中，为这种全面视角挣得一席之地；或在人对万物的安排中，公正地对待万物。然而，鉴于非理性视角的淫威，要想在非理性视角的包围中为更理性的视角挣得一席之地，就必须具备巧妙的战略手腕；对一位既了解读者、又知道如何勾引读者的高明作家来说，这是一项使命。

哲学

在致勃兰兑斯（George Brandes）的一封信中，尼采向这位最早密切关注自己工作的读者说明了自己的工作核心：

> 它们讨论的是关于一个十分确定的哲学感的长逻辑，[2] 而不是一百个互不相同的自相矛盾和异端邪说的大杂烩——我相信，我最赞赏的读者对此也不甚了了（1888 年 1 月 8 日）。

最值得赞赏的读者要想搞清关于那个十分确定的哲学感的长逻辑，可以先研读尼采最重要的书，即《扎拉图斯特拉如是说》；尼采写这部书正是为了展现扎拉图斯特拉如何获得全面的视角，即一种关于基本事实的新教诲和一种关于最高价值的新教诲。因为尼采的观点既是在体论的（ontological），又是价值论的；它全面综合了事实与价值：既包含看待万物之道的视角（存在就是权力意志），也包含对万物的安排（无限地肯定和赞美一切曾在和现在的东西）。尼采的第二部重要著作《善恶的彼岸》同样是基于那个确定的哲学感的长逻辑——该书"跟《扎拉图斯特拉如是说》说的是相同的东西，但说法有所不同，很不相同"（致 Burckhardt，1886 年 9 月 22 日）。这两部书都旨在表明：哲学既是可能的，也是值得的；理智有理由赞同某种关于全部事物的特殊解释，情感也有理由接受这种特殊的解释并用它指导生活。

政治哲学

尼采在《瞧，这个人》中回顾自己的整个著述历程时，曾以简洁而明确的语气谈到《扎拉图斯特拉如是说》："本人使命的肯定言说部分已获解决"（《瞧》"善恶"）。而《善恶的彼岸》则以不同的方式谈论了相同的东西，其外在意图与肯定言说恰恰相反："接下来就轮到否定言说，本人使命的否定行动部分。"为了用刚刚赢得的肯定观点反对现时代的各种权威意见，尼采发起了重估一切价值的"伟大战争"；《善恶的彼岸》就是打响这场精神战争的第一枪。为了支持否定行动，为了说明否定的根据和意图，尼采把扎拉图斯特拉的肯定见识也编进这部否定言说之书；在我看来，这些肯定见识正是书中最重要的事件。该书若是一次战争行动，那么，它就是一次富于策略的行动：为了用新教诲反对整个时代的各种主流教条，为了赢得这场似乎没有希望获胜的战争，尼采必须想好制胜的方法。一位孤独的思想家如何可能赢得这场战争？一个人如何可能改变大众的品味（《快乐》条

39）并锻造一颗新良心（《善恶》条 203）？如何？《瞧，这个人》宣布《善恶的彼岸》是一场战争行动之后，并没有描述这场战争，而是直接指明了其制胜的策略：《善恶的彼岸》一开始就"不慌不忙地寻找亲族、寻找同类"，即寻找盟友，[3] 更确切地说，是尽力创造盟友，因为刚开始还没有人跟他一道儿。尼采将借这部否定言说之书的计谋为自己赢得真正的盟友，使之接近自己的肯定教海；并强迫最值得赞赏的读者接受本书美妙而神秘地呈现出来的那种明确的哲学感。本书乍看起来似乎是九个相互独立的松散集合，由 296 条零乱的格言组成；而其实却是一部精心编织且激动人心的哲学戏剧，展现了哲学对整个人类未来的责任。"你必须参加并战斗！"本书对其试图创造的盟友们悄悄地如是说（参《悲剧》第 15 条最后几句话）。本书犯了政治哲学自诞生之日起就犯下的罪行：败坏青年。

《瞧，这个人》把《善恶的彼岸》的确切使命说成是"对现代性的批判"。在尼采看来，现代性是一个错综复杂但尚可理解的过程，它极有可能在"自治畜群"的普遍影响中达到顶峰（《善恶》条 202）：扎拉图斯特拉在市场演讲时所说的"末人"（《扎》"开场白"条 5），即将已死的上帝保存在某种鼓吹人类自由、平等和智慧的意识形态中的全球人。根据其序言，《善恶的彼岸》首先是对现代性倒数第二阶段（即"民主启蒙"阶段）的批判。不过，该序言也暗示了本书的详细论证：民主启蒙是内在于那场由柏拉图最初发起的较大文化运动中的文化事件之一。因此，对现代性的批判必须扩展为对整个西方传统或柏拉图传统的全面批判，尤其要集中批判这一传统的起源和可能的终结——它的终结就是民主启蒙的全面胜利，即黑格尔所谓的"历史的终结"。

《瞧，这个人》还说明，《善恶的彼岸》不仅是一个批判，而且包含"对某个尽可能不那么现代的相反类型、某个肯定言说的高贵类型的指点"。有了这些指点，尼采就可以用最富启发性的方式描述本书：它是"一所君子（gentilhomme）学园，这个概念比以往任何时候都更精神化和更激进"。哲人们曾经一致认为自己的作品就是君子的学园——这个伟大的传统包括柏拉图与色诺芬、马基雅维里与蒙田、培根与笛卡儿；尼采也要求成为其中的一员。该传统的创始人之一柏拉图之所以写作，某种程度上正是为了用一种新的美德教诲创造出一种新的高贵类型；这种新类型会建立一个善待哲学但本身又不那么哲学化的政制。在哲学上反柏拉图的《善恶的彼岸》本身作为一所君子学园，在政治哲学领域和目的上又是柏拉图式的。这里所说的君子就是本书试图寻找的盟友，包括（尽管乍一看来有些奇怪）科学家、学者和现代自由精神。因为哲学对科学的领导权也许就是尼采式哲学政治的核心问题。［4］最后一章"何谓高贵？"把全书的意旨归结为一个非现代的理想，并表明：新的高贵或求知者的高贵应该由最精神化和最激进的极少数哲人来加冕。因此，《善恶的彼岸》的政治使命有两个方面：一方面，阻遏现代民主启蒙的目标，即历史的终结，因为历史的终结将是"哲学在人世间的终结"；① 另一方面，确立哲学的利益，因为哲学的利益有理由被看做"人类的最高利益"。②

隐微术

如何培育新的高贵？通过一部"在形式上、意图上和沉默艺术上都非常文雅"的书（《瞧》"善恶"）。在我看来，这三种显著的文雅是一种文雅的三个方面，即隐微写作的艺术：这种艺术早已深深扎根于政治哲学的传统中，尤其体现在柏拉图的写作中；尼采以新的方式提升并运用了这种艺术。隐微作家尼采的目的在于帮助读者以新的方式

---

① Leo Strauss，《论僭政》（*On Tyranny*），页211；参《善恶的彼岸》条204结尾。

② Leo Strauss，《迫害与写作艺术》（*Persecution and the Art of Writing*），页18；参《善恶的彼岸》条211–213。

理解旧的隐微艺术（《善恶》条30），并让读者理解新的隐微术为什么适合当代，即这个万年道德阶段之后的后道德时代为什么还需要隐微术（《善恶》条32）。柏拉图已经说得很清楚，传统的哲学隐微论相信高贵谎言或道德虚构的不可或缺性，因为道德虚构可以通过诉诸某种道德秩序，并吁请道德诸神作为道德奖惩的担保者，从而把公民的恐惧与希望拉入体面而公义的社会实践中。"如今这一切全完了"，尼采说得很干脆（《快乐》条357）——如今上帝已经死了，现代科学已经剥夺了柏拉图主义在智识上的一切声望，已经使每个人都更加明白，所有人无不是带着恐惧与希望在这寂然冷漠的宇宙中熬过一生。

但是，正如《善恶的彼岸》明确表示的，即便高贵谎言全完了，隐微术也还没有全完。本书通过引诱锻炼了写作艺术，它使人们从字面的话语中偶然偷听到某些本质信息。这种偶然的偷听诱使读者去尽力认真地聆听，去重思尼采心里已经想好的思想，以尼采定下的方式尽可能信服尼采的思想：那种迷人的方式诱使入迷的读者亲自去组合尼采的思想，并使之成为他自己的思想，去拥有那些思想，就像那些思想也拥有了他一样。新的隐微术——像一切伟大的革新一样——在某种看似非道德的东西中培育出了一种崇高而激进的新高贵。[5]但这个"非道德论者"或显白的魔鬼面具却掩藏了一种关于美德的新教诲和一种关于善的新教诲。

尼采的其他隐微教义又如何呢？他如何谈论诸神（人们很大程度上忽视了这点）？尼采《瞧，这个人》中谈到《善恶的彼岸》时，竟以神学的说话方式结尾。他自称"我很少像个神学家这样讲话"，这句谎话提醒读者要警惕《善恶的彼岸》中许多关于诸神和魔鬼的说辞（参条37条、56、62、150、227、294、295等）：

> 上帝本人结束自己几天的工作之后，变成一条蛇躺在知识树下休息：他以这种方式从做上帝的状态中恢复过来……他已经把一切造得非常完美……魔鬼只是上帝在第七天的休闲。

上帝从《扎拉图斯特拉如是说》的创世工作中恢复过来，变成了《善恶的彼岸》中提供善恶知识树之果的诱惑者（即魔鬼）。作为神学家，尼采是一个知道如何正引《圣经》的灵知分子（gnostic）；他知道，诸神现在仍然手握权柄，要求他装扮成魔鬼，为人们提供拯救世界的知识。《善恶的彼岸》的部分隐秘使命就在于使某类人能够听见或铭记一种关于神性的新教诲。但这类人是谁？

自由精神

完成《扎拉图斯特拉如是说》之后，尼采就对自己的下一步使命有了明确的把握，尽管当时还没有找到下一个标题：他必须为自由精神写一部新书，并认为这本新书就是《人性、太人性：献给自由精神们》的第二版；为此，他还打算销毁该书第一版的所有剩余副本。但事实证明，他不可能收回所有未售的副本；于是，他又计划把这部新书作为《朝霞》的第二卷。可是，等到编定了这部新书的大部分篇章之后，尼采又认为，这部新书实际上必须有一个"属于它自己的名字（正如它有一种属于它自己的色彩和气味）"。这样一来，《善恶的彼岸》有了一个"危险的口号"作自己的标题（《朝霞》1.17）。① 了解尼采在设计这部新书时转变意图的过程，[6] 有助于我们搞清这部新书的关键点之一：《善恶的彼岸》在内容上（而非时间上）属于尼采在《扎拉图斯特拉如是说》之前写给自由精神的系列作品之一；该系列作品

----

① 关于尼采设计这部新书的前前后后，参见他的几封书信。关于《人性》的新版，尤见 1885 年 8 月 15 日致 Elisabeth 书；1885 年 9 月 22 日、1885 年 12 月 6 日、1886 年 1 月 24 日致 Köselitz 书。关于《朝霞》的第二卷，见 1886 年 1 月致 Credner 书；1886 年 1 月 30 日上母亲大人书；1886 年 3 月 25 日致 Overbeck 书。关于这部新书的新标题，见 1886 年 3 月 27 日致 Credner 书和致 Köselitz 书。

结束于《扎拉图斯特拉如是说》之前的最后一部书，即《快乐的科学》。①《扎拉图斯特拉如是说》是记述尼采这位自由精神的基本收获的基本之作：他如何获得一种关于万物之道的新教诲和一种关于无限肯定万物的新教诲，从而变成一位哲人。在完成了《扎拉图斯特拉如是说》之后，尼采还不得不重新向自由精神们讲话；在获得了基本收获并在一部不可能被自由精神理解的书中传达了那些基本收获之后，尼采还不得不为那部书写一本导言，以便迫使自由精神思考那部书，并帮助他们进入那部书。《善恶的彼岸》以自由精神特有的客观、怀疑且批判的口气向自由精神讲话；该书最重要的篇章题为"自由精神"，其中包含了尼采为自己必要的听众提供的基本论证：自由精神们必须搞明白，他们有理由把自己的头脑（或理智）绑在某种新教诲上，而某些新的责任也将落在这些自愿绑紧的头脑上。②

若要看出尼采使命的全部重大意义，使命一词显然过于单薄，不足以涵盖。task 无法充分对译尼采真正使用的 Aufgabe；该词的词根是 geben［给予］。从字面上看来，尼采的 Aufgabe 就是某种被给予他的东西，几乎可以说是他的 mission［天职］或宗教意义上的calling［呼召］。

---

① 尼采曾在《快乐的知识》第一版（1882）封底上写道：该书是一系列作品的最后一部，这些作品的共同目标是为自由精神树立一个新形象和理想。

② 在编写《善恶的彼岸》同时，尼采心里还有一个计划：他在该书第一版的封底宣告，一部书"正在准备中，即《权力意志。重估一切价值的一次尝试。四卷》"。当时的许多笔记证明：《善恶的彼岸》是尼采的第二个 Hauptwerk［主要作品/主楼］，直接讨论了扎拉图斯特拉发现的两大教诲，即权力意志和永恒复返，同时也点出了这两大教诲的内涵，即重估过去的一切价值。我们在考虑《善恶的彼岸》的特殊使命时，必须谨记尼采在创作两个 Hauptwerk 过程中完整的思想轨迹。第二个 Hauptwerk 完成之后，《善恶的彼岸》就不仅仅像刚才说的那样，就不只是尼采的第二部重要作品了。

《善恶的彼岸》的结构

《善恶的彼岸》由九章构成。① 据施特劳斯的观察：此书被插入的"格言和插曲"分为两大部分，[7] 而这两部分又被"序言"和"终曲"合为一个整体。第一章至第三章为第一部分，讨论哲学与宗教问题；第五章至第九章为第二部分，讨论道德与政治问题。② 九章中（可能要除掉第四章）的每章都构成一个连贯的整体，都提供了一个潜在的而非明显的论证；若要领会尼采最深层的目的，就必须学会欣赏每章隐含的论证。尼采曾说，他的老师"里奇尔其实就说过，我简直就像巴黎的 romancier［小说家］那样设计我的语文学论文——荒谬得带劲儿"（《瞧》"好书"条 2）。研究发现，《善恶的彼岸》的每章似乎都遵循着各自的运动轨迹——荒谬得带劲儿。各章的每条格言都在不断展开的论证中拥有各自的位置并做出了各自的贡献，也由此获得了各自特定的重要性。不仅每章都各自展开了连贯的论证，而且两大部分也展开了连贯的论证：第一至三章就哲学与宗教问题和二者之间的深刻关系提出了一个连贯的论证；第五至九章就道德与政治问题提供了另一个连贯的论证，并结束于新的高贵。最后，这整部书也完全称得上是一个连贯的论证：哲人在哲学与宗教问题上（即可知的和可信的方面）的发现必然要求哲人在道德和政治方面担负起一项不朽的使命或责任。

---

① 尼采把 parts 称为 Hauptstücke（主要部分）；这表明，尼采是想把这九部分与其他 Stücke（296 条格言）区别开来。为方便起见，我把这九"部分"称为九"章"，把 296 "Stücke"称为 296 "条"。

② 见《注意尼采〈善恶的彼岸〉的谋篇》（*Note on the Plan of Nietzsche's Beyond Good and Evil*），载氏著，《学习柏拉图式的政治哲学》（*Studies in Platonic Political Philosophy*），页 176。

　　此书的结构特征反映在其框架、Vorrede［序言］和 Nachgesang［终曲］上：全书九章由一场"预备性的演讲（speech）"开场，由一首"结束性的歌曲（song）"收场——而不是由一场 Nachrede［结束性的演讲］收场，因为结尾的欢庆和歌唱预示了扎拉图斯特拉的即将来临。① 开场的演讲是为了邀请读者进入那等待爱智者的伟大冒险。收场的歌曲则是为了邀请那些受过教诲的读者进入扎拉图斯特拉，邀请这些新朋友与扎拉图斯特拉交朋友。[8]

---

① 参《扎》的结尾："唱吧！别再讲！"（尼采在写《善恶》时想到了这个结尾），《扎》3"七重封印"条7。

序言：一项为了好欧洲人的使命

早在《善恶的彼岸》动笔之前，即1885年6月，尼采就为该书写下了这篇伟大的序言。这个序言开篇就刻画了哲学本身的一个特征，并以戏剧的形式言简意赅地展示了西方哲学的过去、现在和未来，从而极为精确地为该书备好了主要论题。在尼采看来，哲学是人类文明中的最大问题，而且西方文明史的两大突出特征都与哲学相关：一千年的柏拉图式教条主义；数世纪的反教条主义并将其打倒在地的现代精神战争。处于废墟中的当代表现出了理智与精神之间的空前紧张，而这种紧张也可能在纯粹的满足与安逸中消耗殆尽。不过，未来若能重新绷起那种伟大的张力，哲学若能担负其当代的使命，那么，未来就将大大改观。

"假设真理是个女人——，那便如何？"

那便如何？那便有充分的理由猜测：哲学家或自诩的求真者已经变成了毫无感觉的爱者，变成了无视被爱者的奥妙（subtleties）的教条主义者。那些不解风情的爱者也不懂勾引的逻辑；他们太幼稚，也太粗鲁，竟然妄想那个精致优雅的被爱者（即真理）会自动投入他们的怀抱；那是对好品味的侮辱！

尼采在序言的开篇就以充满男子气的戏谑语调，挑战先前的哲人，要与他们争被爱者。[9]苏格拉底就是一位号称以爱欲为专长的哲人，① 而这篇序言和随后的全书既挑战了苏格拉底本人，也要挑战其爱欲的最伟大成果，即柏拉图；在尼采的眼里，苏格拉底对柏拉图的勾引简直是一种败坏。作为献给爱者们的书，《善恶的彼岸》开篇就宣布了一场竞赛：求爱者们竞相追求最高的被爱者。作为男性爱者们之间的竞赛，《善恶的彼岸》也是献给战士们的书：这些战士想要"成为智慧想要的那样：无忧无虑、嘲笑而粗暴——她是个女人，从来只爱某个战士"。② 在漫长的哲学史上，在爱智者的历史上，最终有没有出现一位既敏感又勇猛的爱者和战士，并在最高的爱欲追求中取得成功？如果真理是个愿意委身于合适的爱者的女人，就有理由这样猜测：爱者会用有品味的方式述说她的委身过程，而不会以令她蒙羞的方式出卖她。也有理由这样猜测：爱者们的竞赛可能已经使战士对所有挑战者的反驳变得更为露骨、也更不公正。

尼采后来干脆说真理就是个女人，并断定"人们不应该对她施暴"（条220）。所谓的对真理施暴就是"客观无私"（disinterest，或不感兴趣）：追求者剥去自我和个性，径直追求赤裸的真理；客观科学的理想促使现代求真者在枯燥乏味的知识中计算哲学。不过，尼采在此之前刚刚说过，哲学是对正义的最高精神化（条219）；因此，人们若想正义地对待真理，就必须凭借"爱和牺牲"去接近真理（条220）。这些说法所在的篇章题为"我们的美德"；该章在其中心处把诚实或正直挑出来作为我们的美德，同时还强调，我们不应该让我们的美德变成我们的愚蠢：真诚地谈论被热情追求的真理——这种讲真话的行为本身就是一种勾引游戏（条227）。

假设真理是个女人，那么，爱者的目标是什么？占有。据《扎拉

---

① 柏拉图，《会饮》（*Symposium*）177d；《忒阿格斯》（*Theages*）182b；《吕西斯》（*Lysis*）204c。

② 《扎拉图斯特拉如是说》第一部，"论阅读与写作"；《道德的谱系》第三章题词。

图斯特拉如是说》的描绘，占有就是结婚，就是扎拉图斯特拉与生命，或求爱的精神与被追求的对象之间的联姻，就是求真者与真理为了产生后代而缔结的婚姻。作为一部为自由精神而写的《扎拉图斯特拉如是说》导论，《善恶的彼岸》是一次 Vorspiel［前戏/预演］，它更为严肃地展现了相同的目标，并在其最深奥的地方证明：求真者可以成功地引出一个关于万物之道的合理推论（条36）。这个在体论上的结论暗示了人类思想和行动的一切方面；引出这个推论的爱者发现自己反过来也被引向那些暗示。因此，新哲学有权自称代表我们的未来，[10] 正如教条式的柏拉图主义代表了我们的过去；作为一种未来哲学，新哲学也有资格凭借真理统治一个新时代，因为它已经借助爱者的魔咒和战士的羽饰及箭鸣而获得了真理。

关于男子气与女人味的开场戏预告了全书的首要主题，即思想者对自然天性的探究；但它同时也预告了另一个密切相关的主题，即赞美自然、甚至神化自然。因为尼采以回应开篇的方式结束了本书。在全书的倒数第二条（条295），尼采借狄奥尼索斯和娅莉阿德妮的回归提升了关于男子气和女人味的讨论：前者是一位哲人 - 神，后者是被前者的爱欲抬高到神圣地位的被爱者。《善恶的彼岸》从头至尾都表现了戏谑而大胆或欢快而英勇的风格，甚至在论及哲学和宗教的最深奥之处；这是一部爱者和战士之书。

"让我们希望"

如果教条主义哲学家的"可怕的真诚"是一种不足以赢取真理的芳心的糟糕手段，那么，真诚本身就不足为信，因为尼采"真诚地"表达了序言的主要思想。哲学上的教条主义困境让人"有充分理由希望"：统治千年的教条主义可能只是一种高贵的孩子气，仅仅是个门外汉。或许，教条主义哲学跟天体测量学一样，只是"一个穿越千年的承诺"；但这种根本毫无价值的东西却产生了一套规训，这套规训不仅指导着所有民族，而且导致了某种伟大之物。① 因为尼采如此概括了这些伟大之物的特征：为了"把永恒的要求刻进人类的心灵"，一切伟大之物"似乎"首先都必须化作一副庞大而恐怖的鬼相骑在尘世上。如果教条哲学的高贵孩子气就是这种鬼相，那就"让我们希望"：它已经为最具血气的哲学的成熟和实现准备了人类情感；让我们希望，一种有资格产生那种千年规训的哲学大厦将会在柏拉图主义的废墟上拔地而起。②

　　哲学的使命并不是拒绝自己幼稚的过去，[11] 而是在感激过去和评估自己祖先或谱系的过程中成熟起来，就像一个继承人因收到一份比所有人更丰富、更美好的遗产而心怀感激一样。不过，这位心怀感激的继承人知道这份遗产包含着某些异常危险的东西：柏拉图的教条主义是迄今为止一切谬误中"最糟糕的、最持久的、最危险的"谬误。这句充满最高级的反柏拉图主义判词主要针对柏拉图的两项"发明"："纯粹心灵和善本身"。③ 柏拉图主义的危险在于其认识论和形而上学，即认知

------

① 关于教条主义，见《敌》条54；《道德》3.12 结尾控诉了教条主义：它"阉割了智力"。

② 作为一种令人恐惧的鬼相，这种教条主义哲学既是亚洲式的，也是欧洲式的，即吠檀多（Vedanta）教义和柏拉图主义。不过，尼采在《善恶》中相关讨论将全部集中在欧洲教条主义上。他在其他地方指出，欧洲精神史的轨迹顺从了某种在亚洲已经发生作用的内在逻辑。《道德》（3.27）附带提到，对印度的研究有助于人们研究欧洲精神的嬗变过程；在印度，数论派（Sankhya）哲学达到了"决定点"，后来又被佛陀通俗化，变成了一种宗教。

③ Geist（在"the pure mind"一词中译作 mind）是本书试图重新界定的关键词之一；它综合了 mind 和 spirit 两个英文词的含义。在大多数情况下，笔者将其译为 mind，如 the free mind。mind 和 spirit 并不是两个相互分离的东西，而是"一种适当的物理－心理学"所探究的人类灵魂和身体的不同方面（条23）。在尼采那里，mind 与 spirit、spiritedness 同等重要；我觉得，操英语的读者首先还是要在尼采使用的 Geist 一词的意义上理解 mind。至于 Geist 概念在尼采那里到底有多么宽泛的意涵，产生了多少影响，参 Robert，《竞赛性的精神》（*Contesting Spirit*），页 69，70 – 74，90 – 93。

观和存在观；柏拉图主义认为，人的心灵能够摆脱各种偏见和局限，并达到纯粹状态，从而可以认识万物共同的永恒基础。整个《善恶的彼岸》将证明，柏拉图主义的认识论和形而上学在文化与政治上产生了巨大的危险：哲学一旦做上这种美梦，就很容易沦为宗教的俘虏。柏拉图主义为宗教对哲学的统治铺设了一条道路。因此，柏拉图主义是西方历史上的决定性事件，那种最危险的美梦最终断送了西方最伟大的成就：即前柏拉图的希腊启蒙。

面对这个最危险的谬误，我们现在身处何处？似乎已经摆脱了柏拉图主义噩梦的欧洲文明正在轻松地享受着一种更大的健康——睡眠。像所有文明一样，我们的文明在某些决定性的事件中沉睡着；它正生活在这些事件旁边（条285）。然而，就在我们的文明睡得正香的时候，极少数人被授予了一项使命：清醒地面对那些决定性的事件。清醒者置身于一场伟大战争的余波之中，一边后顾，一边前瞻，并环视周围；他没有参与过去反柏拉图主义的诸多战斗，因为柏拉图主义已经躺在了地上。"上帝死了"——这是战争已经获胜的时期。着眼于最近事物的《善恶的彼岸》表明，必须以一种诡秘的、更全面的方式推进这场战争。如今，战争的目的就是清醒本身：柏拉图主义的终结看似历史的终结，也正是在这个时候，哲学很可能被诱入睡梦中，而那安慰人心的意见很可能取得普遍的统治。

教条的柏拉图主义反真理：它粗暴地把真理头足倒置。此外，柏拉图主义也反生命：柏拉图用纯粹心灵和善本身否定了"一切生命的基本条件，即视角"。[12] 视角本身会不会迫使透视的认识者不可避免地怀疑一切视角？这个问题支配着尼采在前两章对新哲学的阐述。《善恶的彼岸》向现代怀疑论者或自由精神们证明了一种视角性；这种视角性承认各种互补视角之间的某种等级，并且最终允许（甚至要求）从各种看似合理的推论得出某些可以检验的结论。尼采的视角论支持下面这种视角：从上面去看、从最宽广的外界去看、从最残酷的求知意志去看、从提高人类的渴望去看。尼采虽然肯定了视角本身，但没有使之沦为纯粹心灵和善本身之类的虚构；相反他找到了某种方式，借此可以合理地肯定那些堪称正确的视角——甚至包括一种关于万物之道的视角。①

　　尼采一面谴责柏拉图主义谋杀了真理和生命，一面又把柏拉图本人抬到最高位置。这位犯了最大谬误的作者竟是"古代最美妙的生长"；对尼采来说，古代希腊又是所有人类的最美妙生长。最伟大时代的最伟大生长创造了一切谬误中最危险的谬误。柏拉图是如何染上柏拉图主义之病的呢？尼采把自己的诊断置于一系列问题之中；而这一系列问题都源于一个从其著述生涯一开始就困扰他的问题，即苏格拉底问题。从这篇序言的大意和节奏来看，这位医生的诊断只能说是一个有待检验的假设；不过，《悲剧的诞生》其实早已经得出了结论：神圣的柏拉图是被苏格拉底败坏的（《悲剧》条 12 - 15）。本书将把把柏拉图与柏拉图主义区别开来，并以此暗示，柏拉图堕落到教条的柏拉图主义就等于是堕落到一种政治哲学中，即要为哲学戴上一副自以为有益的公开面具。尼采笔下的柏拉图让人想起蒙田（尼采的冥府英雄之一）笔下的柏拉图：蒙田固然称柏拉图是教条主义者，但他也认为，柏拉图本人可能并没有把那些教条当真，尽管他觉得别人相信它们倒也有益。② ［13］ 在写作《善恶的彼岸》期间，尼采记过这样一则笔记："柏拉图是个里面有许多洞穴而外面又有许多面具的家伙"（《全

---

　　①　尼采对各种视角的区分在于：从上或从下看（条 30，205），从内或从外看（条 36）；从狭隘的基础或者宽广的基础看（条 207）；从"精神的基本意志"视角或残酷的求知意志视角看（条 230）；从自治畜群的视角或滋补之人的视角看（条 207）；从科学的视角与哲学的视角看（章 6）；从最重要的是，从病态的视角或健康的视角看，从堕落的视角或提升的视角看。对这些视角的重要反思见于《快乐》条 374，尤见《道德》3. 12：在那里，客观性被界定为"控制自己的赞成和反对的能力"。关于尼采的视角主义，Cox 的《尼采》（页 109 - 168）做了很有价值的探讨。

　　②　见《人性》第二卷（《集锦》）条 408；Montaigne，《随笔》"为塞邦一辩"，页 70 - 80；"论荣誉"，页 477。

集》II. 34 [66]）；而且据《善恶的彼岸》中一位隐士的透露，哲人把自己的洞穴藏得很严密（条289）。序言中对柏拉图的指控预示着全书将诡秘而细微地反思"迄今为止最强有力的哲人"（条191）、一位成功的演员（条7）和尼采自己的最佳对手。①

"心灵和精神的巨大紧张"

清醒者置身于西方决定性战争中某个伟大事件的余波之中，因而必须懂得，这场战争是什么，为什么还要推进这场战争。这场战争就是持续了千年的反柏拉图主义之战；其最新形态就是，现代科学几个世纪以来反对最成功的大众柏拉图主义，即基督教。这场现代战斗只是西方历史上基本的精神战争的最新爆发，即雅典与耶路撒冷之争，或哲学与启示宗教之争；尼采在描述希腊和罗马、普罗旺斯的行吟诗人、文艺复兴、现代科学和现代哲学的历史时触及了上述基本战争的诸多插曲。这篇序言快速地解释了诸多的历史运动，从而预告了本书的一个关键要素：这部"未来哲学序曲"精神战争包含一场反对我们过去的战斗。尽管作者是一位有"历史感"的哲人，但该书并不是一本详细的历史书。相反，它以简洁而 presto [快拍/快速] 的风格呈现了历史，并处理了所有主题。不过，这些历史性的说法渐渐变成了对整个人类过去的全面的戏剧性重解；这套重解与现代进步观大相径庭。这套重解对不对呢？通过促使读者提出这个问题，哲学以某种方式挑战了科学；这种方式在第六章"我们学者们"中有所暗示：要成为一位哲人，就意味着要取得那种可以从中创造出新价值的最全面视角。哲人尼采声称，我们过去的标志就在于不同两派之间的斗争，不可能通过 Aufhebung [扬弃] 各自值得保存的东西而取消两派的不同。——这种说法对吗？这种视角一旦获

① 尼采对柏拉图和柏拉图主义的反思贯穿了全书始终；尤见条7，14，28，30，40，49，56，61，190，191，204，195。

胜，就能使观察者变成战斗者，并借新价值使他们支持哲学、为欧洲的
未来而战吗？

尼采认为，当欧洲沉睡之时，决定性的战斗已经结束，整个战争也
即将进入紧要关头。在这个关头，心灵与精神达到了巨大的紧张，"地
上还从未有过这种状态"。[14] 这种紧张体现为需要和匮乏；尼采对此
心存感激，并想予以强化和引导。尼采借一个隐喻刻画了这种紧张；这
个隐喻支配着序言的余下部分：反对我们过去的战斗使现在显得像一张
可以把箭射向遥远未来的满弓。满弓是赫拉克利特现存断章中的常见意
象，① 也是《扎拉图斯特拉如是说》中的重要意象："说出真理和有的
放矢"是波斯人的美德，亦即扎拉图斯特拉的美德（《扎》I "一千零一
个目标"；《瞧》"命运"条3）。扎拉图斯特拉在演讲中在用"末人"界定
当今时代表现的最大危险时，说："唉，时候到了，人不再射出他那渴
望超人的箭，他的弓弦也已经忘记如何嗖嗖作响！"《善恶的彼岸》为扎
拉图斯特拉的悲叹提供了一个更精确的历史焦点：以"恢宏风格"松弓
的企图迄今已有过两次，并且剥夺了满弓所许诺的现在；一次是耶稣会
运动，一次是民主启蒙运动。

两次"试图以恢宏风格松弓"

如果耶稣会主义是第一次放松现代紧张之弓的企图，那么，我们现
在的紧张就已经持续了很长时间，可以追溯到宗教改革与反宗教改革运
动。尼采如何理解耶稣会运动？1883 年秋的一则未刊笔记为我们提供了
一条线索：尼采认为，耶稣会运动"自觉地坚持幻觉并强行把那种幻相
合成文化的基础"。耶稣会是一个代表自由而宽容的主流天主教而残酷

---

① 见 Diels 编《前苏格拉底辑语》之"赫拉克利特"，条 8，48，51，53，80。赫
拉克利特是尼采最欣赏的哲人；参《希腊》条 5－8；《偶像》"理性"条 2；《瞧》"悲
剧的诞生"条 3；《善恶》只提到一次（条202）。

镇压异教徒的宗教组织，因而是一种自觉的大众柏拉图主义：它以基督教的方式实践着柏拉图式的高贵谎言；它试图通过强行吸纳基督教原则（尽管它明知道这些原则是虚幻的）而放松紧张的现代欧洲精神之弓。

耶稣会的第二个重要特征见于《善恶的彼岸》第 206 条：那里实实在在地提到了耶稣会，并且援引了序言的说法。在致力于对比科学家或学者与哲人并重新界定哲人的第六章，耶稣会被描绘可能被科学或学术勾引者接受的最糟糕且最危险的形式、一种中毒的忌妒形式：它"本能地为了消灭非凡之人而工作，并且试图折断一切紧张的弓，或——非常要紧！——松弓。放松，当然就是用体谅、用关怀的手——，用值得信赖的同情去放松：［15］这就是耶稣会的真正艺术，它早已经精通如何巧妙地暗示自己就是一种同情宗教"。那种与耶稣会士形成鲜明对照的非凡之人正是耶稣会的伟大敌人：帕斯卡尔。尼采在序言中提及耶稣会时，心里想的就是帕斯卡尔：在当时为序言而准备的笔记材料中，尼采把帕斯卡尔称为"［弓的］可怕紧张的一个卓越标志"，并断言帕斯卡尔与耶稣会士冲突的结果就是：帕斯卡尔"把耶稣会士们笑死了"（《全集》II. 34［163］，1885 年 4 – 6 月）。① 尼采指出，《致外省人信札》（*Provincial Letters*）这部孤独天才之作有助于确定现代欧洲的命运。正当欧洲变得越来越世俗和放纵的时候，正当绝对君主及其朝廷官僚主宰下的诸王国不断扩张并逐步主导欧洲政治的时候，强大的耶稣会运动也试图将上述现代力量与天主教会结合起来，并把这些力量和各个有教养的统治阶层统统带到基督教的统治之

---

① 在同一本笔记中，有一条更早的格言悲叹道：帕斯卡尔要不是早去了三十年，恐怕也会像嘲笑耶稣会运动那样嘲笑基督教（34［148］）。这句评论表明，尼采对帕斯卡尔的赞赏非常奇特：大多数读者都不觉得帕斯卡尔会嘲笑耶稣会运动，不过，《致外省人信札》倒是已经成功地导致其他人嘲笑耶稣会运动；大多数读者也并不认为，帕斯卡尔若多活三十年就可能获得更充分的理解并发出嘲笑。关于尼采和帕斯卡尔，参 Brendan Donnellan，《尼采与法国道德家们》（*Nietzsche and the French Moralists*）。

下。为了实现这种结合，耶稣会不得不简化基督教关于世俗实践的传统戒律，并放松严格的基督教罪感良心。① 而帕斯卡尔揭露了耶稣会的纵容和松懈，并公开了诸如虔诚欺骗之类的耶稣会诡计（认为这些都是有所保留的可能意见），从而使整个试图在政治和社会层面放松基督教与现代运动之间的紧张的耶稣会事业名誉扫地。尼采关于耶稣会和帕斯卡尔的未刊评论阐明了序言中的警告：不要放松我们文明的紧张；反耶稣会运动的战斗虽然已经结束，但反现代启蒙运动的战斗才刚刚开始。

尼采没有发表上述关于耶稣会和帕斯卡尔的评论；这个决定表明了《善恶的彼岸》的风格：鉴于该书的沉默艺术，读者必须根据许多零碎地表达出来的思想推出结论。基于《善恶的彼岸》的推论，施特劳斯把帕斯卡尔称为尼采的"卓越先驱"。② 尼采在紧张的用途问题上如何坚持这位先驱的立场？《善恶的彼岸》中论述宗教的篇章既以帕斯卡尔开头，也以帕斯卡尔结尾。[16] 开头的反思要求，思想者应该从上向下俯瞰最高的宗教经验，以便在沉思中衡量其价值；结尾的反思则要求，超越任何基督教或神意的命运观的哲人应该为了欧洲精神而采取某些创造历史的行动。作为一位孤独的天才作家，帕斯卡尔反对安抚欧洲心灵的强大趋势，因而是尼采的先驱；但尼采超越了帕斯卡尔，完全走出柏拉图主义，并将用笔反对一个更全面的敌人。

如果尼采之于民主启蒙运动正如帕斯卡尔之于耶稣会运动，那么，尼采此书的抱负就是非凡而明确的：击败强大的民众柏拉图主义——它也是通过击败柏拉图主义而取得如今的统治地位的。本书的核心章节"论道德的自然史"证明，民主启蒙就是一种民众柏拉图主义，早晚也会成功地放松现代精神的紧张之弓。序言指出，民主启蒙在一项德国发明中找到了主要武器：印刷术或现代传媒；这项发明在

---

① 耶稣会运动是一场旨在控制有教养的统治阶层的现代运动；关于这个论点，见 Leszek Kolakowski，《上帝不欠我们什么》（*God Owes Us Nothing*），页 44 - 61。

② 《学习柏拉图式的政治哲学》，前揭，页 176。

娱乐和诱拐民众的同时，也创造了一种信仰，使民众相信他们是历史上第一个自由的、见识多广的人群。这位民主启蒙的反对者也在一项德国发明中找到了主要武器：火药——当然是带引号的火药，因为这是一场"没有火药和硝烟的战争"（《瞧》"人性"）。本书的中心章节表明，只有一类能够实现"对一切价值的重估"的"新哲人"才能取得反民主启蒙之战的胜利（条203）。这是一场以言辞为炸药的战争（就像启蒙这个词本身就是炸药一样）："新的启蒙"是尼采准备使用的标题；他其实也已经在许多笔记中使用过这个标题，其中有些材料最终也出现在"善恶的彼岸"这个标题下（如《全集》II. 26［293, 298］; 27［79］; 29［40］）。尼采的使命本身也是一场启蒙，即推进柏拉图之前的希腊启蒙：柏拉图曾经用民众偏见巧妙地化解了那场启蒙。尼采的启蒙是反柏拉图式的；它拒绝把"致命的"真理隐藏在"高贵的"谎言背后，而是要把启蒙的影响带入公共领域。①

"我们好欧洲人和自由的、非常自由的精神"

尼采在《偶像的黄昏》（条5）中表示，"我只是出于礼貌才说'我们'"；这里的"我们"显然也是单数。［17］不过，非常自由的精神若是单数，"自由精神"就是复数；而且第二章也清楚地表明，自由精神就是本书所属意的听众，即"我们学者们"和"我们的美德"两章直接对其讲话的学者和科学家们。自由精神们想要变得更自由，变得非常自由；而本书的目的也正在于，把自由精神从某些依然束缚他们的偏见中解放出来——那些偏见使他们追随各种时髦的怀疑主义，使他们怀疑真实判断的可能性。但解放之后，本书还有一个目的：它还要束缚它创造出来的"非常自由的精神们"，用他们自己的

---

① 见皮希特（George Picht），《尼采》（*Nietzsche*），页51：尼采"发起了一场对启蒙运动的启蒙，并表示，只有让人类明白自己的历史，才谈得上是彻底的启蒙"。

科学证明某些关于世界和历史的真实判断，从而把他们束缚在那些判断上。此外，本书还要把"非常自由的精神们"束缚在那些判断暗含的使命上：参与为了提高人而进行战争。

"也许还有箭，有使命，谁知道呢？还有目标……"

尼采把这句话放在序言的结尾时，莫非已经知道了目标？"论一千又一个目标"是《扎拉图斯特拉如是说》的章题，它声称要理解一千个民族的一千个目标，并在此基础上为一个新民族提出第一千零一个目标，即全球人的目标。为了达到这个目标，就得开展一种全面的哲学：它将获得一种关于万物之道的解释，并把这种解释转化为人们共有的意象和欢庆。《善恶的彼岸》是一部勾引其他人接近这个目标的垂钓之书：帮助他们一瞥这个目标的可能性和可欲性，并引诱他们研读《扎拉图斯特拉如是说》以便理解这个目标的特征和范围。

弓、箭和靶子①一方面能让人想起赫拉克利特和扎拉图斯特拉，一方面也让人想起序言的开头，从而把这篇序言整合成一个完整的意象：弓和箭都是爱神的武器；看清了靶子，就知道如何使用弓箭。经常点燃哲学之火的爱欲本身现在开始公开地反对柏拉图主义，因为后者虽然也自称源于爱欲，却给它戴上了教条的道德主义面纱。序言的爱欲形象暗示，柏拉图主义的敌人正是柏拉图本人的近亲；这点也将在随后得到确证。好欧洲人肩负着一位爱者的天职，即恢复最高的被爱者。《善恶的彼岸》表明了哲学在一个后现代的、后基督教的和后柏拉图主义的世界中如何再次成为可能。柏拉图主义的终结并非等于哲学的终结。[18]

---

① Ziel 既可指"目标"，也可指"靶子"。

第一章 论哲学家们的偏见

"未来哲学序曲"一上来就攻击哲学。此书首章给人留下了如此突出的第一印象，如此有效地激起或肯定了对哲学的怀疑；如此看来，它似乎要永久地破坏哲学作为真理之路的可能性。然而，尽管尼采认为哲学总是带有偏见——总是处于或来自某个视角，总是受激情的吸引或驱动——但这种情况仍然不能阻止哲学以赢得真理为自己的使命。随后诸章在攻击哲学的同时，也将更隐秘地渐渐恢复哲学原初的伟大性，并将重新肯定，哲学能够赢得真理，甚至能够成为价值的合法创造者和科学的立法者。尽管开篇的问题质疑了求真意志的价值并提出了真理本身的价值问题，但这种提问活动本身最终肯定了主观激情及其退避对象的最高价值：此书并没有结束于其开始之处；它是精心编织而成的；它有开始，有前进，有结束——而非一蹴而就，尽管其开头和结尾都显然具有某种理所应当的重要性。开头对真理的质疑将通向对哲学的更深刻且更自由的怀疑，通向"自由精神"，然后又将走出这种不屈服于智性良心的怀疑主义。[19] 第一章证明了序言关于"传统哲学如今躺在了废墟中"的断言，并重新质疑了传统哲学。第二章（正如其标题示）仍然继续讨论哲学；它一面坚持首章的怀疑，一面证明，新哲学如何可能超越单纯的怀疑主义或自由精神，并获得关于世界的合理而全面的结论。若果如第二章所论，即哲学再次成为可能，那么，该书的剩余部分就在于：必须在新哲学的基础上重建宗教（第三章）；必须在历史的基础上创造一种道德和政治，并赋予其高贵性，以便为新哲学服务和增辉（第五－九章）。

如其标题所示，《善恶的彼岸》最著名的首章也是破坏性的一章；

但该章又通过这种破坏而精心论证了一种建设性的新观点。富于抒情
意味的开头让人想起认知者俄狄浦斯（Oedipus）的英雄故事；它不
仅为哲学宣布了一个转向（转向一类新问题），也为整个事业定下英雄
冒险的基调——这无疑是一声警告，但对某类优秀的读者而言，这又
是一首诱歌。这个警告和诱歌将在本章结尾再次响起，并让人想起另
一位希腊认知者奥德修斯的神话传说，从而预告了即将出现在随后诸
章中的伟大冒险（条23）。第一章就在这种英雄冒险的背景下，沿着
一条既定的合理轨道渐渐展开。首先，尼采讨论了迄今为止哲学显示
的某些一般特征（条2-6）；随后，他勾勒了一种哲学史，简要地讨论
了古代哲学（条7-9），广泛地探讨了现代哲学，并经常涉及哲学与
宗教的关系问题（条10-14）；还尤其指出，哲学对现代科学的种种解
释都不充分，并阻碍了科学的进步——这在尼采的计划中是不可缺少
的一环（条15-17）。第18条提出的挑战在剩余几条中得到回应（条
19-23）；由此第一章结尾在人的意志问题上展示了力量：自由精神们
真的自由吗？

　　第一章四次提到"权力意志"这个基本教诲。第一次是就哲学本
身而言，后几次分别涉及生物学、物理学和心理学：前者是全面的科
学，后者是关于生命、自然和灵魂的具体科学。① 最后一项研究（灵
魂学）在本章最后一条保证，它将是人们接近万物之共同实在的特许
途径；[20] 就此而言，尼采的转向与《斐多》和《会饮》中的苏格
拉底转向如出一辙。同样，尼采关心的也不仅是哲人探究的人类灵
魂，而且是他在自身中发现的灵魂的不同特征，即被迫的认知者的灵
魂。于是，第二章首先就思考了哲人的差异，进而导向哲人在灵魂方
面的推理，最后得出一个关于万物之道的结论：应该根据世界的"智

---

　　① 这些暗示着某个建设性的新观点的地方显示了本章与《人性》（尼采此前写给
自由精神的九卷书）首章的最大区别；可能正因此，尼采觉得《人性》应该被《善恶》
取代。

性特征"来界定世界。新观点在一种推理实验中得到展现;这个推理实验的结果就是一种全面的在体论或对万物之道的全面说明。这个结论一旦成立,就不可避免地导致另一个实验:人应该如何最好地生活?因此,对哲学的攻击预示了哲学的重建或复兴:哲学重新成为一种关于权力意志的在体论和对一切价值的重估。

敢于质疑真理的价值 (第1条)

"求真意志":尼采以这个被哲学长期用来称呼其根本动力的词语开始第1条格言;这个开头不同于序言的开头。但在尼采看来,求真意志带来了某些像斯芬克斯问题一样危险的新问题,谁要敢回答并且答错了,谁就得死。俄狄浦斯解答了斯芬克斯之谜,因为他知道关于人性的真理;他杀死了斯芬克斯,登上了忒拜(Thebes)的王位。①新的认知英雄既是俄狄浦斯又是斯芬克斯,既是提问者也是解答者;现在,他就求真意志提出了两个问题:求真意志的起源是什么?求真意志的价值何在?关于求真意志的起源和价值的问题又导致了一个似乎最重要的基本问题:"真理的价值问题";这是哲学如今面临的根本问题(根据条1)。这个看似新出现的问题在尼采那里获得最高级的形式:也许没有什么事情比提出真理的价值问题冒的风险更大了。像柏拉图的洞穴隐喻一样,尼采把这种冒险的提问描绘成"转身"。在尼采那里,转身就是转向里面,转向无畏的追问者自身:什么东西在他身上引起这种冲动?他为什么把这种冲动看得高于其他一切冲动?既然这种冲动危及一切,为什么还要重视它?

循着这个开头,第一章主要批判了旧哲学:尼采在随后几条中并没有提出真理的价值问题,[21]而是证明,旧哲学自称具有最高价

---

① 尼采对俄狄浦斯的反思,见《悲剧》条9。

值，其实只不过探问了这个有价值的东西的起源而已。然而，假定真理对人类有价值，就等于假定真理与我们的自然天性之间和谐一致，就等于假定我们天生适合追求真理。而尼采开篇所讲述英雄冒险（追问真理的价值问题）的神话却暗示：恰恰相反，真理是致命的。既然真理是致命的，既然真理会使一切陷入危险之中，那么，柏拉图主义的旧信仰（即相信我们天生适合追求真理并要求实在的真理）就可能是虚假的，是在说谎。旧哲学的"各种真理"是有教益的迷思，即始于"真理是有教益的"这种荒诞说法。我们最离不开的谎言就是我们对真理之善性的信仰。质疑真理价值的危险就在于：这很可能会摧毁那些一直养护人类生活的虚构之物，并迫使人类直面致命的真理。"真理是致命的"就是最致命的真理。

从其关于俄狄浦斯的反省来看，尼采"似乎"是第一个看到真理之致命性质的哲人，果真如此么？开头的神话英雄笔调很可能夸大了这位探索者的先驱特征，因为《善恶的彼岸》本身暗示，柏拉图早就面临过真理的价值问题。不过，柏拉图认为，真理只是因为太危险而不能公开宣讲；鉴于人类的幸福，求真者应该"自觉自愿地说谎"。①在柏拉图《王制》的开头，苏格拉底就说过，欺骗疯子是正当的；②对话的余下部分也暗示，极少数明智的哲人正因为懂得高贵谎言的必要性，才成为正义的人。③《善恶的彼岸》固然反对柏拉图主义，但同时也承认柏拉图与柏拉图主义之间的重大差别：柏拉图本人的思想与柏拉图觉得应该让其他人相信的观点之间有重大的差别。

---

① 见《全集》11. 26［152］；亦参 34［179, 195］；《全集》13. 14［116］。

② 《王制》1. 331c。

③ 《王制》3. 414b－c；关于"自愿的说谎"，亦参《王制》7. 535d－e；2. 382a－b。尼采很早就思考过必要的谎言问题，见《历史》条10；在提出"至高的生成，一切概念、类型和种属的流变，人与动物之间毫无根本差别"这三条"真实但又致命的"教诲之后（《历史》条9），尼采就提出了必要的谎言问题。

现在就应该开始让人相信致命的真理了么？尼采在此之前早就常常提这个问题，其中最有力的一次见于五年前的《朝霞》（条429）；该书甚至还回答了《善恶的彼岸》开篇提出的这个问题：即把风险压在历史的必然性上。尼采在题为"新的激情"的这条格言中问，我们为什么害怕并痛恨返回野蛮状态？不是因为它会使人类变得更不幸，而是因为它会使我们变得更无知。

> 我们求知冲动已经变得太强烈了，令我们离开知识就无力评价幸福，[22] 无力评价一种有根有据的错觉带来的幸福……知识已经在我们身上化作了一种激情，这种激情不会因任何牺牲而退缩，它其实只害怕自身的幻灭，此外什么都不怕。

《朝霞》（条429）以最极端的形式展现并完全接受了《善恶的彼岸》开篇所面临的危险："这种求知激情也许甚至会毁灭人类！——甚至这种顾虑也不能打动我们！"尼采的结论是：

> 我们所有人都宁愿人类毁灭，也不愿知识退步！人类若没有某种激情，就会毁于某种虚弱：人们更愿意要哪一种？这是首要问题。我们是想让人类终结于火与光中呢，还是想让它终结于沙漠中呢？

在为《扎拉图斯特拉如是说》准备的一则未刊笔记中，尼采也生动地说到过这种危险："我们正在用真理做一个实验！也许人类会因此而毁灭！继续！"（《全集》II. 25［305］）。"继续！"并不表示尼采不理会或希望人类毁灭；他只是以此承认自己别无选择。同《朝霞》一样，《善恶的彼岸》也把必然性与时代联系起来；不过，后者走得更远，它把必然性放在自然之中，置于某类人的天性之中。《善恶的彼岸》在拿真理冒险，并试图使意见与哲人的知识达成一致的同时，也悄然无声地展示了《扎拉图斯特拉如是说》的最大收获：真理只对某类人而言是致命的；对另一类独特的人而言，真理不但充满诱惑，而且非常可爱，是最终可以为全球人提供家园的快乐和欢庆的理由。

英雄的冒险和毁灭的威胁定下了开头的基调；但这种阴郁的调子并没有完全笼罩随后的篇章；相反，后者表现出了某种难以抑制的喜悦或快乐。如尼采所示，喜剧精神与悲剧精神铢两悉称，都是哲学的一部分。危险再次出现的时候，已是首章的尾声：以伟大的航海者奥德修斯为原型的求真者在那里出现了；于是，兴奋和喜悦驱散了毁灭的危险，天生的冒险者也因而开始了一项伟大的事业——即随后篇章中的冒险，追问真理的价值和起源。《善恶的彼岸》开篇把柏拉图等同于垂死独断论的源头，第一章开头和结尾则暗中指涉了前柏拉图的古希腊智慧英雄。由此可见，《善恶的彼岸》在某种程度上旨在恢复某种前苏格拉底和前柏拉图的希腊智慧，即荷马智慧：这种智慧曾经在悲剧中得到颂扬，并在阿里斯托芬的喜剧中得到改善和修复，也曾是希腊悲剧时代哲人们的哲学目标。尼采将指出，柏拉图式的教条主义之所以要取代荷马智慧或悲剧智慧，并不是因为前者相信自己掌握了更高的真理，而是因为它相信自己拥有更多的安全。［23］但正如尼采稍后在"我们的美德"（条230，该章阐明了求知者的英雄美德）所说，英雄的智慧同样也威胁着荷马智慧，甚至觉得有必要超越俄狄浦斯和奥德修斯。

《善恶的彼岸》开头提出的"真理的价值何在？"这个危险的新问题，后来在《道德的谱系》的结尾（"论禁欲主义理想"的结尾）再次出现了。提出这个问题之前，尼采还详细援引了关于这个问题的另一种说法（即《快乐》条344），然后停下来说："——有必要在这里停下来，做一番长时间的反思。"这个值得反思的问题就是"真理的价值问题。——需要对求真意志进行批判——让我们以此为自己的使命——真理的价值只此一次实验性地遭到质疑"（《道德》3. 24）。为了让读者反思这个新问题，尼采随后还补充了一项阅读任务：《快乐的科学》第344条，"或者最好读读那部书的整个第五卷，还有《朝霞》的序言"。随后，尼采在《道德的谱系》中继续详细讨论了这个问题：在我们时代，真理的价值问题集中在科学上。作为禁欲主义理想的表达之一，科学自哥白尼以来就一直致力于人的自我贬低，甚至自我蔑视；它只是出于先前的自尊才谈论人（《道德》3.25）。科学固然没有能力假定一种新的价值理想（3.25），但是，作为基督教及其求真意志的继承人，科学却有能力杀死自己的祖先，也有能力毁灭某种更宽广且更深刻的东西，即道德本身（3.27）。直到这时，尼采才提出这个问题："一切求真意志究竟意味着什么？"随后，他又补充道：

> 我未曾认识的朋友们（因为我至今还不认识任何朋友），我在这里再次碰到了我的问题，我们的问题：我们身上这种求真意志已经渐渐意识到它本身就是个问题，我们整个存在的意义若不在于此又在于什么呢？

《道德的彼岸》随后还有最后一节：既然禁欲主义理想已经得出了其最后结论，那么，人的苦难就可能还有新的意义。这种可能性为该书的结尾打开了新的开始。

《道德的谱系》在封二宣布："该书补充并澄清了最近出版的《善恶的彼岸》"。整个工作又从结尾兜回到开头，即真理的价值问题。这个危险的新问题难道就没有取得任何进展吗？尼采继续重提这个问题，并不是为了表明他自己仍然必须去解决这个问题；作为一位"极北之人"，尼采"知道路"，"已经找到了走出千年迷宫的出口"（《敌》条1）。尼采一再重提真理的价值问题，是为了把他还不认识的朋友们领到一条他已经穿越过的道路上。［24］正如《善恶的彼岸》将显示的，提出真理的价值问题不仅会导致占有真理，而且会导致肯定和赞美真理，无论真理看起来多么致命、多么邪恶。科学虽然曾经服务于禁欲主义理想，但在原则上并没有把禁欲主义或否定当成它自

己的理想：对求知生活而言必然的否定本身也可以很好地服务于一个
比否定更高的倾向；正如《善恶的彼岸》将显示的，科学可以建立在
某种肯定哲学的基础上。至于说人在新发现的真理中处于何种位置，
《善恶的彼岸》将在结尾提出"何谓高贵？"这个问题，并将指出，人
可以以高贵的姿态面对整个自我贬低和自我鄙视的传统。

　　开头的问题并不是一个开放的问题。直面致命的真理价值难题，
最终导致肯定真理：肯定真理与肯定生命与人，二者完全一致。这部
戏剧之书敢于展示某种危险之物：它固然可能导致最终的悲剧，但也
会变成喜剧，甚至变成诸神才能看见的奇观。

危险的也许（第 2 – 6 条）

　　求真意志的起源问题和真理的价值问题是首章开头几条格言的主
要问题。固然可以指控旧哲学以带有偏见的方式回答了这些问题；但
在这里，未来哲学也只能以"危险的也许"作答。不过，随后几条将
表明，开头几条的"危险的也许"对尼采而言不再只是"也许"，而
是通过可靠的实验方法和充分的证据而得出的合理结论——那些愿意
冒险追问上述问题的人也能得出那些结论。

　　第 2 条　第 2 条是第 1 条的余波：旧的教条主义者突然站出来指
责第 1 条中的提问者，并自称坚信真理和求真意志。教条主义者的一
番话固然回答了真理的起源问题，但这个回答只是在回避真理的价值
问题的情况下，才是可能的。这番话宣布了柏拉图主义的基本偏见：
真理不可能出自谬误，高的不可能产生于低的，完美必定处于一切好
东西（如真理）的源头。尼采用一句话概括了柏拉图主义的主要特征：
"信仰价值的对立"。这套教条主义信仰教导说，有两个世界：一个是
纯粹心灵可以通达的真实世界，一个是变易的不真实世界。哲学为自
己发明了一个真实世界；但这个版本包含了那种早已把世界分成高低
世界或圣俗世界的流俗观念或大众观点。［25］哲学家们的主要偏见

早已是民众的偏见。

二元论的教条主义这样谴责自己的对手：谁梦想真实之物产生于其对立面，谁就是"一个傻子，对，更坏"。比傻子更坏的就是罪犯（参条30）：谁破坏二元论所颁布的道德起源法则，谁就是罪犯。尼采接受这个宣判，承认自己是一个罪犯、一个邪恶的教导者、一个提供善恶（最大的一组对立）知识树之果诱惑者。尼采以诱惑的方式提供的诱惑是一个危险的也许：也许根本就没有那种对立；也许所谓的对立观点只是从低处冒出的斜视和偏见；也许善与恶密不可分，甚至根本就是一回事。这条比较靠前的格言只是在明确指控传统哲学的教条主义信念时，只是在明确推荐极端的怀疑时，才暂时性地、有计划地点明这种怀疑将把读者引向何处。尼采只是以循序渐进的方式聚集某些合理的视角——这些视角都导向一种哲学上的一元论，它既能合理地说明整个现象界，也能合理地说明二元论信仰：教条的二元论完全可以理解，它反映了人的情感与理智之间的冲突，即我们希望的东西与我们可以合理地想的东西之间的冲突。

毋庸置疑，传统形而上学的价值评估早在哲学产生之前就作为民众的价值评估而存在了，而哲学只不过在民众的价值评估上盖上了自己的印章而已。[①] 因此，形而上学源于哲人与民众的结盟——哲人没能区分和突出哲人灵魂的不同品质。哲人灵魂学是通往根本问题之路（第二章）。第一章始于那些顺应普通人的趋向及其二元论结果的哲人；第二章始于某种作为例外的哲人（甚至是例外中的例外），并导向作为哲人灵魂学之合理顶峰的一元论。

怀疑起源是尼采颠覆对立价值信仰的第一步。对这种信仰之价值的怀疑使尼采提出了一种新的标准，即生命本身：

---

① 见《扎》（2："我们著名的聪明人"，"论自我克服"）中关于"著名的聪明人"与"你们最聪明的人"之间的区分。

在所有可能被人们不得不归于真实、诚实、无我的价值那里，还有下述可能：对生命而言，表象、欺骗意志、自私和欲望可能不得不被赋予一种更高的、更基本的价值。

不过，生命标准还含有一种模棱两可的意味；尼采稍后还将澄清这个标准：是保存生命，还是提高生命？［26］尼采将为生命的提高辩护，这表明：还有某种比保存生命更有价值的东西，确切地说，还有某种可以让人牺牲生命的东西。尽管尼采在这里还满足于标准的模糊性，但他开始英雄冒险的意愿本身就已经暗示出：某种比单纯的生存意志更原始的意志驱使着他。渐渐地，尼采在回顾人类历史的过程中将表现为一个进化论者，并基于自然选择的生存原则来理解人类历程。不过，尼采还将证明，人类自然史的当前阶段极不寻常：清醒者如今已经看清了整个进化过程；同时，单纯的保存力量（它威胁着生命的提高）也变得显而易见，并且迫使人们必须选择生命的提高，尽管那会威胁到生命的保存。本书的中心篇章"论道德的自然史"证明：以上正是打破柏拉图主义与民众偏见之间的盟约的最终理由。

"危险的也许"暗示：对生命来说，"表象"或"幻象"（der Schein）也许比真理更有价值。尼采把 Schein 从柏拉图主义的贬低中拯救了出来：柏拉图主义认为，Schein 只是转瞬即逝的幻象，会遮蔽某种宝贵而永恒的真实。具体地说，Schein 指那些闪现、闪亮或闪烁着的东西；说得抽象点儿，Schein 指那些外显或出现的东西。鉴于我们教条的柏拉图主义，Schein 首先会被人们听成是真实之物的对立面，单纯的表象或幻象。从结构上看，《善恶的彼岸》以循序渐进的方式得出了下述结论："世界，从内部看……也许就是权力意志此外一切皆无"（条36）。在一个除了权力意志之外什么都不存在的世界里，如何理解 Schein？在创作《善恶的彼岸》期间，尼采在一则笔记中写道："注意：据我理解，Schein 是事物实在的、唯一的真实。"① 从我们这些下命令的主体（我们总是根据某些难以摆脱的模式编排和解释 Schein）的视角来看，Schein 就是真实。Schein 是外显的真实，其"智性特征"可以推断为权力意志；Schein 不是幻象，不是无关紧要的东西。

> 因此，我不把"Schein"与"真实"对立起来，恰恰相反，我把它当作拒绝转变成某种想象的"真理－世界"的真实。从这种真实的内部而非其不可捉摸的流动的海神性质（Proteus - nature）来看，它的特定名称可能就是"权力意志"。②

有外在和内在这两个视角，相应的，也就有 Schein 和权力意志这两个名称，但只有唯一一个真实。③ [27]

尼采在第 2 条结尾说，这些"危险的也许"等待着一类新哲人来追求；鉴于柏拉图已经把"所有神学家和哲学家引上了同一条道上"（条191），这类新哲人肯定不同于柏拉图式的哲人。这类新哲人"会

---

① 《全集》11.40 [53]（1885 年 8－9 月）。这条格言题为"反对'Erscheinung［现象］'世界"；而前一条格言刚好把 Erscheinungen 一词挑出来作为阻碍知识的罪魁祸首。

② 同上。整条格言如下："注意：据我理解，Schein 是事物实在的、唯一的真实，——一切有效的谓词首先都适用于它，相对而言，它也可以被所有谓词最有效地描述，因此，也能被相对立的谓词所描述。然而，逻辑程序和逻辑分析除了能说出 Schein 的不可接近性外，不可能对它作进一步的说明：因此，与'Schein'相比，'逻辑真理'——无论如何只可能是一种想象的世界。因此，我不把'Schein'与'真实'对立起来，恰恰相反，我把它当作拒绝转变成某种想象的"真理－世界"的真实。从这个世界的内部而非其不可捉摸的流动的海神性质（Proteus - nature）来看，这个世界的特定名称可能就是'权力意志'。"

③ 见《偶像》"哲学中的'理性'"；尼采在这项重要反思的结尾，把他关于"真实世界"与表象世界的区分观点概括成四个"我谅你也不敢否认"论题。

有某种别样的、回转的品味和倾向"。这类哲人在哪儿？"说大实话：我看见这类新哲人正在起来。"《善恶的彼岸》在一开始就表达了这种希望，但并没有证明尼采确实看到了哪怕一个这样的哲人——除了尼采自己。尼采的真诚希望似乎只能寄托在他所能想象的前景上：这类哲人只有通过阅读尼采为了创造他们而写下的这些作品，才谈得上"正在起来"。① 那些追求"危险的也许"的哲人是一类尼采式的哲人：他们将被一种回转的品味和倾向引上同一条道路，并且将获得反柏拉图式的名字——直到论述哲学的前两章临近结束的时候，尼采才用那个名词为他们"施洗"。他们的名字就是 Versucher［诱惑者或实验者］（条42）：他们将以尼采的方式追求"危险的也许"；关于"危险的也许"的无畏思索将使他们渐渐变成"危险的可能"，并不得不行动起来。

第3条　从真理转向求真者、从客体转向主体的过程中，尼采就哲学思考本身或"纯粹心灵"的可能性提出了一个"危险的也许"。尼采研究哲人的方式很独特："从字里行间、了如指掌地"去看——这两种观察方式都将关系到尼采对哲学隐微术的理解。对这类非凡之人的研究使尼采得出了如下结论：哲人的思考压根就不是本能的对立面，"一位哲人有意识的思考是被其本能秘密地引导并逼入特定的轨道"。第3条由此推进了第2条的主要思想；关于身心二元论的极端怀疑也使读者想要理解，"价值评估，或更确切地说，保存某类生命的生理要求"究竟可能以什么方式决定哲学思考。［28］生命再次成了决定标准；物种生存也许再次意味着"表象比'真理'更少价值"。但这个"危险的也许"的危险性也再次变得显而易见：它似乎反对生命，因为它危及自我保存。

《善恶的彼岸》第2条和第3条扩大并深化了《人性、太人性》

---

① 皮希特，《尼采》，前揭，页61－88。

开篇的主要思想：“概念与感觉的化学”。后者强调了哲学思想和生理学之间的连续性：“千万再不要认为历史哲学与自然科学之间相互分离，自然科学可是一切哲学方法中最年轻的。”同样，《善恶的彼岸》也毫不含糊地认为，哲学可以利用科学的成果；这里所谓的科学成果就是指生物进化论的成果：一切生命进程，包括思想活动本身，都源于各种基本本能并受其引导；一切典型的人类活动，包括思想活动，都属于人类生存斗争的一部分。在尼采看来，现代生物学的成果某种程度上恢复了一种更早的生物学，即卢克莱修所保存的前柏拉图生物学。在强调“再教育”或 umlernen［忘却/以不同的方式学习］的同时，这几条格言为了忘掉柏拉图主义，采纳了希腊启蒙时代的前柏拉图科学的基本还原论：一切都是宇宙进程的一部分，任何兴旺的东西都经过了这个进程的选择。

《善恶的彼岸》与《人性、太人性》分享了上述一般观点，同时也显示了一项本质性的推进：现代科学的基础是由哲学奠定的，因此，科学必须继续接受哲学的领导，而现在则应该接受某种哲学的领导——这种哲学已经取得了一个关于万物之道的合理说明，也取得了一个关于各种肯定万物之道的价值的说明。尼采关于“哲学有权统治科学”的说明是迅速渐进地、有策略地展开的。这点大概可以从尼采对第 3 条定稿的一个小小改动中见出端倪：在本书即将出版时，他替换了含有权力意志一词的结尾。[①] 尼采把这个词从本条定稿中删除的行为似乎表明，他很重视本书的结构：第一次使用“权力意志”一词是为了展现其最高的、最精神化的形式（条 9）。

第 4 条 简短的第 4 条的“危险的也许”关注的是新哲学中“也

---

① 《全集》14 Kommentar 348。被删除的句子原在“……但只是显著的/前台的价值评估”之后：“幸亏这种价值评估，权力意志才实现（durchsezt［贯彻/实现/完成/维持］，而现在的文本做‘允许存活’）了一类特殊的存在者（这类存在者必须透过逻辑的视角，轻松地、紧密地、准确地、可靠地、因而根本地从上往下看——）。”

许听起来最奇怪"的东西。真理的价值问题再次出现，在这里被表达为下述观点：一个判断的虚假性并不必然导致对这个判断的否定。[49] 尼采没有把真假作为最终的标准，而认为，一个判断的价值在于"它在多大程度上促进生命、保存生命、保存种群、也许甚至还培育种群"。此前，尼采已经把"绝大多数"哲学家的判断归于本能，又把本能归于保存（条3）；而在这里，他用一个"也许"补充某种培育或提高种群的东西——它将成为尼采眼中具有决定性的衡量标准。①

在真与善的问题上，尼采的新语言听起来最奇怪。柏拉图主义假定，真与善毗邻而居；尼采最奇怪的语言却认为，若把善理解为对种群的益处，那么，善常常会要求人们把假的当成真的。照尼采的理解，种群的善即是种群的提高；但它会不会限制求真意志的价值呢？本书最重要的问题就在于：真与善的关系；或者说，鉴于人类的提高，如何看待真理的价值。这个问题的复杂性在这里仅仅得到了暗示；这里所说的虚构也仅限于思想本身不可克服的虚构：先验综合判断、逻辑、数学。这类在认识论上不可避免的虚构正是现代哲学的核心要素；尼采经过适当准备之后，将在第二章的中间思考这类虚构：鉴于这类虚构，鉴于"我们自以为生活于其中的这个世界的谬误性"，我们能否瞥见这个世界的真相（条34-35）？尼采的回答是肯定的，但他得出的真理却引起了下述反应：真理根本不能提高种群（条36-37）。这样一种反应表明，虚构本身比感知和概念的必要虚构更具地方色彩；它扩散到了整个价值领域，直至成为人赖以生活的"简化和虚构"（条24）。拥有求真意志的新哲人如何面对这类价值虚构呢？从最广泛的意义上来讲，本书的核心问题就是真与善或事实与价值的关

---

① 尼采本书的标题比较引人注目，也一直让人莫名其妙；直到本条的结尾，尼采才比较明确地解释了这个标题：《善恶的彼岸》否定了通常对善的看法（即认为，真起源于善、甚至在某种意义上就等于善），从而超越了通常意义的善。关于本书的标题还出现在条44，56，153，212，260。

系问题，亦即哲学与宗教的关系问题。本书前三章都是为了说明二者之间的关系十分密切。

第 5 条 第 4 条承认了认识上的必要虚构，似乎为第 5 条所谴责的东西提供了一个无声的背景：为了宣扬自己的偏见，道德哲学家们搞了不必要的或不诚实的虚构。[30] 尼采声称，哲学家之所以招徕怀疑和嘲讽，不仅是因为他们无知或幼稚（如前言所说），更因为他们不够诚实。诚实之人怀疑哲学家，并嘲讽他们是"辩护士，只不过他们硬是不愿叫这个名字罢了"：他们这些法官们根据自己内心的欲望审理案件，同时又摆出一副冰冷的公正相——内心的欲望似乎跟本能一样，也成了思想的隐秘主人。本章就将结束于这种感情与理智之间的冲突（条23）。但是，如果求真意志的价值很成问题，如果虚构不可避免，如果生命受到虚构的保护，如果虚构服务于内心的欲望，那么，纯粹的诚实还有什么地位可言呢？本书的主要使命之一就在于，为哲学的新诚实或正直辩护；这种辩护必须是全方位的，因而就只能一步步地推进；这种辩护固然必须与美德联系在一起（条227），但更要与善或种群的提高联系在一起。

第 5 条声称，哲学家们还"远没有足够勇敢的良心"，因此还不敢承认自己是其道德偏爱的不诚实的辩护士。从某种意义上讲，尼采的《善恶的彼岸》旨在锻造一种勇敢的良心。在《快乐的科学》开头（条2），尼采就曾把"智性良心"当做自己的美德，当自己不正义的形式：因为他假装认为每个人都有一颗智性良心，没有公正地对待每个人，即没有给每个人本有的东西。在这里，尼采把良心的勇敢与好品味联系起来。关于哲学勇敢的好品味为了"警告某个敌人或朋友"而承认关于它自身的真理——这种好品味就在于说出哲学真理，不再像法官们那出于骄傲而秘密行动，并否认以前哲人为哲学的不诚实而提出的两条理由：哲学的敌人可能会伤害哲学，或者真理可能会伤害哲学的朋友。关于哲学勇敢的好品味之所以承认关于它自身的真理，还有另一个理由："出于很高的血气，为了嘲笑它自己"。本条开头曾以"嘲笑的"（spöttisch，戏谑的）目光打量所有哲学家；而现在，好品味则要求它以同样的目光打量它自己。出于很高的血气，新哲学冒险把自身表现为很高的血气；在拒绝伪造某种关于真理的严肃知识时，新哲学又冒险把自身表现为一个玩笑、一场逐猎、与最难懂的被爱者之间的一段情事。

第 6 条　尼采开篇关于哲学的反思并没有导向某个危险的也许，而是导向一个确定的结论：他"渐渐地"搞明白，"迄今为止一切伟大的哲学都是什么货色：不过就是首创者的个人信条和某种不情愿的、不自觉的回忆"。伟大的哲学就是深刻的自传，不可避免地根植于内心的冲动和愿望："道德的（或非道德的）意图在每种哲学中都造就了生命的本真萌芽，整株植物每次都从这里生长出来。"[31] 这个概括在方法论上为读者推荐了一个规则：在阅读某位哲学家的时候，必须要问"这一切（他本人——）渴求何种道德?"尼采本人渴求何种道德? 扎拉图斯特拉曾用某些标准判断别人，也鼓励别人用这些标准来判断他自己;① 《善恶的彼岸》同样具有这种返身性质。后续篇章关于道德史、各种基本的道德类型及其冲动基础将清楚地阐明道德竞赛的实质。这些篇章将根据本条含蓄的邀请，采用许多短小的对话，以此明确呈现人们如何反驳和指责尼采所渴求的道德。读者自己也将由此确定，新哲学中不自愿的东西是什么，它本身又服务于什么冲动，它在多大程度上意识到自己对内心希望的控制。

尼采声称，"求知冲动"（"求真意志"的不同说法）并不是"哲学之父"，相反，这种要求也只是某些更基本的冲动的工具。不过，一切冲动都有一个共同特征：

其中任何单个的冲动都很喜欢把它自己打扮成生存的终极意

---

①　尤见论及正义的篇章，《扎》1："论毒蛇的噬咬"，《扎》2："论毒蜘蛛"、"论救赎"。

> 图，扮成其余一切冲动的正当**主人**。因为一切冲动都是
> herrschsüchtig［嗜好统治的/有统治欲的］：这样的冲动本身就试
> 图哲学化。

一切冲动都嗜好当主人，都渴望统治，都竭力将自己的视角强加到所有其他冲动之上。① 扎拉图斯特拉早已明确表示，这种说法绝没有批评的意思；Herrschsucht［统治欲］正是"三种恶"之一（《扎》3："论三种恶"；扎拉图斯特拉称量了这三种恶，并发现它们都是好的）；这种主要的"恶"既是最根本的人类理解的基础，也是扎拉图斯特拉的自我理解（作为思想者和教师）的基础：他还坦言自己曾把 Herrschsucht 称为"馈赠的道德"。扎拉图斯特拉在孤独中渐渐抛弃了美德的标签，最终给 Herrschsucht 取了个真正的名字：权力意志。同尼采在《善恶的彼岸》中的做法一样，扎拉图斯特拉鉴于那本书的内在特征，才迟迟不公布"权力意志"这个名字，目的是让自己的基本词汇产生最大的效果。

尼采说完"哲学家受到 Herrschsucht 的限定"之后，在转入哲学史之前又补充了一个必不可少的条件：他这里所说的仅仅是极为罕见的伟大哲人："而在学者们那里，在真正的科学人那里，很可能是另一回事——'更好'，人们可能想这样说。"［32］"更好"并不是尼采说的："我们学者们"整章在证明哲学有充分理由进行统治的同时，将致力于区分哲人与学者。就在本条，《善恶的彼岸》肯定了客观科学的可能性和可欲性。许多人都已经证明，《扎拉图斯特拉如是说》虽然报告了大量的预言，但并不表明尼采放弃了他对科学的尊重，这

---

① 见《扎》1："论享受和忍受激情"和《全集》12.7［60］。尼采的"历史方法的要点"（《道德》2.12）概括了这里关于冲动的说法："在有机界中，一切事件都是征服、成为主人，所有征服和主宰都是一种新鲜的解释。"

点在尼采"科学阶段"的诸书中表现得非常明显。① 相反，从《扎拉图斯特拉如是说》开始，尼采就对哲学提出了新的要求：哲学要取得比科学更全面的精神或理智成就，并使自己有资格领导科学。《扎拉图斯特拉如是说》——列举了哲学的成就，并在第四部分强调了"我们学者们"一章将要论述的内容：科学是哲学不可或缺的工具之一。

哲学凭什么统治科学？凭自然权利！尼采的最终答案就是，凭一种被解释为等级秩序的天赋权利。为了这个答案听起来合情合理，必须提前做好准备工作；《善恶的彼岸》早就开始准备了：科学与哲学的不同似乎使科学显得"更好"，因为哲学是 herrschsüchtig［有统治欲的］，而科学可以是一种客观的求知活动。如果学者或科学家们更好，如果某种不含统治欲的求知冲动在他们身上确实起作用，那么，尼采这部为他们而写的书就必须迎合他们的标准。哲人尼采的这部书将在诚实性方面受到学者们的评价。它要是激起智性良心的反对情绪，就根本没希望取得成功。

哲学受统治欲的驱使——尼采在展现哲学的一般偏见时提出了这个最终的思想；它将支配随后几条的讨论，因为尼采在转向哲学史时，首先转向了那些统治过古代世界的伟大哲学流派：柏拉图派、伊壁鸠鲁派和斯多亚派。尼采将以极其简洁的笔墨主要探讨它们的统治欲。

古代哲学：统治欲的喜剧（第7-9条）

尼采用三条格言讨论了古代哲学；这三条格言似乎可以简化为两

---

① 如《快乐》条46：尼采在伊壁鸠鲁那里有了某种独特的发现，并为此赞扬伊壁鸠鲁；之后，尼采就表达了自己对科学可能性的惊讶："在下述事实中有一种深刻而根本的幸福感：科学探知的那些东西不可动摇，并且一再为新的探知活动提供了基础。"尼采从未放弃他对科学的表扬；见《敌》条47-48，59。

个笑话和一个概括。由此看来，尼采似乎要轻描淡写地打发古代哲学；但如果仔细回味这三条格言，就会修正上述看法：一出小的喜剧揭示了事情的实质。

第7条 "哲人们多么恶毒哦！"[33] 既然哲人们受统治欲的驱使，那么，他们当主人的冲动一旦遭到挫败，就会变得恶毒。为了说明这一点，尼采引了一条评论为例。透过这条评论，我们可以窥见古代哲学中的最大竞赛，甚至就哲学本身而言，这也可能是最大的竞赛：即柏拉图派与伊壁鸠鲁派之间的冲突；前者是苏格拉底道德学说的继承人，后者是德摩克利特和希腊科学传统的继承人。① 在这场重大的哲学竞赛中，伊壁鸠鲁派失败了，欧洲注定要遭受教条式柏拉图主义的劫运，直到现在才渐渐从中苏醒过来。

尼采明确表示："据我所知，最毒莫过于伊壁鸠鲁对柏拉图和柏拉图派的肆意嘲笑：他把后者称为 Dionysiokolakes ［狄奥尼修斯的诌媚者]。"② 关于这个秘密的玩笑，连尼采都觉得值得解释一番。他亲自走上前台，一字一句地说：伊壁鸠鲁嘲笑柏拉图和柏拉图派是"'狄奥尼修斯的诌媚者'，亦即僭主的同谋者和马屁精"。不过，他又在背地里暗示："他们统统是戏子，在他们那里没有任何'真诚的'东西（因为 Dionysiokolakes 以前就是演员的俗称)。"伊壁鸠鲁借这番恶毒的嘲笑给这个演员的俗称增加一点东西，从而充分表达了自己的意思：伊壁鸠鲁迫不得已才向柏拉图和柏拉图派发泄恶意，因为后者的表演天赋成功地赢得了僭主的青睐——不是叙拉古的狄奥尼修斯（Di-

---

① 康德提到伊壁鸠鲁和柏拉图之间的基本冲突时说，"这两派哲学中的任何一派都说得比知道得多"（《纯粹理性批判》A472 /B500；亦见 A853 /B881)。尼采（他并不是认识论上的怀疑主义者）却暗示，他们知道的比说的多。

② 见 Arrightti 编，《伊壁鸠鲁辑语》条93, 18 - 19。

onysius of Syracus），而是最大的僭主：民众。① 既然一切哲学都是一种统治激情，就不难理解某种表演天赋上的差异为什么会困扰伊壁鸠鲁：柏拉图在舞台上表演了虔诚的欺骗，并让大多数听众相信，柏拉图的哲学才是神圣的哲学，而伊壁鸠鲁的哲学只是一套邪恶的无神论；柏拉图就这样最终攫取了统治权。后来的哲学家们也都毫不嫉妒地欣赏柏拉图的表演天赋：柏拉图的表演让人以为，他自己真的相信灵魂不死，相信某些奖惩灵魂的道德诸神。只有像蒙田这样的哲人心里清楚，柏拉图不可能怀有这些信仰：这些信仰"对说服普通民众而言倒是用处多多，但要说这些信仰也让柏拉图自己信服，则未免让人笑掉大牙"。② 柏拉图凭借自己的表演天才使自己的哲学取得了对伊壁鸠鲁的统治权；这位教导 ataraxia［心平气和/泰然自若］的教师除了气呼呼地心生嫉妒之外，还有什么办法呢。［34］

　　为了破坏柏拉图派的舞台表演，伊壁鸠鲁写了三百本书；而柏拉图派取得统治地位之后，把那些书统统揪出来，一把火烧了。柏拉图主义者的这种恶毒行径使我们不可能得知伊壁鸠鲁的论著范围——例如，他把可笑的突转引入原子雨中，这种做法在多大程度上只是 Schauspielerei［演戏］，是不是为了让惊恐不安的观众相信他们自己也享有自由意志（因为原子可以突转嘛!）? 至少，我们可以从伊壁鸠鲁的现存辑语中看到，愉快的伊壁鸠鲁竟然也忍受了诸神：他证明自己在哲学上合格地继承了克塞诺芬尼（Xenophanes）关于马和

----

① 施特劳斯以一种特别的方式使用了伊壁鸠鲁的嘲笑。伊壁鸠鲁派和柏拉图派的学生、阿里斯托芬与马基雅维里的评论者施特劳斯像一位未中毒的柏拉图分子那样对自己开了个玩笑：他借伊壁鸠鲁增加的那点东西修改了伊壁鸠鲁的嘲笑，由此暗示，当今凯旋的后－无神论是一种非政治的（impolitic /不明智的）狄奥尼索斯（Dionysos）崇拜。见 Leo Strauss，《学习柏拉图式的政治哲学》，前揭，页 179；Lampert，《施特劳斯与尼采》，前揭，页 50－51。

② 《随笔》ii. 12，"为塞邦一辩"，页 379。

狮子的说法,① 同时又使诸神在许多地方显得都像他自己。

尼采循着剧情的发展,以搞笑的方式解释了伊壁鸠鲁搞笑的动机。伊壁鸠鲁为什么写那些书,"谁知道呢?也许是出于对柏拉图的愤怒与野心?"据尼采说,希腊人曾经花了一百多年时间,才走到幕后发现了这位花园之神伊壁鸠鲁的真实面目:柏拉图的恶毒对手。不过,尼采随后添了一句:"——它真的退到幕后了吗?"这个问题引出了下一条——下一场戏;这场戏也是在喜剧的舞台上表演的,不过不是在幕后,而是在前台。

第8条 有个家伙在第8条爬上了舞台。没有哪个哲学演员愿意看到它,也没有哪个哲学演员能够回避它:

> 任何哲学都有一个点,哲学家的"信念"就是从这个点上爬
> 向舞台:或者用古老的神秘语言说:
> 驴子来了
> 洵美且勇。

尼采这句玩笑来自利希滕贝格(Lichtenberg),让人想起西方戏剧的起源,即狄奥尼索斯秘仪。② 伊壁鸠鲁哲学的驴子爬上过希腊世界的舞台么?尼采的笑话暗示,确实有过:每一种哲学都深为这种揭发行为所苦。不过,总体上看来,尼采是要暗示:即使如柏拉图这样的天才演员也避免不了这种窘境。因为一位真正的哲人并不完全是个演员,他总心怀某种视角和意图的坚硬内核,心怀某种道德意图(条6);他其实是被迫与自己的根本愚蠢共享同一个舞台;正如尼采所说,他不

---

① [译注]克塞诺芬尼常以动物为例谈论神:牛或狮子要是有手,能像人那样用手画画和创造艺术作品,那么,它们就会描画它们自己的神,并给他们赋予马的样子(《明哲言行录》iii. 16)。

② 《全集》卷14,Kommentar 349,关于《善恶》条8。

得不带着自己的哲学之驴爬上舞台（条 230—231）。

《善恶的彼岸》并没有完全透露尼采对伊壁鸠鲁的欣赏。相反，该书声称：花园之神可能中毒了；在教条史柏拉图主义的废墟上，反柏拉图式的哲学不能效仿伊壁鸠鲁的退隐做法（条 61、62；参 200、270）。[35] 不过，尼采尽管迫于自己的使命而不得不像柏拉图那样写戏剧，也仍然表现得像伊壁鸠鲁和希腊科学传统的继承人；尼采还在其他地方指出，"我们看起来像伊壁鸠鲁分子"，因为我们推进了伊壁鸠鲁的观点——前基督教的罗马哲学同样如此，当时"每个可敬的心灵都是伊壁鸠鲁式的"（《快乐》条 375，《敌》条 58）。当现代科学战胜柏拉图主义之时，"伊壁鸠鲁也就重新获胜了"（《敌》条 72）。

鉴于下一条将转向斯多亚派，探讨哲人偏见的本章似乎满足于仅仅用两个笑话讨论一切偏见中最糟糕、最持久、最危险的偏见，即柏拉图主义。不过，等到尼采把现代观念带上舞台的时候，他就将重新评价柏拉图的教诲，并证明它比恶毒的伊壁鸠鲁所认为的更伟大，甚至比它本身在现代哲学之战中表现出来的更精致。

第 9 条　本条讨论了古代哲学中的第三个主要流派，即"你们高贵的斯多亚分子"；这些道德哲学家关心的是最好的人类生活。不过，斯多亚的道德教诲假定了某种自然观，而尼采的讨论最终关心的是自然与人类生活的关系，即本书的关键问题。尼采继续用戏剧语言讨论古代哲学（斯多亚派也是演员）；他在结束本条的时候，似乎也在上演他自己的戏剧。

斯多亚派的基本诫命是"依循自然生活"。可是，按尼采的描述，自然是：

> 无度的浪费，无度的冷漠，没有目的也没有关怀、没有慈悲也没有正义、既丰饶又荒凉、同时也不确定，想想作为权力的冷漠本身吧——你们怎么可能依循这种冷漠生活呢？

看来，人类生活与自然之间形同水火："生活——不正想要区别于这种自然而存在吗？"尼采把斯多亚派称为"奇怪而多余的演员"——他们不知道自己在演戏，因而比柏拉图和伊壁鸠鲁低一个档次。尼采用语文学批评他们：他们的表演让人以为他们好像从自然中"读出"了道德的法典，其实他们只不过把自己的道德"写进"（vorschreiben）自然。他们口口声声说"热爱真理"，实际上却借助逻辑把戏伪造了自然：他们知道如何对自己施暴，所以，他们得出结论说，自然本身也允许被施暴——因为斯多亚派不正是自然的片断么？

批评完斯多亚派之后，本节没有就此结束；尼采转而就一切哲学得出了一个一般性的结论。斯多亚派那里发生的事情"今天仍然在继续发生：任何哲学一旦开始信仰它自身，就总是按照它自己的形象创造世界，它别无选择"。这些著名的说法来自《圣经》的创世故事（1：27）和路德在沃木斯（Worms）的辩词。① 尼采由此得出如下结论：［36］哲学就是"'创世'冲动，成为 causa prima ［第一原因］的冲动"。哲学给自己委派的角色就等于宗教为上帝委派的角色。不过，尼采借用了著名的宗教话语之后，又使用了一个属于自己的著名词汇：为了更容易让人记住，他当时构思自己的 Hauptwerk ［主要作品］时就打算以这个词为题。第9条是尼采在本书首次使用"权力意志"一词的地方："哲学就是这种僭政冲动本身，是最精神化的权力意志。"此前，尼采曾在《扎拉图斯特拉如是说》中以戏剧的形式提出了权力意志学说；第9条是继此之后该词在尼采作品中的第一次出现，并且是以其最高的形式，即 geistigste ［最精神化的］形式出现。

---

① ［译注］1517年，时任魏丁堡大学圣经科教授的奥古斯丁隐修会修士马丁路德在威丁堡教堂北门上贴出了著名的95条论纲，反对罗马教会颁发赎罪券。1520年，神圣罗马帝国皇帝敦促德皇查理五世在沃木斯（Worms）召开会议，宣路德出席并作自我辩护。路德在会议上严词拒绝收回反罗马言论之后，抛出那句著名的话："这就是我的立场，我别无选择！"

从此处的语境可以看出，geistig 在某种意义上可以理解为仿神或创世（参条 150）。尼采已经发现了哲学中的统治欲（条 6）；在总结说明古代哲学的时候，他又进一步把哲学与统治的终极形式——创世——联系起来了。

根据本条的说法，哲学是对世界的僭政冲动，即试图通过解释世界来统治世界。为了挑战斯多亚派的自然观，尼采自己不是也提出了一种自然观吗？如果哲学是创世的僭政冲动，那么，尼采自己的论断又是什么呢？尼采就一切哲学所强调的这个结论促使听众问道：尼采用在别人身上的一般性结论能不能用到他自己身上呢？如果哲学是最精神化的权力意志，他刚才对自然所做的描述不也是另一种虚构和僭政吗？除非我们假定，尼采写到本条结尾时忘掉了开头所说的话，否则，我们就必须相信，尼采第一次提到权力意志时带有戏剧性和返身性。尼采在本条精心设计了某种紧张，以便引导读者思考那个根本的哲学问题——该问题的两个方面在本条都得到了展示：如果把哲学理解为僭政，那么，新哲学如何可能，又如何可能正当地、真正地理解自然？即便新哲学能够保证对自然的理解的正当性，它又如何可能在这种理解的基础上建立一种关于人类生活的教诲？——你怎么可能依照自然的无边冷漠而生活？

由此开始，《善恶的彼岸》将提出一系列精心设计的权力意志论说，以证明新的自然观：一切自然现象最终都可以理解为权力意志，不管是最精神化的现象（条 9），还是一般的生命体（条 13），或者一切所谓的物质（条 22），甚或人的灵魂本身（条 23）。尼采对权力意志的解释方式渐渐表明，这是一系列不断增强的论证。直到后来，即尼采通过第一章的修辞已经挑选了某些听众之后，《善恶的彼岸》才向他们证明：该书有权拥有这种自然观，甚至还能证明这种自然观的正确性（条 36）。尼采的哲学难道也"信仰它自身"？它别无选择。[37] 权力意志哲学一方面通过推理让人信服它自身，一方面又使自己的结论保持在"不信任警察的监督之下"（《快乐》条 344）。因此，它是一种归纳学说：它调查并检验了其推论的所有方面，尤其检查了它关于人类价值的推论。

"权力意志"首次出现在《善恶的彼岸》中的时候，与其 geistig-ste［最精神化的/最智性的］形式相关。尼采为了批评斯多亚派而引入权力意志；他故意让读者误以为权力意志只是对哲学的一般批评。若考虑到尼采关于权力意志的所有讨论，就可发现，对权力意志的第一次说明绝不仅仅是个批评。相反，它是为了把哲学提升到最高等级：作为对自然和人生的英勇而理性的追问活动，哲学植根于激情，并受自我立法的智性良心监督，是通过自然而达到的最高形式；哲学是自然的自然顶峰；哲学若要像它在希腊罗马时代那样重新繁荣起来，就必须重新获得自己的特性。哲学究竟如何可能？———一种在体论如何产生一种认识论？或者，对万物之道的说明如何可能承认人造范畴的虚构行为？——随着本书的展开，我们会渐渐地对这些问题有所领悟。

"依照自然生活！"斯多亚固然高贵，但在自然问题上却自欺欺人。自然若被看做权力意志，人能依照自然生活吗？本书将证明，一种自然化的哲学就是要把人类的价值自然化：既承认自然的冷漠和残酷，又争取一种新的高贵姿态以便培育和赞美自然。尼采将把这种看似完全没有希望的自然观当做肯定自然和人性的合理基础而展示出来。

尼采关于古代哲学的讨论表明，古代哲学曾经以三种统治形式面对过人类生活（生活在完全冷漠的宇宙中）的实践或道德问题。柏拉图派和伊壁鸠鲁派是表演派：它们给极少数能忍受自然的人教这一套，而给那些不能忍受的大多数人教另一套。柏拉图派以其无耻或非凡的表演赢得了胜利：它竟敢给大多数人许诺说，他们要是从现在开始表现良好，就可能永生！这个过于轻率的诺言为基督教铺平了道路。另一方面，高贵的斯多亚派是更无知的表演派，其主要演员竟然不知道他们就生活在自己虚构出来的某个幻境中。

现代哲学的柏拉图主义：真实世界
与表象世界（第10－15条）

第10条 尼采从古代哲学跳到"今天"，权力意志仍然是个基本的问题。不过，首当其冲的还是现代哲学的最显著问题：［38］"真实世界和表象世界"。尼采把自己描绘成一个聆听者，尽力聆听"渴望与诡秘"背后的东西（今天，这个问题就是以这种方式被强加在每个人头上）；尼采还断定，谁在这种态度背后仅仅听见求真意志，谁就天生没长一副好耳朵。《善恶的彼岸》由此展开了其主要论题之一：哲学的偏见使人们几乎不可能听见种种相互竞争的观点。其中一种偏见就在于区分真实世界和表象世界；第一、二两章最重要的几条都将讨论这种偏见，直到第34－37条；在那几条格言中，尼采将试图让怀疑的自由精神们听清楚这种区分的实质内涵，并证明一个人如何可能超越这种区分，从而得出关于世界的"智性特征"这个合理论断。尼采将从眼下这条格言开始证明，人在关于真实世界与表象世界的狂热区分背后可以听到一种渴望，即不想认识真实的世界。人们之所以渴望这种无知，乃因为人们可以用某些关于真实的令人舒心的暗示或宣称去治愈这种无知；那些关于真实的暗示并不要求知识，因而也就不可能被知识所克服。康德就是带有这种症候的现代哲学家；尼采套用他的话说：他其实是要否定知识，以便为信仰留下地盘。

只在极少数情况下，关于真实世界与表象世界的区分背后才可能有一种真正的求真意志；但尼采只说了句"但这是虚无主义"，就打发了这种情况。这是尼采第一次在自己公开出版的作品中使用虚无主义一词，被用作驳斥某个观点的充分理由。尼采把注意力放在其他情况上：某些思想者之所以热衷于区分真实世界和表象世界，并不是基于求真意志，而是基于对现代理想的不信任。尼采表示赞同他们逃离现代观念的"本能"，但不同意他们的取向，不同意他们向往过去：

"这些向后的小捷径与我们有何相干?"只要有一种稍微更强大的力量,这种对现代观念的不信任就可能指向正确的方向:"向上和向外——而非向后!"尼采甫一讨论现代观念,就再次强调了序言结尾所指的方向:反现代观念的战斗造成的紧张状态使我们能够朝向最遥远的目标前进。这条古今之间的过渡格言表明,尼采尊重保守主义的愿望,即回到某种先前的秩序。不过,"没有任何东西可以随意变成一只螃蟹"——尼采在《偶像的黄昏》中"对保守主义者们小声地"如是说("漫游"条43);对现代的厌恶本能固然很好,但必须引导这种本能朝向未来。① [39]

第11条 本节也许是第一章中最长的格言,它浓缩了长期工作的成果:从大量笔记中可以看出,这项工作长达两年之久,直到1886年3月《善恶的彼岸》定稿为止。② 本条清晰、敏锐而深刻地讨论了一些最严肃、最复杂的问题,从而使第一章达到了一个高峰。尼采现在将转向关于真实世界与表象世界的最现代区分(即康德的区分),并以一种十分古怪的方式处理现代哲学史上这一重大事件。据尼采说,现代唯物主义思想差点儿摧毁了教条主义的迷梦,而康德这个"大障碍"(《瞧》"瓦格纳"条2)却又极其冷静地把欧洲带回到了教条主义的睡眠中。③ 清醒的欧洲人明白康德想让他们继续沉睡;他们将把康德的这种把戏看一幕有趣的喜剧付之一笑,而集中精力理解康德试图掩盖的东西,即现代唯物主义。尼采纠正了这种竭力偏离康德真实意

---

① 保守主义分子麦金太尔认为,尼采是最厌恶现代的哲人,并因而明显而急切的向后转。但是,麦金太尔误解了尼采的反现代性及其前进取向的基础,而仅仅把它们当成一种任意的、单纯的统治欲。参 MacIntyre,《追求美德》第九章"尼采与亚里士多德"。主张返回柏拉图和柏拉图式政治哲学的施特劳斯则提供了一套更有趣、更复杂的解读;参 Lampert,《施特劳斯与尼采》,前揭。

② 一些重要的例证见于《全集》11.30 [10],34 [62, 79, 82, 185],38 [7]。

③ 见《道德》3.25:"可以肯定,自康德以来,各种各样的先验论者再次玩了一场获胜游戏……根本没有知识:所以,有一个上帝。"

图的做法，因为康德坦言其计划的核心是：发现新的能力（facul-
ties）。冷静的老康德败坏了热情的德国青年，催生了醉人的德意志浪
漫主义热情；这种号称"德意志哲学"的浪漫主义俘虏了整个欧洲。
尼采以不怎么严肃的态度对待这整个插曲："人已老，——梦已
散。"① 既然它已经成为过去，尼采就分两步做了如下说明：第一，
"对先验综合判断的信仰何以必要？"尼采再次以生物进化论的基本解
释为据作答：假定关于世界的普遍而必然的判断是真的，这种信念确
实是我们人类不可或缺的生存手段。不过，我们现在既然迫于求真意
志而看清了这些判断的出身和功能，就得立即断定：我们对这些判断
无权。第二，康德发明的那些认识能力和道德能力在欧洲为什么如此
受欢迎？［40］因为那是一种 Gegengift ［反礼物/解毒剂］，即一剂解
毒的毒药。原先的毒药（即唯物主义）已经唤醒了欧洲人；可是，这
种清醒状态又令他们烦恼不断，于是，他们就想把那些刚刚苏醒的感
觉再次哄进睡梦中，所以才如此欢迎康德的那些发明。尼采借莫里哀
的一句话得出上述结论之后，就用一个省略号结束了本条：我们已经
从康德的迷梦中醒来，现在就要面对康德掩盖的唯物主义。这也是随
后几条的主题：现代科学的唯物主义总体上带来了许多令人不安的
后果。②

————————

　　① 皮希特不赞成把尼采算作浪漫派，他的理由是："没有谁像尼采那样如此敏锐、
精妙、严厉地分析过浪漫派的颓废特征。但根据大多数尼采追随者的解释，尼采自己的
思想好像出自某种浪漫主义立场；这真是思想史上的悲剧性荒谬。"氏著，《尼采》，前
揭，页181。
　　② 关于尼采对康德的批评，见皮希特，《尼采》，页 69 - 73，122 - 131；Krell，
《致病的尼采》（*Infectious Nietzsche*），页 5 - 7，11 - 18；Ridley，《尼采的良心》（*Nie-
tzsche's conscience*），页 1 - 11，68 - 72。Christoph Cox 表明，尼采的这些认识论上的说
法系统地表达了他的自然主义，从而雄辩地证明尼采不是什么康德主义者。尼采也不是
在体论上的怀疑主义者；尼采既然不是康德主义者，他就可以避免康德的基本矛盾，即
对显然不可知的物自体提出知识要求。见氏著，《尼采》，页 118 - 120，140 - 147，170
- 184。

从本条开始，尼采的欧洲思想规划渐渐变得更清晰。热衷区分真实世界与表象世界的现代哲学成了反对现代科学的堡垒，从而背叛了自己难得的良心。康德反对的感觉主义恰恰代表了整个现代科学的自我理解；这种含混而幼稚的唯物主义威胁了整个柏拉图式的概念之网（这些概念仍然支撑着欧洲文明）。柏拉图式寓言史上苍白的近例康德把这种寓言隐藏在了怀疑主义的迷雾中（《偶像》"寓言"）。随后几条将带领读者进一步观察这种寓言史。

第 12 节 作为第一章的中心格言，本条不仅是数字意义上的中心。本条的主题是物理学和灵魂。它虽然只是初步探讨了上述两个主题，但毕竟透露了尼采思想的核心愿望：清算柏拉图哲学和现代哲学的基本偏见，即关于对立价值的信仰和关于真实世界与表象世界的区分；有效的清算武器只有一种，即关于世界的知识。完全可以用一种自然科学（包括人性的科学）攻击和纠正"所有时代的形而上学家"的观点。在尼采看来，物理学的发明者是前柏拉图的古代希腊人；物理学是关于 physis［自然］的科学，即理性地探索万物之道。不过，尼采将批评现代物理学的唯物主义，并向物理学家暗示，还可以用一种不同方式解读自然（条 22）。身体包含心灵，自然包含人性；但对人的研究可以通向万物的真实——尼采将在第一章的结尾断言（这个论断显然出自本条）：灵魂学再次成为通往基本问题之路（条 23）。

尼采在不改变主题（即真实世界与表象世界）的前提下，转向了"迄今为止最不堪一驳的东西之一"："唯物主义的原子论"。并不是康德那些带有怀疑色彩的二律背反驳倒了它，而是一种关于世界之智性特征的更充分的观念驳倒了它。尼采把一场物理学革命归于博斯科维奇（Roger Joseph Boscovich）：此人稍早于康德，其主要作品发表于 1759 年，而当时，康德本人还正在为某些物理学问题困扰不已。博斯科维奇没有像希腊原子论者们那样想当然地假定最基本的物质颗粒，而是假定了初始粒子或能量。① 这位十九世纪的语文学家通过阅读一位十八世纪的耶稣会物理学家，从而参与了十九世纪晚期和二十世纪早期的物理学革命（即从以物质为基础的模式到以能量为基础的模式）。② 博斯科维奇的革命并没有停留在这里；稍后，尼采在教训现代物理学家的时候，还将说到这场正在到来的物理学革命（条 22）。

尼采把博斯科维奇与哥白尼一并看做革命性的现代思想家，但不是康德意义上的"哥白尼式革命"。相反，尼采相信，他们两位都以某种合理的方式克服了关于 Augenschein［表面现象，即事物如何显现于眼前］的强大证据，从而推进了我们对世界的实际认识。他们二位虽然都拒绝感官证据，但也绝没有因此而发明一个"真实的"世界。借助于宇宙学、物理学和生物学，尼采使自己跻身于现代科学的收获之内。[42] 对这位爱智

---

① 据十九世纪的培根作品编辑者 Robert Ellis 说，培根已经提出过这种观点；他还提到，博斯科维奇的能量理论符合培根的观点。见 Ellis 为《论开端与起源》（*De Principiis atque Originibus*）撰写的序言，收于《培根全集》，卷三，页 70 – 71.

② 尼采在 1866 年第一次读到 Albert Lange 的《唯物主义史》（*Geschichte des Materialismus*）时才知道博斯科维奇；不过，该书对博斯科维奇的介绍非常简略（致 Gersdorff，1866 年 8 月末）。在 1873 – 1874 年间，尼采曾在巴塞尔大学图书馆借过博斯科维奇两卷本的《自然哲学理论：源于实存本质中唯一的能量法则》（*Philosophiae naturalis theoria redacta ad unicam legem virium in natura existentium*，Vienna，1759），见 Luca Grescenzi 编，《尼采在巴塞尔大学图书馆的借书目录：1869 – 1879》（*Verzeichnis der von Nietzsche aus der Universitätsbibliothek in Basel entliehenen Bücher* [1869 – 1879]）；Roger Joseph Boscovich，《自然哲学理论》（*A Theory of Natural Philosophy*）。Colli – Montinari 版《全集》收录的笔记中只有四处提到博斯科维奇；见《全集》9.15 [21]（1881 年），《全集》11.26 [302，410，432]（1884 年）。《善恶》条 12 的某些措辞类似于尼采三年前致 Köselitz 的一封信（20.3.82）。Greg Whitlock 在《博斯科维奇、斯宾诺莎和尼采之间的秘闻》（*Roger Boscovich*，*Benedict de Spinoza and Friedrich Nietzsche：The Untold Story*）一文中证明了博斯科维奇对尼采的重要性。Whitlock 指出，博斯科维奇的观点其实大量出现在尼采 1881 – 1885 年间的笔记中，当时尼采正在为《善恶的彼岸》中提出的全面的权力意志观做准备工作。Whitlock 表明，尼采的动力世界观其实是精致的机械世界观；这种动力世界观几乎在所有方面影响了尼采的思想，尤其决定了尼采对人的理解。

慧的语文学家来说，当前的形势在历史上有一个伟大的先例：自然科学刚刚出现的时候，就发生过一场冲突，即柏拉图笔下的苏格拉底与希腊悲剧时代的自然哲学家们之间的冲突；后者关于自然的反思在伊壁鸠鲁推进的原子论中达到了顶峰。在那场战争中，柏拉图主义倒是最终取得了胜利；但现在，随着柏拉图主义的破产，伊壁鸠鲁的继承人手握现代宇宙学、物理学和生物学等武器，再次点燃了战火。

像那些前柏拉图的自然哲人和反柏拉图与康德的先驱们一样，尼采把科学的自然观推广到了人的自然天性上：博斯科维奇的能量物理学可以使哲学家"走得更远"并"宣战，一场冷酷无情的致命战争"：向一切唯物主义原子论的残余宣战，尤其向基督教"灵魂原子论"的残余宣战。灵魂原子论曾经乞灵于柏拉图发明的那套关于灵魂不死的论证（柏拉图本人并不相信这些论证）；如今，它又躲在康德式怀疑主义赐予的无知里。不过，若能表明，在一个不断转化的能量场中，存在就是能量，那么，灵魂原子论就不攻自破了。

尼采自觉地站到了一长串"旧灵魂概念"的刺客之列，并把这场暗杀活动追溯到笛卡儿（条54）。尼采还提到"在我们中间"发生的这场暗杀活动的最终特征，似乎是想对少数被选定的听众私下里透露刺客们中间的秘密：在努力消灭"单个的永恒灵魂"这个可怕概念的时候，不必抛弃灵魂本身，不必摆脱这个最古老和最可敬的假设。尼采把这种新颖而精致的灵魂假设称为"有死的灵魂""作为主体多样性的灵魂"和"作为冲动与感情之社会结构的灵魂"；这些自然主义的灵魂观都应该在"科学中取得公民权"。①

旧心理学家们为了抚慰大众的迷信，采纳了柏拉图主义的灵魂

---

① 《全集》11. 40［21］=《权力》条492 提供了更充分的反思：为了"获得正确研究我们的主体统一性，亦即一个共同体的最高统治者"，为什么要从"身体和生理学"入手。Graham Parkes 详细考察了第 12 条中的灵魂假设，见氏著，《构成性的灵魂》（Composing Soul），尤参页 346－362。

观；这位新心理学家可没有工夫和兴趣与大众迷信周旋：他把自己放逐到了怀疑的沙漠之中。不过，他会为这种自我放逐付出代价："他知道，人们也会指责他，说他在 Erfinden ［发明/捏造］——谁知道呢？也许是 Finden ［发现/找到］"。新心理学可能会克服柏拉图的 Erfinden（序言）和康德之后的无能——没有能力区分 finden 与 erfinden（条11）。同宇宙学、物理学和生命学一样，灵魂学也能取得实际的发现，从而改变我们解释自身和世界的方式。[43] 新的自然灵魂（natural doul）学研究既有危险，又有希望；第一章正是在这种令人眩晕的复杂情绪中走向结束（条23）：为了取得一系列全新的发现，某些新奥德修斯将冒着船毁人亡的危险起航。一种真正的灵魂学向读者许诺了一条走出关于真实世界和表象世界难题的道路。

第一章的中心格言表明，本章的中心在于向后看和向前看。它还表明，前面的章节都是在为基本的知识问题作铺垫：能否确定世界的智性特征？它还预示，新哲人将通过新自然学和新灵魂学回答这个基本问题。

第 13 条　本条紧接着关于自然学和灵魂学的基本宣称之后，将讨论生命学或生物学——"生物学"相当于十九世纪德语中的"生理学"。① 尼采在本条第二次提到权力意志。权力意志第一次出现时表现为其最精神化的形式，即哲学本身（条9）；在这里，权力意志则表现为一切生物的基本特征。由此可见，最高的人类活动只不过表达了一切生物的基本特征；作为权力意志的哲学完全是自然的，是人这种联系着一切有机体的生物体的活动之一。

---

① 尼采所用的 Physiologen ［生理学家］和 Physiologie ［生理学］与关于有生命的有机体的科学研究相关，或者指在物理 - 化学层面解释生命的条件，与 Physiker ［物理学家］和 Physik ［物理学/自然学］相对。这些术语是为了划分不同的研究领域，尽管尼采认为，任何关于有机界与无机界的固定区分都是一种肤浅之见，它或者会助长关于对立价值的信仰，或者源于这种信仰。

如果"生命本身就是权力意志",那么,现代生物学就肯定搞错了:它把自我保存的本能当成了最根本的本能。尼采已经借用过生物进化论的成果及其关于自然选择的解释原则:它较好地把人类意识和感觉的永久特征解释为一种经过自然选择的濒危物种的生存策略(条4、11)。但在生物科学领域,还没有人像哥白尼和博斯科维奇那样以一种更基本的方式解释 Augenschein;于是,尼采只好亲自宣布:在任何地方都可以发现,自我保存,这种毫不退让的行为"仅仅是间接的、最经常的结果之一";对生命而言,还有更基本的东西。"有些生命体首先想要释放自己的力量"而非想要保存或节约:它要放出自己的力量(auslassen),要表达或扩张自己的力量。① [44]扎拉图斯特拉在表达类似观点时,只挑选了极少数听众:只有"你们这些最智慧的人"才有资格听到它(《扎》2"论自我克服")。而且,扎拉图斯特拉没有直截了当地宣布这一观点,而是为它做了某些初步的论证,借此表明他自己优先享有观察者的身份;然后,他才从生命自己那里引来基本论证——鉴于"舞蹈之歌"的拟人风格(《扎》2),生命自己也就是"她自己":在那首舞蹈之歌中,生命自己对扎拉图斯特拉的最重要暗示就是,她自己可以被测知。只有在这次相遇之后,也只有在这一次,扎拉图斯特拉才邀请最智慧的人与自己一起思考,从而只

———————

① 见《快乐》条349:"在自然中,没有贫困状态,只有丰沛和浪费处于统治地位,甚至到了荒谬的地步。生存斗争只是一个例外,是对生存意志的暂时限制。大大小小的斗争总是围绕优势、围绕着生长和扩张,围绕着权力而展开——权力意志正是生存意志。"见《偶像》"漫游"条14:"生命的首要方面不是某种贫乏和饥饿状态,而是健康、慷慨、甚至荒谬的浪费——哪里有斗争,哪里就有一种追求权力的斗争。"亦见《全集》12.7[44] =《权力》条649。Daniel Dennett 称赞尼采基于进化理论如此正确地理解了人类历史,但在主要问题上却表现得有些受不了尼采。在 Dennett 看来,权力意志似乎只是另一个"空中吊钩",旨在把我们从进化自然主义的真理中解救出来。完全不对!恰恰相反,权力意志正是理解与万物相连的一切生命体的方式。见 Dennett,《危险的观念》(Dangerous Idea),页461-467。关于尼采与达尔文的关系,见 Cox,《尼采》,前揭,页223-229。

在智慧者中间，把这种关于"万物之道"的新主张提高到至高无上的位置。而《善恶的彼岸》则带着不同的修辞性祈使语气，在前两章一条条地阐述了这种新主张。不过，这两本书的目标并无二致：试图说服专业追问者中的一小部分听众思考这种新的基本假设。

尼采的生命学说和权力意志学说使一个主要的方法问题在科学哲学领域成为必需：方法以原则的节俭为要。尼采用奥卡姆的剃刀剃除了自我保存原则，使之成为"过满的目的论原则"，因为我们可以把明显的自我保存现象解释为一种更基本的非目的论力量的功能之一。目的论的解释虽说不上是主观臆断，但它服务于某些同样的本能愿望；这些愿望假定了关于对立价值的信仰，并使灵魂学研究停留在表面（条23）。① 如果生命本身就是权力意志，那么，一切有机体就都是具有权力意志的活机体，都要竭力释放自己的力量，反对其他的力量，此外别无其他目标和意图。② ［45］这就是原则的节俭。尼采是个简化论者：他把某个单一原则设定为解释可见的生命现象的最终基础，同时又顾及生命现象的某些新兴特征——不断生长的复杂生命体会产生某些不可预料的结果，这些结果反过来又会给生命带来某些细微而神秘的特征。

第14条　尼采在本条一开始就展望一种更精致的物理学：这种物理学将承认自己只不过是关于世界的一种解释（interpretation／读进去

---

① 关于亚里士多德的目的论，见 David Bolotin，《亚里士多德的物理学入门》（*An Approach to Aristotle's Physics：With Particular Attention to the Role of his Manner of Writing*）。Bolotin 证明，亚里士多德本人认为，目的论的解释在科学上并非站得住脚，但为了公开为科学辩护，他把目的论解释当做一种修辞策略加以使用。

② 见《道德》2.12："有机界发生的一切事情，都是征服与主宰，所有征服和主宰都涉及一种重新解释，一次改写，任何先前的意义和意图都必然由此变得模糊不清的、甚或被完全抹杀。"在这一段，尼采把权力意志的彻底说明称为"历史方法的要点之一"；在尼采的刊行作品中，这个关于权力意志的单独论述可能最为重要，并且详细批评了目的论。

的东西），而非对世界的说明（explanation／读出来的东西）。不过，本条在比较现代物理学与柏拉图的同时，主要是回顾柏拉图的优势何在。问题是：怎样才算一种说明？感官在说明世界的过程中扮演了什么角色？除了五六颗头脑里开始现出黎明的光芒之外，物理学仍然只是对世界的一种解释而已，它没有汲取哥白尼和博斯科维奇等革命者的教训；它仍然相信 Augenschein（条12），本能地追随大众感觉主义的真理规范。尼采这里使用的语言是柏拉图在《智术师》（246a－b）中描绘感觉主义时使用的语言，即 gigantomachia［与巨人族作战的］语言：感觉主义相信，只有看得见摸得着的东西才是真实的，并且只能在看得见摸得着的东西上探究一切问题。埃利亚的异方人（Elea）把这种观点归于哲学的"巨人族"；为了反对这些粗俗的唯物主义者，哲学的"诸神"必须发动战争。尼采虽然站在诸神一边，但他坚持的那种自然观却与巨人族的观点非常相近。"恰恰在抵抗感官满足的斗争中，存在着柏拉图式思想方式的魔咒，这曾是一种高贵的思想方式"——在一本以"何为高贵？"（最终的答案就是哲学）结尾的书中，这话绝非随随便便的恭维之辞。柏拉图主义的魔咒给"感官的暴民"套上概念之网，从而确立了它那令人愉快的征服或 Welt－Überwältigung［征服世界］（《法义》689a－b）；柏拉图主义也是一种精神化的权力意志，即在自己的想象中对世界施行僭政。

不仅物理学家追随着大众的感官信仰："生理学工作者中间的达尔文主义者和反目的论者"同样如此——物理学和生物学都遵循着《智术师》中巨人族所遵守的命令："人类在再也看不见或摸不着任何东西的地方，就不要再寻找任何东西"。而这"对那些粗壮而辛勤的机械论者和未来造桥者——他们只能干些粗鄙的工作——来说，才可能是正当的命令呀"。［46］而哲人做的是精致的工作，即说明世界；尼采暗示，哲人必须尊重柏拉图的高贵方式，后者至少是以精致的方式对待大众的感官信仰。不过，作为一种临时的假定，感觉主义比任何理想主义都更可取；尼采将在随后一条批驳理想主义。他这样做是为了给生理学赋予一种好良心：科学工作重要的一点就在于，应该用更精致的概念取代各种民众信仰。

第15条　为了继续保持无愧的良心，生物学需要哲学来为自己的工具立法，即为感官立法。消极地说，必须把感官从理想主义哲学中解放出来：因为理想主义哲学区分了真实世界与表象世界，并把感官贬斥为无关紧要的表象。虽然不能把感觉主义当做物理学和生物学的哲学基础（如前条所论），但仍然要以一种有限的方式予以保留。① 为此，尼采用康德式的理想主义语言说：“感觉主义尽管不是一个启发式的原则，但至少是一个调节性的假设。”感官可以解释世界，但不能说明世界。任何人要想说明世界（比如说，世界是权力意志此外一切皆无），都必须给感官留下适当的位置，以便使科学保持好良心。在这期间，生物学也可以借助尼采提供的简洁而有力的 reductio ad absurdum［导致荒谬］的简化方法，摆脱理想主义的世界说明给它判定的坏良心。

尼采在这里虽然建议把感觉主义当做一个调节性的假设，但他也不可能忘记自己刚刚说过的事情：哥白尼和博斯科维奇战胜了 Augenschein（条12）；柏拉图曾以高贵的姿态反对“感官的暴民”（条14）。在一则与此问题相关的笔记中，尼采说：

> 当我考虑我的哲学谱系时……我承认我自己与……机械主义运动之间有某种亲缘关系（即把一切道德和审美问题都归结为某些生理问题，又把一切生理问题都归结为化学问题，再把一切化学问题归结为机械问题），尽管还有些不同，即我不相信“物质”，并坚持认为博斯科维奇是伟大的转折点（《全集》11.26［432］，1884 夏－秋）。

----

① 在我们的感官中有多么美妙的观察工具啊！……我们今天在多大程度上拥有科学，我们就在多大程度上已经决定接受感官的检验——并学着塑造它们，拥抱它们，从头到尾地思考它们（《偶像》“理性”条3）。

哲人尼采也想在物理学和生物学解释的基础上，为世界提供一个合理的说明；尽管如此，尼采既不是理想主义者，也不是唯物主义者，终究还是哲人。

　　从尼采对现代哲学家之偏见的批评中，我们渐渐看清了尼采如何看待现代科学及其哲学基础。[47] 尼采大加称赞现代科学的反目的论特征，目的是要更严格、更一贯地将这种科学运用于生命现象（条13）。尼采也大加称赞对固定本质的攻击，但认为这种攻击并没有始终一贯地损及一切原子及其残余（条12）。尼采虽然认为唯物主义原子论在某种程度上超越了理想主义二元论，但最终还是断定，这种原子论仍然过于愚蠢或笨拙，还谈不上是对世界的说明（条14）。此外，尽管不可能有真正的说明，但人们一般还是认为"永恒不变的规律"构成了对世界的真正说明；尼采认为，这种想法是对现代物理学和现代科学的误解（条22）。最后，现代科学从非目的论和唯物主义的角度说明了自然，却没有彻底地推及人类；尼采在转向人类灵魂学的时候，将明确拒绝这种不彻底性（条23，亦参230）。因此，必须用一种统一的、非目的论的、说明性的自然观使科学的哲学基础变得更加精确、更加严格：权力意志是一切存在物的生命动力。

民众偏见与哲学（第 16 – 17 条）

　　第 16 条　尼采从表象世界转向"真实"世界，转向具有"直接的确定性"的、关于"我思"或"我要"的内在世界：他将在第 16 – 17 条讨论"我思"，①在第 19 条讨论"我要"。那些肯定了此类确定性的哲学家是"无害的观察家"，因为他们只是从哲学上肯定了民

---

　　①　在笔记中，第 16 和 17 条主要是批评笛卡儿（《全集》11.40 [20 – 25]）。

众早已相信自己知道的东西；而质疑"我思"之确定性的"自我观察家"似乎就不那么无害了。尼采在一则笔记中也质疑了本条所质疑的 contradictio in adjective［修饰概念相悖／形容词与所修辞名词不符］，他说："对绝对的怀疑主义而言，首先需要反对一切传统的概念（也许正如位某位哲人已经做过的——柏拉图：当然，他还教了相反的东西）"（《全集》11.34［195］，1885 年 4－5 月）。与柏拉图的教导相反，尼采坚持，无论民众是否自以为知道，哲人都有责任提出问题：对他而言的每个直接的确定性都要成为"对理智而言的"一系列"真正纯正的良心－问题"。通常的确定性背后都隐含着关于自我的问题，这些问题都具有"相而上学的"特征；不过，只要借助一种"恰当的生理－心理学"，就可以探索这些关于自我的问题（条 23）。从尼采这里提出的问题中似乎可以看出，尼采本人在通过这些问题来追求某些试探性的答案：这些答案不会支持大众的偏见，而是基于某种关于万物的全面说明。［48］第一章对哲学偏见的质疑为第二章的危险答案作了铺垫。

尼采用一个小对话结束了本条。对于某些坚持"我思"的直接确定性的人，今天某位哲人可能会"带着一抹微笑和两个问号"回应道："我的先生噢，说您没搞错，简直不可能，可为什么非要搞对呢？"尼采在第 1 条已经问过："到底什么东西使我们想要'真理'？"今天的哲人面带微笑的回答表明：民众想要的并不是真理，而是确定性；昨天的哲学正准备为今天的哲人效劳。

第 17 条　尼采在本条继续批评"我思"的确定性：正如"它思"一样，"我思"虚构了某些事实，因为它为了解释某个行为而假定了一个实体；而人们只是出于语法习惯才假定一个行为主体。逻辑学必须取得像物理学（至少像博斯科维奇的物理学）那样的进展，不要再假定某个实体或"泥土－残渣"（Erdenrest）并将它附加在行为上。通过质疑大众的虚构，逻辑学就可以像博斯科维奇的物理学那样，重新理解人的自我，从而取代基督教的灵魂原子论。通过破除哲学的基本偏见（即哲学对大众的价值对立信仰的永恒化），哲学就可以联合现时代首要的智识成果，并将这些成果建立在某些全面原则的基础上。哲学有能力这样做吗？尼采有能力吗？随后几条将主要对付另一种大众偏见，即自由意志；同时，这也是为了展示尼采作为一个追问者能做什么。

力量的展示（第18 – 21条）

第18 条 自1882 年以来的一系列笔记中，尼采都重复过一句话："一种理论，其实，它的魅力大部分来自它是可以驳倒的——正因为如此，它吸引了精致的头脑"（《全集》10. 4［72］，5［1，§24］，12［1，§156］）。短短的第18 条就是对这句话的摘录。不过，在这里正式发表这则笔记时，尼采只是将它用在某种理论上，即"受到千百次驳斥的'自由意志'理论"；还说："某人总是一再走出来，并自感强大到足以驳倒这种理论。"实际上，"某人"即将在下一条格言中走出来，并在第16 条提出的"我要"现象学基础上反驳"自由意志"理论。在此之前，尼采质疑了"我思"的统一性；在此之后，他又将质疑"我要"的统一性；作为一个小小的停顿，本条格言让读者看到了尼采的质疑行为：某种程度上，质疑就是一次力量的展示。尼采有资格提出自己的问题吗？他有足够的力量对付那些问题吗？

力量的展示是一次尼采式的试笔（essay），也是一次 Versuch［尝试］：在一个具有批判能力的自由精神听众面前，进行试探、引诱并把实验者本人交付检测。［49］为了展示自己的力量，尼采先就古老的自由意志问题提出了一套环环相扣的严密推理和反思（条19 – 21）；然后，由此进入最全面的可能性，即一种新的自然观（条22）；再进入最危险的可能性，即一种新的人性观（条23）。最后（第23 条结尾，也是整个第一章的结尾），尼采以一句嘲笑回到了力量的展示："每个人都有一百个充分理由远离它［最危险的见识］，他——能！"作者对自己力量的展示变成了对读者力量的测试。谁只要跟着尼采通过了这五条试验，谁就不会接受尼采这里的建议，就不会在这里合上本书。

第 19 条　关键的第 19 条把意志观念拆成了一个单一现象，从而驳倒了自由意志理论。哲学家一度津津乐道的意志其实是柏拉图哲学的典型偏见，也是最近那位哲学家的偏见，即叔本华的偏见：他们都接受并夸大了一种民众偏见。那些最有 Herrschucht［统治欲］的人（条6）竟然允许某个词像 Herr［主人］一样高高在上！

尼采分析发现，有三个主要现象消失在意志一词的虚构整体中。其一，意志本身的多样性：在一个意志行为中可以发现四种互不相同的"感觉"（Gefühle）。其二，意愿活动（willing）是一种思想——一种与意愿活动密不可分的、命令的思想。其三，也是"首要的"一点：意愿活动是一种"激情"（Affekt），即一个人所遭受的影响；在这里，命令的激情被经验为命令行为带来的优越感。据尼采说，正是在这种命令的激情中存在着所谓"自由意志"的真相：自由意志就是这种命令的激情在各种感觉、思想和激情的混合体中产生作用。

在复杂的意愿活动中，"最值得惊奇"的是，意愿活动竟包含着命令与服从。① 作为这种双重性中的服从者，人们可以识别出强迫感、冲动感、压迫感、反抗感和运动感等等——但这方面受到了压抑，而且我们习惯把某种复杂性塞进某个词所虚构的整体之中；于是，我们就很容易认定，意愿活动有命令的专权。根据尼采的说法，若从这种复杂的事件混合体中剔除服从行为，就会导致一连串错误的结论；不过，尼采这里只强调了自由意志的错误。"自由意志"是一种基于漠视的自鸣得意的习惯，即拒绝承认，意愿活动的表面统一性是命令与服从的复合体。

人们之所以唯独重视意愿活动的命令特征，因为这样会产生一种快感：［50］"权力感的膨胀"。这是一种复杂的快乐状态：一个人在

---

①　尼采第一次详细阐述权力意志时，强调了命令与服从（《扎》2"论自我克服"）。

命令的同时，又把自己等同于命令的执行者，就会享受到一种战胜反抗的胜利感；命令一旦通过一连串身体事件得到成功的执行，就会产生许多额外的快感，从而增强原有的快感。"因为我们的肉体毕竟只是许多灵魂的社会构架"——正是通过这种复杂的多样性，灵魂假说在基督教灵魂原子论破灭之后，还能幸存下来（条12）。[1] 像一切建设良好的幸福共同体一样，在身体与诸灵魂的共同体中，统治阶级总是把共同体的成功归在自己名下：自由意志就是身体政治学中居统治地位的意识形态（ideology）。

尼采驳倒了已经遭到上百次驳斥的自由意志理论，从而得出一个异常绝对的结论："在一切意愿活动中，绝对都有命令行为与服从行为。"尼采认为，这个结论可以赋予一种权利："因此，哲人应当有权把意愿活动本身纳入道德的视阈之内"。不过，道德意味着某种新东西："也就是说，道德被理解为统治关系学说，在那些统治关系下，产生了'生命'现象。——"这种关于道德的理解改变了视野；道德成了跟生命本身连为一体的东西。[2] 道德（即关于命令与服从的统治关系）并不是一种独特的人类现象；人类在基本方面跟其他生命相通。哲人由此打开了通往新道德科学之路：对人类现象的研究可以说明其他生命；而对其他生命的研究也可以说明人类现象。因此，本条得出的基本结论是：我们意愿活动中包含的人性真相打开了通往整个生命现象的入口。不过，这种扩大的视野也并不能包罗万象；在随后三条格言中，尼采还将以最全面的方式扩大视野；这种最全面的方式有可能表明，对人类意志的分析可以让我们得出关于一切现象的结论。尼采在力量的展示中表达了新哲学的核心主张：对我们自身的分析可以使我们得出关于整个自然的合理假设；因为，作为一种有意愿活动的

---

① 关于这种社会构架，见 Parkes，《构成性的灵魂》，前揭，页 355–359。

② 尼采稍后还将用"道德"一词讨论人类历史，并继续在狭义上使用这个词：例如，人类历史的"道德阶段"（条32），或"论道德的自然史"（第3章）。

东西，作为命令和服从的复合体，这些统治关系开始让我们隐约地领悟到了整全——我们就是这个整全中有意识的片断。

第20条 本条格言主要讨论哲学概念及其在人类经验中的根源，而其前后两条（条19、条21）都完全致力于驳斥自由意志，[51] 尼采为什么要中断话题呢？答案似乎是：自由意志问题牵扯到自由精神问题。鉴于本条描述的束缚，作为最高的自由渴望，哲学究竟如何可能自由呢？

对于某些哲学家追求体系的激情，尼采斥之为不诚实（《偶像》I. 26）。但抛开这些不管，真正的哲学思考确实是体系化的。单个的哲学概念并非自主形成的，而是某些更广阔的视阈中的碎片；这些视阈把各个单一的部分组成了相互联系的整体，它们就像各个大陆上的动物群，其中每个物种都要根据当地条件逐渐演变。尼采以这种自然主义的比喻描绘了哲学的不自由状态；此外，他还补充了另一个意象：限制在各自轨道上的行星。这两个比喻都暗示了同一种束缚：语言大家族对哲学的限制性影响，就像大陆对动物演化的影响、太阳对行星的影响。哲学究竟能否挣脱自然的束缚，并获得一种全面而独立的视野？在描绘这种束缚的同时，尼采似乎也暗示了摆脱束缚的方法（这种暗示将把他与柏拉图联系在一起）。哲人的思考"与其说是一种发现，不如说是一种再认识、再回忆，是向一个遥远而荒古的灵魂共同家园的回归和还乡"。哲学思考就是回忆，不过，这种回忆带有自然的基础；哲学就是谱系学，即自觉地重新发现由人类集体性的、构成性的经验不自觉地写进人类灵魂中的东西。迄今为止，哲学都不自觉地带着那种经验的遗留特征前进；新哲学试图使哲学不自觉的部分变得自觉："哲学思考是最高等级的返祖现象"。不自觉的返祖将变成自觉的返祖，人类的现代子孙开始带着感激的眼光、自觉地重新看待人类的形成史。①

---

① 《快乐》（条354）进一步描述了这个过程。

　　这样一来，哲学就变自由了么？换言之，再回忆本身是不是一种大陆边界或轨道限制呢？尼采的比喻让人反过来质疑尼采本人的解答，尼采却对此不置一词；但对哲学界限的洞见显然是出自某种视角。这种获胜的视角借助某种冲动赢得了自由：追求思想自由的冲动正是哲学所服从的一种激情（条230－231）；哲学一旦摆脱对这种激情的服从，哲学就会死亡，智慧就会完成；但在尼采看来，诸神也进行哲学思考（条294－295）。

　　所有印度哲学的、希腊哲学的或德意志哲学，都不自觉地受到语法的统治和引导，从而呈现了某些家族类似的特征。[52] 这正是前后几条试图摆脱的束缚，即"我思"和"我要"的语法束缚。语法的魔咒把哲学限制在特定轨道之内，但此外还有一些更基本的魔咒："生理学的价值判断和种族条件所发出的魔咒。"前后两条尽管试图摆脱了语法的统治，但似乎并没有摆脱更基本的魔咒。尼采在本条结尾批评洛克肤浅，否弃后者的心灵白板说，这表明：尼采想要重新为人类的先天属性辩护，为人类在语言和生理上的先天倾向辩护；新哲学要自觉地承认这些先天属性和倾向。① 因此，本条有助于界定新哲学的基本冲动或激情：新哲学渴望理解，思想如何受制于生理学。因此，新哲学的首要使命是获得一种适当的生理－心理学（条23）。

　　第21条　尼采在本条引出了一个关于 An－sich［自在］的论断，从而完成了对自由意志的反驳；力量的展示也由此成了一系列更广泛的主张中的一环。尼采之所以能够重新驳斥自由意志，乃因为他对认知和存在获得了一种新的理解，这种新理解否定了旧范畴的说明权力，并声称它自己才有基本的说明权力。凭借这种说明权力，尼采就能够在重新否定自由意志之后，总结说明，自由意志为什么乍看起来显得很有说服力。

---

　　① 　见《快乐》条57"致现实主义者们"。

causa sui［自因］是"迄今为止被想出来的最妙的自相矛盾"，而自由意志就是其中的一个方面。人的骄傲与这种自相矛盾之间联系得太紧密了，以至于谁要是对自由意志进行"启蒙"，谁就简直在否定人类的尊严。尼采驳斥了自由意志，因而侮辱了人类一直引以为自豪的方式。不过，在本条结尾，尼采又间接地为人类的骄傲提供了一种新的基础：不是自由意志，而是强力意志。自由意志是骄傲的虚构；不自由意志则是羞耻的虚构。自由意志的信念是 causa sui［自因］的自相矛盾的假定之一；不自由意志的信念则是"对原因与结果的误用"，从某种程度上讲，人类倾向于把纯概念性的东西指派给世界。人们只能把原因与结果当做"纯粹的概念"或"习惯的虚构"加以使用，以便达到"指派与传达，而非说明"的目的。这些概念之所以不能说明，乃因为它们不是出自 An－sich［自在］。因此，尼采一面强调人们习惯把自己的概念读进（read into）实在之中，一面声称可以进入 An－sich［自在］：他重复了第 9 节的论证程序，迫使读者质疑他那些主张的理由。尼采没有给出理由，只是详细阐述了我们借以把"原因、先后、彼此、相对、强力、数目、法则、自由、根据、意图"等归属于自因的机械主义：这种归属行为是一种 erdichten［虚构］，即编造或诗化（poetizing）。我们一旦诗化了关于我们自己的符号世界，并加之于自因上，"我们就正在驱动，就像我们一直驱动得那样，亦即，神话式地驱动"。［53］我们的诗化行为是一种神话行为，即凭想象力从诸纯粹概念中创造出权力或实体。而"表演"即 treiben：驱使、驱动、强迫——诗化就是借助指派和传达的概念工具强迫自在。

尼采说完神话机械主义之后，提出了一种非神话的知识主张："'不自由意志'是神话：在现实生活中，只有强意志和弱意志问题。——"这个破折号把这个论断与后面的解释（即解读那些被用在所谓的知识上的象征符号）区别开来。强意志和弱意志是说明，而非概念上的指派；它们享有因果、法则和数目所没有的地位。借助这种说明能力，尼采做了神话学家做不到的事情：他用强意志和弱意志说明了自由意志和不自由意志的神话。尼采在这里展示了自己力量的最后一面：它远非单纯的拒绝，更是某种说明的能力。重点在他自己——"我若观察得没错"；论断也不那么绝对——"几乎总是"。这里的基本论断是：一个思想者所坚持的东西暴露了他自己，他说什么就表明他是什么。谁曾经把自由意志问题当做一个问题？尼采发现，人们出于两种相互对立的理由而把"不自由的意志"当做一个难题；每种理由都源于某种不可化约的倾向——要按这种方式而非那种方式对待自己和世界。其中，一个为了"责任"本身及其价值而拒绝放弃"责任"——更不用说为了自由意志信念而付出的高昂代价，即逻辑的强迫和非自然性；另一个则为相反的东西付出了太高的代价：对不自由意志的信仰要求，不要为任何事情承担责任或自责。

尼采在这里第一次瞥见基本的人性二元论，并将在全书精心阐述这两种基本的道德类型。这两种类型都以上百次受到驳斥的自由意志学说为基础；因而，自由意志学说也就处在了我们道德的核心位置。不过，自由意志问题可以解释为两种意志类型的诗化产物：即强意志肯定说"我负责"；弱意志否定说"我不能负责"。于是，第一章就让读者预期，关于 An – sich［自在］的新理解可能会在随后的篇章说明我们的道德。①

尼采的意志症候学定位在自由和不自由上；［54］而履行这种症候解读活动本身恰恰指向一种基本的不自由：先天给定的倾向支

---

① John Richardson 指出，尼采的"权力在体论"是一种新道德观的基础："当我们看到，世界的真实'部分'是由各部分的权力所决定的任意过程时，我们也就会明白，根本没有独立自足的部分，任何东西都以一种比决定论更深刻的方式'决定'着其他东西；我们也明白了这种思想的一种新形式，即宿命论。不过，我们也看到，这些命令与服从的权力关系为一种新的自由和责任奠定了基础，这种新的自由和责任不是一切主体的平等天赋，而只是某些意志能够达到的命令的理想形式。"见氏著，《尼采的体系》（*Nietzsche's System*），页 211 – 212。

配着观念。谁倾向于为自己骄傲，谁就愿意相信他自己能为自己负责；但自由意志是自相矛盾的。谁为自己感到羞愧，谁就愿意相信自己处于不自由意志之中；但不自由意志是因果的误用。尼采已经用自由和不自由的术语界定了哲学本身：作为统治欲，哲学被一种不愿被统治的激情统治着。哲学不可能自由地追求自己的自由。在现实生活中，只有强意志与弱意志的问题；而哲学既是最强的意志，也是最精神化的意志。基于对 An‒sich［自在］的新理解，新哲学可以驳倒自由意志和不自由意志；其目的在于一种新的骄傲，即现实地理解自己能在多大程度上扩大自己的责任。作为 Amor fati［对命运的热爱］，新哲学不必相信任何自相矛盾的 causa sui［自因］；它也足够强大，不会为了自己的真实存在而谴责任何机械的因果关系。新哲学既竭力追求最大的自由，又热爱自己的命运。

人是什么？——斯芬克斯之谜在本章结尾再次出现。若不是一种拥有自由意志、能够选择自己的行为方式并为之负责的存在者，或者一种拥有不自由意志、不能为任何事情负责的存在者，那么，人究竟是什么呢？这个问题带出了一个更广泛的问题：自然是什么，人作为部分而居于其中的那个整全是什么？第 21 条驳倒了自由意志和不自由意志；第 22 条就将适当其时地提出新的自然观问题（自然是一个整体）。然后，本章的最后一条就将表明：人们只要能够恰当地理解有意识的自然存在者/人，就可以顺利地接近自然本身的问题。①

───────────

① 在《偶像》论"四种大错"的结尾（第四种大错就是"自由意志的错误"），尼采简明扼要地说明了人在自然中的位置。在"我们的教诲只能是什么？"这个标题下，尼采描述了"伟大的解放"："我们的天命不能从一切曾在和将在之物的宿命中解脱出来……他是必然的，他是命运的一个片段，他属于整体，他就在整体之中……生成的无辜才得以恢复。"

物理学和心理学的大众偏见（第22－23条）

新哲学既能在一种新自然观的基础上驳倒自由意志的偏见，也能驳倒现代物理学（现代科学的典范）对自然的偏见。新哲学还能认识到心理学的道德偏见和恐惧：灵魂学竟然从来不敢下到灵魂的最深处。我们的自然科学和人性科学一直有一个共同的倾向：从弱意志出发去把自然神话化。［55］第一章的最后一条将继续第18条以来的"力量的展示"，并将为第二章关于一种真实而全面的自然观的论证做好铺垫。

第22条　尼采一上来就要求读者原谅自己：因为他自己作为一个语文学家，却贸然教导物理学家应该如何思考自然。不过，语文学家将证明自己完全有优势，因为物理学跟语文学一样，也是文本的解释艺术。这位语文学家在注疏和附会方面也受过训练，因而能够看出，现代物理学把自己编造的"规律"强加在了自在上。他还可以把历史看做一个文本，并在现代物理学背后辨认出现时代革命性的民主政治。不过，这位语文学家最后向物理学家们保证，他将"就这个世界作出跟你们相同的论断"——这个至关重要的保证表明，一种自然科学也可以建立在语文学的基础上。

物理学家们自豪地大谈"Gesetzmässigkeit der Natur［自然的合规律性］，就好像——"：就好像他们已经发现，An－sich［自在］也服从规律。① 这位语文学家似乎带着语文学家的自傲反驳说：那只是你的 Ausdeutung［解释/翻译］，那是坏的语文学；自然的合规律性并不是"文本"，而是一种带有偏见的误读："一种幼稚的人道主义装扮和

---

① 把合规律性归于自然，会带来很大危险；关于这点，可参尼采关于神话的重要反思：神话（即上帝的阴影，《快乐》条108）威胁着科学，"我们要当心，别说自然界有规律。只有必然性：没有命令者，没有服从者，没有犯规者"（条109）。

意义的歪曲"。这位语文学家如此振振有词的挞伐在某种程度上就是政治指控：现代物理学把自然误读成合规律性的东西，目的在于"饱饱地满足现代灵魂的民主本能"。

这位语文学家把物理学家的解释本身当做本文来解读；这个本文暴露了他们背后的动机："规律/法律面前一律平等——在这方面，自然与我们并无不同，也并不比我们好到哪里去。"他们渴望把平等学说读进自然中去，这种渴望被称为 Hintergedanke［潜念/隐秘的想法］；但这种隐秘想法背后还隐藏着另一个动机：敌视或仇恨公认的不平等。这是"第二件更精致的无神论外衣"。扎拉图斯特拉曾经小心翼翼地劝自己的追随者们相信：平等学说是对不可容忍的不平等的反抗；这种暴力学说试图通过报复来纠正一种自然的错误（《扎》2 "论毒蜘蛛"）。"自然规律万岁！"的欢呼声掩饰着对自然的仇恨（因为自然产生了优劣）。现代物理学与现代灵魂的民主本能结成了政治同盟，其结盟的基础正是对自然的反抗；［56］现代物理学为了反抗 physis［自然］，提出了合规律性的学说。现代自然科学虽然成功地打垮了大众柏拉图主义的宗教形式，但内心里却与一种反自然的偏见结盟了。①尼采甚至暗示，谁若为自然辩护并反对无神论的现代物理学，谁就可能被人认为是在为上帝或诸神辩护；他还将用故事表明，一种自然正义论最终也会变成一种神义论。

不仅这位老语文学家要指责物理学家们；"某人"也许会走出来，对自然做出不同的解释，而且这个人的说法暗示了某种竞争性的政治联盟。这个匿名者将怀着"相反的意图"——他不会受仇恨的驱动而贬低自然的优秀者。他还具有"相反的解释艺术"——反对把一种合

---

① 尼采在此触及其笔记中始终都在讨论的一个主题，其中尤以 1884 年夏秋的一则笔记最典型："'科学'（就是今天人们搞的那种科学）试图为一切现象创造一种共同的语言符号，目的在于更容易地计算自然，继而控制自然。"（《全集》11. 26［227］，亦参［170］）

规律的平等读进自然。一言以蔽之，这种新解读的本质就是为不平等辩护。这个人还用政治学术语解读自然，但读出的却是一种无法无律的僭政/暴政："僭政般毫无怜悯地、残酷无情地坚持实现权力要求。"自然并不服从某些莫名其妙地超越于它的、应该服从的规律；自然有它自己的进程，残酷无情地贯彻自然的每个方面和部分都具有的本能，即权力要求。

那个描述了上述新观点的句子在这里戛然而止；某人也许会走出来，发起一场新的猛攻：

> 这个解释家，他会把所有"权力意志"中的无例外性和无条件性如此这般地摆在你们眼前，以至于一切词汇，包括"僭政"这个词本身，最终都显得毫无用处，甚至成了虚飘飘、软绵绵的隐喻——成了太人性的东西。

任何解释者都不可避免地要用太人性的笔调描绘自然；因为所有解释者都得使用语言，而语言是人类制造的工具：缺乏其他生存优势的人类为了成功地生存而创造了语言，而语言这个笨拙的工具根本无法描绘另一种完全不同的努力或奢望，即无法描绘自然的基本进程（参条268；《快乐》条354）。对于那些把自然政治化为合规律的民主制的人来说，这些借自政治领域的新术语将令人不安；不过，就连这些新术语也仅仅是软化自然之道的隐喻而已。

新的解释者不仅用自己的术语（即"权力意志"）描述自然的基本进程，还把这个术语应用于整个自然。[57] 在这里，尼采第三次使用了权力意志一词。该词的出现似乎有某种先后顺序：权力意志第一次出现时，表现了其最精神化的形式，即哲学；第二次表现为一切有机体的基本冲动；第三次表现为整个自然的根本特征——尼采将用权力意志描述（尽管不充分）最高者、生命和整全。根据尼采介绍的观点，实在只有一种；哲学只有洞见了这种实在，才能够以最全面的方式为基本的生命科学和自然科学奠定基础。尼采在本章最后一条再次使用权力意志一词，从而完成了对其根本思想的连续介绍：权力意志是心理学的最终主题；心理学作为对人类灵魂的研究，尤其有权接近某些根本问题。

这位语文学家提出自己对自然的竞争性解释之后，又补充了一个不可或缺的"然而"。尽管权力意志的观点不同于合规律性的观点，但权力意志的解释者"最后会跟你一样，对这个世界作出相同的论断，即世界有一个'必然的'且'可靠的'过程"。这位语文学家尽管强调自己观点的巨大不同，但也没有否认权力意志观和合规律观最终有十分重要的共同点，甚至在结尾予以肯定：这两种观点都坚持自然科学的可能性。尽管人们曾经出于复仇的动机而把必然且可靠的自然过程神化为合规律性，但现在仍有必要从权力意志的视角继续研究这种自然过程。根据权力意志观，整全是各种力量聚集的领域，其中"每种权力每时每刻都在引起其最后的结果"。末尾这句话为基本观点做了某种补充：任何东西都不可能控制自然，任何东西都不可能从自然之外给自然设定秩序或指定方向；作为各种力量聚集的整体，自然本身也就是这些力量相互平衡制约的统一帝国。

"假设，这也仅仅是解释"——尼采邀请物理学家们放心大胆地指控这位语文学家的自相矛盾；这种邀请恰恰透露出，尼采本人正迫不及待地诱捕这些物理学家，要把他们诱到自己的地盘上；而在他那里，每一个观点都是解释：物理学要是把一切观点都看做解释，进而也把自己的观点看做解释，"那就更好啦！"可如此一来，不就没有办法裁判这些解释了吗？既然没有裁判，为什么宁要僭政，而不要合规律的民主制呢？本条直到结尾都没有回答这个问题，好像人们已经走出了现代机械物理学的教条主义，并充分达到了相互竞争的解释的彼此开放。不过，如果我们还记得前一条的内容，就会发现，仍然可以判断彼此不同的解释。因为前一条曾经坚持，诸视角有两种根源，人类灵魂有两种不可通约的倾向：强和弱。在第一章里，尼采始终把自己的思考看作现代宇宙学和生物进化论的成果，[58]并谴责康德之流，因为后者保护了道德并使之免受科学的审查，从而推迟了上述科学成果的影响。如果说本条结尾承认了新自然观也是一种解释，那么。下一条就将转向心理学（对人类灵魂的研究）并暗示：只要理解了作为各种解释之渊薮的灵魂，就有可能找到判断各种解释的方法。

第 23 条　本条适时地结束了第一章。本条注意到，权力意志教诲包含着骇人听闻的道德含意，因而请读者作出得体的反应：您要是愿意，请停止阅读。不过，本条也考虑到，最初介绍权力意志教诲时曾产生过迷人的效果和承诺，因而又请读者做出相反的反应：您要是停不下来，那就鼓起勇气吧。

作为对哲学家之偏见的讨论，本章结束于蹩脚心理学或灵魂学的偏见："心理学心怀道德偏见和恐惧，丝毫不敢下到灵魂的深处。"灵魂学是一种"权力意志的形态学和演化学说"。在前一条，权力意志曾把自然的基本进程称为一个整体；心理学的研究对象就是这个自然进程在我们人类内部所采取的演化表达形式。科学的统一性来自其研究对象的统一性。作为科学的研究对象，人是对原初力量的复杂表达，是一种能够研究自身的、权力意志演化而来的复杂体。

尼采声称，在他之前还没有人碰过这个观点，甚至在思想中也没有——然后，他就让读者注意思想和成文之间的区别。成文不仅证明了被思想过的东西，也表征了没有被说出的东西。尼采不仅是灵魂的研究者，也是成文的研究者；他知道，哲人们曾经确实勇敢地思考过他们不敢写下来的东西。尽管如此，他下去寻找那种观点时，却没有发现任何证据。相反，他发现，各种道德偏见弥漫在"最精神化的世界"即哲学的世界，并造成了巨大的损害。一种破坏性的下降将挑战一种造成损害的表面。尼采许诺了"一种适当的生理－心理学"，同时也承认，这种学问遭到了抵制："它有'内心／情感'反对自身"。探究者内心的爱恨抵制头脑中的结论；只有一种可行的解决办法，正如第 87 条那句精妙的格言所示："被束缚的内心，被解放的头脑。——一个人若无情地绑起自己的内心/情感并将其监禁起来，他就能给自己的头脑/理智带来许多自由。"

这里提到三个遭到内心抵制的观点；这三个观点都反对人们关于价值对立的信仰，即第 2 条讨论的柏拉图主义的基本信仰。第一章最后一条通过宣布新哲人已经接受的"危险的也许"，与开头的第 2 条形成了对比。[59] 这三个观点逐渐增强了对价值对立信仰的反对力度，但只有第三个观点接近了尼采的危险观点："仇恨、嫉妒、贪婪、统治欲"都是生命的必要条件；为了提高生命，还必须加强那些条件。尼采并没打算软化这一惊人的论断，而是全神贯注于探索者必定会体验到的那种眩晕感觉上：这种眩晕就像疾病。晕船症标志着本章的倒数第二个意象：奥德修斯正在到来，奥德修斯的伟大航行即将开始。

尼采先是建议读者不要进行这次航行，但紧接着，如果有人已经开始，那就得鼓起勇气。"我们径直横渡并远离我们的道德"，这次航行甚至可能粉碎"我们道德的残渣"——谁要追求真理，谁就必须开始这次航行；在本章的开头，尼采曾用另一个意象（要是解答不了斯芬克斯之谜，就有自我毁灭的危险）发起了航行的号召。我们这次航行将是冒险，"但是，这跟我们有何相干！"尼采最喜欢的这句口头禅①是那些可能落水者的呼喊；它拿航行者与伟大的航行相比——拿自我与比自我更伟大的东西相比。这个激动人心的结尾唤起了内心的激情，驱散了那些阻止头脑开始这次航行的恐惧。尼采再次加强了自己的允诺："勇敢的旅行者和冒险家还从未打开过一个更深邃的见识世界。"② 我们处于奥德修斯的世界之中；这次崇高的奥德修斯之旅要求，航行者为了安全地抵达必须作出某种牺牲。

---

① "这跟我有何相干！——这个标语贴在每个未来思想家的门楣上。"（《朝霞》条 547，《敌》条 494）

② 关于为冒险的解释者而敞开的海洋，见《快乐》条 124，283，289，343。

"这不是 sacrifizio dell'intelleto［理智的牺牲］"——不是帕斯卡尔式的牺牲（条46），即相信内心具有某些为头脑所不知晓的理性。"恰恰相反！"——这是理智所要求的情感的牺牲。

提出这种牺牲的心理学家绝不仅仅是恳求者；他的牺牲使他有权提出某种要求："必须再次承认心理学是各门科学的女主人，其他科学都要为心理学而存在，为她服务，为她作准备。""女主人"是对 Herrin 的直译：心理学是科学殿堂上的女主人，其他科学都要为这位高贵的女人服务。各门科学的统一性来自其研究对象的潜在统一性；科学的等级制服务于各门科学的最终目的：人的自我理解。①［60］危险的航行若能成功，就可以获得一种新的人世秩序：第一章结尾的这个意象把科学描绘成了一个在其统治意图下联合起来的贵族国，一个为了效力于科学的女主人或人的自我认识而联合起来的贵族国。

心理学有权宣称其对科学殿堂的统治权，"因为心理学再次成为通往诸根本问题之路"。——再次：尼采以此暗示，科学曾经就走在通往诸根本问题之路上，但后来被道德偏见引向了歧途。本书开头就已经指出，柏拉图式的教条主义堵塞了希腊启蒙和希腊悲剧时代哲人所开启的道路。② 第一章结尾则展望了序言所暗示的非凡的历史远景或可能性：经过柏拉图式教条主义造成的长期中断之后，哲学要担负起自己的使命，再次把科学推上正确的道路；而这条道路将会对人类造成巨大的威胁（柏拉图也明白这一点），因为它将破坏人类似乎赖以

---

① 尼采的科学等级制使人文科学成为其他科学的理由，但他并没有假定，人就是整个进化过程的理由："我们已经把人放回到动物中。我们认为人是最强大的动物，因为人最狡猾：其结果之一就是人的精神性……我们反对这种自负……不认为人是动物进化的伟大的隐秘意图。人绝不是造物的王冠；一切生类都与人并排站立在同等完美的层次上。"（《敌》条14）

② 关于这种科学史观点，《敌》条59有简要的说明。

生活的关于对立起源的谎言。

　　"根本问题"是什么？真理问题。从第一章来看，诸根本问题就是：如何赢得真理；赢得真理之后，又如何与真理共处。

第二章　自由精神

[61] 第一章一直在走向最深邃的洞见，第二章已经抵达了那种洞见，而其余章节则停靠在那种洞见上；由此可见，第二章是全书最重要的一章。本章最终关心的是哲学的可能性（能否把真理这个女人追求到手），并顺便碰触了"如何与真理共处"的问题。本章通过证明哲学的现实性来论证哲学的可能性。面对尾随教条主义之破灭而来的怀疑主义，本章表明，我们毕竟还可以就世界的"智性特征"得出一条合理的结论。这条听起来令人惊骇的结论将赋予哲人一项责任：把人从价值生活中带出来，让人依照真理生活。尼采甚至还在本章用小心翼翼的语调暗示，真正的哲学自然会开出宗教之花。于是，以哲学为主题的前两章将过渡到以宗教为主题的第三章：深刻创造出表面，或用柏拉图的话说，哲人下回到洞穴，借助阴影和回声施行统治。

Der freie Geist（自由精神）——这已经不是尼采的新话题了：从 1878 年至 1882 年，尼采曾经怀着"为自由精神竖立一个新形象和理想这一共同目标"，每年写了一本书。① [62] 那个五年计划在《快乐的科学》第四卷结束；在这卷题为 Sanctus Januarius［神圣的雅努斯］的书中，尼采突然以新的语调表达了一种肯定和允诺，原因只有一个：当时，《扎拉图斯特拉如是说》中的核心思想突然降临在他

---

① 语见 1882 年版《快乐》的封底；它宣布了一系列自由精神之书的完成。

身上。① 尼采在《善恶的彼岸》中明确转向自由精神，其实不过是返回一个在《扎拉图斯特拉如是说》已经取得丰富成果的旧主题。

现代自由精神们必须超越自己热烈的怀疑主义，进而承认哲学的可能性。他们必须懂得，哲人不同于人的剩余，甚至不同于人的例外（条24-26）。因此，哲人尽管在沟通方面付出了巨大的努力，还是很难被人理解（条27-29）。由于上述差别和困难，哲人不可避免地要使用隐微术，尽管物种发展史已经得到了广泛的理解，并使我们可以抛弃一度流行的隐微形式，即柏拉图式的道德主义（条30-32）。经过上述铺垫之后，第二章才开始集中讨论核心问题：尽管道德的残余仍然束缚着哲学，但哲学最终能够摆脱那种束缚并获得自由；认识论上健康的怀疑主义有助于破除柏拉图式的教条主义，但这种怀疑主义自身依然受到束缚，因为它相信善（条33-35）。随后几条将表明，真如何可能独立于善，并取得最根本的洞见——存在就是权力意志（条36-38）。然而，这个洞见不能就此止步，因为新的真理观必然包含它自身善感——即无限地肯定一切曾在和现在的东西。谁能帮助自由精神们理解这些通向尼采哲学的理智与情感的格言？随后几条将暗示出什么东西是必要的（条39-41）。最后，《善恶的彼岸》将像《扎拉图斯特拉如是说》一样指出，新观点要为人类的整个未来负责，并表明未来的哲人及其历史使命；第二章由此结束（条42-44）。

直到第二章的结尾，尼采显然都在反对民主启蒙运动，这场战斗是前两章的基本特征。自由精神的怀疑主义并不是启蒙的最高形式；对于自然和人性，未来哲人持有既真且善的观点。启蒙运动之善高举平等，旨在消弭苦难，而新善恰恰相反；新善在于热爱自然，旨在依

---

① "权力意志"在《扎》（2："论著名的聪明人"）中只出现了一次，是在与著名的聪明人对比的情况下出现的。这个对比恰恰发生在第二卷的三首歌之前（夜歌、舞蹈之歌、坟墓之歌），这三首歌用诗化的语言表达了扎拉图斯特拉的基本发现，即权力意志；然后，"你们最聪明的人"就分享了这一基本教诲（"论自我克服"）。

照自然而建立一种等级秩序，并把苦难理解为自然为了取得较高成就而必然采用的手段。第二章为第三章做了铺垫——未来的哲学产生未来的宗教。[63]

直到第二章结尾，《善恶的彼岸》的主要结构特征和统一性才变得清晰可见：首先，清除旧哲学的道德偏见；然后，为怀疑的精神提供一种新的自然观；获得这种洞见之后，才能重新肯定整个自然。这种新哲学和新宗教将带来一种政治和道德。第四章是最伟大的使命与伟大的使命之间的间歇。然后，《善恶的彼岸》将用五章篇幅展示新哲学在道德和政治领域的伟大使命。

哲人的差别 (第 24 – 26 条)

开头三条显示了第二章的特定主题：哲人的差别。在热爱无知的人中间，哲人热爱知识 (条24)；任何努力都不可能缩小这种差别和距离 (条25)；像所有例外一样，哲人是天生的孤独者，但他又打破了自己的孤独，成了例外中的例外 (条26)。这三条依次是欢快的、真诚的、纲领性的；每条都坚持，哲人的差别会给自己和社会造成严重的后果。

第 24 条 简化和虚构这一显著的人类习性令尼采惊呼："O sancta simplicitas [噢，神圣的简单哟]！"而且直到本条结尾，每句话都带个惊叹号。尼采虽然对这种简化和虚构大感惊讶，但并没有予以批评，而且还在结尾承认：人们正是出于对生活的热爱，才倾向于生活在习俗的视阈之内。然而，哲学热爱精微和真实之物；因而，哲人必须承认，哲学本身在某种程度上既不敬神，又反生命。对生活的热爱产生了神圣的简化；而最有血气和最精神化的生活方式必然会威胁到这种神圣的简化。哲学冒有不敬神的危险。

第二章开头欢快地重复了第一章开头曾严肃地对待的主题，即哲学的危险：人类天生有一种"求无知的意志"，并且只有靠无知才能茁壮成长；哲学却偏要追求知识。但第二章"快乐的入口"却否定了

第一章中俄狄浦斯悲剧的结果：与其闭上眼睛，不看那恐怖的景观，不如"睁开眼睛，看看那奇怪的景观"（即简化和虚构），而且永远不要闭上眼睛，因为奇怪的东西永远没完没了。哲学始于惊讶，这惊讶有几分源于下述事实：人类竟然愿意无知。哲学渴望搞清这种求无知的渴望——这种哲学永远与苏格拉底脱不了干系；尼采再现了苏格拉底的转向，惊讶地转向人事。

谁要是一直惊讶地盯着神圣的简化看，谁最后就会嘲笑他自己，[64] 因为他似乎是在凭借自己的求知冲动做一件不可能的事情：语言不够精致，不足以表达精微和真实之物；道德又给语言蒙上了各种偏见。哲学真是一场喜剧：明知道自己在竭力做一件不可能的事情，也明知道会威胁到生活的简化和虚构。不过，嘲笑者尤其嘲笑科学，因为科学在某种程度上愿意无知：正是"在无知的基础上，科学才撑到了今天"，而且"连最好的科学都想把我们仍旧困在这简化的世界里"。新哲学要把科学建立在真实的基础上；但就目前而言，新哲学还得保持欢乐的笑脸，既不能放弃自己天生的真诚，更不能公开宣称应该用现实和真理取代简化和虚构（条25）。第一条的快乐带来了第二条的真诚：真诚地劝告哲学不要真诚地拒斥人类天生的虚构和简化；因为哲学若一定要坚持苏格拉底的做法，就会遭到苏格拉底的命运。

第25条　本条与前条的喜剧连在一起。这表明，没有悲剧，只有悲剧的败坏，悲剧堕落成了萨蹄尔剧：在雅典早春时节的酒神节期间，上午演悲剧，接着演萨蹄尔剧，最后以一出喜剧结束几天来的戏剧演出。尼采说：

> 在英雄周围，一切都会变成悲剧；在半神周围，一切都会变成萨蹄尔剧；在神周围，一切都会变成——什么？也许变成"世界"？——（条150）

为什么不会变成喜剧？在雅典的酒神节上，最后一出不就是喜剧么？也许，尼采指的就是喜剧：喜剧创造了各种世界，各种简化的、虚构的和适于生活的世界；这类世界确实是喜剧，并且会出现在诸神周围。也许，这条真诚的格言本身就是一出喜剧，是对神圣柏拉图的秘密反思：苏格拉底这个半神和萨蹄尔败坏了柏拉图这位神。尽管本条只举了斯宾诺莎和布鲁诺两个实例，但我们不可能不想到苏格拉底：这个"秘密的自杀者"（《人性》ii."集锦"条94）曾公开地鼓吹真理，导致了最公开地为真理辩护，导致了最公开地为真理而死。新哲人们最多只会像柏拉图那样模仿苏格拉底公开的辩护和公开的牺牲；他们会掩饰哲学的差别，尽管不会严格按照柏拉图的方式去掩饰——在他们周围，一切都会变成"世界"。

尼采用最真诚的语调向"最真诚的人"（即"你们哲学家们"）讲话，并希望他们不要牺牲在那种差别上——他们所知道的真理不同于人类生活于其中的简化和虚构。尼采不打算在爱好虚构的人面前公开地为真理辩护；相反，他告诫爱热真理的人要闪到一边去，要掩藏在面具和精致之物的后面，混迹于其他人中间，让人认不出来。真理这个女人，既不需要骑士般的辩护者来奉献勇敢的殷勤，也不需要教条式的爱慕者来奉献笨拙的好意。[65] 本条在告诫哲人们的同时，似乎也暗示了尼采如何告诫他自己，他如何处理"在热爱真理的人中间言说真理"这个难题。尼采以如下方式谈起自己的爱欲：他用金丝栅栏围起自己的花园，而这金丝栅栏看起来太迷人了，几乎令外面的每个人都神往里面。①

---

① 在撰写《善恶》期间，尼采在一则笔记里用花园意象做过实验："一座花园，它的栅栏闪烁着金色的光芒，它不仅要阻挡小偷与流氓：最糟糕的危险来自于入侵的爱慕者，他们每到一处就想折取一些东西，他们实在太想把这个或那个东西随身带走，作为纪念。——你们给我听好喽，你们这些在我的花园里游逛的人，你们根本没有任何理由对我的香草或杂草品头论足，当面告诉你们吧：从这里滚出去，你们这些闯入者，你们——"《全集》11. 38［22］。

尼采怀着"一种表演者的好奇心"观看着哲学家们的公开表演，怀着"危险的希望"眼看着哲人堕落并退化成一类为真理而"在讲台上尖叫的人"。① 由于这种萨蹄尔式的表演，"漫长的真正悲剧演完了：假设，每种哲学从起源上讲都曾是一出漫长的悲剧。——"当然不是单纯个人意义上的悲剧，而是对悲剧真理的勇敢认识——这种悲剧真理强烈反对人类宁愿生活于其中的喜剧虚构。洞见了悲剧真理的哲学也很容易走向某种特殊的堕落：哲人降低自己的身份，把自己看到的东西带到公开的舞台上，并吓唬那些生活在自己小小的喜剧舞台上、热爱着简化和虚构的人们。

第 26 条　从大多数人中走出的例外仍然坚守着一个孤独的堡垒；而例外中的例外则放弃了那个堡垒，转而学习大多数人的方式。第 25 条刚刚劝告哲人退回到孤独中去，第 26 条就接着描绘了哲学成为例外之后的孤独。我们不得不再次做如下推断：尼采在这里反思了苏格拉底，因为苏格拉底在孤独的希腊哲人中是个例外，他转向了人间事物，重新界定了哲学并创立了哲学的政治学。在柏拉图的《王制》（7.520c）中，苏格拉底对哲人们下过一道著名的命令："你们必须下去"——这也是尼采的命令之一；它还意味着"到里面去"以便发现例外身上的不例外之处和例外之处。尼采再次要求，例外中的例外在行动上要与苏格拉底有所不同。例外的认知者不要到市场上去质疑或反驳公认的智慧，而只需在那里"摆好自己的耳朵"，[66] 听听某类犬儒的说法——尼采把这种人称为萨蹄尔，他们恶劣地讲到人，却没有讲到人的恶劣。犬儒摆脱了义愤，不需要复仇，也不需要谎言，因而比道德人站得更高。但犬儒们最终只是想把人类贬低为饥饿、性欲和虚荣。而例外的聆听者则压根不带这种想法，相反，他倒是想保持

---

①　公开坚持真理会宠坏"良心的无辜与中立"。尼采没有抛弃灵魂，同样也拒绝抛弃良心这个古老而可敬的假设。尼采将开始在价值的重估下锻造一种坚硬的新良心（条03）。

人类高贵的可能性；他虽然不认为可以完全超越饥饿、性欲和虚荣，但他相信总可以把饥饿、性欲和虚荣转化或精神化为较高的欲望和更高的自尊。在哲人的教育事业中，最困难的、最让人沮丧的一项就是"研究平均人/普通人"；对扎拉图斯特拉而言，这种研究无异于否定生命（《扎》2"论解救"）；而市场上的犬儒恰恰有助于哲人做这种研究。

尼采着眼于哲人及其追求（即追求那被简化和虚构掩盖了的人性真理），开始了论述自由精神的第二章。哲人的例外特征使哲人很难把自己理解的东西传达给其他人。他们是故意含糊其辞吗？他们是不是尽一切可能使自己难被理解？

哲人的速度为何难被理解？（第 27 – 29 条）

第 27 条 尼采是不是尽一切可能使自己难被理解？使用那些几乎无人能解的梵文是一种令人愉快的说话方式——不，那只不过暗示，还有大量工作等着读者去做：我们必须查清并理解这些梵文，尽管尼采为了尽力帮助我们，已经翻译了其中一个梵文词。① 这三个梵文词总体上表明了主要的困难：哲人心灵的运转速度不同于其他两种心灵。哲人心灵的奇特步态使他不可避免地成了异类。哲人像恒河流动一样思考，急速，但又不仅仅急速：他的思考像神圣之河的流动，无情地迅速，迅速而又平稳，总"带着一种严谨而必然的辩证法，决不迈错一步"（条 213）。不过，这位例外也研究过其他心灵的速度，并发现他们不可避免地、无可救药地像乌龟爬行一样思考，最多也只能（他翻译了这个例子）像青蛙跳跃一样，快速但急切；而他自己又处

---

① 尼采在笔记中写出这些梵文并全部翻译了出来，还指出了各自包含的适当 tempo［速度］："gangasroyogati'像恒河的水流' = presto［急速地］；kurmagati'用海龟的步态' = lento［缓慢地］；mandeikagati'用青蛙的步态' = staccato［断续地］"（《全集》12. 3［18］）。

在这些人中间。因此，哲人的沟通难题就需要双方的努力：哲人要尽可能地把独特的思想经验翻译给我们；我们则必须尽力聆听某种完全不同的经验的结果。这两方面也许可从尼采唯一一处翻译中得到暗示：尼采确实正在这样努力；他这样做是为了让那些快速但飘忽的心灵平稳下来，准备接受自己的引导，并最终理解自己。① 既然梵文已经被翻译出来，关于哲人之差别的含蓄主张也变得明显起来，这时就可以看出，这几个外语词汇还有另一层作用：哲人的差别是个敏感话题，一旦被人听见，必定会招来公愤或变成丑闻；因此，最好不要大声讲，而只让那些适合听的耳朵渐渐地听见。

尼采并不想让自己难被理解，只是他实在确实难被理解；他还好心在步调上沟通自己的经验与其他人的经验。因此，尼采应该也会感谢别人的好意：为了传达某种不同的东西，必须精微地解释。然而，某些读者在这方面出于某种特别不利的地位，即作者的"好朋友们"：他们相信，凭着自己与作者的友谊，就能更好地理解作者，就能轻易地把握作者的意思。这是不是指罗德（Rohde）、露（Lou）、雷（Rée）和欧韦贝克（Overbeck）等？尼采是不是要告诫他们，不要以为接近了作者就格外能够接近作品？本书体现了尼采所有书的抱负，而尼采又把这个告诫写进这部书中；可见，这个告诫的对象必定更加宽泛，肯定包括那些已

---

① 尼采将在"我们学者们"的最后一条中回到速度问题；"我们学者们"一章区分了哲人与学者或科学家：哲人"教不出来"，因为他有某些别人所不知道的经验，例如，"真正的哲学既包含一种大胆而充沛的精神性/智性，presto［快速］奔跑，又包含一种辩证法的严格性和必然性，从不踏错一步"（条213）。《快乐》条381"论可被理解问题"提供了一系列最有价值的洞见，使我们可以看到，尼采如何处理不同速度之间的交流问题。这条格言说明了尼采为什么不想被——随便什么人——理解。更重要的是，它还说明了尼采为什么想要"被你们理解，我的朋友"，尽管速度不同，尽管有两个极大的障碍妨碍"你们"理解他：一个是他的"无知"——即哲学特有的无知，在这个科学知识的时代，这点显得很糟糕；一个是他的"Munterkeit［活跃的/欢乐的］性情"——他正是凭借这种唯一适合接近知识的方式才接近了最难以捉摸的知识。

经通过尼采其他书的诱惑而已经跟尼采成为好朋友的读者：我们要是以为凭着自己与作者的密切关系就能轻易地接近作品本身，我们就上当了。①［68］尼采告诫我们，他打算给我们留下误解的空间，以便嘲笑我们或者使我们完全搞不懂他要说什么；如此看来，尼采似乎故意想让自己的朋友感到不舒服，让我们很不愉快地尽力设想他可能并没有拿我们当朋友。因此，随后两条也就写得就像恒河之水，汹涌而来。

第 28 条 一种 presto tempo［急板式的速度］不仅令某些人感到陌生，甚至使整条格言都显得陌生起来。一位极快地思想和生活的人想要传达"自由且非常自由精神的思想的最欢快和最大胆的微妙之处"，但又不得不用德语写作，因此，他就必须提醒读者注意他正试图做什么。很难把一种极快的速度翻译成天生不适合急板的德语。况且，莱辛也只是凭借自己的"演员－天性"（Schauspieler－Natur）才把培尔（Payle）的法语译成了德语。不过，马基雅维里的速度甚至超过了莱辛的德语。马基雅维里的《君主论》"禁不住以放荡不羁的 allegrissimo［最极速的／热情急板］来报告最严重的事务"。尼采散文的目标似乎就是一种快过莱辛的马基雅维里式急板。②像马基雅维里一样，尼采似乎也有"一种恶毒的贵族情感，要冒险揭露矛盾——思想过于冗长、滞重、坚硬而危险，还有一种 Galopp［急速的］舞步的速度和最佳且最调皮的心境"。"最后"，尼采转向名列第一的阿里斯托芬；从尼采对阿里斯托芬的反思来看，他似乎把后者尊为最陌生的、最难翻译的速度。尼采对阿里斯托芬的反思本身也极为快速，一闪而过。

---

① 见《人性、太人性》第二卷"意见与格言集锦"条 129："如果作者的朋友们打算从一般的东西回头去猜测这些格言所源于的特殊情况，那么，这些作者的朋友就正是最糟糕的格言读者；因为通过这种刨根问底的做法，他们使作者的全部努力破灭，如此一来，他们得到就不是一种哲学上的眼光和指引，而只应该——在最好或最坏的情况下——是满足一种庸俗的好奇心，除此之外什么也得不到。"

② 关于尼采与马基雅维里《君主论》的关系，见《偶像》"古人"条 2。

　　尼采从未像对阿里斯托芬那样极尽赞美：阿里斯托芬是"那种改观的、滋补的精神"，而"滋补的人"是人的顶峰，"存在的剩余在他那里得到了辩护"（条207）。尼采还提到自己为何如此称赞阿里斯托芬：只是由于他，"人们原谅了已经存在的全部古希腊文化，倘若人们最深刻地理解了那里的一切多么需要原谅和改观"。古希腊文化中最需要原谅和改观的正是那套后来极其不幸地统治了欧洲思想的教条式柏拉图主义。但尼采并没有停下来说明这个重要暗示（即可以因阿里斯托芬之故而原谅柏拉图），而是直接过渡到了柏拉图，并提到柏拉图的韬光养晦和斯芬克斯天性——柏拉图是否藏着一个谜语，这个谜语危及生命，但也给成功的解谜者许诺了统治权？一件有幸保存下来的小事让猜谜者尼采梦见了柏拉图的韬光养晦和斯芬克斯天性：人们在柏拉图临终时的枕头下竟发现了一卷阿里斯托芬的作品。[69] 柏拉图活着的时候以对话为幌子，把自己掩藏得好好的，但临死时却没有掩盖好自己的足迹，终于被尼采这个快速的做梦者发现了。这件小事改观了柏拉图与柏拉图主义的关系：柏拉图隐藏了某些完全不同于其对话中展示出来的东西；"没有发现《圣经》，没有发现任何埃及、毕达戈拉斯和柏拉图的东西"。外邦的道德学说永远无助于柏拉图"忍受生活——他所拒绝的古希腊生活"。要不是那个断不拒绝古希腊生活的阿里斯托芬，柏拉图也不会深恶痛绝地拒绝古希腊生活——在尼采眼中，那可是人类所达到的最高生活方式。柏拉图，这位速度大师把一种外邦的速度引进了古希腊文化；他翻译得如此成功，以至于准备用外来文化最终取代古希腊文化，用亚洲接管欧洲。①

―――――――――

　　① 尼采在《偶像》（"古人"条2）中清楚地说明了这种历史关联："在基督教的大灾难中，柏拉图就是那种含糊和魔力，所谓的'理念'，它使更高贵的古代天性有可能误解他们自身，有可能踏到通向'十字架'的桥上。"亦见致 Overbeck 的信（1887年1月9日）：提到希腊哲学在基督教世界中的命运，尼采说："这都是柏拉图的错！他永远都是欧洲最大的 Malheur［不幸/厄运/］！"

柏拉图用阿里斯托芬治疗柏拉图主义。快速的做梦者尼采发现了柏拉图枕头下藏的东西，心里就琢磨：柏拉图本人可能并不相信自己的"高级骗局"（《偶像》"古人"条2）即柏拉图主义。鉴于柏拉图热爱阿里斯托芬，人们甚至可以原谅他那套影响巨大的、反古希腊的骗局。这是不是尼采对柏拉图的最终态度？——可以因为柏拉图本人是个阿里斯托芬分子而原谅那不可原谅的柏拉图主义？尼采把关于改观我们的教条主义作者的暗示放进这条讨论翻译一种 presto tempo［极快的速度］的困难的格言中，以这种极快的方式作出这种暗示；这种做法本身就提醒我们，此类问题永远都是颇费猜测的斯芬克斯之谜。尼采并没有把柏拉图的欺骗当成一个谜来对待，因为他早就直截了当地把它称为欺骗。不过，尼采又确实以解谜的方式对待柏拉图的隐藏。尼采觉得：柏拉图隐藏了一种不同的速度，这种速度尽管难以相信，但仍有迹可循；柏拉图出于仁爱和对他人的关怀，才相信，一套谎言可以使他人免受更深的伤害。这条论述误解问题的格言在结尾暗中指出了如何洞悉被误解的柏拉图：柏拉图的成功恰恰在于柏拉图的被误解。尼采，"一位完全怀疑柏拉图的人"（《偶像》"古人"条2）并不是犬儒，当然不会对柏拉图表示愤然。柏拉图那套灾难性的教条主义似乎已经有了高贵而非卑鄙的出身：它源于柏拉图与阿里斯托芬之间的亲缘关系。①［70］

第 29 条　"独立存在，这是极少数人关心的事：——它是强者

---

① 《快乐》条359 结尾似乎暗中在柏拉图主义问题上比较了奥古斯丁和柏拉图；尼采只把矛头对准奥古斯丁，指控他是思想的复仇者，却放过了柏拉图（亦见《快乐》条372）。在尼采对柏拉图的全部评价中有一个重要的因素，即赞扬；他在《偶像》（在批评叔本华的语境下）中这样说到柏拉图，叔本华"尤其把艺术称赞为使人摆脱'意志的焦点'即性欲的救星……一个不亚于神圣柏拉图的权威……坚持一种不同的主张：一切美都刺激生殖……柏拉图走得更远……在柏拉图风格中，哲学毋宁可以定义为一场爱欲的竞赛，对古老的竞技体育及其先决条件的发展和内化……我还想起……对柏拉图的支持，古典法国的所有高级文化和文学也都生长在性兴趣的土壤上"。（"漫游"条22 – 23）

的特权。"然而，"欧洲最独立的人"① 关心的事情似乎是让更多人知道极少数人的独立方式，因为这几条报告了那些方式（即速度），并且尽可能地使之变得可以理解。谈论自由心灵的本章要让自由精神们理解非常自由的哲人的心灵。

谈论独立的本条并不打算邀请而要警告那些自以为自己适合独立的人。② ——"但也不一定"。本条中唯一加了强调号的这个词似乎至关重要：一定要警告那些可能不适合的人走开。追求独立的人不一定要"以此证明自己也许不仅强大，而且放纵到了疯狂的程度"。他走进一座迷宫中，把成千的新危险加诸生命，这"可不是小事"："没有谁亲眼看见他怎样迷失自己，在哪里迷失自己，变得孤独，并被某个良心的穴居米诺斯（cave‑Minotaur）一片片撕碎。"独自闯入迷宫面对米诺斯的人就像英雄忒修斯（Theseus）：克里特（Ctrete）的异族征服者强迫雅典用最好的青年贡献血祭，为了拯救雅典，忒修斯一定得到那座迷宫去。但为什么又"不一定"到那里去？因为没有足以杀死米诺斯的剑，即阿莉阿德涅赐给忒修斯的第一件宝物。"假设这样一个人走向毁灭，③ 而此事又发生在人们的理解范围之外，以致人们对此事毫无感觉，对此人毫无同情。"这个不必进入迷宫的人若为人类而牺牲，却得不到人类的丝毫同情，他会对人类作何感想？"——他再也不能回来！他也再不能回到对人类的同情！④ ——"为什么不能回来？因为缺乏第二件宝物，[71] 即阿莉阿德涅（Ariade）赐给

---

① Overbeck 的信，1884 年 4 月 30。

② 本条类似于扎拉图斯特拉对潜在追随者的忠告，见《扎》1 "创造者的路"。

③ 尼采可能恰恰要利用 geht zu Grunde 这个短语的含混性（这个短语是 geht zugrunde 这个习语的变形，尼采经常使用这个习语）：那些看似毁灭的人可能实际上触到了事物的基础。

④ "zum Mitleid der Menschen" 意思比较含混："回到对人的同情"强调的重点在于孤独者的行动上，而译为"回到人的同情"，则重点就在于这个语境中的一般性问题，即别人如何看待孤独者。

忒修斯的线团；正是靠这个线团的牵引，忒修斯杀死米诺斯之后才能从迷宫中回来。独立的危险或迷宫中的经历也会以上述第二种方式毁灭勇敢而轻率的冒险者；他们对人类的感情会遭到无法补救的伤害，可能从此憎恨人类，或者变成犬儒。

这位例外中的例外通过描述他人的失败，拐弯抹角地宣称自己的成功：他借阿莉阿德涅的帮助，取得了英雄般的成功。他写下这本书来证明自己的成功，证明自己还没有被良心的米诺斯撕碎，证明自己已经找到了同情人类的归路。不过，这种同情必定不同于他必然反对的、现代意义上的同情美德（条202、260、284）。对人类的同情或人类之爱是一个隐秘的主题，将悄悄出现在稍后许多篇章中，并最终以神话的面貌出现在本书的结尾：阿莉阿德涅将亲自给一定要进迷宫的英雄以必要的帮助；这也是阿莉阿德涅在全书惟一一次直接露面（条295）。不过，阿莉阿德涅不是同忒修斯一起出现，而是同狄奥尼索斯一起出现；狄奥尼索斯神取代了阿莉阿德涅的原配忒修斯。这是否暗示：阿莉阿德涅的英雄成了超英雄，成了神？在尼采本书的结尾，狄奥尼索斯坦然承认"在某些情况下，我爱人类"，而宣布这种爱的时候，"他指的是阿莉阿德涅，她当时在场"。狄奥尼索斯对阿莉阿德涅的爱在什么意义上预示着对人类的爱？该书结尾以神话的方式表明了全书的论点：未来哲学旨在出于同情或爱来提高人类，尽管它的方式乍看起来并不像提高，其动机乍听起来也不像爱。

迷宫中的英雄杀死良心的米诺斯之后，又回到了对人类的同情；他还写了许多书。他写了什么样的书？本条和下一条的结尾都用了双破折号（——）。这两处不同寻常的符号①框起了一条独特的格言：第30条听起来就像一篇从迷宫传来的无情报告；这位免于良心米诺斯之口的报告人，又回到对人类的一种别样的同情。

———————————

① 第51条也以双破折号结尾，不过，那是为了代替句子补充成分，以便完成尚未结束的句子。

哲人的隐微术（第30－32条）

如果哲人的差别不可消除，如果例外中的例外根本无法把自己的经验传达给别人，［72］但他又想"回来"或达到某种程度的交流，他该怎么办？尼采在这几条中说，哲人只能使用隐微术，只能以某种方式掩盖或歪曲自己的经验。隐微术或面具说具有双重的根据：哲人的差别和作为整体的人类（哲人不同于整个人类）。这个双重根据似乎决定了随后几条的讨论，因为尼采首先谈到哲学的隐微术，然后谈到人类的成熟。

第30条 尼采关于隐微术的论述打开了一个封闭已久的话题。随着民主启蒙运动的胜利，这个话题不仅封闭起来，而且被人遗忘了。启蒙运动之前，所有哲人都曾经区分过显白和隐微："当时无论在哪里，人们都相信某种等级秩序而不相信平等和各种平等权利。"尼采在第一句话中就说明了哲学为什么必须使用隐微术：

> 我们最高的见识若要未经允许讲给那些气质上、天性上不宜听的耳朵里时，必定——而且应该！——听起来像蠢话，某些情况下像犯罪。

例外中的例外在迷宫中获得胜利之后，回来并报告他们的最高见识；这些见识必定会被那些并非例外的人们误解，甚至被所有人误解。有两种误解方式：哲人的见识要么被当做蠢话，要么——如果那些见识产生了某些影响——就会是犯罪——而且应该是。柏拉图笔下的苏格拉底也表达过同样的观点。当苏格拉底说只有哲人适合统治时，阿得曼托斯（Adeimantus）就迫使他承认：公民们判断得很对，哲人要么无用，要么邪恶（《王制》6.487a－e）。至于说这个正确的判断带来的后果，尼采在下句话的开头说得很清楚："从前，哲人们都把自己分为显白的（对外的）和隐微的（对内的）。"哲人们为什么要把自己分为显白的和隐微的？因为他们认识到，真正的哲人若是公开表达自己的观点，的确会被人们当做傻瓜加以嘲笑，或被当做罪犯加以迫害。尼采并没有详细说明这种无处不在的嘲笑或迫害可能怎样引导我们研究哲学史——尼采不是施特劳斯。尼采指出，哪里有哲学，哪里就有显白哲人与隐微哲人的区分；随后，他还纠正了人们对这个区分的误解之一：这种区分"不仅仅在于"（尽管部分地在于）"显白哲人站在外面，从外而非从内观看、评价、衡量、判断"。尼采断言，二者更为根本的差别在于：显白哲人从下往上看，"而隐微哲人从上往下看"。通常的理解暗示，要进入隐微的见识，只需稍加准许或引导，人们就可以长驱直入了。而尼采的纠正表明，那些气质上不适宜听的人根本就不可能达到或接近隐微的见识：[73]压根儿不可能把所有人都带到高处观看。尼采的隐微观本身就是愚蠢或犯罪，竟然如此极端地反民主！也正因此，他才如此编写自己的书——不仅是为了避免嘲笑或迫害，更是为了邀请某类特定的读者通过自己的努力到达高处，与他一起分享高处的景观。①

尼采就隐微术所作的简短教训为第 30 条的核心思想埋下了伏笔：他现在可能要把特别高的见识讲给那些适宜听的读者，尽管这种见识可能被当做蠢话或犯罪。"有灵魂的高度，从那里往下看，悲剧本身也不再有悲剧效果了。"从高处往下看，虽然没有消除悲剧，但毕竟

---

① 施特劳斯关于《善恶》的论文并没有真正明确地处理这条讨论隐微术的格言，不过，他对这条格言的引用表明，这是尼采把读者引向基本洞见的手段（《学习柏拉图式的政治哲学》，页 178）。施特劳斯在关于《善恶》讨论课上曾经这样评论过尼采这段话（关于"从上往下看"的隐微术）："这番评论是值得注意的非凡预言；据我所知，除了关于区分显白教诲与隐微教诲这个悠久的一般传统，尼采对这些事情还没有任何经验上的认识"（施特劳斯在芝加哥大学的讲课记录，1967 冬季，页 5/11）。对于这些事情，施特劳斯比二十世纪的任何读者都有更多经验上的认识，但他关于尼采的这个判断成立吗？别的不说，尼采显然对柏拉图和阿里斯托芬的隐微术有经验上的认识。

使观看者摆脱了悲剧的影响，即怜悯（pity）与恐惧。① 随后，尼采以提问的方式提出了自己最重要的主张："何况，若把世上的所有痛苦合在一起，谁又敢断定，他自己的目光不会必然恰恰被诱向和被迫成为同情，从而使痛苦成了双倍呢？"我觉得，这暗示了哲人尼采借隐微术看到的最高见识：关于世界的终极判断是否必然由所谓的悲剧效果来决定？这个暗示也预示了本书通过戏剧的方式陆续得出的观点：首先是关于世界之智性特征的全面推论（条36-37）；然后是由这个推论导出的终极判断（条56）。

谁又敢断定？谁适合衡量世界的全部痛苦？谁并且只有谁获得了最全面的观点？他获得那种观点之后，必然会被迫变得怜悯吗？尼采将小心翼翼地运用神学的语言表达某种高于普通经验的经验。英雄把世界经验为悲剧。但半神呢？神呢？［74］

如何断定这个问题？不是通过已知之物，而是通过一种朝向能知之物的倾向。这些判断都是征候；它们显露了一种哲学生长其中的生命胚芽（条6）。一种不怜悯的全面判断可能是哲人的症候——这一点首先会在对这类判断的报道中显示出来（条56）。这类判断正是哲人的责任（条205）——"关于生命和生命价值的……一个判断，一个肯定和否定"——这会把哲人与学者区别开来。

论述隐微术的本条暗示，若把世上的所有痛苦合起来看，也并不妨碍我们把世界当做喜剧来庆祝——这并不是因为世界会幸福地终结，而仅仅因为这奇异的景观和看见这景观的人。为什么要为这种肯定而庆祝？本书仅在第56条提到庆祝的理由。隐微之眼勇敢面对恐惧并摆脱了必然的怜悯；但整部书也暗示，隐微之眼并不仅仅是例外

---

① 尼采只有提到 Mitleid。这个词在本句中译为"怜悯"（pity）比"同情"（compassion）要准确，因为英语界通常用"怜悯"对译古典时代或亚里士多德所说的悲剧效果之一。关于尼采如何看待悲剧的效果（怜悯与恐惧），见《善恶》条239；亦见《偶像》"古人"条5，尼采在这里挑战了亚里士多德的观点。

之眼，它仍要回到对人类的某种同情。换言之，隐微的观点为显白的经验创造了一个模子，借此有可能重塑显白的经验，使之与隐微的经验达成一致。这是爱人类或馈赠的行为：哲学从高处下来，变成一种新哲学或统治欲，并产生一种新的同情，自愿屈尊去统治（《扎》3"论三种恶"）并为新的欢庆做好准备。

在尼采看来，根本无法取消隐微术，就连一种崇尚诚实美德的哲学也不能取消隐微术。不过，关于这种隐微术的显白教诲并不在于虔敬的欺骗；尼采曾在笔记中如是写道："我们很得意，因为我们再也用不着说谎，再也不必毁谤或怀疑生命了"（《全集》13. 15［44］）。① 尼采的显白教诲旨在把显白与隐微结合在一起，让公众或民众也能听到他们从未达到的、不可接近的和例外的、崇高的感觉和见识。新的显白教诲将是一种自然正义论（physiodicy），将向所有人证明人世之道的正当性。新的显白教诲将向其他人传达那种最终只能从高处才能接近的观点：从高处往下看世上的一切痛苦而不必产生怜悯和恐惧。新的显白教诲将证明、提高和神化万物的无情流变和无常生灭，并有助于将这种流变和生灭看做可爱之物。这种新的显白教诲必定会传到那些天性上不适宜听的耳朵里，必定听起来像最高的犯罪。因此，哲人使命的一部分必然就在于揭露虔诚哲人的显白谎言（尤其教条式柏拉图主义的危险谎言），揭穿他们的本来面目——他们像父母那样给孩子们讲了过多的故事，说什么善有善报恶有恶报。［75］随后两条将谈论人类的成熟，并通过下述疑问推进隐微术问题：是否还应该像对待孩子一样

---

① 讲完那句著名的"危险地生活"之后，尼采就对"你们认知者"说："这个时代即将过去，你们将不必再像害羞的小鹿一样在森林里东躲西藏地生活了"（《快乐》条283）。

指导人类的行为?①

　　第31条　尼采在第31条和第32条分别从个人和历史两个维度就隐微术问题给读者上了一课：热烈的青年拒绝那些只有成熟之人才能欣赏的有关显白与隐微的精微之处。青年的热烈及其长期的代价也适用于我们整个人类：人类的历史可以看做从年轻到成熟的痛苦成长；当今时代为整个教条式道德千年的青年热烈付出了自然的代价。这个胆敢从迷宫的内部和隐微的顶峰说话的人，现在居然也从启蒙了的成熟之人的角度来说话。

　　尼采无条件地断言了无条件之物的不成熟性："色调的艺术……构成了生命的最好收获……而所有品味中最坏的品味就是对无条件之物的品味。"② 他也无条件地断定了成熟："一切都为下述之事安排妥

---

　　① Geoff Waite 从尼采天敌（即民主启蒙运动）的视角出发，怀着誓死干掉尼采兵团/尸体的决心，以充满血与火的惊人视野，写下了一部精彩绝伦的书；他书中证明，只要认识到尼采是个隐微作家，就能取得反尼采的关键力量，见氏著，《尼采的兵团/尸体》（*Nietzsche's Corps/e*: Aesthetics, Politics, Prophecy, or, the Spectacular Technoculture of Everyday Life）。根据 Waite 的说法，尼采的显白教诲在于各种引人入胜的批判策略，这些批判非常成功地吸引了众多的眼球，尤其那些怀着进步目标或新教目标而反对各种理念统治的人，更是趋之若鹜。那么，根据 Waite 的说法，尼采的隐微教诲又是什么？面具后面又是什么呢？当然就是尼采所说的：一种想要统治、想要奴役、想要恢复残忍和苦难的残暴意志。对这位除了尼采之外不信任任何魔鬼的 Waite 而言，这真是一种恶魔般的教诲。为了得出这种结论，Waite 必须解释尼采的坦率主张（即哲学带着厌恶之情进行统治），必须在尼采谈论哲学爱人、因而也爱整全的地方，找到歹毒的恶意和纯粹的快乐。依我看，Waite 这部才华横溢的书恰恰栽在最要紧的问题上：读者应该注意作者的微妙之处，应该感觉到尼采借以传达自己和哲学的最美好言辞的优雅风格。Waite 效忠的对象正是尼采憎恶的对象；他那沉重的共产主义似乎已经使尼采的舞蹈变成了一副滑稽的漫画、一场玩弄人类未来的可鄙游戏——要知道，这个未来尽管悬而未决，其最终结果可是全球的平等和幸福哦；更糟糕的是，这个所谓的舞蹈家竟然拐走了本该属于他 Waite 的盟友，要知道，这个家伙可要使整个未来灰飞烟灭哟！

　　② 尼采在用健康和疾病说明成熟的时候，再次戏弄了无条件者："反对、不忠、快乐的怀疑、轻蔑的激情都是健康的标志：一切无条件者皆属于病理学"（条154）。

当"，即成熟将抵消教条式的不成熟所造成的理智上和精神上的罪过。人们将以不成熟的方式从不成熟中成熟起来。[76] 某种想像中的成熟将以良心为中介惩罚青年的狂热，就好像青年的狂热压根就该当受到谴责，而不是什么自然现象。人们觉得好良心本身就是一种危险，就好像好良心压根就是某种不诚实，掩盖了某种更微妙的诚实。第31条结尾将步入另一种成熟："——十年以后：人们会明白，那一切还都是——青年！"今后十年就是自由精神们的未来成熟期：他们将因为自己的热烈而认识到教条主义的教训；但这种特别的不自由也将使他们束缚于一种严格的良心，即不信任良心的一切功能。由于教条主义的信任，诚实的怀疑主义既不信任各种感觉，也不信任自我惩罚的理性；这种诚实的怀疑主义被自由精神误当成了成熟本身。自由精神生来仍然倾向于教条式地观看；而超越自由精神的成熟则学会了精微艺术，试图从自由精神自愿的盲目中恢复过来。

鉴于第30条和第31条的联系，超成熟的成熟也许不仅允许青年鄙视和崇拜其天生的热烈：它还可能要为了真正的成熟而利用青年的热烈，采取"生命的真正 Artisten［杂技演员］"（即生命的真正表演者或高空走钢丝的演员）已经冒险采取的步骤。在某种程度上，隐微的尼采学说也许可以被说成是一种受到明智指导的孩童竞赛，一种旨在达到真正成熟的青年活动。①

第32条 第31条已经暗示，在某个标志着人类大大成熟了的转折时期，会出现新的成熟。在描述这种成熟时，尼采重新把人类历史分为三个阶段：前道德时期、道德时期和道德之外的时期（extramoral），不过，extramoral 只是权宜之词，只适用于"首先"。这三个历史时期中的两个转折点都取决于一件事情：试着认识自我。

尼采就最漫长的前道德时期只说了一件事："当时人们还不知道

---

① 正如施特劳斯对马基雅维里的看法，见《思索马基雅维里》（*Thoughts on Machiavelli*），页127。

'认识你自己！'这条命令"，因为人们只用行为的后果去衡量行为的价值。① 后来，人们渐渐学会用行为的起因而非后果去衡量行为的价值，于是，一种自我认识的尝试便渐渐"在过去一万年间"支配了"地上的几片大地区"。这种视角的颠转推进了自我认识，但也带来了"灾难性的新迷信"，即认为人类行为的根源应该在意图中寻找。这种迷信攫取了以下种种权利：它有权赞扬、责备和评判地上的一切，甚至有权把地上的一切哲学化。"今天"是人类历史上的关键时期；尼采用一长串极富修辞色彩的问题提出了这个关键时期的关键意义：[77]

——"难道不是这样吗"：即我们必须再次决定在价值领域发动一次颠覆性的根本转变？我们的转变与以前的转变理由相同："人类的自我审查和深化"。

——"难道不是这样吗：即我们站在一个时代的门槛上，消极地说，这个时代首先可以表述为道德之外的时代？"已经统治了一万年的道德观点迫使新的观点"首先"显得很消极，显得是"非道德主义者"的观点（亦参条 226）。

——难道不是这样吗：即"至少在我们非道德主义者中间涌动着下述怀疑，一个行为的价值恰恰在于行为中非故意的东西？"非故意的东西就是我们激情和性情中被给定或被赐予的东西，它已经成了本能。说得更深刻点儿，非故意的东西就是某些非此即彼的基本性情，而这些性情本身又都体现了微妙而多样的人类价值：由充溢的生命力激起的感激与爱，或者由生命的贫困激起的对一切现存之物的报复（《快乐》条 370）。② 人类即将迈入一个获得广泛自我认识的新时代；

---

① 关于结果作为一个行为者最初的价值标准，见《人性》卷一，条 39。

② 关于非故意的科学，见《全集》13.14［117］"智性感觉"，Ansell - Pearson，《类病毒生活》（*Viroid Life*），页 120 - 122。这一点似乎在 Wallace Stevens 那里也得到了共鸣；他说，现代诗歌道德的基本点就在于"正确感觉的道德"（Stevens，*The Necessary Angel*，页 58）。

尼采指出，到那时，某些倾向于肯定自然和历史的本能将取代那些曾经支配道德时期的本能。

——难道不是这样吗：即"[一个行为中] 一切故意性，其中一切可见的、可知的和'有意的'东西都属于故意性的表面和皮肤，——像所有皮肤一样，流露了一些，但隐藏了更多"？非道德主义者断定，道德的观点误读了意图的皮肤，因而是"一个偏见、一种急躁之举，也许是一种预备"。当然，偏颇而轻率的道德观点仅仅"也许"是一种预备，因为很难断定我们必然能够克服这种道德观点。作为一种预备，这种道德观点"有点像占星术和炼丹术之类的东西"——道德的观点属于"高贵的幼稚"，也许是"一个跨越千年的许诺"（序言），是一种原始的灵魂科学（这种如此程度上规训了灵魂的原始科学相对于超道德的灵魂科学，正如占星术相对天文学），是一种可以读出意图皮肤之下的隐藏物的灵魂科学。

第 32 条刚刚为新发现的人类道德现象拟定了一些新名字，现在又在结尾处为道德之外的阶段重新拟定了一个名字。即将到来的道德之外仅仅针对意图的道德，因为"道德的克服"在某种意义上甚至就是 [78]"道德的自我克服：让它成为这项长期的秘密工作的名字吧，这项工作仍然为最精致和最诚实的良心而保存，也为今天最邪恶的良心而保存"。今天工作的动力来自今天的良心，而今天的良心又是被良心史锻造得精致而诚实。自由精神的不成熟良心停留在一种健康的怀疑主义上，一旦受到刺激，就会冲向一种更具批判精神的阶段，从而超越单纯的道德之外阶段。新良心是"boshaftesten [最恶毒的] 良心"——根据尼采关于毒害的所有说法，这都不是因中毒而变得邪恶的良心，而是一种惯于嘲笑和反讽的冒险良心、一种经过敏感而变得坚硬的良心（它因闲适而常常受到伤害，或因圆滑而拒绝叮咬）、一种渴望使自己和他人羞于支持愚蠢和撒谎的良心（迄今为止，良心都在暗中掩护愚蠢和撒谎）。即将到来的工作正是这种更宽泛的道德意义上的超道德工作，因为它理解了人类历史的既定结果，并由此得出了一条关于人类应该做什么的命令。

这条命令牵涉到哲学迄今为止一直借以掩藏自己的隐微教诲：即教条式柏拉图主义与道德观点之间达成的最有效的妥协。尼采极为详细而精彩地说明了道德阶段的终结，从而预示了哲学显白阶段的到来（《道德》3.10）：哲学产生其中的紧急状态可能已经规定，哲学必须披上谎言的外衣，把自己打扮成丑陋的道德禁欲主义毛毛虫，以便与唯一公认的精神权威（即教士的禁欲主义）保持精神上的和谐。哲学一旦达到超道德阶段的成熟，就会获得解放，就可以公开披露自身真正的超道德品性；哲学一旦展示了成熟而迷人的形式，丑陋的毛虫就会变成美丽的蝴蝶。从上往下看的非悲剧观点一旦被翻译成关于整个人类喜剧的可忍受的诗，这种观点看起来就不再像犯罪了，因为一个成熟的人类不再需要从一种被悲剧效果不成熟地解释的生活中被解救出来。①

尼采很可能把"对各种形上叙述（metanarratives，／"元叙述"／"后叙事"）的怀疑"教给了后现代主义，② 但从此类条文中显然可以看出，尼采自己也编织了一套自称真实地说明了整个人类历史的形上叙述。某些脾气暴躁的犬儒干脆认为，人们根本不可能真实地叙述任何实际发生过的事情；而尼采则不然，他没有放弃历史科学。在这里，尼采的形上叙述的焦点在于，［79］人类相信自己是什么：随着人类历史目前的转向，人类渐渐被迫要把什么东西看作自身的真实。根据这种形上叙述，当前时代可能标志着人类启蒙方面的一次决定性的进展——不过，这仅仅是因为我们可以把人类历史看作自然史的一个片断：自然史把人类置于生物学史、化学史和物理学史等本身也属于最形上叙述的历史叙述中。

---

① 尼采早期认为，隐微术之所以必要，乃因集体规定了某些道德谎言，见《人性》第二卷"集锦"条 89－90，"漫游者"条 43－44。

② Lyotard，《后现代的状况》（*The Postmodern Condition*），页 xxiv，39；亦见 Cox，《尼采》，前揭，页 1。

中心问题：道德阶段终结之时的哲学成熟，
或者真能否独立于善、善能否依赖于真？（第33–35条）

在这几条中，尼采在道德阶段终结之时与自己的直接对手（即民主启蒙）展开了交战；几个世纪以来反柏拉图主义的战争已经集聚了一股紧张的活力，但这股活力旋即又被某种精神霸权消耗殆尽；于是，尼采对这种精神霸权发起了进攻；这场战斗的关键就是"优秀的欧洲人和自由、非常自由的精神"。问题分为知识和行动两个方面：能否从根本上高贵地认识世界？如果可能，人类是否适合依照已知的世界而生活？问题是哲学的可能性：能否有一种正确的在体论，或能否正确地认识万物之道？如果可能，那么，有没有一套依万物之道而行的道德或人为的善恶？第二章已经为这个核心问题打好了基础：

——何谓哲人？他在人类赖以生活的简化与虚构中发现了喜剧（条24），但又警告某些人不要为了说服人类相信真理而妄自牺牲（条25）；相反，他研究普通人，以便理解自己与普通人的差别（条26）。哲人发现，他自己心灵的运行速度迥异于常人（条27），但他又想穿越这种速度上的差别以便传达自己的经验（条28），因为他在迷宫中取胜了，能够回来并在某种程度上同情人类（条29）。

——何谓今天的哲人？他揭露了以往哲学的本来面目：以往哲学都是隐微的，从上往下地观看人类痛苦的整个悲剧而不带任何恐惧和怜悯（条30）。他能审视人类的整个过去，并把最近一千年看作热情的青年阶段（在这一阶段，人类从道德上判断整全）；他还看到，道德阶段如今正转入某种更成熟的怀疑主义（怀疑人类的判断力）；但这种怀疑主义仍然不够成熟，无法理性地作出判断（条31–32）。

——哲人如今面临什么问题？知识的可能性问题：倘若我们生活在一个从内到外皆为虚构和谬误的世界中，那么，知识如何可能？[80] 第34条将直面这个问题，并将其追溯到一种幼稚的信仰，即相信真理与我们善念之间和谐一致（条35）。

第33条　第32条提出了在道德阶段终结之时"道德的自我克服"，而第34条（本章的中心格言）将提出知识问题。鉴于本条的位置，必须在最广泛的意义上解读这条短小的格言。于是，我们就会发现，一种新诱惑将危及一种新命令。"一切都无济于事"：必然性支配着这场转向。道德阶段的主导原则（即"自我废弃的道德"）已经成了第二自然，必须受到无情的审判。这审判意味着一种颠转：那种"为他人"而"不为自己"的感情已经成了一种诱惑，会诱使人们放弃"为自己"的新命令，因而必须抵制这种诱惑。旧命令就是新诱惑，旧诱惑就是新命令。诱惑的手段是快乐：道德阶段的道德具有很强的塑造力，它已经使自我牺牲变得快乐起来。如今必须牺牲自我牺牲的快乐；如今人们必须严酷地对待自己，迫使自己为自己。对道德判断的"不信任"为下一条做好了准备："因此，让我们小心！"——vorsichtig：即要有远见。

第34条　作为本章的中心，本条论及欺骗和思想者的义务，并暗示我们可以成熟地应对不可避免的简化与虚构。

我们自以为生活其中的这个世界是虚假的，尼采并不怀疑这点：无论站在什么哲学立场上（譬如哥白尼或博斯科维奇的立场，条12），都能证明上述结论。尼采面临如下诱惑：与其把世界的虚假性归咎于世界本身，归咎于某种"'事物本质'的欺骗原则"，不如把它归咎于我们自己，归咎于"我们的思维本身"，让"'心智'为世界的虚假性负责"。这种小心谨慎的康德式知识论值得称赞："一切自觉或不自觉的 advocatus dei［上帝的辩护士］都采用了这种可敬的方式"。但如此一来，就会"把这个世界连同空间、时间、形式、运动都当成虚假的推论"。因此，尼采有义务超越康德：有义务怀疑"所有思想活动本身"，有义务要求思想活动在这里再做"曾经一做再做的事情"，即虚构。这种怀疑会治愈思想者的无辜（/无知）——这种无辜仍然把思想家带到意识面前，并要求意识给他们某些诚实的答案。① ［81］"对'直接确定性'的信仰"（条16）可能是"一种给我们哲学家带来荣誉的道德的 naiveté ［幼稚］"；但这种信仰对某位哲人来说尚不够好：我们哲人"现在应该不做一次'纯粹道德的'人"。哲人们必须把自己对直接确定性的信仰视为愚蠢行为并唾弃之。

第二章的焦点在于哲人与常人之间的极端差别；现在，那种差别在道德问题上规定了一项基本的义务：在道德阶段终结之时，哲人必须试着怀疑残余的道德信仰——即相信意识可以产生各种直接的确定性。这种怀疑会使哲人与人类的差别显得更大，会为哲人招来一场审判："文明（civil）生活"总会把主动的怀疑视为不审慎行为，视为"坏品质"的标志之一。然而，"在我们中间"，现在有必要采取这种无礼的（uncivil）不审慎行动，有必要"超越文明世界及其肯定与否定"。在历史上，哲学曾经很审慎（如柏拉图所谓）、很文明，并长期与不微妙的、不成熟的社会道德热情搅和在一起，而现在必须抛弃这种做法，宁愿采取社会视为不审慎的行为。可以说，"在我们中间"，哲人"其实有权具有'坏品质'"。为什么？因为哲人"迄今为止一直被人们当作最愚蠢的家伙"。一直被判定为蠢物的哲人实际上已经有权成为罪犯了，有权为自己招来两条最严重的普遍罪名（条30），有权成为"非道德主义者"（条32、226），有"义务怀疑，有义务从每一个怀疑的深处投出最邪恶的斜视目光"。

尼采让思想者看起来像个蠢物，像个从怀疑的沼泽投出斜视目光的粗野而鲁莽的青蛙。之后，尼采马上来了个急刹车，说：很抱歉，我"给这个阴沉的怪物开了个小玩笑"。尼采在此暂停并请求原谅，

---

① 见《全集》13.11［113］＝《权力》条477："我也坚持内部世界的现象性：我们意识到的一切都是彻头彻尾地被整理过的、被简化了的、被模式化的、被解释过的……'明显的内部'世界和'外部'世界一样，受同样的形式和程序支配。"亦见《全集》13.14［152］＝《权力》条478，《全集》13.15［90］＝《权力》条479。

恰恰突出了刚才所说的话——如今光荣的行为反而使哲人陷入了似乎不光荣的怀疑之中，即怀疑心智的欺骗习性。这次停顿也使思想者尼采确定了自己的特殊身份：他"很久以前"就从每一个怀疑的深处投出斜视的目光，从而学会了"别样地思考和评价行骗与受骗"。行骗和受骗并不一定是心智的罪恶，一定是有人嫁责于它；不应该从道德上责难欺骗本身，因为欺骗可能保存甚至增强了物种——这可能是新思想中听起来最奇怪的观点（条4）。既不能根除也不能谴责行骗和受骗，"我起码顺便要稍稍提醒（Rippenstösse）一下那些带着盲目的愤怒而抵制受骗的哲学家们。为什么不呢？"为什么不受骗呢？抵制受骗的负责的哲学家相信应该会有另个样子，从而陷入对欺骗的"盲目愤怒"，但这仍然是一种具有行骗性质的道德愤怒。这些不自觉的上帝辩护士在从道德上指责欺骗的同时，也指责了他们自己。尼采坚持，一位自觉的上帝辩护士经历了行骗和受骗的考验，就不应该指责他自己，因为"真实比表象更有价值，这已经不再是个道德偏见了"。①

　　在道德阶段终结之时，爱真理的人必须学会用一种成熟的方式对待自己的偏见。为了聪明地怀有爱真理的偏见，爱真理的人必须懂得自己是谁：他们是长期的道德热情的产物，仍然紧抓着某种热情。他们也必须知道自己在哪儿：在道德阶段的终点上，在即将首次出现的超道德阶段的门槛上——在野蛮与犯罪的门槛上。这极少数爱真理的人无求于他人，他们必须找到新的途径以便接近真理，承认自己的智慧具有欺骗性，承认欺骗对生活的价值。尼采要让读者承认"最起码：若非基于视角评价和表面现象，生命根本就不会存在"。思想者承认了这种视角性，就会调整自己与"一切生命的根本条件"（序言）之间的关系，终结柏

① 尼采关于行骗与被骗的思考在《快乐》条344（"我们虔诚到何种程度"）有所推进——这是一卷重新论述自由精神与科学的书的开篇格言之一；亦见《道德》3.24，尼采在这里通过提出真理与科学的问题结束了关于禁欲主义理念的论述。

拉图主义反生命的观点（即真假对立）。"有些哲学家怀着崇高的热情和愚蠢"想要"彻底除掉'表象世界'"——他们也许能成功；但尼采在这个小小的 Rippenstoss［提醒］中暗示，那些旧哲人还可以逃到奢华的彼岸世界，而"假设你们也那样做"，你们这些已经除掉了彼岸世界的自由精神，"你们本来就所剩无几的'真理'就更一无所剩喽!"尼采借这个小小的提醒指责自由精神：他们仍是关于价值对立的形而上学信仰的牺牲品（条2），仍然相信真假之间的根本对立。为了取代这种信仰，尼采提出了"表象性的等级"和"表面现象的明暗色调"，即运用一种调色艺术去解读事物的 Schein［光亮表面］，而非将其丢入某种如今已废除的真实性的阴影之中。在如此巧妙地解读外在现象和内在现象的过程中，有哪些特殊要求？或者说，哲学在微妙地解读自然和人性的文本时，需要什么样的认识论？尼采没有在这本"否定言说之书"中予以详细阐述。[83] 不过，尼采当时就此主题做了不少笔记，并准备发表在《重估一切价值》一书中。

尼采以一则小对话结束自己以上就欺骗问题所作的告诫，并由此给出了另一个提醒："这个与我们有某种关联的世界为什么①——，不可能是个虚构呢？"甚至对高尚的真理追求者们而言，虚构也可能不是一个道德问题。这时，尼采听到某人做了进一步的推论；但也并不是虚构迫使某人这样推论：对于发问者，"对于一位也属于某个虚构

---

① 尼采形象的德语翻译成英语，难免会变得抽象：die Welt, die uns etwas angeht ＝ 一个撞击我们的、冲击我们的、必须忍受的世界。亦见条226。在《快乐》条301 这个类似的语境下讨论作为"沉思者"的哲人时，就已经使用过这个短语：他们渐渐明白，"正是我们创造了这个与人相关的世界"。《快乐》条301 扩展并澄清了《快乐》条300 对这个思想的神话表达：尼采在条300 用普罗米修斯神话描述哲人的解释使命。根据这种描述，正是普罗米修斯这个人采取了《善恶》条34 暗示的行动：普罗米修斯首先必须"设想他已经偷得了光明，然后为此付出代价——最后，他才发现，他因渴求光明而创造了光明，不仅人，上帝也是他手中的作品，已经成了他手里的陶土"。见皮希特对《快乐》条300－301 的精彩解读，《尼采》，前揭，页222－244。

的作者"(ein Urheber, 一位为自己的出现负责的原初作者),"人们可以断然回答:为什么?也许,这'属于'也应该归于虚构?"若仔细研究过第 17 条和第 19 条,就会发现这个回答很充分:语法上的狡计使这个世界显得必须要有一个主体来做这个世界的作者。① 对于这种似是而非的必要性,只需一个"为什么?"就否决了我们对语法的信仰;语法就像我们的保姆,它首先教我们如何看待世界。既然"世界有一个作者式的主体"这个推论反映了某种幼稚的信仰,尼采就要表明,如何找到一种合理的方法,在既定的真实基础上,得出一个关于世界的成熟推论。

第 35 条 我们的保姆们。尼采要趁机戏弄一番自己的保姆:尼采曾把《善恶的彼岸》的前版《人性、太人性》满怀感激地献给伏尔泰,并于 1878 年 5 月 30 日匆忙付梓,以便纪念伏尔泰逝世一百周年。启蒙运动的保姆伏尔泰,如今则被成熟而讽世的伽利亚尼(Abbé Galiani)所取代(人们在他那里可以听到最重要的话题,即真与善。见条 26);不过,伽利亚尼不久肯定也会被某位超越犬儒主义的人所取代。

> 噢,伏尔泰!噢,人性!噢,胡说八道!有些东西确实关系到"真理",关系到追求真理;[84] 但一个人若要太人性地着手这事——"il ne cherche le vrai que pour faire le bien"[他追求真理只是为了行善]——我敢打赌,他什么也找不到!

序言、第一章和第二章的开头都已经表明,本书的主题就是追求真理。柏拉图主义相信真善相合,而启蒙运动的保姆们也继承了这种信仰的余绪。因此,若要追求真理。就必须与上述两种信仰断绝关系。短短的第 35 条是对第 34 条的回顾:这进一步证实,第 34 处理的是我

---

① 《道德》1.13 对这个思想有所扩展。

们时代核心的哲学问题，即是否可能真实地理解世界；同时也暗示，一种关于善的前理解已经阻碍了我们对世界的真实理解。第 35 条也是对随后几条的展望：一种求真欲望将独自引导对求真行动，一类已经摆脱了道德或不再为善服务的、自由且非常自由的精神将开始追求真理。第 36 条将实现第 34 条暗许的承诺，并将表明：最多疑的精神在解读内在世界和外在世界的 Schein［表面］时，会就真实问题得出什么样的推论。同第 34 条一样，第 36 条将以一个单破折号（——）结尾，带起短小的第 37 条，而且二者在内在逻辑上也是一体的。第 37 条为了善而大声疾呼：启蒙了的自由精神仍然受制于旧善的术语，一旦被迫听见真理，便会大为震惊。伏尔泰的子孙们觉得，新教诲中的某些东西甚至比伽利亚尼的话听起来更坏；为此，尼采又提供了一个富于启发意义的暗示：一个人要毫无顾忌地追求真理，就会看见一种新善。

位于新哲学之核心的真善问题表明，柏拉图主义的问题并没有随着柏拉图主义的消亡而消亡。这位 Advocatus dei［神的辩护士］既反对柏拉图主义，也反对启蒙运动；他还知道，柏拉图枕头下面藏着阿里斯托芬的书。这几条核心格言以极快的速度指出了某些相互竞争的哲人之间的亲缘关系：这些哲人混合了严肃与轻佻，既能写喜剧也能写悲剧。——柏拉图在一部为尼采早年所喜的对话中暗示，① 这正是苏格拉底在阿里斯托得莫斯（Aristodemus）打盹时给阿里斯托芬讲过的话；阿里斯托得莫斯一不留神，使我们损失了一个我们几乎至今都无法理解的论证：从灵魂的高处看下去，任何悲剧都不再有悲剧效果了。

---

① ［译注］典出柏拉图的《会饮》223c – d。

尼采哲学的理智与情感（第 36 – 38 条）

施特劳斯注意到，第 34 – 35 条与第 36 – 37 条这两对格言在形式上有某种联系：每对格言的后一条都是对前一条的回应；[85] 前一条是"严肃庄重的"反思，后一条是"轻松愉快的"回应。① 形式上的联系暗示了内容上的联系。第 34 – 35 条：对善的承担限制了求真活动，令思想者不得接近研究意识的过程中所必需的不文明的怀疑。第 36 – 37 条：任何关于善的偏见何以不能限制意识的内在世界（36）；对这种无情推理的反应表明，旧善必定会以最极端的形式谴责新真。

这四条格言处理了尼采思想的中心问题，即尼采哲学和尼采宗教的基本问题：世界能都"被认识"？能否忍受这个"被认识的"世界？哲学与宗教彼此不可分离；此外，新哲学和新宗教又与我们的时代处境不可分离。在这部着眼于"最近的东西，时代，我们周围"（《瞧》"善恶"）的书中，尼采一边提出上述真善问题，一边也始终留意以什么样的方式让本书的听众（即自由精神们）听到这些问题。尼采极为简短地把这些问题当作独特的经验加以处理：这位独特之人像恒河的流动一样快速而平稳地思考，而他的处理方式又会诱使那些必定会平稳但缓慢地、快速但急切地对待这些问题的人来试验和尝试。

第 36 条　在这里，尼采终于展示了自己关于权力意志的推理：权力意志是根本的现象。第一章已经宣称：哲学、生物学、物理学和心理学等学科的原始基础都是权力意志。这一系列宣称使本条的推理显得尤为紧迫。第二章已经为本条的推理做好了准备：它已经阐明了哲人的例外特征和哲学面临的特殊困难——如何摆脱善的偏见，独立

---

① 《学习柏拉图式的政治哲学》，前揭，页 176 – 178。

地理解真。

本条以适合"否定言说之书"的方式重现了最早出现在《扎拉图斯特拉如是说》（2"论自我克服"）中的权力意志推理。扎拉图斯特拉在第二部分的孤独之歌中发现了权力意志并认定生命仍然可以测度或理解（尽管怀疑的哲人们认为生命深不可测）之后，就把哲人们（"你们最智慧的人"）叫到一起，并邀请他们和自己一起思索新的根本假设。《扎拉图斯特拉如是说》的推理类似于第36条的推理，但结论却是由生命自己得出来的——关于生命自己的终极真理是个秘密，但谁若能钻进生命的堡垒，她就愿意把这个秘密透露给谁。[86]回顾《扎拉图斯特拉如是说》，有助于理解第36条的权力意志推理（尼采的根本见识）；此外，尼采本人也肯定希望读者向前看：尼采在撰写《善恶的彼岸》中这几条格言的同时，也正在准备自己的主要著作《权力意志：重估一切价值的尝试》；从笔记中显示的该书框架也可以看出，权力意志始终是《权力意志》一书的基本主题。《善恶的彼岸》近距离地观察我们周围的事情，仅以十分经济的笔墨谈到离我们较远的事情；至于那些离我们较远的事情，尼采在《扎拉图斯特拉如是说》中已经以寓言的方式加以处理，并且将在《权力意志》中予以更严肃和更详尽的讨论。

第36条构成了一个实验，并提出了实验的条件和对实验者的限制。试验者应当自由地接受某种不自由：屈服于"方法良心"并让这种良心引导自己的行为。某种无可逃避的"道德方法"守卫着人类历史超道德阶段的大门；成熟的心智将是某种"在科学训练下变坚硬的"的心智（条230）。

实验本身发生于第34条所展示的哲学困境之中：该条认定，这个与我们有某种联系的世界只是个虚构，但又拒绝屈服于彻底的怀疑主义——对世界的彻底怀疑来自对我们自己能力的彻底怀疑。怀疑的心智把怀疑推及意识本身，也仍然只是用自己的能力获得了一个关于世界之最终特征的可能结论。"假设，除了我们的欲望和激情世界，没有任何'给定的'现实", 那么, 试验者就要确定: 究竟能否推论出非给定之物的真实(即永远不可能被给定之物的真实)。第一句话就已经暗示了最终的结论: 能否断定, 非给定之物或欲望和激情之外的世界或"所谓的'机械的'(或'唯物的')世界"是我们欲望和激情的同类相似物(Seines – Gleichen)? 鉴于我们能知的范围有限, 上述结论是否充分?

如此看来, 第36条显示了一个双重问题: 这个试验是否得到允许? 这个试验能否取得成功? 对于这个双重问题, 尼采将连续做出双重肯定的回答; 不过, 在回答之前, 尼采先要澄清自己与贝克莱和叔本华在观点上的不同之处。贝克莱和叔本华假定: 在表面之下或表象之后有某种真实, 这种真实不同于表面或表象, 但借由表面的线索可以确定这种差别。尼采并没有做上述假定。相反, 他明确做出如下假定: 就世界而言, 非给定的真实与给定之物(即我们的情感本身)具有相同的"真实性—等级"。[87] 不过, 非给定之物不仅具有相同的真实性等级, 还有某种很少被组织和被表达的"更原始的形式": 一切"自我分岔和自我组织"进入我们给定的有机过程并得到表达的东西, "都仍然封闭在一个强大的整体中"(它在这个整体中还没有如此表达过自身)。根据这种观点, 自然具有一种性质或一种真实性等级; 不过, 它是一种自我组织的等级制或自我组织的复杂体。有机体是对非有机体的更复杂的组织, 只是在复杂程度上有所不同而已。

否弃了贝克莱和叔本华的"现实"世界之后, 尼采开始回答自己的双重问题。这个试验是否得到允许? 这个实验是被命令的。方法的良心命令: 在假定多种因果性之前, 必须把一种因果性推到极限; 如果试验成功, 就不必再假定多种因果性。显然, 相信"万物皆有原因"这点儿没问题; 尼采立足于希腊科学的基本原则上, 因为希腊科学表达的基本原则也是理性活动本身的基本规则: 无只能产生于无, 无也只能归于无。试验始于它必须开始之处, 即始于我们可以知道的那种原因——即意志原因; 若用其他原因做实验, 就要会从假定多种因果性开始。尼采最后说，问题是我们是否承认意志 wirklich als wirkend［真的起作用］。尼采这里没有重复前面说过的内容：即第一章展示的复杂的意愿解剖学（条18–21）；"对意志因果性的信仰"并非无聊的想象，而预示着我们要在尼采早已阐明的那种复杂性中理解意志。根据尼采前面对意愿的分析，我们常常把自己经验为意愿活动；因此，"我们必须做下述试验，即把意志因果性以假设的形式设定为唯一的因果性"。原因的唯一性意味着结果的唯一性：每个结果也必然是一个意志–结果。

尼采解决了第一个问题之后，就转向第二个问题：这个试验能否取得成功？本条或本书的意图能否取得成功，仍有待证明：

> 最后，假设，可以成功地把我们的整个冲动生命解释为意志的一种基本形式——即权力意志，这就是*我的*法则——的安排和表达。

也就是说，尽管一切猜测意义上的假设都将必然处于"不信任的警察监督"下（《快乐》条344），仍然可以假设，尼采正准备在《权力意志》（他的整个试验装置）中就我们整个冲动生命所进行的试验有望取得成功的结论。某类特殊之人的自我认识将足以使他"有权"就不可知的世界得出某种全面的结论。[88]"他就已经获得了这种权利，即把所有起作用的力量明确地定义为：权力意志。"得出这个实验的结论之后，尼采又补充了一句话以示澄清："世界，从其内部来看，依其'智性特征'来定义和描述——世界可能恰恰就是'权力意志'此外一切皆无。——"世界不可能从其内部看；也没有所谓关于世界之"智性特征"的知识。不过，在某种意义上，我们确实可以认识内部，认识我们的欲望和激情，认识这些离我们最近的理智活动；而这种知识使我们可以凭着好的科学良心得出某种关于整个世界的假设性结论。最接近我们的理智活动是连续性整全的一部分，因此，我们可以假定世界有某种智性特征。可以说，任何关于世界的理性说明、任何关于世界之 physis［自然/性质］的自然学（或物理学）都要求世界具有"必然的"和"可计算"的过程（条22）。假设世界具有智性特征，各门科学就有了唯一可能的基础；将这种智性特征命名为权力意志，就等于界定了那种在所有现象中得到表达的扩张力量的基本性质。

本条及其他类似段落清楚地表明：尼采把自己的观点定位在宇宙学和生物学上的化约主义一路（这种化约主义在古今自然主义中很普遍），同时也尊重认识论上不可避免的怀疑主义非难。我们的确不能直接地认识世界——但我们的确可以就世界得出某些可能的推论：这些推论可以与我们最完备的科学模式相符合，并为这种科学有力地强化了一种全面的视角和最终的说明原则。尼采在此简明扼要地表明：哲学有可能提供某种统一的视角，从而增进现代科学的成果；哲学有权领导各门科学，但它并不教导物理学或生物学应该如何处理各自的研究对象，而是把这些研究对象整合在基本事实的全面统一体中。

第37条　尼采的论证在这里达到了顶点；这个论证在自由精神们听来简直像它应该听起来那样：像蠢话，或更糟糕一些，像犯罪。然而，尼采驳回了犯罪这项指控，暗示听众要以一种不同的方式聆听他的结论。第37条的小对话堪称全书最微妙的时刻之一：在这个关键时刻，旧善谴责了基本的真，而新善又反驳了旧善。尼采并没有严肃庄重而是轻松愉快地看待人们加在哲人头上最古老的罪名。对于一位因柏拉图枕下藏有阿里斯托芬的书而尊敬柏拉图的人来说，这是一个名副其实的时刻。

第一句话出自尼采的朋友们，即尼采对之讲话的自由精神。但他们的发言暴露了其不自由的精神：他们仍然受制于我们哲学家的偏见，仍然相信我们的保姆们。［89］道德阶段的终结之时，旧道德仍然支配着自由精神。他们被尼采的结论吓坏了，但作为启蒙运动的子孙，他们却没有属于自己的语言来表达自己恐惧的程度，而只得回到他们不再相信的那种语言（这种未经启蒙的语言倒挺适合表达极端情绪）："什么！用俗白的话说，那不就意味着：'上帝被驳倒了，而魔鬼却没有？'"上帝——自由精神们仍然用旧词表达一切高尚、雅致、神圣和善好的东西，表示一切安慰、一切甜蜜与美好。魔鬼——自由精神仍然用旧词表达一切卑劣、粗俗、世俗和罪恶的东西，表示一切恐怖、一切苦涩与丑陋。你难道不是已经犯了最高的罪：将一切神圣的恶魔化，将一切恶魔的神圣化？

尼采像个神学家那样回答；他并没有批评自由精神们不应该从理性转向宗教，而只批评他们仍然带着宗教偏见："恰恰相反！恰恰相反，我的朋友们！"这个简洁明了的颠转迫使尼采的朋友们（他的天然盟友）亲自去思索，尼采究竟为何给他们自己的东西下了这种结论，因为要让他自己的东西成为他们的东西，唯一的方式就是让他们自己去发现。希望他们思索他们自己那番话的反面只是个开始，因为严格说来，那番话的反面是：魔鬼被驳倒了，而上帝却没有。启蒙了的、具有自由精神的无神论者们若仔细思考那番话的反面，就会因为彻底亵渎我们的神学传统而感到无比愉快。权力意志教诲是一种彻头彻尾的内在论，因为它驳斥了超验的永恒上帝。但那个上帝真是上帝吗？恰恰相反，必须把那个上帝看作魔鬼：那个全能的暴君给尘世贴上了一条咒语，并把它送给了黑暗之王撒旦。权力意志教诲并没有驳斥旧神学所谓的恶魔之物：世界、尘世、热爱世界的不断变化、热爱尘世的无情死亡。但这个魔鬼真是魔鬼吗？恰恰相反，现在要证明，那曾经的恶魔之物是神圣的。这桩犯罪直接反驳了我们的神学，其罪恶程度远远超过了"上帝死了"这句单纯的历史判断；这桩犯罪说出了那个死者的终极之恶，因而不可能大方地说出来，而只能有效地暗示。这桩反对我们神学的犯罪颠转了我们神学以前对我们世界的犯罪。

尼采与自己的朋友们谈完神学问题之后，又补了一句话。这句话的开头是 Und, zum Teufel auch, 其字面意思是 and, as to the Devil [此外，至于说魔鬼]；不过，在德语口语中，zum Teufel 表示"见鬼去吧"或"该死"："此外，至于说魔鬼，真见鬼，谁强迫你用俗白的话说来着？"谁？就是那个旧魔鬼本身，那个死了但还没走的上帝像个阴影一样徘徊在我们洞穴的墙壁上，迫使贫乏的现代人只能用神学语言说话：解放了的自由精神们陷入了语言的贫乏，在欢庆我们柏拉图传统的残暴上帝之死时，却没有恰当的语言谈论神圣之物。[90]

　　从第36条到第37条，从本体论过渡到神学，这自然是顺理成章：对万物的说明暗示了最高的存在者。这是首要的暗示：论述哲学的诸章之后，必须接着有一章谈论宗教；启蒙运动对宗教的谴责是对我们宗教的热烈反应，因而不是对宗教本身的合理反应。尼采发出这个暗示是恰当其时：因为尼采讲明了权力意志教诲的论证之后，才在与朋友们的小对话中发出这个暗示。这场小对话暗示了尼采思想的关键方面之一：理智关于总体事物的教诲理当会引起情感的某种反应，即宗教的反应。面对这种关于万物的新说明，起初的反应肯定是恐惧和仇恨，因为那种新观点似乎要驳倒人类极其渴望的东西；但这种恐惧和仇恨的反应本身也是旧宗教的遗迹。这场小对话也暗示了相反的一面：真正的人可能会以感激和爱来应对世界之道。这场对话还暗示，新哲学将产生一种新宗教。新宗教根本上不同于任何形式的民众柏拉图主义，包括已经俘虏自由精神的民主启蒙运动。新宗教将认识到自己的历史位置：它超越了人类的道德阶段，也超越了道德诸神和不道德的魔鬼。新宗教将变得更加成熟，因为它将巧妙地依赖于一种既能长远地向后看也能深刻地向内看的成熟哲学。新宗教将通过哲学上的 advocatus dei［*神的辩护士*］为诸神辩护，而这位哲学上的辩护士难免看起来像个 advocatus diaboli［*魔鬼的辩护士*］。理智与情感的深刻逻辑把哲学与宗教这两个主题紧密联系在一起，因此，论哲学的诸章之后，紧接着必定有谈论宗教的篇章。

　　第38条　短小的第38条为一系列关于全面解释问题的格言画上了圆满的句号。本条看似简洁明了，实则错综复杂。开头的例子冲淡了本条的主要观点，使之变得模糊不清。这条格言告诉自由精神们，除了要接受一种新的自然观，还要容忍一种新的历史观。尼采关于存在与时间的重估要求自由精神们放弃他们自己的怀疑主义和进步信仰。

本条的主题不在于高贵欧洲人如何从全欧洲的视角解释法国大革命，① 因为这种误解本身属于某种"可能"发生的更一般的误解，只是后者的最近表现和显著部分而已：一个高贵的后代也许只能以某种使整个过去看起来可以忍受的方式解释"整个过去"，如此一来，"［整个过去的］本文就消失在解释之下"。[91]"可能"发生的事情终于发生了："我们自己就已经是——这高贵的后代"。我们自己就怀有启蒙运动的进步史观：这种进步史观已经把过去世代的全部辛劳和苦难变得可以忍受或富有意义，因为未来世代将生活在过去世代的人们以其辛劳和苦难创造出来的新世界中。不过，启蒙运动对整个过去的高贵误解也隐藏了对其自身的否定：因为"此时此刻，我们只要明白"我们自己就是整个过去为之辛劳并受苦的后代，那么，此时此刻，那种进步观也就"彻底终结"了。民主启蒙运动满以为可以把整个人类过去解释为朝向启蒙或历史终点的进步过程，从而松弛了现时代固有的紧张。在现时代最光明的光明时刻，必须抛弃那种鼓舞人心的进步观：祖辈们既然赐予我们这些后代以高贵，我们就应该证明自己高贵到足以抛弃那种进步观；诚实不允许我们自以为自己就是历史的意义。在历史的终点上——此时此刻——"我们彻底终结了"这种观点彻底终结了。尼采摧毁了那种鼓舞人心的进步史观，但也许诺了一项巨大的收获：尽管曾经的误解使过去的文本一度消失，但这个文本也许还会重新出现。因此，尼采谈完哲学之后，紧接着不仅会谈论宗教，还会花几章来谈论历史（以道德的自然史开始）。

如果尼采之于民主启蒙正如帕斯卡尔之于耶稣会，那么，尼采的

---

① 关于如何正确解释法国大革命，见条46结尾，条195。

《外省人书札》就在此达到了顶峰：哲学怀疑主义看似在进步文化中取得的伟大成果，实际上却暗中拒绝直面残酷的自然和无意义的历史。启蒙运动不过是另一种民众柏拉图主义，这种呆笨而粗俗的柏拉图主义只会抹去雅致和差异。然而，若不能用怀疑主义掩盖关于自然的残酷真理，若不能用进步史观的误解使整个过去变得可以忍受，那么，究竟如何才能忍受自然和时间呢？伏尔泰的子孙们或现代自由精神将不得不忍受一种关于自然的新教诲和一种关于时间的新教诲。

有自由精神的哲人（第39–41条）

既然已经触及关于自然和历史的最深真理，这里自然要转向一个基本的问题：如何谈论那些真理。

第39条 尼采不必对自己的听众（即自由精神们）说"幸福和美德绝不是证据"，[92] 因为他们早已放弃了"可爱的'理想主义者们'"的安慰，而更喜欢他们自己那些不那么令人安慰的观点。不过，尼采有必要告诉他们："使之不幸和使之变恶，同样也不是反面论据。"由此，尼采转向自己从《论历史对生活的利与弊》以来就一直强调的真理问题；"某些东西也许是真的，尽管它在最高层次上同时也是有害的和危险的"——正如前几条中所说的那些真理。真理也许有如下特征：

> 一个精神的强度有多大，可以根据它最多能够承受多少"真理"来衡量，说白了，要根据它在多大程度上必须冲淡、掩盖、甜化、钝化、伪化真理来衡量。

这些论断都是有条件的，但尼采却又承认："毫无疑问，要发现真理的某些部分，实际上更应该喜欢邪恶和不幸。"他还说："更不用说幸福的恶人了，道德家们对这类人保持沉默。"尼采几乎同样以沉默的方式谈论幸福的恶人；他在描绘"富于自由精神的哲人肖像"
时，就谈到"强大的独立精神和哲人"。以这种方式谈论意味着"首
先假定，人们不把'哲人'这个词仅限于那种写书的哲人"——因
此，我们可以把最著名的不写书的哲人苏格拉底算在富于自由精神的
哲人之列；也不把"哲人"这个词仅限于那种"甚至在书中展示自己
的哲学"的哲人——因此，我们可以把最著名的、在书中没有展示自
己哲学而只谈了其他东西的哲人柏拉图算在富于自由精神的哲人
之列。

　　苏格拉底与柏拉图可否算得上是邪恶而幸福的自由精神哲人？尼
采在这里玩了个小小的花招，显得好像支持道德家们保持沉默的共
谋，实际上却有助于打破这种共谋。说白了，匿名的哲学道德家苏格
拉底和柏拉图本身就是邪恶而幸福的，却保持了某种沉默的共谋：作
为道德家，他们想让人们相信只有善人才能得幸福；而作为哲学家，
他们又知道最高的幸福看起来简直是道德上的邪恶。尼采以共谋的方
式打破了这种保持沉默的共谋：他并不急于说出关于真哲人的真相，
而是让读者自己解开这种真相以便获得某种邪恶的愉悦和幸福感。读
者若能破解本条的谜，就能很好地进入下一条格言——论哲人的各种
面具。① ［93］

　　第40条　在我看来，第40条就是一堂隐微术课；每位严肃的读
者，不管是尼采的朋友还是敌人，都应该深思再三。本条声称，最好
的东西最不情愿展示自己，害羞、诚实和骄傲使它们主动炫耀相反的

----

　　① 尼采在另一个地方更为直接地谈到哲学与罪恶，以便服务于自己的意图："邪
恶的原则——哲学思想者如何在他必须处身其中的每个生活社会中被视为所有邪恶的典
范，柏拉图对此有过辉煌的描绘，因为，作为一切习俗的批评者，他是道德
(接上页)人的反对者，如果他不能成功地成为新习俗的立法者，他就永远作为'邪恶
的原则'留在人们的记忆中。"（《朝霞》条496）——如果他成功了，就没有这种记
忆。

东西以隐藏自己：它们知道如何看起来无耻，敏感的它们会为自我炫耀而感到羞耻。在这里，尼采的读者群可能会发生最明显的分裂：谁愿相信尼采这里的自我暗示？因为他的暗示恰恰在于，根本没办法说出他是谁：他之所以不能说出自己的真面目，乃因为他的真面目是一种善，这种紧张而热烈的善不容许为自己作证。

尼采以说教的方式提出自己的核心主张："让人感到最害羞的东西并不是最坏的东西：一副面具背后不仅有狡黠，——狡计之中还有许多善"。这种善的狡计在前面几句话中有所说明："有一类活动（processes）① 非常微妙，以致人们尽量把它们淹没在某种粗糙下面，使人认不出它们；在有些爱的行为和过于慷慨的行为之后，最好拿根棍子痛打目击者：这样能搅浑他的记忆。"这种微妙甚至扩及最终的目击者："有些人懂得如何搅混并虐待自己的记忆，以便至少报复一下这唯一的知情人：羞耻感就是如此善于发明创造。"

关于这点，有没有一些例证？"我可以想到这样一个人，他不得不把某些珍贵而易损的东西藏起来，可以像只深绿的、紧绑的老酒桶一样，粗鲁而圆滑地从生活中滚过去：精敏的羞耻就要这样做。"在论及掩饰、扮演和隐藏珍贵之物的本条格言中，谁会是那个粗鲁而圆滑的酒桶？除了酒神狄奥尼索斯（这个神本身也只愿在喝醉的时候出现）的后代、那个嘻嘻哈哈的阿里斯托芬，还能有谁？阿里斯托芬为了隐藏最珍贵的东西，"要为沉默而说话"。对于自己最亲密和最信任的人，阿里斯托芬不仅隐藏了自己极大的危险——他恰当地对待自己的朋友，不用那些甚至危及他自己的东西去伤害他们；他也隐藏了自己"重新取得的极大的安全"——他隐藏了自己极大的成功，即从极大的危险中赢得了极大的安全；他不但没有被良心的米诺斯撕成碎片，而且仁慈地隐瞒了一个事实，即确实有个米诺斯。[94]

———————————

① Vorgänge 直译：在前的事情、发生在前面的事情。

　　然而，假设阿里斯托芬式的隐藏者不想"用一副面具代替自己，让它在朋友们的内心和头脑里游来荡去"。很容易设想，他想让人们从美好和优雅的方面寻找高的东西的本来面目。然而，即便他不想要面具，在他那里也会渐渐长出一副面具，这副面具不是他自己制造的。某些读者（比如说柏拉图）更愿意寻找一副自造的面具，并且懂得把戴面具者的本来面目珍藏起来，而不揭穿他的面具，把他藏在自己的枕下，同时也学着隐藏他自己。事实上，即便戴面具者不想要面具，也会有一副面具长出来，但他最终也不会为此而懊悔："而且这样也蛮好"；他不会为事物本身的特征而懊悔。因此，最后一句话表达的是个事实而非遗憾：

　　　　每个深奥的精神周围，都在不断地长出一副面具，这要归功于人们错误地，亦即肤浅地解释他给出的每一词、每一步、每道生命标记。——

　　倘若每个深奥的标记都注定要被肤浅化，那么，尼采就陷入了困境——像阿里斯托芬那样，并非完全陷于困境。

　　第41条　尼采设计了一些测试，读者必须把自己付诸这些测试，看看自己是否适合独立和命令；随着测试难度的不断增加，直至"最危险的游戏"时，我们可以看到尼采本人面临的测试。根据尼采本人的简略记录，我们可以看到尼采如何挣脱单纯的忠诚，如何摆脱种种固执的希望：不迷恋瓦格纳，不迷恋现代德国，不奢望全都变成超人（这第三项测试也正是扎拉图斯特拉走向独立的最后一项测试），不奢望有一门像语文科学那样的特殊科学。最后两项测试对《善恶的彼岸》的作者最富启发意义，因为它们从两方面都暗示出，尼采本人既不固守自己的摧毁工作，也不迷恋慷慨的美德：他既不全然为自己，也不全然为他人。在克服"飞翔者的危险"过程中，尼采再次声场：要做精灵之鸟，飞到最高处但不在那里停留（《扎》"七封印"，条6、7）。即

便他是那只归来之鸟，他也不迷恋自己的美德：他不会欢迎别人进入
自己的孤独之所，以免在"好客"中浪费精力——对某类高贵而丰富
的灵魂来说，这是"危险中的危险"。他也没有把慷慨的美德搞成一
种恶习；他一边慷慨地给予，一边也保存自身，保护自己最私有的东
西；他没有沉溺于过分的博爱［爱人类］，知道如何为了自己而存在
（条33）。尼采在"自由精神"章的最后三条中介绍了"未来哲人
们"，同时也遵从了自我保护的必要原则，删去了第42条草稿中的一
句话："我在多大程度上认识了他们，我就在多大程度上认识了我自
己，因为我自己就属于这些即将到来的人。"① ［95］

Versucher——未来哲人们（第42 – 44条）

第42条 尼采为新哲人助产，并在本条为之"施洗"。这类哲人
不同于柏拉图曾经助产出来的那类哲人：前者似乎首先要超越道德阶
段，期望一个未来；而后者似乎首先要借助虔敬的欺骗而保存某种过
去的道德。尼采开始只是强调新哲人的名字"并非不危险"，而且性
质如谜，直到本条煞尾之际才说出这个名字：Versucher。要理解这个
涵义丰富的名字，得搞清其中四层含义。② 第一层含义也许最重要：
"实验者"。新哲人生性喜欢对每次理智和精神的实验说，"让我试
试！"（《快乐》条51）与这种冒险精神相反，柏拉图说到创新时这样
劝告哲人："让我们不要……"③ 第二层含义也许跟第一层同样重要：
新哲人是"诱惑者"。尼采的朋友们担心他的教诲驳倒了上帝而非魔

---

① 《皮希特全集》14Kommentar，页353。

② 皮希特以Versucher为关键词来解读尼采，别开生面。其研究著作的第一部分
题为"作为Versucher的哲人——实验哲学的概念——"，见氏著，《尼采》，页xxi –
xxii，31 – 131。

③ 《王制》4. 424b。

鬼，而这位上帝的辩护士似乎肯定了这种想法，因为那个诱惑者就是魔鬼自己，那个胆敢诱惑耶稣的撒旦（《马太福音》4∶3）。上帝的辩护士把一大群魔鬼释放到世上，还首次给他们起了一个炫耀其危险的名字，而这个名字本身就是一种 Versuchung［诱惑］。

尼采用 Versucher 命名未来哲人们，也是要以此表明他们不可避免地会遭到失败，因为他们是"尝试者"。一次实验既可能失败，也可能成功；新哲人的工作若不是一种面临失败危险的实验，那就算不上是 Versuch 了。新哲人危及他们自己，"但这与我何干！"（《朝霞》条547）更不祥的是，新哲人还危及他人或整个社会——后者必要的简化和虚构迄今为止一直遵循着某种善恶的道德；而未来哲人却试图做从来没有人做过的事情，即"拿真理做实验"：根据真理或真理精神去简化和虚构。

最后，尽管尼采把 Versucher 当作新名词提出来，但事实上，这个名字已经有些来历了；作为蒙田和爱默生的赞赏者，尼采肯定早就见过这个名字：正如皮希特所示，"'essay［随笔］'一词的德译正是 Versuch"。①［96］新哲人就是随笔作家或散文家，他们天生的表达方式就是随笔或格言；这种表达方式的大师不仅有蒙田，还包括一些伟大的效仿者如培根和笛卡儿，还有爱默生。尼采曾经在德语版的《随笔选》（Versuche）一书中研读过上述随笔大师们的作品，并把他们的实验方法追溯到蒙田。②

第43条　"这些即将到来的哲人们，他们是'真理'的新朋友吗？"一个人如何持守真理？这是全书的根本问题，决定着本书的开头（序言和第1条）和结尾（第296条）；也是第二章的固定主题：该

---

① 氏著，《尼采》，页56。

② 这个词甚至可以经由蒙田用在柏拉图身上，因为蒙田认为，这位"教条主义者"其实是个"肯定形式上"的怀疑主义者（Pyrrhonist），他的伟大改革就在于，哲学试着借助宗教进行统治。见《随笔》，页375–380。

章以人们赖以生活的简化和虚构开始，提出了一个关于根本真理的论证，并且处处都在反思追求真理和言说真理的行为。新哲人和旧哲人同样都热爱真理；但二者看待被爱者（即真理）的方式却大不相同。教条主义者们想让自己的真理尽可能地通俗化或普遍化；而骄傲且挑剔的未来哲人却只想与那些已经赢得分享权的人分享真理。"我的判断就是我的判断：任何别人都不能轻易有权获得我的判断。"这种极端的相对主义无关真理本身，而只涉及追求真理的人及其所能获得的高低视角——他们必须使自己有权获得高的视角。因为"情况必定如此，现在如此，过去一直如此：……一切稀罕之物始终都留给稀罕之人"。真理不是相对的，而是稀罕的：很少有人达到真理，而只有达到真理才能分享真理。

第44条　本条是"自由精神"章的最后一条，也是最长的一条；它通过区分新哲人（即未来哲人）与指向未来的思想者（即现代革命的乌托邦主义者），结束了论述哲学的前两章。本条一上来就指出，未来哲人的意涵远远超出了自由精神，是"另一类更高、更大且根本上不同的人"。这种差别"不想被误解和混淆"，因而"如何识别他们"就将成为其余所有篇章的主题之一。未来哲人的宗教态度将令启蒙时代的自由精神们大为震惊，因为后者还怀有强烈的反宗教愤怒。但这一重要姿态与哲学本身有着尤为密切的关系（第三章）。经过"格言与插曲"的间歇之后，读者才能确定新哲人在"道德的自然史"所处的位置，并认出他们；新哲人在科学与学术训练中以什么方式区别于"我们学者们"；[97] 新哲人的美德又以什么方式区别于"我们的美德"，又如何增加并支撑了"我们的美德"；新哲人以何种不同的方式看待欧洲文明史以及整个"诸民族和诸祖国"史；新哲人如何思考"何谓高贵"这个老问题（尼采将通过新哲人重新界定高贵的含义）。

不过，在"自由精神"章的结尾，尼采尚需从一个特殊的角度看待未来哲人。未来哲人当然是"自由、非常自由的精神"（尼采自序言的结尾以后就一直在重复这个词），但尼采必须严格区分他们与那些自命为自由精神的人。为了重新弄清"自由精神概念",尼采必须表明,现代自由精神仍然是民主启蒙观念的奴隶。① 与最终可能出现的未来哲人相比,现代自由精神"实在是十足的关闭之窗和紧闩之门",因为:现代自由精神是"校平器"(leveler,或平等主义者),而不是等级制的辩护者;他们把"一切人类悲惨和失败之由"归于古老的社会结构,归于可变的人类习俗,而不是归于人的自然天性本身;他们把苦难当成了"某种必须予以铲除的东西",而非提高人类的必要条件之一。现代自由精神仍然只是信徒:他们相信没有牧人的"畜群的绿色－草地－幸福",相信"自治的畜群"——尼采最终将把这种霸权描述为可供未来哲人选择的统治方式之一。

尼采属于 Umgekehrten [反转者/向后转者],喜欢转到另一个方向,转向反面。尼采为"生活、苦难和循环"辩护(《扎》3"病愈者");作为苦难的辩护士,他本人如何设想人类的未来?尼采在一系列显然需要闪烁其词的话中明目张胆地谈了自己的想法。他认为,"'人'这株植物之所以极为茁壮地长到了迄今为止这种高度",并不是由于绿草地之福,而是由于"每次都相反的情况"。作为人类植物学家,尼采认为人类之所以能达到顶峰,恰恰是由于穷乏和危困:正是在这种情况下,"人类状况的危险才长成了某种巨大惊人的危险"。尼采最终肯定也是出于上述理由,才愿意冒险拿真理做一次大实验:[98] 一场用虚假做的实验曾经捕获了一切未来的远景;现在,为了提高人类,一项拿真理做的实验必须赢得未来,以便提高人类;而且这次实验还要创造出必要的强制条件。

---

① 尼采所说的"自由精神"与英语 free spirit 的通常含义有很大差别,这点从尼采对中世纪伊斯兰暗杀者教团的说明中可见一斑:"那是一种由卓越自由精神者们构成的教团,其中最下层的团员都过着一种服从生活,这种服从为任何僧侣教团所不及",而其中"最上层的团员"拥有"他们的 secretum [秘密]:'没有什么是真的,一切都是允许的'"(《道德》3.24)。

人类历史表明，巨大的危险已经从两个方面提高了人类：精神和意志。在长期的紧迫与强制状态下，精神即人的"发明力和改变力"已经发展成为某种"精致和大胆的"东西。同样在这种条件下，意志把自身从"生活—意志"（life‑will）强化成了"权力—意志"（power‑will）。power‑will 在草稿中作 will to power；life‑will 本身就是一种 will to power。① 作为人类的生活‑意志，权力意志不仅要在最危险的时代保存生命，还要求超越，并上升为人类的权力意志。

尼采进一步认为："严酷、暴力、奴役、小巷和内心里的危险、隐藏、斯多亚派、诱惑者的艺术、每一种邪术，人身上的一切可怕之物、暴虐之物、猛兽—毒蛇般的东西，同这些东西的反面一样，都有助于提高'人'这类物种。"尼采还补充到，"我们说得很多了，但我们甚至说得还不够"。第二章结尾与第一章结尾一样声称：本章正在讲那些令人不安的东西之时，却在这里突然中止下来，留下一些本应该讲过但并没有讲的令人不安之物；同时也再次暗示出，这次朝向精神指引方向的航行将会给情感带来巨大伤害。第二章开头承认人类赖以生活的简化和虚构有其必要性，而结尾宣布了某些现代人视为恶魔的真理。"我们自由精神恰恰不是最心直口快的精神，这有什么奇怪？我们不想在任何方面泄漏出一个精神可以从何处解脱出来，然后又可能被赶到何处，这有什么奇怪？"不过，单就以"'善恶的彼岸'这个危险的提法"作书名而言，尼采就已经泄露了很多。② 他既然那么小心、那么不心直口快，又为什么用"善恶的彼岸"作书名呢？可能是因为，有必要防止人们把自由且非常自由的精神误当成其反面，以致把他们与那些以各种欧洲语言自称为自由精神的人相混淆。

让读者注意某种自愿的限制不过是为了鼓动读者冲破这种限制。

---

①　《全集》11.37［8］；34［176］尤其有趣，它直接从第44条中的某些思想推出"狄奥尼索斯的哲学"这个说法，而这个说法要到本书的第295条才出现。

②　见《道德》1.7："危险的标题"是一个"危险的标语"。

尼采以同样的方式结束第一章和第二章：诱惑或邀请读者去冒险，[99] 并用一个充满惊叹语气的、堪称全书华彩段的长句对"你们即将到来的人"（即这个诱惑者试图造就的未来哲人）讲话。"没有谁曾像尼采那样如此伟大且如此高贵地讲到过哲人是什么，这样说无疑并不夸张"。① 在最后一句话中，尼采还描述了自己作为一位比自由精神更多的哲人的经验；至于比自由精神更多的人是什么人，且看该书余下部分慢慢道来。[100]

① Leo，Strauss，《古典政治理性主义的重生》，前揭，页 40。

第三章　宗教性的本质

为什么论述宗教的一章紧接在论述哲学的两章之后？论述哲学的篇章已经点明了答案：每种成功的哲学都承认人类赖以生活的简化和虚构，并主动顺应这一事实，正如柏拉图主义所为。为了让少数几个稀罕的精神生活下去，哲学必须在自己的想象中创造一个世界；"任何哲学一旦开始信仰它自身……它就别无选择"（条9）。尼采的哲学当然也信仰它自身，相信它自己成功地赢得了真理这个女人的芳心，相信它作为一套公开教诲是在柏拉图主义废墟上必然产生的历史结果。论述宗教的本章显示：尼采式哲学如何自然而然地产生出尼采式宗教，尼采式宗教如何具有一种历史的和逻辑的合理性。

第三章粗略地勾勒了一个历史线索。它首先考察了我们宗教的过去，即源于希腊和希伯来的基督宗教。中间关注我们宗教的现在，即现时代的宗教危机：反基督教的合理战争自然而然地产生了无神论和虚无主义。然后，转向宗教的未来或未来宗教，为了创建未来宗教必须有何作为。全章始终贯穿着哲人的视角：这位哲人在开头是孤独的观察者，在结尾则成了孤独的行动者。

第三章由18条格言构成，逐步展开一个潜在的论证：哲学必须统治宗教，理性必须主导信仰。[101]本章开篇就认为哲人的宗教观必然很奇特，并讨论本章的主题，即信仰与理性之争（条45-46）。基督宗教的基本要素与荷马宗教（我们如今几乎无法搞懂这位希腊先驱）的基本要素之间形成了强烈的对照（条47-49）。基督宗教与希伯来宗教之间也形成了强烈的反差（条50-52）。当代宗教问题的焦点在于无神论和虚无主义危机——这是现代哲学攻击基督教上帝和暗杀古老灵魂概念的后果（条 53－54）。然而，由于某种无情的历史逻辑，从悲观主义中产生了一种肯定；这种肯定使人们有可能瞥见一种新的理想，这种新理想与关于世界之智性特征的新教诲之间合乎逻辑地联系在一起（条 55－57）。既然要在哲学的看护下带出宗教，就有必要搞清宗教有何益处（条 58－60）。因此，一项与宗教相关的天职就落在了哲学头上，但兹事体大，必须首先在这个后—现代、后—柏拉图、后—道德的世界中认清目标，才能开展这项首要的文化使命（条 61－62）。

尼采给后—基督教的自由精神们展示过许多奇异的教诲，也许，其中最奇异的教诲就关系到宗教的力量或用处。启蒙运动把宗教妖魔化为愚昧的迷信；黑格尔把宗教当作老古董 Aufhebung［扬弃/废除］进了博物馆（尽管宗教一度帮助人类登上了智慧的顶峰）。不管现代精神起初受上述哪种说法的影响，他们最终都获得了解放，成了无宗教或反宗教的人，因而也就不懂得宗教的力量和用处。尼采之所以在本章讨论宗教，其目的就在于说服自由精神重新感激宗教。① 此外，本章还要为自由精神准备某种远非世俗的东西：即狄奥尼索斯与阿莉阿德涅的实际回归；这两位荷马式或超荷马式的神在尼采本书的结尾又回来了。

哲人对信仰与理性的理解（第 45－46 条）

第 45 条 "热爱真理"——本章将要论述宗教，但其开头一条却以这个愉快的玩笑结尾；这暗示出（所有章节的开头同样如此）：热爱真理才是关键问题。然而，求真激情一旦被放进宗教领域，就面临

---

① 在我看来，培根其实已经说出了尼采的原则："真的，一种渺小的哲学会把人的精神引向无神论；而哲学的深邃则把人的头脑带向宗教"（《公民与道德论集》"论无神论"）。这并不是说，最深邃的哲人会变成宗教信仰者，而只是说，他们的头脑被带向宗教，开始利用不可或缺的宗教，正如培根那样。

一些其他问题："我们这类人的好奇心毕竟一直最喜欢所有恶行"。
[102]因此，这种揭露宗教真理的恶行必须学会说宗教话——"原谅
我"，它改掉自己的坦白并使恶行变成了美德，"我本来想说，热爱真
理，无论在天上还是地上，都会得到奖赏"。但论述宗教的本章不会
保持这种美德；"我本来想说"将再次出现在本章末条的结尾，并将
代替对恶行的掩饰，甚至以更邪恶的方式说明尼采的恶行。

　　论述宗教的第一条表明：真正的使命是什么，谁必须履行这一使
命。涉及宗教本质的真理之爱研究了"人的灵魂及其界限"，即人的
灵魂"迄今为止"所达到的全部高度、深度、远度及其"尚未达到的
各种可能性"。哲学对宗教的审问，焦点不在于"高处的东西"，而在
于"地下的东西"；希腊哲学就曾因为用邪恶的理性追问诸神和人类
灵魂的最终命运而受到指控。本节第一句话由此表明了本章标题
"Das religiöse Wesen"的意涵：宗教性的本质（religious essence）应该
在宗教性的存在（religious being）中寻找，而非在宗教性渴望或宗教
性恐惧的对象中寻找。① 施特劳斯注意到，第三章的标题宣告了尼采
与柏拉图主义的决裂：

　　　　第三章被冠以 Das religiöse Wesen 这个标题，而非 Das Wesen
　　der Religion［宗教的本质］，其原因之一在于，宗教的本质或所
　　有宗教的共同本质不是或不应当是我们关注的对象。②

　　尼采把灵魂描绘成一个迷人的领域："对一位天生的心理学家和

---

　　① 《善恶》第三章的标题改进了《人性》第三章的标题：Das religiöse Leben。对
一个反柏拉图式的哲人来说，Wesen 是一个有用的术语：这个词的首要含义是本质或自
然，因而有助于柏拉图主义对形式或本质的追求；但这个词还可以指一个个体的存在、
造物或位格；正是这个标题暗示出，宗教性本质只能在宗教性存在中寻找。

　　② 《学习柏拉图式的政治哲学》，页176。

'伟大逐猎'的朋友来说，这是一个命中注定的逐猎场。"灵魂也是一个巨大的"原始森林"，探索者希望有数百只训练有素的猎犬派往这个森林，加入自己的游戏。"但谁会为我做这种服务呢？"论述宗教的本章一开始就警告，哲人必须自己一个人开展这项必不可少的工作。由于学术和科学的局限，学者们（尼采将在"我们学者们"一章派出他们）不可能在宗教领域追捕最终的猎物，因为在那个领域，热爱真理的人必须超越灵魂迄今为止在宗教中所达到的高度、深度和远度，并从上往下看它们——这种超越极其稀有。宗教的研究者必须搞清楚"Wissen und Gewissen［知识与良心］问题在 homines religiosi［宗教人］的灵魂中迄今为止有过什么样的历史"。这个问题（亦即理性与信仰的关系问题）贯穿了整个第三章。[103] 尼采的例子证实了合适的探究者极其稀有：为了成功，"一个个体也许必须要像帕斯卡尔那样，本身也有那样深邃、那样受伤、那样巨大的智性良心"。他甚至还要超越帕斯卡尔的经验，要从上往下看，从"明朗的、恶毒的、拱形的精神天空"往下看那种经验；扎拉图斯特拉曾在一篇最重要的讲辞中声称自己要飞进那片天空（《扎》3"日出之前"）。本章开头和末尾都提到了帕斯卡尔；尼采后来还把帕斯卡尔的 sacrifizio dell' intelletto［理智的牺牲］（条229）当作基督教精神的最伟大例证：理智为了情感的缘故而做出了极大牺牲。尼采还把帕斯卡尔当作自己的冥府判官之一（《人性》II"集锦"条408），称他为"基督教最有教益的牺牲品"（《瞧》"聪明"条3），以此表达自己对帕斯卡尔的爱慕之情。一个人若必须超越帕斯卡尔的经验并从上往下看那种经验，那么，"他就要"在宗教领域"做很多事情"，因为他必须独自去做。①

知识与良心问题是贯穿本章的显著问题，并且在随后几章中作为新哲人使命的一部分得到持续推进：新哲人必须在新知识的基础上打

① 关于帕斯卡尔，亦见《朝霞》条46，63 – 64，68，79，86，91，192，481，549；《道德》3.17；《偶像》"漫游"条9。

造一颗新良心，即一颗热爱 Wissen［知识］和 Wissenschaft［科学］的好 Gewissen［良心］。坚硬的良心是一项不该抛弃的基督教成果，应该将其转变成后一基督教的良心，即智性良心，或理智借以统治情感的邪恶。

第 46 条 帕斯卡尔的基督教灵魂所达到的高度和深度为孤独的探索者指明了方向，让他回到西方精神史上的最大事件之一，即基督教对古典文化的俘虏；而现代品味已经让人难以恢复这一事件。关于这一事件，还有其他一些人类灵魂的孤独探索者也得出过相似的结论；马基雅维里、蒙田、培根、笛卡儿、霍布斯、斯宾诺莎、卢梭等都认为，基督教在罗马帝国时期对古典文化的胜利断送了欧洲文明中最美好的东西。本章的前半部分试图再次彰显基督教的这场历史性胜利的真正意义；只有这样，才能在本章的后半部分考虑未来宗教。

帕斯卡尔之所以重要，部分是因为他以独特的方式标明了早期基督教的一般特征：当时仍然很有力量的理性却以信仰的名义自杀。第46 条的第一句话信息浓密、语气犹豫；这句话所强调的第一个词就是"信仰"；这表明，"信仰"实际上是本条的标题，其重要性超过本条其他所有主要概念。信仰与理性是本条的主要概念，但牺牲、残酷和苦难等词同样也很显眼；这些含糊不清的概念将在尼采所辩护的东西中变得非常重要——不过，是在理性而非信仰的指导下。［104］基督信仰的反理性之战既发生在个体灵魂之中，也以一种世界史的规模发生在基督教反罗马的战争中。罗马在智识上和政治上都是基督教的对手：作为"一个怀疑的和南方自由精神的世界"的罗马，在智识上，它经历了几个世纪的哲学学派之争，从而把最终的裁判权授予了理性；政治上，罗马帝国施行一种政治上的"宽容教育"，从政策上允许其他外邦宗教进入帝国。

基督教信仰要求牺牲——尼采在后面总结"宗教残忍之梯"的历史时，把牺牲当作这个梯子上的一个梯级（条55）。基督教信仰牺牲了理性，但也随之牺牲了理性使之可能的、希腊人与罗马人所达到的人类成就的其他方面：精神的自由、骄傲和自信。基督教信仰放弃了人的自尊，转而要求奴役、自嘲、自残。因此，尼采同意希罗多德的观察：希腊人与亚洲人永远处于战争之中；那是自由人与奴隶之间的战争。在罗马与基督教的战争中，"伟大之王"的奴隶们变成了上帝的奴隶，并准备牺牲理性人的所有方面以便获得上帝的欢心。① 基督教对罗马的胜利是亚洲对希腊的迟到的胜利。在尼采看来，这场胜利部分是由于希腊人的背叛：柏拉图公开接受了"幽深的东方"视角，即道德化的自然观和时间观。

基督教信仰借助"一种熟烂的、多倍的、大大宠坏了的良心"锻炼了自己的残忍。信仰正是借助这种良心的内在诚命杀死了理性。这种良心是被宠坏了的或娇纵的（verwöhnt），因为它是一种没有良心的良心，是一种不受良心节制的良心：尼采说过，"物理学万岁！"因为物理学或对自然的理性探索在良心上安放了一种良心（《快乐》条335），用一种"在科学训练中变硬了的"良心取代了一个过度的良心（条230）。不过，尼采在其关于 Geist［精神］的基本教诲中将强调，理性统治下的良心也是残酷的，它要求自己的自我牺牲（条229－230）；在界定一切价值的重估时，尼采还将把锻造一种新良心作为自己使命的一部分（条203）。

现代人不再接受古典品味的引导，［105］生活在一个由基督教品味所规定的智识和精神世界中；现代人再也感受不到基督教信仰核心所表现的"荒谬之极"给理性带来的痛苦，再也感受不到对"可怕之极"（对古典品味伤害最大的"十字架上的上帝"）的厌恶。尼采的这些话可以归结为一句话；他还打算把这句话作为自己独特的名言之一：

---

① 蒙田同样认为，基督教上帝是使自己所有信徒变成努力的大暴君；而且《随笔》每卷的中心篇章谈论的都是这个话题。见《道德》1. 16："'罗马反朱迪亚，朱迪亚反罗马'：——迄今为止，还没有比这场战斗、这个问题公式、这对道德上敌对矛盾更伟大的事件。"

基督教的胜利是"对所有古典价值的一次重估"。尼采曾在《善恶的彼岸》封底预告过一部由四部分构成的新书，即《权力意志：一切价值重估的一次尝试》（*The Will to Power：An Experiment in a Transvaluation of All Values*）。这部计划好的书只出了第一部分《敌基督》。本条的主题在《敌基督》中得到了极大的扩展，并以基督教对罗马的胜利结束（《敌》条58－60）。① 基督教已经成功地重估了古典价值；尼采将在这种背景下重新发动一次价值重估，试图颠转基督教的"颠转"，② 恢复古典的"高贵品味"：恢复怀疑论、自由精神和宽容，恢复"罗马的'宽宏气度'（catholicity）"，恢复"启蒙"，恢复对理性与信仰之关系的理性判断。

尼采在对比基督教信仰和罗马"高贵而明朗的宽容"的时候，用了某些在其他地方精心阐释过的范畴：例如，奴隶道德与主人道德（条260，《道德》第一篇）、复仇的激情（《扎》2"论毒蜘蛛"、"论解救"）。尼采称，奴隶与主人的冲突变成了精神的冲突，这场冲突的关键在于如何对待人类苦难，如何面对人类的整个悲剧（哲人最终能够毫无怜悯地看待这种悲剧，条30）。③ 主人以有教养的方式淡然面对苦难，并因此摆脱了信仰，但这种漠然面对信仰的态度激怒了奴隶。"'启蒙运动'激怒了"奴隶，促使奴隶起来报复。尼采用一些表示不成熟的概念（条31）来表达这种愤怒：年轻的热情、癖好无条件者、无差别的爱与恨。基督教信

---

① 尼采这里强调，罗马把希腊科学成功地发扬了几个世纪之久；正是基督教对希腊启蒙的价值重估，遭到了尼采强烈谴责："古代世界的全部劳动都是白费了：对于如此惊人的大事，我完全无法表达自己的感受"（《敌》条59）。

② 即 Umkehren；尼采在后面还将用到这个词："犹太人造成了一次价值颠转的奇迹般的壮举"（条195）。

③ "基督教出自一种犹太根基，也只能理解为这片土壤上的作物，它体现了对一切关于培育、种族和特权的道德的反向运动"（《偶像》"改善者"条4）。尼采在这里还谈到了《摩奴法典》；他当时刚刚研究过的《摩奴法典》"以最不寻常的方式完成了他对宗教的想法"（致 Köselitz，1888 年 5 月 31 日）。

仰反抗"最伟大的生命财富"———一种以高贵的姿态面对人类苦难的雅致而文明的成熟。[106] 区分古典品味与基督教品味的关键在于如何面对苦难：对基督教品味来说，古典品味似乎"要否认苦难"，似乎不需要十字架上的上帝来解救。罗马人与基督徒在人类苦难的意义问题上的冲突只是一场持续到目前的更大冲突的重大插曲之一。作为基督教良心的继承者，现代良心也是一种娇纵的良心；它也学会了下述观点：历史的意义就在于人类消除苦难。尼采提出自己的道德教诲，旨在反对现代良心及其消除苦难的企图；他必然要为下述观点辩护：苦难是人类成就的不可或缺的条件。要为这种看似站不住脚的观点辩护，就必须恢复一种比罗马与朱迪亚之争更大的古代冲突，即恢复道德的整个自然史——这正是尼采此书第二部分的重点。①

基督宗教与希腊祖先（第 47 - 49 条）

第 47 - 49 条处理了"宗教神经症"与"宗教幼稚病"，随后转入"一类非常高贵的人"的宗教。这几条格言指明了各种宗教之间的巨大差异，并以一种新的视角看待基督教对罗马的胜利。

第 47 条　人们如何才能解释宗教皈依现象？尼采坚持，必须极其小心地解释"宗教神经症"这种从罪犯到圣人的"奇迹"般转变。② 尼采差不多是以命令的语气让解释者"转过头去，走到一边去"，不要碰这个可疑的现象、这个连哲人都觉得极为有趣的现象。但尼采本人并没有从这个问题上走开，因为最后一句话暗示：一个人只要冒险用一种足够巧妙的灵魂语文学（即一种适当的物理—心理学）

---

① 苦难是"我们的美德"章中的关键主题。

② 尼采这里似乎暗示，die religiose Neurose［宗教神经症］与 das religiose Wesen［宗教本质/存在］是同义词，宗教不过是神经症；不过，随着一类高贵新人的宗教的出现（条49），上述暗示就成了假象。

去观察这种转变，就可能获得某种解释。

如果人们不是问神经症的原因，而是问神经症为什么会令哲人们如此感兴趣，那么，"毫无疑问"可以找到一个答案。圣人之所以令人着迷，乃因他身上有一种莫名其妙的"奇迹现象"，他似乎就是"一系列连续的矛盾"的化身；［107］从"坏人"到"好人"的瞬间转变似乎预示着某种超自然之物的出现。"以前的灵魂学就是在这里翻船的"。不过，灵魂学若能摆脱那种阻止以前灵魂学深入（条23）的"关于对立价值的信仰"（条2），那么，问题就可以解决。如果解释本身摆脱了各种道德范畴，就不会出现某种东西向其对立面转变这种奇迹现象：那些对立不在于事物之内，而在解释者的范畴之中。圣人只是个自然现象，尽管是个极端的自然现象；不管是基督教的个体奇迹，还是基督教战胜罗马的历史奇迹，都不需要某种超自然的解释。"——什么？'奇迹'只是一个解释错误？语文学的不足？——"不管是解读"人的灵魂及其界限"（条45），还是解读自然（条22），都必需语文学这门解释艺术。

第48条　尼采这里从基督教信仰过渡到后—基督教的不信仰，从Glaube［信仰］过渡到Unglaube［不信仰/怀疑］。跟第46条一样，尼采把欧洲分为文明的南方与野蛮的北方。但在这里，野蛮的北方人不是路德或克伦威尔，而是尼采自己；他发现自己与文明的南方处于"对跖"状态，并对法国怀疑论怀有一种"淫荡的"不信任，尤其不信任勒南的怀疑论。① 在第48条的草稿中，尼采明确称法国怀疑论为"法国自

---

① 尼采在第八章（"诸民族与诸国家"）将更详细地描述南方和北方的特征。极端的北方属于"极北之人"，他们是太阳神阿波罗的子民，而太阳神高于北风神（Boreas）；尼采在《敌基督》开篇（当然也就是《权力意志》的开篇）说，"我们是极北之人……我们知道路，我们找到了千年迷宫的出口"（《敌》条1）。亦见扎拉图斯特拉对明澈的北方冰雪世界的想像，《扎》3"橄榄山上"，这是一个关于保留言辞的演讲。同尼采一样，Wallace Stevens 在《雪人》（*The Snow Man*）一诗中也表达了对极北地的向往之情。

由精神""整个法国的启蒙战争"。① 最现代的法国启蒙思想家们所表达的那种后—基督教的不信仰恰恰是一种宗教的宗教、信仰的信仰；尼采以勒南为例表明自己反对这种后—基督教的虔敬形式。最现代的、貌似自由精神的现代人正是尼采极力反对的对象，因为他们倒置了真理。② "多么出类拔萃，一个人还有自己的对跖者。"在勒南和伏尔泰那里，有某种相似的对跖关系（这正是尼采所反对的东西，条35）：他们相信，人们只有通过善的引导才能接近真理。③〔108〕"最高级的宗教幼稚病"就在于相信"人最具宗教性的时候，才最接近真理"。而对跖的观点则是：一个人越坚守某种善的信念，就越难以接近真理。

第49条 尼采考虑了基督教和后—基督教形式的宗教神经症和宗教幼稚病之后，就转向"古希腊人的"即荷马或前柏拉图时代希腊人的"宗教性"。尼采在本条简单触及希腊宗教之后，还将在随后两条继续讨论基督教；本条的匆匆一瞥是为了进一步说明基督教：基督教战胜罗马的先决条件之一，可以追溯到希腊宗教史上的某个事件。尼采用两句话凝练地表达了自己对西方精神史上这个重大转折点的观察。第一句话："关于古希腊人的宗教性，令人震惊的是，从中竟涌出无限的、丰沛的感激：这是一类非常高贵的人，他以这种方式站立在自然和生命面前！"古希腊人诞生于荷马；希腊的教育者荷马"好像是最智慧的人，知道一切生命的秘密"（《扎》2"论毒蜘蛛"），他教导了最高的文明，使它学会心怀感激地站立在自然和生命面前。④

---

① 《全集》14 Kommentar，页354。

② 关于真理的倒置，亦见序言、条44；对跖物也出现条44。

③ 关于勒南，见《偶像》"漫游"条2。

④ 关于希腊宗教的高贵性，见《人性》条111；关于荷马的非宗教，见《人性》条125和《快乐》条302。关于宗教作为一种感激形式，见《全集》13.17〔4 §1〕。《瓦格纳》"结语"说，"伟大艺术的本质就是感激"。尼采关于希腊宗教的详细观点，见"狄奥尼索斯式的世界观"（《全集》1，页553–577）；关于荷马的诸神，尤见页559–66。

　　第二句话描绘了希腊史上的一件大事，这件事给全部西方人带来了无法估量的后果："——后来，民众在希腊渐渐取得主导地位时，恐惧也就在宗教中取得了支配地位；而基督教也做好了准备。——"对基督教而言，最重要的准备莫过于希腊宗教在民主制下发生的转变，即从一种高贵的感激向大众的恐惧转变；这场转变最终之所以能成功地导致大众宗教，在尼采看来，责任最大的莫过于柏拉图。荷马宗教的危机促使柏拉图努力用一种道德的诸神取代荷马的诸神，用一种不死的灵魂取代必死的灵魂。高贵的古希腊人带着感激站立在自然和生命面前；而柏拉图的希腊人则跪倒在诸神面前，因为诸神决定着他们的不死灵魂的命运。"柏拉图敌荷马：这是彻底的、真正的敌对"（《道德》3. 25）。这不是哲学与宗教之间的敌对，而是两种宗教之间的公开对抗。荷马宗教出于感激，以一种高贵的姿态站立在自然与生命面前，产生了迄今为止人类最高的艺术成果和智识成就。[109] 而柏拉图的宗教则基于恐惧，奴隶般地屈服于某些被发明出来的超自然力量，最终导致欧洲人沦为一种亚洲宗教的猎物，这种亚洲宗教要让整个人在一个至高无上的救赎之神面前自我否弃。①

　　"野蛮的北方人"尼采似乎决心要让后—基督教的欧洲重新严肃地对待宗教。这种观点指向宗教中的对跖态度，指向作为一种权力的宗教本身；最伟大的、最有创造力的诗人们正是借助宗教力量孕育了所有的文化世界。

---

　　① "在基督教的大灾难中，柏拉图就是那种含混和魅力，所谓的'理念'，它使更高贵的古代天性有可能误解他们自身，有可能踏到通向'十字架'的桥上。"（《偶像》"古人"条2）。《道德》大量谈论了基督教之后，进而在相当程度上扩展了《善恶》条 49 的讨论（2.23）。

基督宗教和希伯来祖先（第50－52条）

第50条　本条似乎顺着西方宗教中的下滑轨迹，经由柏拉图，从高贵下滑到低贱，从人面对自然和生命的感激态度下滑到恐惧，并最终滑向基督教"对上帝的激情"，即对一个超自然和超生命的救赎力量的需要。按照尼采的描述，柏拉图主义为上帝准备了三种类型的激情。第一类在于回到南欧与北欧的区分（条46），回到北方的野蛮（新教已将其引入基督教）。第二类在于回到欧洲与亚洲的区分（条46），回到在上帝面前的宗教性奴役（基督教已将其引入欧洲）。① 第三类（尼采举了三个例子）则把对上帝的激情放在升华了的性欲中，这种自然激情的转变渐渐成为圣徒的标志（随后一条将讨论这个问题）。

第51条　最强有力的人为什么会拜倒在圣徒的脚下？在这个语境下，尼采的问题必须在某种程度上涉及，罗马的权力用什么东西对抗基督教对上帝的激情这种新现象。第51条始于"迄今为止"，终于强者不知道如何发问。"世上的强者"在禁欲的圣徒面前"学会了一种新的恐惧，他们预感到了一种新的权力，一个陌生的、迄今为止尚未被征服的敌人"。[110]罗马的权力根据其自我理解来衡量新的权力，但这种理解很不充分，缺乏适当的物理—心理学，因而既不能充分搞懂它自身，也不能充分理解新现象。尼采在本章惟一一次提到自己最终的说明原则，并指出了一种可以更充分地解释敌对双方的解释方式："正是'权力意志'使他们［世上的强者们］在圣徒面前止步"。"他们不得不向他［圣徒］发问——"他们缺乏一种关于自己

---

①　路德和奥古斯丁分别代表新教和罗马天主教；一年后，尼采在《快乐的科学》卷五（条358、359）再次讨论了这两个人物。这些讨论证明：新教是一种远离了文雅的罗马天主教的衰败形式；至于罗马天主教之父奥古斯丁，与柏拉图相比，他只能是一个报复的教师，因为柏拉图的柏拉图主义并不是基于报复。

权力意志的心理学，没有理解权力意志可能采取的更精神化形式。"作为权力意志的形态学和进化学说"（条23），新心理学暗示了以下解释：这种性命攸关的文明相遇导致那个曾经统治欧洲世界的主人帝国堕落成了奴隶般的彼岸世界。

第52条　为了判断基督教，第49条回顾了前—基督教的古希腊人，而第52条回顾了前—基督教的希伯来人。犹太人的"神圣正义之书"（被基督徒称为《旧约》）配得上最高的赞扬：在这部书中，"有如此伟大风格的人、事、言，以至于希腊和印度作品根本无法与之相提并论"。这部"神圣正义之书"和荷马一样，其伟大之处在于拒绝那种已经俘虏欧洲的基督教式进步观念。毫无疑问，尼采在品味上暗中反对阿奎那的判断：尼采认为，"恩宠之书"在品味上反对神圣正义之书。① 把《新约》和《旧约》凑合成一部《圣经》，这可能是最大的"'反精神之罪'，文化欧洲对此感到良心不安"——尼采指控基督教犯下了不义之罪，并引恩宠之书来反对恩宠之书：要知道，"反精神之罪"正是耶稣所能发出的最强烈诅咒，对不可原谅之罪的诅咒（《马太福音》12：31）。②

尼采在本条结束了对基督教本身的考察。以下几条从基督教的祖先们转向了后—基督教的子孙们，并评估了基督教近两千的统治所造成的损失。只有对后—基督教的无神论和虚无主义有了大致的了解（条53－54），才有可能出现某种未来宗教（条55－57）。

---

① 正义和恩宠分别是主人道德和奴隶道德的特征之一（条261，265）。

② 关于《旧约》与基督教，见《朝霞》条84"基督教的语文学"。［译注］《马太福音》12：31："所以我告诉你们：人一切的罪和亵渎的话，都可得赦免；惟独亵渎圣灵，总不得赦免。"其中"亵渎圣灵"即尼采所说的"反精神之罪"（Sünde wider den Geist）。

我们这个时代宗教的核心问题（第53－54条）

　　第三章的中心触及了宗教在我们这个时代的关键问题：本章中间两条分别论及上帝和灵魂，即上帝之死和对灵魂的暗杀（条53－54）。[111] 这两条分别都以一个问题开头，分别处理了现代反柏拉图主义之战成功之后给当代造成的两大后果。尼采拒绝抛弃灵魂这个"最古老、最可敬的假设之一"（条12）；同样，尼采也拒绝抛弃诸神——我们这个时代的宗教危机只是一个局部的基督教—柏拉图事件，并不一定标志着宗教中伟大之物的终结，也不一定标志着荷马和希伯来圣经代表的东西的终结。

　　第53条　基督教的上帝学说对现代的无神论灾难负有责任。"为什么如今有了无神论？"尼采以报告"无数交谈、追问和倾听"的结果作答：这些并不是尼采的回答，而是其同代人的回答。尼采在报告"当前最重大的事件"（《快乐》条343）时，语气中完全没有那个疯子在其著名演讲中表现出的恐怖感——"我们已经杀了他，你们和我"（《快乐》条125）。① 相反，尼采以逗趣的心态报道其同时代出于何种严肃的理由而走向无神论，他自己好像只是对这个事件感兴趣的旁观者。"上帝之中的'父'被彻底驳倒了，'审判官'或'酬劳者'亦如是"。②

---

　　①　关于"疯子"（《快乐》条125），见 Pippin，《尼采与现代性的忧郁》（*Nietzsche and the Melancholy of Modernity*）。Pippin 认为，疯子并不是尼采的夸张代言人，没有真正表达尼采对"上帝之死"的理解。相反，这个疯子的确愚蠢得很：在对这件事的理解上，疯子认为，我们都有不可推卸的责任；在表达方式上，疯子把这件事说给了温和的无神论者，还告诉那些固执的信徒。而尼采本人的理解完全不同：我们并没有谋杀上帝；我们只不过觉得不应该再相信不值得相信的东西，"上帝之死"只是这种感觉的结果。尼采的表达方式也完全不同：他既没有尖叫着谴责，也没有预言某种不可克服的忧郁或压抑情绪；而是相当克制地述说了一件注定发生的事情，并且阐明了欢呼和振奋的理由，尽管这件事预示着一个虚无主义时期（见《快乐》条343）。

　　②　这个报道让人想起扎拉图斯特拉偷听到的"衰老的、悲伤的、干瘪的守夜人"的谈话（《扎》3"论叛教者"）。

因现代科学而变硬了的智性良心似乎发现，基督教的上帝既不可相信，也无法容忍。同样被驳倒的还有关于上帝之自由意志的观念（即认为上帝有能力在世界之中行动）：他"并没有听，——即便他听见了，他也不知道怎样帮忙"——上帝不知道如何打破牢不可破的自然因果链。但"最糟糕的是"（尼采用这句祷文般的话总结了人们传说中的上帝之失败），基督教的上帝似乎不能清楚地讲话："难道他不清楚？"对传说中的启示来说，语文学是灾难；启示一旦轻轻碰到语文学的良心，就会土崩瓦解，并质疑自己的来源。①

　　尼采列举了上述"欧洲有神论没落的原因"之后，[112] 以自己的身份说话，强调了其现代宗教问题研究的另一个方面："在我看来，宗教本能事实上正在强有力地生长"。尼采曾把宗教性的 Wesen［本质］称为宗教性的 Neurose［神经症］（条47）；不过，宗教性的本质似乎比神经错乱症更深刻、更好，因为宗教本能"亦即造神（god‐forming）本能"（《全集》13.17［4，§5］）可以把健康当成神经症的形式。这种宗教本能如今"恰恰带着深深的怀疑拒绝了有神论的满足"，因而使人能残忍对待自己的冲动，它剥夺了自己可能达到的唯一满足。智性良心杀死了基督教的上帝，却没能满足人类追求感激和正义的本能——前—基督教的希腊人和希伯来人曾以高贵的方式表达过的那种本能；也没能满足人类热爱并追求某种比自己无限伟大的东西的本能。尼采将在随后两条阐明了后—基督教处境的另外两个因素，然后才回应上帝之死造成的文化灾难。②

---

①　关于语文学与启示，见《快乐》条358，《敌》条52。

②　Ronald Beiner 很好地阐明了尼采如何分析基督教给宗教带来的种种后果，见氏撰，《格兰特、尼采和后基督教有神论问题》（*George Grant, Nietzsche, and the Problem of a Post‐Christian Theism*）。Beiner 的解释主要基于《权力》中的某些笔记，但其结论符合《善恶》中的某些暗示。亦见 Tyler Roberts，《竞赛的精神》（*Contesting Spirit: Nietzsche, Affirmation, Religion*）对尼采宗教观的评价。

第54条 尼采从现代人对基督教上帝的攻击过渡到现代人对基督教灵魂的攻击。而且，对基督教观念的克服打开了某些肯定的可能性：某种看似宗教困境的东西变成了宗教的新基础之一。"那么，整个现代哲学到底在干什么？"尼采以这种方式开始提问是为了表明，现代哲学对基督教上帝的驳斥（条53）仅仅是其基本行动的必然结果：现代哲学的基本行动就是在攻击古老的灵魂概念过程中重估人类的价值。整个现代哲学是在开展一项政治行动，即革命性地颠覆基督教欧洲的主导概念："暗杀古老的灵魂概念……亦即，暗杀基督教教义的根本前提。"哲学在批判主谓概念的幌子下展开暗杀行动；尼采把这个致命的阴谋追溯到笛卡儿头上：大概指的是《灵魂的激情》（*Les passions de l'ame*），该书首次以现代的方式解释了灵魂，把灵魂看作身体机器的附属现象之一。① ［113］尼采强调现代哲学反基督教之后，又立即补充说，现代哲学"决不反宗教"；他在前一条里也强调过这一点：现代哲学攻击基督教的核心，并不等于攻击宗教本身。

现代哲学对基督教的攻击采取了"一种认识论上的怀疑主义"形式，即凭借"我"的反思使"我"摆脱语法的陷阱——尼采在前面曾称之为迷信（序言，条17，34），而在这里则说人们"从前"相信语

---

① 尼采说，现代哲学的暗杀活动"与其说是基于笛卡儿，不如说是无视笛卡儿"；这个说法似乎间接地表达了他在《敌》条14中直接说明的观点：笛卡儿把人类从生理学（它使动物变成了机器）中排除了。事实上，笛卡儿并没有排除人类，他只是显得好像如此——这很适合像笛卡儿这样熟练的刺客。尼采阅读笛卡儿时是否抱有足够的怀疑态度？《人性》第一版"代前言"引了笛卡儿的一段名言（《方法谈》中间的段落）：笛卡儿在这段话里回顾了自己的职业生涯，并决定继续从事他已经选定的职业，即哲学，因为哲学给他带来了强烈的乐趣，并使其他一切变得毫无价值。然而，尼采在自己的作品和笔记中关于笛卡儿的只言片语足以使我们得出如下结论：尼采没有抱着足够的怀疑态度去阅读笛卡儿，没有把笛卡儿看成自己的伟大先驱——比如说，尼采没有看到，笛卡儿也怀疑了形而上学家关于对立价值信仰（《善恶》条2），也没有把人类作为例外排除在整个宇宙大机器之外。关于笛卡儿与尼采之间的密切关系，参 Lampert，《尼采与现时代》，页145–271。

法：即认为主体必须先在于主体的行动和性质。而现代哲学却凭着"令人赞叹的坚韧和狡黠"，试验了相反的可能性，即：行动决定甚至产生主体。第 54 条还提到另一位现代哲学家，即康德。尼采在前面批判康德是为了说明他对自我的无知（第二章），而这里，尼采更多地肯定了这种无知：

> 主体，亦即"灵魂"，可能是一种纯粹表面的存在，[康德] 对此可能并不总是毫无所知。

——康德为了保留古老灵魂概念的可信性而把灵魂概念搞成不可知的东西，尽管如此，他可能也窥见了下述可能性，即：灵魂可能只有一种 Scheinexistenz[表面的存在]，可能只是它自身的某些表象，而在这些表象下面没有任何实在性。

以上是尼采对现代欧洲哲学（从笛卡儿到康德）的概观；随后，尼采以一种特别的方式结束了本条的最后一句话，这种方式对论述宗教的本章来说十分有力。整个现代欧洲哲学对灵魂或"我"的思考接近于吠陀哲学早已领悟到的某种思想——这种思想曾使吠陀哲学成为"世上一个惊人的权力"。欧洲哲学从基督教中解放出来之后，却走向了非 - 欧洲哲学千年前已经获得的观点；[114] 那种非 - 欧洲哲学非但不反宗教，反而建立了一种与其哲学见识相容的宗教，并因而成为世上一个惊人的权力。《道德的谱系》补充了这里关于吠陀哲学的论述。尼采充分阐明了西方哲学的禁欲主义理念之后，总结说，最现代的精神在自己的求真意志中恰恰继承了禁欲主义理念的内核，其现代形式就是：坦诚的无神论（《道德》3.27）。然后，尼采又在括号中补充了一番"将会证明某些东西"的评论：

> （相同的革命也发生在印度，与我们完全无关）相同的理想导致相同的结果；早在欧洲纪元前五百年，佛陀就达到了决定性的时刻，更准确地说，是以数论派（Sankhya）哲学为开端，佛教后来

把这种哲学普及化并使之成为一种宗教。①

　　这番话证明：西方精神史中有一种内在的逻辑，这种逻辑迫使西方精神把无神论当作其求真意志的后果予以接受；不管在西方人的思想中，还是在东方人的思想中，求真意志这种属人的美德都在无情地起作用。不过，这种内在逻辑也恰恰超越了当前的无神论或虚无主义，并指向一种后虚无主义的可能性：哲学可能产生宗教，这种宗教可能在精神上与哲学达到和解。《道德的谱系》没有采取《善恶的彼岸》所采取的措施；也就是说，《道德的谱系》没有像《善恶的彼岸》随后几条那样，指明欧洲未来宗教的核心。② 这几条也表明，尼采没有采取其朋友多伊森（Paul Deussen）和少数其他欧洲人的方式：他们追随叔本华，幻想着欧洲在精神上会有所进步，并返回某种早期东方哲学的视角。对未来哲人而言，未来宗教要沿着一个不同的方向；尼采将在随后几条中描绘这种方向的轨迹。

未来宗教（第55–57条）

　　未来宗教自然出自未来哲学。未来宗教表现为一种新的理想；一位哲人在现代虚无主义和悲观主义的深渊中瞥见了这种新理想；[115] 这位哲人的首要目标并不是教导或颁布一种新理想，而是理解这种新理想：未来哲人瞥见了未来宗教，但"并不真的想要这么做"

---

　　① 尼采曾送给自己的朋友 Paul Deussen（"欧洲首位真正的印度哲学专家"，《道德》3.17）一本《善恶》，并附了一封信（1886年9月20日）；信中说，Deussen 的《吠檀多体系》（*The System of the Vedanta*）已经清晰地阐明了吠檀多哲学，但他还想更多地了解数论派哲学。

　　② 这表明《道德》有所欠缺：它对《善恶》的补充非常有限。《道德》的局限也表现在，它在核心论文的结尾（2.25）指向了《扎》。

（条56）。尼采固然赞同黑格尔的教导，即"哲学必须有意识地想要去布道"；① 但他还表示，哲学必然会布道，自然而然会去布道：哲学只是想要占有真实，一种新的善感只是这种真实的自然结果。

在《善恶的彼岸》中，尼采的那套教诲（他希望自己和这套教诲被人看作一体）只出现在论述宗教的本章，而且只出现了一次，也没有说出这套教诲的名称："我，永恒复返的教师"（《偶像》条5）。因此，在第55–57条中，尼采关于哲学和宗教的基本论证达到了最重要的结论；而随后五条（即本章的结尾）则期待着这个完成了的论证的后果：实验哲学自然地产生的新宗教如何可能在世上开辟自己的道路？第一个看到新理想的人必须向自己那些漠视宗教的现代读者表明：宗教的用处何在，新宗教与先前宗教的区别何在。

第55条 基督教上帝的现代牺牲和基督教灵魂的暗杀背后隐含着反基督教的愤怒；但还有比这种愤怒更广泛、更有影响的东西：人类灵魂中某种追求牺牲的深刻冲动。牺牲一词在这短短的一条格言中竟出现了七次之多：尼采用这个词描述了宗教残酷之梯上的三个最重要的梯阶。其一，人类的前道德牺牲；其二，为了反自然的、超自然的诸神而牺牲"自己的本能、自己的'自然天性'"。其三，最后的残酷还要牺牲掉这些神本身及其许诺的各种安慰。这最后一次牺牲是一个"吊诡的秘密"：它牺牲了人类为之献出其他牺牲的东西。这最后一次牺牲（牺牲一切值得为之牺牲的东西）似乎就是虚无主义的牺牲。

对于最终的残酷，尼采问道：

> 难道人们不是必须一劳永逸地牺牲掉一切令人安慰的、神圣的、有疗治作用的东西，牺牲掉一切希望，一切对隐秘和谐、未来永福和未来正义的信仰么？

---

① 《精神现象学》（*Phänomenologie des Geistes*），页14。

尼采这里所说的信仰主要是指那些使人可以承受世间生活的信仰；但他紧接着又问："难道人们不是必须牺牲掉上帝本身，并且出于对自身的残酷而牺牲掉对石头、愚蠢、沉重、命运和虚无的崇拜？"牺牲了上帝仍然没有终结崇拜；对上帝的牺牲出于另一种崇拜的命令——这种崇拜本身是一种自我惩罚的形式。这两个反问句都意味着肯定的答案；本条结尾那句预示性的话表明了这一点："要为虚无而牺牲上帝——最后残酷的这个吊诡的神秘留给了现今正在升起的一代"。[116] 尼采并没有说明什么东西必然会导致这最后的、宗教残酷的吊诡阶段，但本书已经很清楚地表明：良心，良心足以逼出这种自我惩罚。现在，智性良心或爱真之心要求得到回报：要求牺牲人类迄今一直安慰自己的非真理的自然观。

尼采把这种极端的牺牲诊断为"欧洲虚无主义"，并在序言中将其描述为降临在最清醒时刻的"紧急状态"（need and distress）。如果说"我们对此都略知一二"；那么，尼采似乎知道的更多："也许还有箭，使命，谁知道呢？目标"。这几条格言展示了尼采对未来哲人的使命和目标的理解。也正是在这里，在一个关于欧洲宗教状况的连续论证中间，尼采触及了《扎拉图斯特拉如是说》中已经写好并打算推荐的教诲。

第 56 条　从本条格言的位置和主题可以看出，本条是本书最重要的格言之一。① 这条格言只是一句话，末尾是关于神性的问题。这句话前半部分始于"任何人……"，后半部分始于"那个人……"——谁追求前半部分描绘的经验，谁就"可能"经历后半部分描绘的经验。从开头可以看出，这些经验就是尼采自己的经验："任何人"被说成"像我"。尼采似乎不愿确认究竟什么东西诱使他探究

---

①　尼采曾为《善恶》拟过许多副标题，"一种永恒复返哲学的序曲"就是其中之一，见《全集》11. 26［325］1884 夏—秋。关于其他标题，见《全集》11. 27［58, 80, 82］, 29［40］, 34［191］。

最深的悲观主义——"某种谜一样渴望或其他"；但他也清楚地表明，他并不渴望发现某种新的理想，他只是与这种新理想不期而遇而已，他"并没有真的想要那么做"。本条在论述宗教的本章中至关重要，因而，有必要做个小小的限定：尼采并非一开始就是宗教教师；他最初的动机也不是布道。那谜一样的真实渴望肯定就是本书的渴望：即哲人的求真意志。本书序言和前三章都始于哲人的求真意志；这种渴望之所以像谜一样，部分是因为：哲人为了满足求真意志，使人类失去了迄今为止一切被认为令人安慰或高尚的东西。只有哲人而 homines religiosi ［非宗教人］，才能获得对未来宗教的重要见识；宗教人的求真意志只不过是对上帝的激情的副产品。

　　本条前半部分说明了尼采"从深处思考悲观主义"的结果；［117］作为"对虚无的崇拜"的特殊形式，虚无主义连接了第56条和第55条；而"对虚无的崇拜"又使尼采想到永恒复返。悲观主义并不是《善恶的彼岸》中的突出词汇，① 但尼采在此给"从深处思考悲观主义"的"谜一样的渴望"分配了一个重要使命：要把悲观主义从"半基督教的、半德意志的狭隘与简单（悲观主义正是借此最终在本世纪呈现在我们面前）中解救出来"，把悲观主义与叔本华的道德主义中区别出来。② 这种思想努力要求一种新的眼光：不受"道德的魔咒

---

　　① "悲观主义"一词还出现在条59，208，225，254。

　　② 完成《善恶》之后，尼采继续在从深处思考悲观主义。几个月后，"悲观主义"出现在第二版《悲剧的诞生：或者希腊主义与悲观主义》的副标题中，并且出现在该书新序言的第2条中："难道悲观主义必然是没落、衰退、蜕化、疲惫和虚弱本能的一个标志？——如同它曾经在印度那里、现在显然在我们'现代人'和欧洲人这里一样？有没有一种强者的悲观主义？一种由幸福、充沛的健康、生存的丰满激发起来的、对生存中艰辛的、可怕的、邪恶的、疑难的方面的智性偏爱？有没有可能恰恰因为太满而受苦？"对于这些问题，《快乐》卷五暗示，答案都是肯定的；根据《快乐》卷五，悲观主义正是尼采自己的观点："一种完全不同的悲观主义，一种古典类型……我称之为未来悲观主义——因为它正在到来！我看见它来了！——狄奥尼索斯的悲观主义！"（《快乐》条370）

与幻觉"的限制，用"一种亚洲和超亚洲的眼睛"去看。这种眼睛既不限于欧洲的视角，也不限于亚洲的视野，最终就是尼采的扎拉图斯特拉之眼：尼采的扎拉图斯特拉在亚洲的扎拉图斯特拉的引导下超越了道德的存在观和时间观。超亚洲的眼光也就是从佛教和吠檀多哲学之外去观察（序言，条54）。这种眼光知道自己是超道德的，发生在人类一万年的道德阶段终结之时（条32）；它超越了悲观主义的一切历史先例。从深处思考悲观主义的经验是"超善恶"，但正如尼采在《道德的谱系》第一篇论文最后一句话中所强调的："'超善恶'……无论如何并不意味着'超好坏'"（1.17）。但第56条的思想者并不是在善恶的指导下，也不是在好坏的指引下，而是在对真理的爱欲（"即便它是 schlimm［坏的］"，《扎》2"论自我克服"）的指引下，达到了一种新善恶的根本之善。

在《善恶的彼岸》中，永恒复返思想是一位从深处思考悲观主义的思想者获得的洞见：那个人"也许正因此……已经向相反的理想睁开双眼"——［118］反对叔本华或佛教的否定自我和否定世界的理想。在提出新理想之前，尼采说明了，什么样的人才有能力把这种理想想象成新理想："有最高血气的、最有活力、最肯定世界的人。"尼采分两个步骤描述了这种肯定而非否定的圣徒所肯定的东西："不仅……而且"，一个高的肯定上罩着一个更高的肯定。肯定新理想的人"不仅接受并学会了与一切曾在和现在的东西相处"——即学会了"和解"（Versöhnung，这个词曾在《扎》［2"论解救"］中用来描述过这个肯定阶段），或者学会了"爱命运"（amor fati，这个词曾在《快乐的科学》第四部开头［条276］用来描述过这个肯定阶段）。"接受并学会了与一切曾在和现在的东西相处"意味着不再报复世界或从世界中解脱出去——鉴于道德阶段的教诲普遍包含着复仇（按照尼采的理解），这已经是很高的肯定成就了。不过，相反的理想还要超越这种较高的肯定，并且"想要再次拥有它，正像它曾在和现在的那样，冲进一切永恒，不知足地大喊 da capo［从头再来］"。这种说法并不表示最能肯定世界的人刚刚发现了关于世界的新事实。相反，它描述了一种强烈的欲望或性情和一种与之相应的理想。最能肯定世界的人在瞥见相反的理想时，发现的是满足肯定世界的激情的最高或最终方式。肯定世界之人的最高理想就是：世界本身如其所是地永恒复返。

这位不知足地对一切曾在和现在之物大喊 da capo［从头再来］的人用了一个音乐术语，这个术语与扎拉图斯特拉教超人唱的那首歌标题相同：Noch ein Mal［再来一次］（《扎》4"沉醉之歌"）！那首永恒复返之歌始于 "Oh Mensch! Gieb Acht!［噢，人哪！请当心！］" 这种强烈的"再来一次！"有一种逻辑或根据；尼采在《善恶的彼岸》中展示了这种根据及其循环或复返性质，从而完成了他在该书中对永恒复返的惟一一次说明。怀有新理想的人 da capo 的对象："不仅是对自己，而且是对整个剧本和整出戏"——终极的肯定是对自我和整全的肯定。这里还暗含着一个问题，即肯定理想为什么要采取这种形式？尼采回答："不仅对一出戏"——尽管这是最大的一出戏，所有存在者都在其"'必然的'和'可预测的'过程"之中（条22）——"但 im Grunde［根本上］是对恰恰需要这出戏的人——他使这出戏成为必要：因为他一再地需要他自己——并使他自己成为必要——"肯定最终是对整个肯定戏剧中最能肯定者的肯定，即对观看这出戏剧的人的肯定。[119] 但要对作为人或整体事物的理想观察者自己高喊 da capo，就必须对整体（作为观察者的人只是其中一个有自我意识的部分）高喊 ca capo。

但为什么要用必然性的语言如此强调最高的肯定呢？尼采用以下两个短语两度强调了必然性：nötig hat［有必要或需要］和 nötig macht［使之必要］。这不是一种物理的或宇宙论的必然性，而是一位爱者的必然性或爱欲的必然性。爱者本身需要被爱者，被爱者本身也需要爱者。爱者的最高激情是渴望爱者和被爱者的永恒复返。爱者"恰恰需要这出戏——并使它成为必要"。爱者之所以必须拥有这出戏，乃因为爱者认识到自己需要被爱者。使这出戏变得必要并不等于造成这出戏或自以为自己造就了这出戏；毋宁说，它只是意味着使这出戏作为被爱者成为必要，即承认这出戏必不可少，去坦言并大喊：是你，我想要你并想要让你永远是你。爱者对被爱者的爱欲本身是急需的，尽管不是源自于缺乏："因为他总是必须拥有他自己——并使他自己成为必要"——不是作为他自己自我造就的原因，这种根本的荒谬（条15，21）在爱欲的逻辑中毫无位置。热爱一切曾在和现在之物的人是一切曾在和现在之物的偶然结果，他从而使自己作为爱者成为必需；他通过热爱自己的存在而实现他自己，通过热烈感激自己的存在而成就自己——要感激他自己的存在，就必须感激整全，因为他的存在隶属于整全。对自我的肯定意味着对整全的肯定，后者是前者的源泉；对整全的肯定反过来也意味着对自我的肯定：让整个部分 da capo。①

　　尼采描述的只是爱者的理想，但最能肯定世界的人却一定要把它变成事实。作为热爱生命的人，他想要自己的生命再来一次——在《扎拉图斯特拉如是说》中，"再来一次！"是一个人临死之前唱的歌（《扎》4 "沉醉之歌"条1）。想要生命再来一次，就必然想要整出戏再来一次，因为正是后者才使前者（热爱真理的人的生命）成为可能。人类对世界的最高肯定就在于，人类一代代产生理性的观察者并有意识地热爱他所观察到的世界。对热爱真理的人来说，世界最终值得肯定的地方就是世界的智性特征，[120] 即无目的的权力意志；对真理的热爱渐渐变成对真实之物的热爱，或按《扎拉图斯特拉如是说》的情节所展示的，对野性智慧的热爱变成了对生命的热爱。

---

　　① 《道德》核心论文的结尾最接近《善恶》条56 的这种肯定。在谈到一位爱者的使命（即竖立一个新理想）时，尼采介绍了一位"必定有一天会来"的人："这位怀有伟大的爱和蔑视的解救者……这位将把我们从先前的理想中解救出来的未来之人"，也会把我们从先前理想的衍生物即虚无主义中解救出来（条24）。不过，尼采描绘了这位未来的解救者之后，就在结尾指向《扎》（条25）。也可参见第三篇论文临近结尾的说法："哪里才有能够表达一种相反理想的相反意志呢？"（《道德》3.23）

爱者需要自我和被爱者，并使自我和被爱者成为必要，这个简洁的表达式使这部否定之书最接近肯定之书《扎拉图斯特拉如是说》。为了详细说明这个新理想的表达式，人们必须做尼采希望《善恶的彼岸》读者做的事情，即循着近的沉思走向远的沉思。"日出之前"（《扎》3）可能是扎拉图斯特拉所有讲辞中最具启发意义的一篇，因为它为永恒复返学说提供了一个基础，表明新理想是一个必然的馈赠行动。扎拉图斯特拉在向敞亮的天空说话时，欢呼着"偶然之主"的统治，因为这种统治超乎任何理性的、目的论的或机械的必然性的统治，超越一切用"人类的控制机制"遮蔽天空的"强制、目标、罪过"概念（《全集》13.11［99］）。没有规则的统治使扎拉图斯特拉可以放手把人类的祝福赐予天空下的一切事物；这祝福是一个"巨大的无限肯定和阿门"，渴望整个惊人的偶然、无辜、机运和玩笑的永恒复返；这种肯定把自身理解为——让事物如其所是：爱者的肯定使被爱者必然如其所是。

第56条　是个高峰，但并不结束于高峰；像《善恶的彼岸》所有关键格言一样，尼采自己说完之后，还让自己的听众说："——什么？这不就是——circulus vitiosus deus［上帝、邪恶的、循环］？"① 这个假想的理想实际上不就是一个造就了上帝的邪恶循环吗？尼采在得出"世界就是权力意志此外一切皆无"的结论时，就曾从朋友们那里听到过类似的反应：上帝遭到了驳斥而魔鬼却没有（条36－37）。现在，尼采又得出"新理想就是如其所是地肯定世界的永恒复返"这种结论，于是，他的朋友似乎再次以一种宗教的语言作出反应并以此表明，尼采把邪恶之物变得神圣起来，把生死聚散的无意义的邪恶循环

---

① 这三个拉丁词都是主格，有多种译法：一个造就了上帝的邪恶圆圈，上帝是一个邪恶圆圈，圆圈是一个邪恶的上帝，一个邪恶的上帝是一个圆圈。第一种翻译最切合这里的语境。

变成了某种神圣之物。① 在这条肯定永恒复返的格言结尾，［121］同那条论证了权力意志的格言的结尾一样，尼采知道自己最重要的教诲将被人们听成是罪恶的化身。第 56 条结尾虽然没有直说，但可以想象出，尼采对于这种反应可能作出如下神学式的回答："恰恰相反。恰恰相反，我的朋友们。"

《善恶的彼岸》只有一次触及永恒复返。在论述宗教问题的本章，尼采的欧洲宗教史进入了上帝之死的精神处境（对基督教灵魂的暗杀及其虚无主义后果）；正是在这里，尼采触及了永恒复返。随后几条有助于澄清：对永恒复返的肯定为什么属于这一欧洲宗教史（条 57）？一般而言的宗教有什么好处，一种新宗教又有什么好处（条 58－62）？因此可以说，永恒复返属于论述宗教的本章而不属于前几章，因为永恒复返本身不是哲学，它超出了所能知道的范围。但是，永恒复返直接源自哲学，来自新哲学关于世界之智性特征的推断。作为一种新理想，永恒复返在逻辑上符合哲人的理想，因为对哲人来说，世界就是权力意志此外一切皆无。第 56 条结尾与第 36－37 条之间的文本关联暗示了内容上的关联：哲人像神学家那样向那些人（他们的神学仍然被意识的上帝残暴地统治着）讲话的时候，就已经得出了"世界就是权力意志此外一切皆无"的结论，并瞥见了这种结论使之可能的新理想。新理想像它出于其中的在体论结论一样，乍看起来是一个恶魔般的邪恶循环，因为旧上帝已经被恶魔化了。永恒复返之于权力意志，正如宗教之于哲学；最高价值通过爱欲的逻辑出自根本事实。新理想不同于柏拉图式的道德理想：新理想赞美并放大了真实之物，而没有给真

————————

① 这也是奥古斯丁对希腊永恒复返学说的实际反应——这种学说是最高的犯罪，因为它使拯救或救赎（从尘世生活的诅咒中解救出来）变得只是暂时性的（《上帝之城》xii. 13－15）。这也是真诚无神论者叔本华的反应；叔本华的悲观主义仍是以道德的和半基督教的方式诅咒生存（《意志和表象的世界》，第 54，59 节）。扎拉图斯特拉用永恒复返思想赶走了叔本华式的侏儒（《扎》3 "幻相与谜"）。

实套上一个与之相矛盾的道德谎言。永恒复返理想位于肯定世界的新宗教的核心；像荷马宗教一样（条49），这种新理想产生了一种丰富的感激。作为理想，永恒复返学说还有一个更抽象的版本：随着狄奥尼索斯与阿莉阿德涅在本书结尾的出现，尼采将以神话的方式或神圣的语言表达永恒复返学说（条295）。

在《善恶的彼岸》中，尼采没有把永恒复返说成是一个关于世界的事实（无论可以确定与否）。这种方式与《扎拉图斯特拉如是说》的表述方式若合符节。[122]扎拉图斯特拉的动物们声称知道永恒复返，并作为永恒复返的信徒而生活其中（《扎》3"病愈者"）。在他与生命跳舞的关键时刻（《扎》3"另一支舞蹈之歌"），扎拉图斯特拉在生命的耳边嘀咕了几句。我们不知道他嘀咕些什么，但那一定是完全征服了生命的爱情表白，因为生命听完之后，便同意跟他结婚；于是，一首婚姻之歌结束了第三章。扎拉图斯特拉肯定在生命的耳边说了《善恶的彼岸》条56中所说的东西：他十分热爱生命并渴望生命的永恒复返。对此，生命的回答是"没有人知道这个"。没有人能够知道世界的永恒复返。不过，人们能够很好地适应他所知道的这个世界，以至于会不顾一切地渴望世界如其所是地永恒复返。永恒复返是一种与理智指引一致的情感渴望。①

第57条　本条格言以一种更平静的语气从容道来，与第56条激情洋溢的肯定有很大距离；它以一种长远的历史视角观察了第56条的思想者已经看到的东西。在"精神之眼"的新"精神化的目光和洞见"下，"远方，正如它曾是的，一个人周围的空间……在生长：他

① 关于永恒复返的发现和逻辑，尼采自己有更具个人性的说明，见条56的草稿：尼采在对"我的朋友们"发表演讲时，报告自己多年从事的工作（《全集》11.34[204]）。这份草稿包含了条56的众多要素，但都是在一场相反观点和相反性情的竞赛中直接反对"一切思想中最颓废的、反生命的思想，上帝"。这种反对立场似乎是下一条格言的预兆，因为条57总体上更少论战色彩，更多诗意和平静的韵味。

的世界变得更深，不时有新星、不时有新谜和新影像走进他的视野"。这种经验的扩展连续导致了三个以"也许"开始的事件。空间的影像变成时间的影像，在具有这种视觉的人看来，人类的整个过去和未来开始变得不同。本条由此反思了永恒复返学说给人类历史带来的后果：把人类历史看成人类成熟的过程，并借此把它与第二章所描绘的成熟（即人类历史之道德阶段的终结）联系起来（条31－32）。

对于一个已窥见新理想的人来说，对过去的最深刻的诚挚之心变得"也许"仅仅是理智之戏的排练场；其中，理智借以锻炼其敏锐度和严肃性的一切都可以看作"给孩子和大孩子预备的东西"，即长大之后不再需要的某种东西。第二个"也许"挑选了大孩子们迄今一直借以锻炼自己的两个概念，即"'上帝'和'罪'的概念"；在这"最庄严的概念周围，发生过最大的斗争和苦难"：也许它们"有一天并不比老人眼中的儿童玩具和儿童疼痛显得更重要"。最后一个"也许"结束了本条，把关于整个人类精神史的思考带向了顶峰：[123]"并且也许，'老人'又会需要另一种玩具和另一种疼痛，——还是孩子，够了，一个永恒的娃娃！"向后看，把人类精神的过去看作儿童玩具，观察者是一位老人；向前看，观察者变成一位所谓的老人，其实是个孩子、一个需要玩具的永恒孩子。①

人类的苦难戏剧没有尽头，尽管每出特殊的戏剧都有结束，尽管对人类苦难的每种特殊的思考和解释方式都有终结。我们现在站在人类苦难解释史的重大终点上，即道德阶段的终点上，这将是一种成熟、一个新的开始，将产生永恒的孩子，变成新的谜和影像。宗教残酷之梯的最后梯阶标志着人类经验的深化：人类将见识到相反的理想；这种理想将用永恒复返的新谜、用新的玩具和新的疼痛取代幼稚

---

① 作为新教牧师之子，尼采谈到这个拖延上帝和罪的"老人"时，心里大概想到了路德神学的关键论题之一；见《罗马书》6：6－7；《以弗所书》4：22－24；《歌罗西书》3：9－10。

的旧上帝和罪恶之谜。产生了上帝和罪恶之谜的自我否定理想让位于产生永恒复返之谜和影像的肯定自我和世界的理想：若没有用来简化与虚构的理想，永恒的孩子就不能生活。①

　　若没有宗教，人类就不能生活。但新宗教在决定性的方面不同于道德宗教：新宗教要在意志的推动下肯定而非否定；它将把旧宗教的各种深刻概念当作幼稚的东西予以抛弃，并转向对 amor fati［热爱命运］和永恒复返的肯定。新宗教在被拥有的方式上也不同于旧宗教：新宗教知道自己要变成游戏。新宗教孩子般地游戏，但并不会幼稚地以为自身的谜和影像可以界定事物的自然本性。新宗教在指出"世界从内部看就是权力意志此外一切皆无"的同时，也知道人类知识的界限。人类理智的这种发现不再会引起人类感情上的震惊和恐惧，倒是会引起一声强烈的 da capo［再来一次］！——爱者一旦瞥见真正的被爱者就会如是高喊，他只能渴望被爱者如其曾在和现在那样永恒复返。

宗教有什么用处（第58－60条）

　　这个主题把本章带入尾声，也把论述哲学和宗教的前三章带入其恰当的结尾。[124] 这个主题在序言中就出现过：此时此地，柏拉图主义已经奄奄一息，它曾经灾难性地预备下了宗教并给宗教带了坏名声；在这种情况下，有必要像柏拉图那样深刻地理解宗教，像柏拉图那样果断地行动，尽管是以一种反柏拉图主义的方式去理解和行动。宗教有必要再次进入哲学关心的范围内；哲人也有必要再次把宗教当作一种教育和教养手段，借此在精神上培育一类忠于自然和自然物的新人。不过，首先有必要理解宗教的用处。

　　第58条　人们很大程度上对现代欧洲宗教报以冷漠的态度。"本

---

　　①　见《善恶》条94："一个男人的成熟：这意味着已经重新找到人们在孩童时代游戏时曾有过的那种严肃"。亦参《人性》条638关于"游戏中的严肃"的美妙反思。

真的宗教生活"需要闲暇来予以适当的引导，而现时代的标志却是
"勤劳"以及相伴的"商业和娱乐"。第58条格言由广到狭考虑了现
代人对宗教的冷漠态度：首先说到现代学者没有能力严肃地对待宗
教；哲人在人类灵魂的高处和深处进行伟大狩猎的时候也不会用到这
些学者们（条45）。现代学者与早先的学者相反，[①] "不再知道宗教有
何用处"。"宗教有何用处"是本章剩余几条的主要论题；这几条格言
旨在教育冷漠的学者，使他们认识到宗教的不可或缺性，并使他们有
助于新宗教的建立。

本条结尾比较了各种有辱学者的信仰：现代学者继承了某种幼稚
的信仰，并用这种信仰蒙住了自己的眼睛，看不到其他信仰的重要和
文雅。他们对宗教的冷漠态度源于他们自己的低级信仰；那种低级信
仰使学者成了"'诸观念'、'诸现代观念'的勤奋而快捷的头—手劳
动者"。

第59条 本条自然接着上一条，继续纠正了现代人对宗教的肤
浅看法；但本条也接着第56条，扩展了那位"从深处思考悲观主义"
者的结论："谁深深地洞察了世界，谁就肯定会猜出，'人是表面的'
这个事实之中蕴藏着何等智慧。"谁就深深地承认需要表面，需要简
化和虚构（条24），需要面具（条40）——并承认"这样很好"。从序
言的视角来看，本条获得了适当的严肃性：哲学要统治宗教，因此，
柏拉图主义有必要变成各种民众柏拉图主义。柏拉图对世界深处的深
刻凝视导致了柏拉图式的宗教发明，即各种基于希望和恐惧的神和罪
的概念；而柏拉图本人可能既没有相信过那些概念，[125] 也没有分
享过那些希望和恐惧。本条反思了柏拉图式宗教，即我们各种各样的
道德宗教，从而为本章结尾的行动做好了准备：哲人的原型柏拉图知
道宗教的用处何在，并且不羞于利用宗教从事"他的文化教育事业"

---

① 见《快乐》条358："现代学者的退化……他缺乏敬畏、羞耻和深度。"

（条61）——哲学必须再次以柏拉图为典范进行思考和行动。

柏拉图式宗教的背后隐藏着柏拉图式智慧：本条证明，恐惧是使表面现象变得必要的情感；恐惧曾经使古希腊宗教从荷马式宗教变成柏拉图式宗教，并由此预备下了基督教（条49）。"人们在这里和那里都发现了一种对'纯粹形式'的热烈而夸张的崇拜，在哲学家们中间如在艺术家们中间一样。"这话能用到纯粹形式的发明者（"纯粹心灵和善本身"的发明者）柏拉图身上吗？如果柏拉图之于自己的发明物，正如荷马之于自己的发明物，那么，答案就是否定的；因为尼采惊奇地发现：荷马在发明诸神的过程中表现得放肆大胆，他本人一点儿都不相信自己发明的那些神，因为他就是他们的发明者。[①]"任何人都不要怀疑，谁如此多地需要崇拜表面之物，谁就说不定在什么时候灾难性地触及表面之物的下面。"在尼采的眼里，柏拉图也不需要崇拜表面之物；柏拉图并不是所谓的"被烧伤的孩子"之一。在完成《善恶的彼岸》之后，尼采将证明，哲学的理想主义基于对感觉的恐惧；不过，他把柏拉图排除在外：柏拉图的理想主义是苏格拉底式的审慎，一种健康的谨小慎微，即为同代人的超强感觉而担心；关于表面之物的柏拉图式智慧基于对其他人可能具有的东西的恐惧（《快乐》条372）。像所有哲人一样，柏拉图以隐微的方式观察事物，即从上往下看。不过，本条格言描写的不是柏拉图，而是像最有影响的宗教柏拉图主义者奥古斯丁这样的 homines religiosi ［宗教人］。

尼采指责现代学者无视宗教的重要性时，似乎想要告诉人们，宗教借助其极其强大的中介在我们的文化中打上了不可消除的印记。他们是"天生的艺术家，他们甚至在伪造生命形象的意图中（这似乎是对生命的一种喋喋不休的报复），才能找到生命的乐趣"——尼采用这

---

① "艺术家的非宗教性。——荷马在他的诸神中间感到如此自在，作为一位诗人，他在他们那里得到如此的快乐，以至于他在任何情况下都必定有深刻的非宗教性"（《人性》条125，亦参《快乐》302）。

些话来描绘奥古斯丁（《快乐》条359）。"人们可以把 homines religiosi ［宗教人］算作艺术家，作为他们的最高等级。"尼采曾在本章开头（条45）声称，有必要在理解力上超越宗教人取得的高度、深度和广度。在这里，理解宗教人就意味着把他们的动机看作是对生命的报复，［126］把他们的成就看成是对世界的创造（这些被创造出来的世界已经成了全体民众的家园）。学者们必须懂得宗教的用处，因为各种宗教已经创造了各种供人类居住的世界，而这种创造出于某些意味深长的怀疑动机。

尼采明显转向我们的宗教及其艺术家们创造的世界。作为主导希腊宗教的激情，作为柏拉图式宗教的基础，恐惧扮演了根本的角色："正是对一种无可救药的悲观主义的深深怀疑的恐惧，迫使整个千年紧紧咬住对生存的宗教解释。"尼采无畏地面对悲观主义，才瞥见了肯定生命的理想；那种一度统治欧洲历史达两千年之久的相反的柏拉图式理想现在将走向终结。这种恐惧源于一种"本能，这种本能觉得人们在变得足够强大、足够坚硬、足够艺术家之前，可能过早地掌握真理"。人们变得足够强大、坚硬和艺术家并获得真理，这表明，最高的艺术（即宗教）可能另有一个基础，而这个基础将不同于我们宗教的基础（即恐惧）；换言之，宗教可能建立在某种本能上：这种本能感到，就人们掌握真理而言，如今已经不再过早了。这种宗教史的关键问题就是，人类一直在为真理作准备。尽管尼采批评启蒙运动的进步之梦，但同时也暗示，在道德阶段终结之时，人类的进步就是可能的，也是实际的。宗教上的进步能产生一种表面的艺术；这种表面艺术不是通过创造另一个世界来虚构，而是对一切曾在和现在的东西说：如你所是地永恒复返吧！这种不同于恐惧的宗教基础早就在前－拉图的希腊宗教和外－柏拉图主义的希伯来宗教中显示出来了：感激与正义。本条开头就承认，人类的表面性中蕴含着智慧：在高潮部分则为这种表面的智慧提供了一个新基础。

本条的最终思想涉及"虔诚，'在上帝内生活'，从这种观点来考虑"——不是启蒙了的现代学者们的观点（他们嘲笑某些人竟然还对宗教感兴趣），而是下面这种观点，即：在这种表面艺术中看出智慧，并感激这种艺术的创世力量。从这种观点来看，虔诚似乎是"恐惧真理之心的最文雅和最后的产物"。我们的大众柏拉图主义所实践的美德不同于追求真理的哲学美德，二者恰恰相反；这种虔诚是"想要颠倒真理的意志，不惜一切地追求非真理的意志"。恐惧真理，害怕真理会导致无可救药的悲观主义；这种恐惧促使最高的艺术颠倒了真理，产生了整个献身于"在上帝内生活"的文明。这样指控虔诚的伪造艺术，并不是出于反宗教的愤怒："也许，迄今为止还没有比虔诚更有力的手段能够美化人类本身：虔诚能够使人变得如此艺术、表面、变彩、善良，以致他的目光不再使人们受苦。——"［127］这个判断为第 60 条做了铺垫：该条将论及这种具有美化作用的虔诚的另一方面，即为了上帝而爱人。

　　第 60 条　"迄今为止"——本条重复了前条的这个词，并着眼于"虔诚，'在上帝内生活'"（条 59）给人类带来的后果，回顾了我们的大众柏拉图主义："为了上帝而爱人。"这种高尚的爱是艺术家的伟大发明；艺术家对真理的颠倒已经极大地影响了我们的文明。尼采把这种爱称为"迄今为止最高贵的情感"，并且称赞首位匿名的辩护士是"迄今为止飞得最高的人"。① 但这两句赞词被另两个相连的短语抵消了：它也是"迄今为止最古怪的情感"；首位辩护士是"迄今为止迷路迷得最漂亮的人"。在研究宗教的力量及其在我们文明中的地位时，倒是应该尊重这种高贵的、高飞的、漂亮的虔诚；但也要充

———————————

① Walter Kaufmann 在一处译注中指出，这个匿名者首先就是摩西，因为摩西曾说自己笨口拙舌头，需要一位代言人（《出埃及记》4：10）。但这里更可能指的是耶稣：这个创始人很符合《扎》（4"自愿行乞者"）和《敌》（条 27 – 41）中的耶稣形象（爱被说成是基督教世界的典型特征）；本章对我们宗教的强调似乎也表明，在迄今为止对宗教所做的批判之后，应该补充说明理性的力量。

分认识这种极端的古怪,并将其创始人看作深刻的犯错的人。

"为了上帝而爱人"把对我们自身存在的爱建立在一个巨大的虚假上,建立在由恐惧(即害怕某种无可救药的悲观主义)所发明的某个上帝上,从而颠倒了真理。本条格言在澄清中透着感激:我们宗教的过去具有某种高贵、庄严和美丽,但本质上是乖张错误的;它的热爱方式假定了一个非自然的且反自然的神,而不允许其他方式的虚构。①我们的宗教曾教导说,离了上帝,对人的爱就"只能是更多的愚蠢和兽性"——我们的宗教基于一种深深的厌人病(misanthropy),基于自卑和自怨;只有从一个超自然者那里绕过来,即爱上帝,人才能变得可爱。

可以不可以在其他基础上爱人呢?本真的 philanthropy[爱人类/博爱]有没有根据?宗教通过新理想表明,对人的爱完全不必绕到任何反自然的东西那里。最有血气的、有活力的、肯定世界的人将以可想象的最丰富的方式爱他自己和世界。这种自爱是《扎拉图斯特拉如是说》中的重要主题之一;[128]这种自爱远非现代的人道主义:现代人道主义爱的是普遍化的人,而普遍化的人本身又是基督教的遗迹之一(《扎》3 "论三种恶")。根据《扎拉图斯特拉如是说》的表述,爱人就是爱人能够渴望并能获得的东西;最终,爱人就是为了哲学而爱人,为了人对真实之物的敞开而爱人。

怎么办?哲学统治宗教(第 61 – 62 条)

论述宗教的本章以两条格言结尾,这两条的探究对象是哲学与宗教的关系、一种政治哲学关系或统治的竞赛;尼采旨在重建二者之间

---

① 条 198 再次提到"为上帝而爱上帝和人"。该条的主题"作为怯懦的道德":这种怯懦只允许各种激情在严厉的宗教控制下得到表达,只允许爱的激情在神圣化的形式中得到表达。

的适当地位："十八个世纪"之后，哲学必须把统治宗教带到自己的支配之下。哲学统治宗教意味着哲学必须统治各种支配行动的信仰。宗教成为哲学的首要政治工具：各种支配人类行动的信仰要与哲学现在看作必然的东西相一致；自然化的宗教要协助肯定世界的哲学。这就是"伟大政治"（《瞧》"命运"条1）；它回答了扎拉图斯特拉的问题——"谁应当作尘世之主？谁将说'你们这些大大小小的河流哦，你们当如是奔流！'"（《扎》4"沉醉之歌"条4）。这也是柏拉图式的政治：哲人要回到洞穴中进行统治，只能借助唯一可资利用的工具，即统治意见。

宗教太重要了，不能留给宗教人自己处理。因此，论述宗教的本章结束于一个行动，由此恰如其分地结束了前三章；通过这一行动，一个未来哲人开始打算统治未来宗教。作为一个完整的整体，前三章共同阐明了新哲学的理论与实践。因此，在本章结尾作出重大行动之后出现一个间断，也是恰如其分的。

第61条　本条一开始就以反讽的笔调界定了哲人的基本行动："哲人，照我们的理解，照我们自由精神们的理解——，乃是具有最广泛责任的人，他对人的整个发展负有良心。"我们自由精神们明白哲人并不自由。已经打破了一切要求（即坚持上升和下降的洞见）的哲人又为自己打造了一颗良心，并借此绑住了自己：要为人类的未来负责。哲人不仅热爱真理，也热爱追求真理的人；哲人为了提高人才被迫行动。上述观点虽然回答了哲人本质上为什么要行动这个问题，但还不足以充分证明：负责的哲学行动者在自己的教养和教育使命中为什么可以利用宗教。[129]哲人知道宗教的用处何在，并使之服务于某些目的；而这些目的却只能对他自己具有充分的说服力。哲人要想达到这些目的，就必须有能力成功地说服其他人行动起来，去实现某些额外的目的。要利用宗教，就得提供一些令人信服的理由，以便让人们觉得那些只有哲人重视的目的值得追求。

论述宗教的本章贯彻了本章结尾提出的政策。知道宗教之用处的尼采从以一种不同于现代人的视角回顾了宗教的过去；宗教远没有被现代进步抛在后面，而是真正进步的工具。诸宗教之间的差异使我们柏拉图式的宗教显得糟糕透顶；但既然瞥见了一种与柏拉图式宗教理想相反的新理想，就有根据开展新的行动。那么，用肯定世界的新理想能开展什么样的文化教育呢？本章的最后两条就邀请读者仔细考虑，尼采如何理解并实现其责任。①

哲人出于对人类未来的责任，追求一种"在精选和教育上的影响，既有创造性和塑造性，同样也有破坏性"。可以用园艺学来描述宗教的用处，因为教育或栽培是文化的基础：哲人通过一种选择程序来发挥影响；这种选择程序既有塑造性，又有破坏性，因为哲人在这种程序下既培植植物，也修剪植物。要想成功地利用宗教产生这种影响，就必须搞清那些"能够置于宗教的符咒和保护之下"的类型。那位曾借助宗教发挥影响的哲人原型柏拉图坚持，哲人必须辨别各种不同的灵魂类型和能够说服各种灵魂类型的交谈方式。② 尼采效仿柏拉图，描绘了三类人和宗教对每类人产生作用的方式。这三类人背后其实还有第四类人，即宗教的最终使用者，即为了自己的目的而有意识地利用宗教的思想者。

本条基于一个更根本的区分描绘了人们之间的差别：统治者和被

---

① 尼采在《人性》中描述了"下个世纪的伟大精神们的巨大使命"：人类必须为自己设定某些涵括整个尘世的普遍目标，而此类目标首要前提是认识文化的各种前提，因为文化正是此类目标的科学标准。《善恶》勇敢地担负了《人性》给下世纪最好的精神指定的使命。《扎》中的诸多发现似乎已经把尼采一度想留给未来哲人的责任放在了尼采自己肩上；而且扎拉图斯特拉在发现这种责任属于自己之前（第一部分），也曾把这种责任留给未来思想者，留给某些未来的超人。

② 《斐德若》269c–272b。

统治者，或命令者和服从者。① 对天生的命令者来说，［130］"宗教更多情况下是一种克服反抗的手段，为了能够维持统治"。在柏拉图的高贵而必要的谎言中，② 宗教是"一个联结统治者与属民的纽带，并使后者将其良心、其最想逃避服从的最隐秘和最内在的东西透露并交付给前者"。柏拉图强调，统治者愿意相信自己的统治是凭恩宠而非凭暴力或诡计。尼采则首先强调，被统治者必须相信这种纽带；宗教只有内在地捆绑住了被统治者，才能控制他们的内心。但随后，尼采又谈到统治着统治者的类型。尼采把"少数独特的类型"描绘成一种"高贵的精神性（或译教士）"：③ 这种"高贵的精神性"仅为自身保留"最精微的统治艺术"。这些独特的类型用一种独特的方式使用宗教：宗教给他们以宁静与纯洁；也就是说，他们在宗教这个虔诚的庇所后面追求着某些更精微的理智事业。不仅如此，他们还借助宗教统治了统治者。尼采以印度教的最高等级婆罗门为例，描述了他们如何"为自己赢得向民众任命国王的权力，而他们自己则保持远离，置身事外，好像他们是负有更高的、超越王室的使命的人"。通过统治诸王而取得比国王更多的统治权。这类人就是柏拉图笔下的哲人—王。④

尼采说明了宗教对那些统治着统治者的人有何用处，然后，他又回到宗教对被统治者的用处；他首先讨论了被统治者中的一小部分人，即那些立志统治的上升阶级。不过，尼采最关心的还是被统治者中的最大多数人，即那些建立基督教并使佛教变得有用的"大多数

---

① 这也是马基雅维里的基本区分，《君主论》，章18。见 Rahe，《古今共和国》（*Republics Ancient and Modern*）卷2，Rahe 精彩地说明了这种区分如何反映在马基雅维里及其早期伟大的现代追随者们那里，页35，46，57，150，191。

② 《王制》414c–415d。

③ 比较《善恶》条219关于高贵精神性的说法；条201还提及一种高贵的、独立的精神性。

④ 《敌》条57更详细地阐述了印度和柏拉图那里的哲学统治。

人"。尼采用本条剩余部分和整个最后一条讨论了宗教的这种用处，因为尼采正是在这种用处中找到了负责的哲人行动的根本理由。宗教是人民的鸦片，是无情世界的感情。对于这个事实，尼采并没有像马克思那样怒不可遏；但由于基督教的鸦片采取了各种各样的形式，尼采甚至比马克思更痛恨基督教：基督教的鸦片毒害了那种产生了科学与哲学的文明。第 61 条处理了各种鸦片的用处；第 62 条讨论了基督教鸦片的特殊危险。

尼采列举了宗教对普通人产生作用的五种方式；每种方式适合一种不能从根本上变好的处境。[131] 想象与信仰是美化某种苦命的不可或缺的力量，尽管这种力量的某些形式比环境的改变更糟糕。这是一位已经瞥见新理想的哲人对宗教作出的总体正面肯定，它证实了下述已经暗示过的可能性：宗教凭其安慰的、美化的、神圣化的和正义化的力量，可能变得符合某种肯定的万物观。尼采曾把宗教称赞为艺术，甚至是最高的艺术。由于哲人感激和赞美的理由只能对那些以思想为生命的少数人才具有说服力，整个论述宗教的本章的结尾就很明显了：新哲学要产生一种新的美化艺术，这种美化艺术要知道艺术的用处。

本条结尾表达了对艺术的敬意；基督教和佛教都是借助艺术才教会了最低等人以顺从。"也许"基督教中最值得赞扬的倒在于，基督教是一种允许多数人认为自己活得好并在其苦命中找到满足的迷信；尼采跟启蒙思想家太不相同了，他竟然还能为基督教拥有千年的欺骗力量而赞扬基督教。不过，"这一切现在都已结束"（《快乐》条357）；基督教上帝死了，基督教灵魂也遭到了暗杀，后基督教的欧洲文明滑到了虚无主义深渊的崖边。最后，对哲人而言，基督教之所以能成为统治宗教，主要不在于其有用性，而在于其"可怕的危险性"；尼采在最后一条格言中将谈到这种危险性。

第 62 条 尼采以对统治宗教的"总体说明"结束论述宗教的本章；这个说明亦是最后的判断：它详细说明了我们应该感激什么，谴责什么，最后，必须做什么。这最后的判断为哲人的行动（论述哲学和宗教的整个前三章都以此为目的）提供了基础；这个行动旨在重建智慧之人对具有视野塑造作用的信仰的统治。

> 宗教若不是作为文明和教育的手段掌握在哲人手中进行统治，而是为了它们自身而进行统治，独立自主地统治，那么，代价总是昂贵而骇人的。

人类的文明和教育有两条可供选择的根本之路。如果宗教独立自主地统治，那么，它们就是"它们自己的最终目的"。如果哲学是至高无上的，那么，宗教就是实现哲学目的的"其他手段中的手段"之一。人是动物的一种，是独一无二的"尚未被确定的动物"。在动物中，只有人在某种程度上可以通过文化手段确定自身，即通过自己的信仰推动自己的行动。人的自然天性在于，人不得不部分地用习惯塑造自己，不得不生活在某种自我解释中并通过培养和教育使之在每个可塑造的后代身上得到强化。人可以适应习惯，这种可塑性使人类永远是尚未被确定的动物。[132] 在当前的历史时刻——后—现代的、后—基督教的、后—柏拉图的、后—道德的时代——哲人的使命仍然是尼采在弄清楚确切应该做什么之前，在《瓦格纳在拜雷特》（条3）中规定的：

> 哲学的最重要问题似乎是，世界的特征在何种程度上不可改变：一旦这个问题得到回答，就可以凭最无情的勇气着手提高世界中被认为可以改变的部分。

最后一条论述宗教和哲学的格言的问题恰恰在于：基督教和佛教，这两大宗教如何应对自然的冷漠产物，即高低贵贱？尼采回答："它们力图在生命中保存和固守一切可以保留的东西。"尼采对宗教的最终衡量标准在于保存与提高的差别。这种标准来自尼采的下述观点：生命就是权力意志此外一切皆无；要使人类的信仰和自然达成一致，就必须让人类投入到竞赛和争斗中，投入到竞赛性的提高运动中。自主宗教不仅支持保存，甚至用最极端的政治方式支持保存：宗教为了使自己的观点成为唯一被允许存在的观点而斗争。自主宗教练就了权力欲和精神化的权力意志；自主宗教是排斥任何其他生命观的帝国式和专制式宗教——尼采在《快乐的科学》（条143）中将其称之为"一神论的巨大危险"，"也许是人类迄今遭遇的最大危险"；柏拉图发明的纯粹心灵和善本身助长了这种危险。①

尼采的"总体说明"承认，自主宗教实践了一种"保护和保存的关怀"，但这种关怀"太多地保存了应当毁灭的东西"。自主宗教在实践自己的教养使命时，恰恰保存了应该剪除的东西。尽管如此，"我们应当感谢它们给我们带来了不可估量的好处；但是，任何人只要面对——譬如——基督教的'精神化的人'迄今为止给欧洲带来的一切，哪怕有再多的感激，也会枯竭！"尽管这种感激根本得不到充分的表达，"总体说明"还是必须得问：自主宗教如何使精神化的人表演了这些伟大的人道主义行动。尼采回答：只有通过一场价值重估，即颠转一切价值；这场价值的颠倒把实际最高的变成了最低的，实际最好的变成了最坏的，并且仅仅为了上帝而爱人。基督教的价值颠倒妖魔化了诸自然价值，其目的在于

> 打败强者，弄脏伟大的希望，怀疑美丽之物中的欢乐，搞垮一切自治之物、一切阳刚之物、征服、统治欲、[133]最高的且最有教养的人种特有的所有本能，将其弄得毫无自信、良心煎熬、自暴自弃。

---

① 关于一神教的危险，见 Roberts，《竞赛的精神》，前揭，页 57-61。

自主宗教自命的天职就是颠覆"对尘世之物和尘世之主的整个热爱……使之变成对尘世和尘世之物的憎恨"。自主宗教借助这些价值练就了自己的摧残形式，剪除了本应该加以培育的自然的优秀和强健。尼采对自主宗教的"最后说明"暗中导向了自然与历史，导向了生存的自然等级秩序和精神战争（这种战争在实践上是由基督教对希腊化罗马的反对而引起的）。尼采这种混杂着感激和谴责的判断暗示，非自主的宗教也能够实现基督教关怀所取得的伟大社会成就：这种非自主的宗教既能够施予仁慈，又不必向自主宗教那样颠倒价值；作为这种宗教之基础的哲学，其目的首先不在于保存应该毁灭的东西，而在于提高能够超越的东西。

论述宗教的本章的最后一句是论述哲学与宗教的整个三章的高潮；它描绘了一位哲人——旁观者眼中的我们精神史上的伟大事件，即基督教对尘世价值的颠倒。他该如何行动呢？像一个伊壁鸠鲁分子那样么？"假设，人们能够用一种伊壁鸠鲁式神祇的轻蔑与漠然眼神，俯观奇痛难忍、既粗鄙又雅致的欧洲基督教喜剧。"——假设人们能够像伊壁鸠鲁观看落在希腊文明上的太阳那样（《快乐》条45），用同样安详而平静的眼神俯观欧洲的基督教——"我相信，人们根本就摸不到惊讶和嘲笑的尽头，因为某个单独的意志似乎不会再统治欧洲达十八个世纪，那种从人性中制造出一种出奇的怪胎的意志？"欧洲史上自基督教出现以来的喜剧将给一位哲学观察者带来无穷的乐趣；这位 ataraxia［心平气和］的认知者毫无牵挂，他站在两个世界边缘的神圣哨岗上安然地观望着我们整个文明之船的沉没；他至多也只希望与少数同类人分享一个旁观者的乐趣。

尼采不可能做伊壁鸠鲁式的神；他怀有"相反的渴望"：这是一位沉思者的渴望；这位沉思者如此着迷于这些"可怕的斗争和转变"的伟大景观，以至于"必须参与并战斗"（《悲剧》条15）。尼采要成为伟大文明戏剧中的行动者，因而也就追随了伊壁鸠鲁的对手柏拉图。但是，尼采这位柏拉图式的行动者不能成为伊壁鸠鲁恶毒嘲笑的笑柄（《善恶》条9）；尼采绝不是 Dionysiokolax［僭主狄奥尼修斯的谄

媚者]，他没有发明一套教条主义以讨好僭主。如果这样一位哲学行动者

　　　　不再是伊壁鸠鲁分子，而是手握某种神圣之锤，走近这几乎故意的、基督教式欧洲人（例如帕斯卡尔）表现出的人性的退化和萎缩，[134]那么，他难道不得在愤怒、在怜悯、在战栗中大喊么[？]

　　在论述宗教的本章的开头和结尾都出现了帕斯卡尔：一旦从高处审视帕斯卡尔的精神经验（条45）就会发现，基督教教诲能对最高类型的人干出多么令人恐怖的事情：搞垮他们高贵的智性良心，取而代之的是负罪感和向反自然之物投降。固然要感激基督教给所有贫困之人带去的关怀，也要憎恨基督教对一个帕斯卡尔干下的一切；感激抵消不了仇恨。

　　惊悸的哲人以两种方式大喊：其一，直接向那些塑造了基督教人性观的基督教艺术家们讲话；其二，尼采借这套讲辞"想要说"些什么。哲人首先告诉另一类人，自主宗教是个制造者："尔等蠢材，尔等放肆的可怜蠢材，尔等都干了些什么！尔等的双手干得了那种工作吗！尔等糟蹋并毁坏了我最美丽的石头！尔等该当何罪！"①哲人手中的锤子是雕塑家的锤子：最稀罕的艺术家用这种工具可以给尚未确定的动物之石塑造出最美丽的形状。

　　"我想要说"——在论述宗教的本章中，最后一条的结尾与第一条的结尾异曲同工：尼采要说明自己的意图。不过，在这里，一切供

―――――――――

　　①　尼采知道自己在哪里：在这个世界里，基督教已经失去行使自己意志的制度性力量；他可以比培根和笛卡儿等哲人更公开地攻击基督教，尽管后者也怀有尼采那样的基督教观，并发动了一场抑制基督教力量的文化方案："不是他们对人的爱，而是他们爱的无能阻止今日基督徒——烧死我们"（《善恶》条104）。

嘲笑虔诚的玩笑都过时了，他可以像《敌基督》那样直截了当地说话了："基督教是一种迄今为止最具灾难性的自以为是。"自以为是或傲慢自大（Selbst – Überhebung）标志着两类自以为有权塑造人类的艺术家。凭什么有这种权利？尼采的最后一句话列举了基督教雕塑家所缺乏的三种品质；基督教缺乏这三种品质，因而就没有权利塑造人类。据此推论，谁拥有这三种品质，谁就有权塑造人类；尼采显然自称自己有这三种品质。塑造欧洲人的基督教雕塑家

> 不够高，不够硬，没有任何塑造人类的艺术家权利……不够强大，不够有远见，不足以用一种极端的自我强制去允许千百次失败和毁灭的前台法则施行统治……不够高贵，不足以看出人与人之间深不可测的各种等级秩序和等级鸿沟。

三个动词分别表示行动、"允许"和"看出"；行动基于"允许"，"允许"又基于"看出"。[135] 只要以肯定的方式解读尼采这番话，就能发现：艺术家塑造人类的行动必须符合自然并基于见识。

塑造人类的艺术就是以宗教为最高艺术的行动。人类（即扎拉图斯特拉的一千个民族）由各种塑造性的或铸造性的行动来确定；这些行动创造了精神化的智性语汇并使诸民族生活其中。谁足够高、足够硬，足以做这项工作？只有某些有能力"允许"或"让其存在"的人；他"足够强大，足够有远见"，并非为了干涉自然的基本进程，而是要"让千百次失败和毁灭的前台法则去施行统治"。允许这种法则统治，就等于允许自然以其残酷和冷漠进行统治；自主宗教却不允许这种法则，反而保存了太多应该毁灭的东西。如果在面对自然明摆着的不人道时，强大和远见（"极端的自我强制"）仍然不足，那么，提高非自然或反自然的法则似乎就是自然的。为什么称之为"前台法则"（foreground law）？也许是因为自然极其明显的浪费（自然产生了大量的剩余物）掩盖了某种不太明显的东西；但哲学观看者最终可以

接近这种东西——尼采列表中的第三种品质。

谁能允许自然的前台法则进行统治？只有那种高贵到足以看出人与人之等级鸿沟的人。这里再次出现了《善恶的彼岸》的最重要主题：承认哲学是人类血气和理智的顶峰，这项自然的成就使哲人有责任进行统治。哲学通过一种自然权利进行统治，哲学塑造人类的活动出于智慧；这智慧允许自然的前台法则（即残酷和冷漠）进行统治，因为它已经看见了前台之后的后台景观；尼采稍后如此描述这后台景观："本真的'自然'在其整个浪费而冷漠的宽宏博大中令人惊骇，但它是高贵的"（条188）。自然或世界被看做权力意志此外一切皆无；其高贵性使哲人说出了最高可能的肯定。爱真理变成了爱真实之物。在论述宗教的本章结尾，尼采说明了那些通过塑造其否定世界的理想而塑造了西方人的宗教艺术家们所缺乏的品质，同时也说明了那些通过塑造相反的理想而将要塑造人类的哲学艺术家的品质。作为新的最高理想，永恒复返的教诲是一位知道宗教之用处的哲人所使用的文化教育工具。在尼采作品中，永恒复返首先表现为"最伟大的重负"（《快乐》条341）：这个思想已经开始控制某个人，不是压碎他，就是改变他；不是摧毁他，就是增强他。永恒复返思想的首次出现为扎拉图斯特拉本人的出现做了准备（《快乐》条342）；在《扎拉图斯特拉如是说》中，尼采展示了永恒复返思想的文化教育功能：［136］它压碎了一切复仇教师的严肃精神，转变并鼓励了相反的肯定精神。永恒复返是最严峻的教诲，因为它允许应该毁灭的东西毁灭：凡不能忍受生命"作为权力意志此外一切皆无"的永恒复返的东西，都该自行毁灭。

《善恶的彼岸》前三章的论证是尼采的基本论证、从哲学过渡到政治哲学的论证；这个论证曾在《扎拉图斯特拉如是说》中以神话的方式得到过展示：理性的必须统治非理性的，自然的必须统治非自然的。自哲学首次为自己招来一个公共案件以来，自哲学首次登台亮相以来，上述论证就已经是哲学的基本论证。自柏拉图以来，哲学就已经为了自身利益而理性地行动起来，就已经发展了一套政治哲学。在尼采这里，哲学开始公开自柏拉图以来一直隐藏的东西；哲学冒着柏拉图所谓的不审慎（impolitic）的危险，因为它认定，柏拉图向反真理和反生命的东西妥协，结果招致了西方精神史上的大灾难——用自主宗教塑造人类。

　　基本论证现在倒是完成了，但《善恶的彼岸》并没有结束。该书还将继续探讨各种道德和政治论题，这些论题将展示真正哲学的可能性及其公共使命的必然性。为了界定真正的哲人或滋补之人（条207），尼采将表明"道德的自然史"如何会给哲学带来危机；哲人的天然亲族即"我们学者们"如何不同于哲人，但又是哲学不可缺少的工具；"我们的美德"如何服务于哲学；欧洲文明的"诸民族和诸祖国"这一当代状况如何迫使哲学行动；对"什么是高贵？"的回答如何有助于精确说明一种新人的理想。

第四章　警句与插曲

　　第四章由 125 条短小格言组成，其中两条编号重复（条 65、73）。在这 125 条中，足足有 100 条摘自同一本笔记，而且毫无改动或稍作改动；这本笔记中的 445 条此类短小格言撰于 1882 年春夏之际；而一直过了三年多之后，即 1886 年冬春之际，尼采才开始写《善恶的彼岸》。① 在 1882 年初夏，尼采已经刚刚完成《快乐的科学》并准备撰写《扎拉图斯特拉如是说》。此外，尼采当时正怀着极大的希望积极培养莎乐美（Lou von Salomé），觉得自己终于为自己的思想找到了一位合适的追随者。尼采在创作这些格言时似乎心里念着莎乐美；有些格言甚至是在莎乐美在场的情况下写就的，即他们于 1882 年 8 月在陶腾堡（Tautenburg）期间（近两周）。② [138]

　　这些格言的形式丰富多彩，有比喻（条 124）、谜语（140）和引语（条 142）等等；有些是诙谐的玩笑（条 101，104，121，157，168，172），

---

　　①　见《全集》14Kommentar 页 355 – 358。这本笔记收于《全集》10. 3 = 手稿 ZI 1。还有 11 条摘自 1882—1883 年的其他笔记；在这 125 条格言中，只有 14 条不见于 1882 年的手稿（即条 84，87，110，115，124，127，131，134，142，144，145，146，153，177）。尼采为自己摘引最多的这本笔记加过一些标题："高海（high seas）：格言本""默语（silent sayings）：格言本""'善恶的彼岸'：格言本"。这本笔记中有 130 条格言在《扎拉图斯特拉如是说》中出现过。

　　②　见尼采当时的笔记，《全集》10.1 [10]。尼采与莎乐美于 1882 年 4 月在罗马的圣彼得初次认识，并于 5 月短暂而意味深长地相会于 Lcerne 地区的 Löwengarten，并共登 Orta 湖附近的 monte sacro［圣朱利奥圣山］。参 Binyon，《莎乐美夫人》（*Frau Lou*），页 52 – 80。

有些是对人性弱点的清醒洞见（条68、158、185），有些是关于人性的激励性论断（条119，122）；有些说明了其模糊之处（条105，119，129），有些则留下了神秘的疑惑（条80，81，150）；有些是短小的对话（条83，185），有些是直接的讲辞（条174），有些放在引号里（条113，183，参条103，140），有些甚至是私语（条151）；有些带有斜体标题（条83，87，140，165），有些带有不打斜体的标题（条条71、99、103）。最主要或最频繁的主题是知识和认知者；其他经常出现的主题则使尼采像个神学家那样说话（条65，66，67，80，101，121，129，141，150，152，164），并反思女人和男人（条84，85，114，115，127，131，137，144，145，147，148）。这些编号显示，本章似乎并不是根据其明显主题进行编排的。

也许，这些格言的重要性在于，它们从总体上隔开了本书的两个主要部分；他们造成了一次中止或多次暂停，隔开了论述哲学与宗教的篇章和论述道德与政治的篇章。独立地来看，这些格言的迷人之处在于它们各自独立的直观性，即：它们有力量独立存在，并通过其见识和直率迫使读者作出歪曲的反应，或者静静地消遣，或者（经常是这样）提出一个相反的想法，反驳它们的绝对性，进行多少有点儿激愤的还击。大部分格言不需要任何说明，不必费劲儿加以注解。

这些丰富多彩的格言常常直截了当地阐明了其他章节长篇大论的问题。反过来，其他章节逐步阐明的连贯而条理的观点又为这些格言提供了一个基本框架；在这个框架中，我们可以不必把这些丰富多彩的格言看作点滴见解的大杂烩，而看作一位艺术家全面洞察自然和人性过程中留下的闪闪火星和噼啪脆响。

除了这些格言各自独立的见识和乐趣，这章格言集本身在"其选择和次序"上是否还有某种"韵律或推理"（某种诗性的或理性的原则）？①

---

① Strauss，《学习柏拉图式的政治哲学》，页181－182。Stauss关于格言次序的提示似乎只有助于人们理解开头几条格言和关于知道者这个主题；他关于本章结构的提示（基于不太准确的计算）也十分古怪，这使他可以瞄准自然这个主题。

本章的开头和结尾、甚至中心都显得意味深长；这三条格言的主题似乎都是认知者。[139] 还有其他明显的组合（条65［两条］－67，84－86）或配对（条104－105，109－110，114－115，144－145，152－153，164－165），这些组合使我们需要考虑某种总体次序。我下面将主要讨论某些在我看来比较重要的组合，因为它们涉及认知者这个主题；但这些解读只是姑妄言之，无意取代各独立格言一针见血的特征。①

认知者

第 63－66 条 本章的开头与本书的序言和第一条格言的开头相同：关于求知，或究竟为什么要有知识？（条230）真正的求知者并非从一开始就是一个彻头彻尾的教师、一个为了学生而追求知识的人（条63）；他也不是为了自己而追求知识（条64）。求知者经过了最终的道德陷阱，经历了害羞（条65）；也许，他最终甚至经历了人们中间某个神的羞耻（或谦虚）——他倾向于贬低他自己，让人剥削、欺骗和压榨他自己（条66）。真正的认知者喜欢用面具掩盖自己的真实身份：他生活在人们中间，至多显得只是个教师或道德人，而实际上远远超过这些。

第 63－66 条是否以这种方式结合在一起？只有已经获得了关于认知者和神性的视野（本书持续的论证已经暗示了这一点），才能看出这种联系。对这种联系的怀疑源于对前一种联系的怀疑；尽管这些怀疑

---

① 乍看起来，似乎没有一个紧密的先后次序将这125条格言结成某种有组织的整体；而尼采的做法本身也间接地强化了上述印象，因为尼采只是从自己现存的笔记中摘来了这些格言：例如，155－162这8条格言就保持了原来笔记中次序，只是不包括某些插入性的格言——几乎所有这些格言都已经在《扎拉图斯特拉如是说》或《善恶的彼岸》其他地方使用过，他们在《全集》10.3中的编号是140，159，174，176，185，191，193，202。

总也无法通向信念，因为这类信念属于病理学（条154），是"比谎言更危险的真理之敌"（《人性》条483）。① 在这些格言及其编排上，尼采向读者提出了他当时曾向莎乐美提出的忠告：[140]"预先取走读者最容易提出的异议，这样做既不礼貌、也不明智。任随读者试探着把他自己变成我们之后的最终化身，这样做非常礼貌、也非常明智。"（《全集》10.1［1，109 §10］）。

为什么要重复65？这只是个小小的疏忽么？若果如此，对73和237的重复就也是疏忽。但尼采其实对最后的稿本和样本都十分精心；他在致莎乐美的一封信中曾说，

> 要最后校定文本，必须小心翼翼地"倾听"字词和原文。雕塑家把这项最后的打磨工作称为 ad unguem［抛光/抹油］。（1882年7月9日）

——这种化妆很可能也包含了对数字的精心运用。② 对65的重复是否暗示两条格言之间有某种联系，也许二者说的是同一个东西？或者，它是否［也？］是第65a、b条与第66条之间的桥梁，第65a条与第66条都论及羞愧，第65b条与第66条都是神学式的言说？或者，

---

① 尼采后来重新评价了这个著名的判断："很久以前，我曾提出信念是否是比谎言更危险的真理之敌这个问题（《人性》条483）。现在，我愿提出最关键的问题：谎言和信念之间是否存在根本的对立？"（《敌》条55）。尼采于是暗示，谎言是信念的早期形式之一；这里的"谎言"是指"想要不看他确实看见的东西；想要不把某种东西看作他实际看到的那个样子"。

② 尼采《扎拉图斯特拉如是说》中玩弄过数字游戏：他把前三部分都设计成二十二章，而第三部分的二十二章显得不太均衡，并以此暗示，全部六十六章是对《圣经》的有意模仿。参 Lampert，《尼采的教诲》（*Nietzsche's Teaching*），页 240－241。亦参《道德》，其中三篇论文的第13条格言都是以"让我们回到……"开始，且各自的第12条格言都讨论了某些基本论题，而这些论题却又与三篇论文的主题无甚关系。

它是否［也？］为了在 66 这个数字下讨论认知者和神性这个最高问题，因为 66 是个意味深长的神秘数字（3×22），标志着《圣经》的完成（共 66 卷）？

本书开头一系列格言都探讨了认知者问题；作为对这个问题的最终思考，第 66 条暗示了某个甚至比神学思想更根本的思想，它几乎是本书的最终目的；这个更根本的思想即，诸神也进行哲学思考，因为尼采在这里暗示，真正的求知者——他既非为了得到门徒，也非出于为自己的认知道德，并且准备担负羞愧——是人们中间的一个神。这很可能是尼采神学的核心：他识穿了神性；他发现人类最崇敬的某个整全竟然在自贬、自损、自欺、自压。如此看来，哲学可能就是神圣的活动，并非因为它反映了诸神的行为，而是因为哲学思考就等于变成一个神——并且被当作一个恶魔。根据这种解读，第 67 条就可能也属于开篇讨论的主题，是对神性的进一步反思：一神教是野蛮宗教，甚至是厌人的宗教；它把本应该更好地用在多神或人类身上的东西大肆浪费在一神头上。①

本章结尾的一组格言结束了认知者这个主题。［141］不过，本章结尾讨论的有关认知者的确切身份也是本书结尾的论题：何谓高贵？或者，认知者如何对待高贵者和人类的剩余？人类反过来又如何对待认知者？

第 185 条和此前诸条　迄今为止有没有人回答过这个问题，即他为什么不喜欢某种人（通过承认他赶不上那种人）？这个尖锐的结尾取决于否定的回答：确实有些人不承认人的高度——尼采在瞬间说出自己关于最幽深主题的见识时，已经证明了人的高度。但经过再三思考，我们就发现，这个回答也包含某种肯定：确实有某个完整的社会秩序，即希腊城邦；它曾经承认这一点并实施了贝壳放逐法，以摆脱

---

①　见《人性》129："被禁止的慷慨。世上还没有足够的爱和善意允许我们将其分给某些想像的存在物。"

最令厌恶的人、令人难以忍受的高人①、傲立在芸芸众生中的高贵之人（《扎》1 "山边的树"）。依我看，这最后一条评论了最高贵者的命运，即哲人的命运：认知者将英勇无畏地追求着一种更高的自私。②这类认知者怀有一些超越于寻常善恶的观点；但他那高傲的"仁善（Güte）却被当成了邪恶（Bosheit）"（条 184）——普通的善恶把最高的误判成了低的，把最高贵的误判成了卑鄙的。倒数第三条（条 183）仍然保持了认知者的主题；它并没有因为任何亲近举动而否弃或换掉尖锐刺耳的引语，并且说明了认知者如何长期掩饰自己的优越性和优越的观点：在长期的道德谎言史上，"人类的改良者"认为说谎是给定的权利（《偶像》"改良者"条 5）。但现如今，聪明人的说谎方式极大地震动了人类的剩余，以致他们发现自己不再能令人信任了。如今不可信的认知者或未被承认的高贵者即便采取其他方式，可能也还是无法得到别人的认可；例如，他或许可以采取亲近的举动，但不求回报的好感会毒害接受者（条 182）——这些亲近举动可能包括：与人分享最真实的东西，也许是最少被认识到的或最少受欢迎的东西。高贵的认知者发现自己陷入了进退两难之境：不求回报的亲近举动（献出真理）会毒害真理的接受者，但他为了避免毒害而更愿意采取的说谎行为却又被证明已经动摇了听谎者的信心。

　　如果上述关于认知者的解释适用于开头和结尾，那么，中间如何解释？——因为本书的中心就落在本章。（要找出一个准确的中心［如果有中心的话］，必须严肃起来，因为尼采在最后时刻决定通知出版社撤除了本章前未编号的题词，[142] 将其移入本书的末尾并加了编号——本章于是有了 296 条格言而非 295 条。③更令人头疼的是各含两条格言的 65、73 和 237。如果 296 条外加以上 3 条，且不考虑其中 2 条出现在第 150 条之前，那么，第

---

① 《荷马的竞赛》（*Homer's Wettkampf*），见《全集》1. 788 – 89。

② 见《朝霞》条 552，"理想的自私"。

③ 见致 Naumann 的信，1886 年 6 月 13 日。

150 条就是全书的中心。尽管如此，这个中心还是有些古怪；第 150 条仍然集中在认知者这个问题上。）

第 150 条 "在英雄周围，一切都变成悲剧，在半神周围，一切都变成萨蹄尔剧；而在神周围，一切都变成——什么？也许变成'世界'？——"世界似乎可以引申为人们期待的答案，即喜剧：① 对一个神而言，对灵魂的高处而言，甚至悲剧也不再具有某种悲剧效果（条 30）；对一个神而言，鉴于人"在游戏中的严肃"（《人性》条 628），一切很难变成滑稽胡闹的萨蹄尔剧；进行哲学思考的诸神（《善恶》条 295）沉迷于"奥林匹斯的恶习"——笑、没有一丝恶意的"金色的笑"（条 294）。一切（Alles）都在神的观点中变成了严肃的喜剧，而且神的观点也使 Alles［一切］变成了一个世界——对神而言只有万事万物的诸世界凝聚起来，变成了有意义的喜剧。终极的认知者知道，对诸世界的制造活动或者会产生一个世界，或者会消耗一个世界。②

但神圣的认知者也是一个认知者吗？全知是柏拉图主义对诸神的奉承。然而，在尼采眼里，既然诸神也进行哲学思考，那么他们就也会赞同尼采的说法，"谁向我们揭示关于世界的知识，谁就会给我们所有人带来最令人不快的失望"（《人性》条 29）。但是，如果世界就是权力意志此外一切皆无，那么，世界的迷人魅力就永远不可能固定在某种可以永远凝视的东西中；即便尼采可以通过某种方式说，世界的本质可以被认识或被命名，但那个名字本身（即权力意志）也表明，诸神没有被判成单调乏味的东西。

---

① 参看前面关于第 25 条的解说。

② 意味深长的是（如果这样说合适的话），第 150 条随后的一条格言（条 151）也许是本章中最具私人性质的格言，是一条直接向尼采的朋友们说话的格言。在 1882 年的笔记中，最后那个私人化的短语（"——对否，我的朋友们？"）是在原来的基础上添加上去的；见《全集》10.3［1 §146］。

认知者和自我认识

如果对知识的限制不断地引诱爱知者奋勇向前，那么，自我认识（尼采本人也把这个苏格拉底和柏拉图哲学中的关键问题看作重要问题［条23、36］）呢？尼采以一种神秘的方式提到了这个问题（条80）：

> 一件变得明朗的事情就不再是我们关心的事情。——那个神想说什么，他劝说："认识你自己！"那也许是说，"不要再关心你自己！变客观些吧！"——而苏格拉底呢？——"科学人"呢？——

这是《悲剧的诞生》的回响，再次把阿波罗、苏格拉底和苏格拉底主义熏陶出来的科学人放在一起；要解开这些话中的谜，似乎需要参看下一条格言："在海里渴死是件可怕的事。你们难道也要给你们的真理加盐，以便它不再——解渴？"为了"认识"自己而变得客观就等于是向取之不尽的迷人事物（一个甘美的海洋）里加盐。阿波罗的劝告（"认识你自己！"）并不一定是说"变客观些吧，不要再关心你自己"。苏格拉底本人可能并没有犯误解德尔斐神谕的罪过——第190 - 191条把柏拉图笔下的苏格拉底解释成荷马笔下的怪物，而把苏格拉底本人理解为诡秘的机灵鬼：他以一种非常客观的方式认识他自己，而这种方式却表明：不可能有完全的自我认识；一个不加盐的海洋虽然可以解渴，但其中的水却永远不会满溢，也永远不会被喝干。

认知者与诸神

"作为天文学家的智慧之人。——只要你仍然把星星感觉为一个'高于你的东西（Above - you）'，你就仍然缺乏认知者的眼光"（条71）。

这既贬低了康德仍然感觉到的东西，也轻轻顶撞了一下作为认知者的天上诸神；本章几个最妙的玩笑都径直把矛头指向了此类神中最强有力的一个，即《圣经》里的上帝：据尼采说，《圣经》里的上帝"对科学怕得要命"，害怕人类的知识（《敌》条48）。"上帝想成为作家时，就狡猾地学习希腊文，——但他学不好希腊文"（条121）。上帝狡猾地学习 koiné［希腊普通话］是为了把基督教的信息散播到地中海世界的大众中；而要学好希腊文，就得学习阿提卡方言，即索福克勒斯、阿里斯托芬、修昔底德和柏拉图使用的希腊文。要想真正学好希腊文，就得获得高于那个只学 koiné 的上帝的眼光。获得了这种眼光，就会明白，一个狡猾的亚洲神学了希腊语之后，不仅葬送了希腊的科学，而且葬送了整个欧洲："基督教给爱若斯神灌了毒药：——他虽未死于毒药，但却退化——成了一种恶习"（条168）。

尼采反上帝的神学之刺在两小对格言中采取了一种不同的、更渎神的方式。作为一位要教授许多抽象真理的认知者，尼采必须把感官诱惑或勾引到这些真理上（条128）；他于是立即就转向了勾引的例子（条129）：

魔鬼对上帝具有最宽广的观察，因此，魔鬼就跟上帝保持着非常远的距离：——魔鬼就是智慧的最老朋友。

魔鬼待在地狱里，跟上帝尽可能保持遥远的距离——但是，如果地狱就是智慧的最老朋友所待的地方，那伊甸园又是什么呢？［144］上帝和魔鬼这两个术语都有助于把感官引诱到某个关于智慧的抽象真理：只要转换一下通常的联想，就可以用关于魔鬼和上帝的神学语言来描绘智慧的最伟大朋友与智慧的最伟大敌人。尼采稍后又回到这种隐秘的渎神话语上，只是改变了意象："'哪里立着知识树，哪里就总是伊甸园'：最年长和最年轻的蛇们如是说"（条152）。最年轻的蛇如是说出了自己与真伊甸园里的最年长的蛇之间的结盟：吃了上帝禁止的果实，即善恶知识树上的果实。随后一条（此条提到了知识树之果，因而与前条直接相关）暗示了蛇的动机：“凡出于爱的行为，全发生在善恶的彼岸”（条153）：提供善恶知识树之果的行为本身是一种出于爱的行为，因此，许多把这果实传递给接受者的人也置身于善恶的彼岸，在伊甸园里，在尽可能远离上帝（智慧给他投去了最宽广的目光）的地方。既然要给人们提供知识树之果，最新的蛇或许也要首先把它献给夏娃——尼采在“我们的美德”结尾结束自己关于女人和男人的思考时将如是暗示，不过，他为了试探善恶知识，给最初的女人起了一个别致的名字：欧罗巴（条39）。

“认知的虔诚”

尼采在第四章最长的一条格言中以明显说教的口吻谈到某类认知者，并且相当直率地说出了自己的观点，尽管他已经在“自由精神”一章中作了足够的暗示：

> 对自由精神而言，对“认知的虔诚”而言——pia fraus［虔诚的欺骗］比 impia fraus［不虔诚的欺骗］更有悖于他的品味（有悖于他的“虔诚”）。（条105）

自由精神受制于他们自己的虔诚；这种虔诚令他们反对传统的虔诚的欺骗。据尼采所说，这导致了一个重要的后果：[①]“因此，他对教会缺乏理解，这属于这类‘自由精神’［的特征］，——是它的不

---

① 不像第四章的其他格言，这条格言经过了相当大的扩充，更改了原来的文字；《全集》10.3［1 §378］只是这样写的：“对认知者而言，pia fraus 仍然比 impia fraus 更有悖于品味。”

自由。"① 如论述宗教的章节所显示，尼采自己虽然也是非常自由的精神，但并不缺乏对宗教的理解；［145］尼采承认知识本身可以有限的方式变得有说服力或可以忍受，同时又不至于对知识不虔诚。

合观尼采关于认知者的所有点评，就可以毫不奇怪地发现，尼采嘲笑一种新的道成肉身（上帝重新下降到身体里）："如今，一个认知者很可能想要上帝变成动物"（条 101）。他自己很可能不想要那样，尽管其他人会因为此类坦诚的见识和评论而认为他应该想要那样。

* * * *

作为插曲，作为 Zwischenspiele［幕间剧目/插曲］，这些格言并不是 Spiel［戏剧/表演/游戏］本身；只有在被这些有趣的插曲分开的所有章节中才能发现戏剧本身。尼采的书和他的思想一样，不能简化成无数的观点——它不是"一百个相互分离的自相矛盾和异端邪说的大杂烩"。② 相反，由于尼采要尽力为自己的思想培养第一位崇明的普及者，这成百个见识就有"一个完全明确的哲学感觉的长逻辑"，或者如尼采在另一封信中所说："一切都凝聚在一起，人们需要这个长逻辑但并不理解它；但人们要相信它，就必须像我已经理解的那样理解它。"③ 尽管"人们一旦献出了自己的知识，就不再不折不扣地热爱它了"（条 160），但根据《善恶的彼岸》来判断，尼采其实发明了一个办法，这使他既可以与别人分享自己的知识，又可以保持对自己知识的热爱。

---

① 参《人性》条 110："启蒙运动期间，人民没有正确对待宗教的重要意义，这点毋庸置疑。"另参《道德》1.9，自由精神给尼采的基督教批判补充了一个结语，并在最后承认，"要是没有教会，我们中间谁还会做一个自由精神？是教会而非它的毒药在排斥我们……撇开教会，我们还是热爱毒药的"。

② 致 Brandes，1888 年 1 月 8 日。

③ 致 Brándes，1888 年 5 月 4 日。

第五章　论道德的自然史

> 对我来说，道德价值的起源问题乃是根本性的问题，因为它决定着人类的未来。
>
> ——《瞧，这个人》（"朝霞" 2）

[146]《善恶的彼岸》前三章探讨了哲学和宗教这两个最伟大的主题，随后插入了第四章"格言和插曲"。现在到了第五章，转到了道德和政治这些重要的主题，也就是最宽泛意义上的实践或行动：道德就是对隐藏于人类行为背后的善恶进行判断；政治就是运用新的善恶颠覆旧的善恶。尼采并不是从哲学新视角简单地考察道德和政治；相反，他深入道德和政治，把道德和政治视为哲人需要征服的领域。在这些领域中，知人论世的哲人呼风唤雨，举足轻重。《善恶的彼岸》最后五章逻辑严密，证明了新政治如何服务于新道德：

如果厘清了善恶的整个历史，那么如何保证未来推进人类？——第五章"论道德的自然史"的回答是，哲人必须将今日民众的自治转变为未来哲人的统治。

哲人如何统治？——第六章"我们学者们"的回答是，借助与科学和学问联盟的主宰性权威观念，借助创造新价值的超价值。

[147] 新价值是什么？——第七章"我们的美德"的回答是，新价值是产生于思想家、艺术家那类心灵的自然价值，这些自然价值培育出的美德初看之下像是邪恶，因为它们似乎在提倡受苦。

新价值如何扎根于现代欧洲？——第八章"民族与祖国"的回答是，借助于一种好欧洲主义，这种欧洲主义意识到自己继承了希腊人、希伯来人、罗马人的遗产，意识到现代欧洲的价值史，随时准备根据以哲学为基础的普世主义的原理创造培育世界人。

如何将世界人转变为一个文化同构、等级秩序值得尊崇效仿的民族？——第九章"何为高贵？"的回答是，通过世所公认的高贵，这种高贵之所以受人景仰，正是源于智慧，源于它所赢得的思考与行动的自由，在许多方面，这些思考与行动至少带有英雄气质，带有诗人讴歌的神圣气质。

引导这五章狂飙突进的恰是《善恶的彼岸》开头的严厉追问，那个一切问题中最危险的问题：真理意志的价值是什么？"假定我们需要真理：为何不要非真理？要不确定？甚至要无知？"（《善恶的彼岸》第一章）。这个问题是尼采年轻的时候在《论历史对生活的利与弊》中对自己提出的，在那里，他首次提到了"真正致命"的学说（《历史》，条9）。那个时候，尼采就已经利用了柏拉图来进行自我反驳；为了反对致命的真理，柏拉图提倡用"强大的、必要的谎言"来保护社会（《历史》，条10）。在《善恶的彼岸》最后五章，柏拉图主义依然是关键的对手，因为柏拉图主义认为，对于作为整体的社会而言，具有启迪作用的非真理的价值远甚于真理的价值。鉴于终极的对手是受到宠爱的柏拉图主义，这五章的论证（关于真理的价值的论证）在第七章"我们的美德"阐述受苦的问题时最为关键：这个新学说面对真理带来的受苦如何自我辩护？难道只是简单地提倡能够证明提倡者邪恶的残酷？新学说的辩护诉诸自然和诗歌，自然是它的根基，诗歌是它的工具，当然，这诗歌不是充斥着高贵谎言的诗歌，而是美化真理的诗歌。《善恶的彼岸》中最后五章的道德与政治是真实的道德与政治，是热爱真理、与真理同在的天衣无缝的道德与政治。

在《道德的谱系》序文中，尼采说，道德的自然史是他研究最久、知道最清的问题。他是在完成了其他的研究之后，最终才获得了总体的眼光；只有在这总体的眼光当中，道德的自然史问题才有可能得到充分研究（《道德的谱系》序，条2）。《善恶的彼岸》第五章是尼采这一毕生研究问题的部分。本章显示了对道德史的理解如何促使一个人以人类未来的名义行动。[148] 本章共十八条，构成了一篇逻辑严密的文章，点明了尼采的道德史的主要观点：道德的自然类型最终将简略为两类；这两类道德都扎根于人性，扎根于作为一体的自然；我们特殊的道德起源于柏拉图哲学和基督教；我们柏拉图文明的自然史是一类道德渐渐征服另一类道德的进程。这些观点积聚起来，最终提出了行动的倡议：在道德史的此时此刻，考虑到人类的未来，为了目前受到毁灭威胁的这类道德的利益，可能产生一个转变，可能需要一个转变，一个既自然又理性的转变。因此，本章丰富了第二章就勾勒出的道德史轮廓：长达万年的人类道德期的终结表面看起来是"超道德的"（条32），实际上只是超越了善恶，但没有超越好坏。转而对抗这种威胁着人类未来的坏道德，这个转变是好的，符合自然和理性。第五章结尾点明了希望，这希望与欧洲基督徒构想出的渐进社会的希望大相径庭，因为它希望新哲人在道德的巨变中大显身手。

被禁止的知识（第186条）

"'知识之树生长的地方，总是天堂'，最古老的蛇和最现代的蛇都如是说"（条152）。最现代的蛇不但引诱读者吞食知识之树的果实，而且致力于将善恶这枚最古老的知识禁果变成公开的知识，在这块公共的知识上建构社会的好坏。

与培根一样，尼采将自然史视为知识的基础。如何推进现在不得而知，甚至根本不存在的道德知识，尼采使用的方法是典型的培根式方法，即"自然实验史"。① "自然实验史"首先广泛收集材料，然后对关乎微妙的价值情感和价值区分的庞大领域进行概念分级，将材料按照"出身、成长、结果、死亡"的过程进行归类，"也许"还要做些实验，使这一活生生的晶体以更加频繁反复的形式直观生动地再现，最后，如培根描述自然科学一样得出道德的图谱和分类。

将这一任务设定为"诱导"学者的工作，尼采推荐了他认为对于宗教来说不可能但对于道德来说是可能的方法（条45）：他可以派一百只猎犬深入这片黑暗的森林，去找寻他需要的猎物，[149]因为并没有预先设定最高级的实验来测试需要检验的对象。② 而且，对于道德领域里的描述任务来说，"即便最美好的手脚和感官都可能还不够"。道德的新科学替代了哲人迄今为止致力于道德的阐释。不再将道德看成是个问题，哲人将它看成是给定的劳作，为道德提供基石或理性。这种道德的哲学基础中"终极基石"等于是"否定……道德应该视为一个问题"，正是这个道德禁忌，反对将道德当成一个问题。③

尼采难道真的认为所有哲人都对作为问题的道德一无所知吗？几条过后，他会表明，他知道苏格拉底和柏拉图非常清楚道德是个问题，正是意识到了道德是个问题，他们才禁止其他人将道德当成问题。他们害怕将道德当成问题的后果，因此才小心翼翼地为道德安排

---

① "自然、实验、历史"三个术语都是培根使用的术语：参见 A Natural and Experimental History（"自然实验史"），载 *New Organon* 297。尼采究竟对培根的熟悉程度如何？参见 Lampert，Nietzsche and Bacon（"尼采与培根"）一文。

② 在《道德的谱系》第一章结尾，尼采呼吁通过系列学术有奖征文比赛的方式来推动道德史的研究。

③ "我对哲人的要求是众所周知的：他们应该超越善恶，凌驾于道德判断的幻象之上。这个要求源于我首倡的一个洞见：所谓道德真实，纯属子虚乌有。"这段话出现在《偶像的黄昏》"人性的'改善者'"的开头，尼采考察了迄今为止所使用的种种非道德的手段，将人改造为有德性的人。

了大家都满意的基石和理性。尼采将柏拉图哲学有意掩饰的东西公之于众：本章有几条都针对秘传教义这个问题，探察哲人是如何带着道德面具居高临下地审视道德。

尼采举例说明了一个受到粗糙的道德科学审查下的精致道德感受。这个例子就是叔本华。叔本华的观点折射出一切道德主义者的基本预设："不要伤害他人，而要竭尽所能帮助他人。"叔本华是典型的现代悲观主义者，是最诚恳的无神论者，他相信自己反对柏拉图传统，反对圣经传统。与悲观主义的叔本华的道德科学相比，真正的道德科学一定更悲观、更博学；它建立在这样一种不受道德的魔力和幻象宰制的哲学之上（条56）。叔本华的悲观主义并不彻底，他那悲观主义的笛子还在吹奏，还能听到道德的声响在悠扬，阻碍了他进入悲观主义的最深处。在此情形下，尼采提到了权力意志。在论述道德现象这一章的开端，尼采暗示到这个根本现象，绝非偶然；因为它指向了对道德现象进行理解和分类的关键方法，要理解道德现象，[150]理解衍生性的价值事件，就必须首先洞察它们终极的根源就在世界的本质。

将道德当成公开的问题，尼采的处理办法跟尼采式科学处理一切问题的方法一致，都是将之看成"本质上是权力意志的世界"的一部分。道德科学的原理来自这样一门基础科学，即作为整体的自然的语文学，这门语文学将基础不仅仅视为非理性，而且看成是具有"'必需'且'可预测'路线"（条22）的一个过程。尼采曾经含糊提到过的"观念化学"（《人性》第一章）在此获得了更清晰的表达方式——权力意志。道德的自然史将追寻人类权力意志的结构演进。权力意志如道德律令一样活动，阻碍了心理学进入深层的东西（条23）。尼采直呼"世界本质"表明，第36条中的结论对于他的调查研究来说是多么重要：解释完为何要将世界视为权力意志的原因后，这一条对推理的总结可以作为世界本质的前提条件，从而帮助解决在理解人类社会行为中迄今仍然悬而未决的问题。①

　　道德作为问题首先进入视野，是通过对许多道德进行比较。考察道德的多样性在下一条中开始，对多元道德的考察并没有停止于揭露丰富性，因为这些丰富的道德最终归类于本质上是权力意志的世界中的两个基本道德：服从的道德与命令的道德。[151] 服从的道德的主要特征在187－195条中将逐渐显现；在196－203条中，命令的道德将随后出现并达到高潮。忠实于"超道德"的特性，尼采的分析并没有将道德的关键放在对意图的迷信上（条32），而是放在权力意志具有的保存和推进人类这两个基本倾向之上。②

自然与道德（第187－189条）

　　第187条　本条开始似乎是准备不加选择地提供一份各种道德的

---

　　① 法国伟大的尼采主义者巴塔耶（Georges Bataille，1897－1962）也采取了类似的步骤。在其经济学著作《受诅咒的部分》（*The Accursed Share*）第一卷，他虽然没有提到尼采，也没有提到权力意志，但他考察了他所谓的"一般经济学"（general economy，对观《善恶的彼岸》，条23）的内涵。他认为"一般经济学""可能暗藏了解答世界上关于能量运动的每门学科所提出的一切问题的钥匙"（条10）。"一般经济学"是"自然的基本问题"（条13），是"过量的能量如何转化成生命的狂欢"（条10）的问题。解决这个基本问题需要"思考各种与日常计量冲突的力之间的博弈"；根据这一思路，"给生物和人类带来根本问题的不是需要，而是需要的对立面'奢侈'"（条12）。这个问题就是过度、过剩的力量、繁荣、富裕——权力意志。要理解巴塔耶的尼采主义，就需要按照巴塔耶看尼采的方式来看尼采。巴塔耶把尼采看成是一个本体论者，这个本体主义者对自然的整体观念包含了解释原理，从而使人类历史能够理解，因为这些原理将人类行为当成自然一样进行解释，同时保持人类总体各组成部分的特征。巴塔耶在《受诅咒的部分》中的伟大见解与《善恶的彼岸》一样建立在同样的基础上。甚至巴塔耶作为作家的策略也是来自尼采："宣布一个宏大的方案总是对它的背叛。没有人不是不无讽刺地说出，他已经准备好推翻事物。他必须推翻，那就是一切"（条10）。

　　② 更好地理解尼采对这两个基本倾向的论述，参见《快乐的科学》条370"何为浪漫主义？"

清单。但是，作为对道德科学的贡献，本条可能实际上采用两种办法把这些道德进行了分类。一方面，它最终得出普遍性的结论，宣称至少在某个意义上所有的道德都是一致的："所有的道德也只不过是自觉感情之语言符号而已"。因为声言道德展现了声言者的个性，所以道德科学将依赖于感情、激情和动机的心理学，依赖于它们沉溺的方式或表达的方式，借助语文学这一门基础学问的活动，阐释解读动机和目的背后的欺骗性语言符号。因此几乎没有人把道德简单看成是不可简约的现象。另一方面，这张表面上看起来随意驳杂的道德清单实际上有着精心的安排，这些道德成双成对，可能展现了自觉感情的基本二元性，这种对应在最后一组道德——命令的道德和服从的道德——中得到明示。上节点出来的道德类型似乎在本条中得到回应：作为自觉情感的符号语言，一切道德寻根到底不外乎分成两类，这两类道德表现了人类身上最根本的特点：命令与服从。正如上条一样，尼采也举了一个哲人来当重要的反面教材：康德所谓的绝对命令的道德将道德看成是简单给定的，实质是就是服从的道德，像霸权主义一样禁止存在任何其他类型的道德。

第 188 条 本条非常关键，直接阐明了道德对于推进人类不可或缺的作用。本条虽然是笼统性概括，但并没忘记说明什么是"自然"的道德，什么对于人类的健康成长"至关重要"。本条最终谈到"道德的自然命令"，写到这里的时候，尼采开了一个小小的玩笑，卖弄了一下他的怪癖，这是他典型的写作特征，在意那些无言的细节：在本条其他地方使用自然一词的时候，他都要加上引号，似乎是要表明"自然"总是仅仅对自然的一些专断解释，[152] 但本条最后一次出现的时候没有了引号，似乎是要表明获得与权力意志一致的特殊阐释地位。

尼采断言，"任何道德都是对'自然'的一种专制，也是对'理性'的一种专制"。本条全都在论证这种专制是自然的，合理的。在本质是权力意志的世界里，这不是悖论（条186），因为人类现象自然证实了事物的本性就是矛盾冲突。无论人类多么"自由、雅致、勇敢、善舞、笃定",都源于人类对自我专制的权力,"这种可能性根本不是渺小,因为这恰是'自然'和'自然的'"。在本质是权力意志的世界里,不自然、不合理的恰是这样一种道德,它反对这样的专制,代之以自由放任。尼采在本条中的论辩充满了挑衅,对于宣称一切专制都不能容忍的各种现代道德,他统统反对。勾勒道德自然史的这一章将逐渐转向支持一种特定的道德或专制,甚至呼吁某种奴役:本条的激烈论辩是整章的缩影,它支持一种道德,这种道德从现代的视角来看必定是不道德的。

尼采甚至重复了他那不受欢迎的主要观点:

> 再说一遍,看来"无论在天堂还是人间",本质上,长期以来惟一前进的方向就应该是服从。

正是因为服从,最终才出现了一些东西,"诸如美德、艺术、音乐、舞蹈、理性、精神等,为之值得在人间继续生活"。为了保持驳斥现代偏见的辩论风格,本条随后挑出了我们历史上对自然和理性的特殊专制——基督教,赞扬基督教的卓越成就就是将服从变成可能:"这种专制,这种恣肆,这种严厉崇高的愚蠢已经培育"了欧洲的心智。

尼采对强硬的基督教表达了敬意。在那段感激之言中,尼采用括号标明了一句话,对自然做了重要的说明:"跟任何地方一样,'自然'在此以其本来面目出现,以其挥霍而漠然的伟大面目出现,令人震惊,但又高贵"。"你怎么能够与这样的漠然和谐共处呢"?尼采第一次描述自然、第一次提到权力意志的时候,就这样质问过高贵的斯多葛主义者(条9)。这个问题是新道德中最深刻的问题:人类怎能与令人震惊的、高贵的、伟大的自然和谐共处呢?人类怎能将自我专制的服从与所知道的自然本性协调一致?随着本书过渡到对道德与政治的讨论，这些领域的基本问题逐渐显豁：新的哲学暗示了要求跟自然保持一致的新的道德。像一切道德一样，新的道德也是对"自然"和"理性"的专制。之所以说是自然的，因为其自身就是某种专制，[153] 新的道德就与本质是权力意志的世界一致。这也是理性的，因为它能够在我们的道德自然史的此时此刻证明它的历史合理性，从现代道德的观念转向到与自然一致的新道德的观念。尽管新道德看起来是超道德的或非道德的，但它实际上是有意识创造的道德，建立在对自然的洞察基础之上。

尼采将"道德的自然命令"阐释为"你应该服从某人，长久的服从，否则你将毁灭，失去对自己的最后一点尊重"。自然的非绝对命令不是针对个体而言，而是针对所有"民族、种族、时代、阶级，当然，首先是针对所有动物性的'人'，这人"。因此，第 188 条暗示了新的服从具有的普世性，这类新型的服从也就是扎拉图斯特拉提到一千个目标时描述的计划，这一千个目标就是一千种服从，创造了迄今的一千个民族；而第一千零一个目标将把人类聚合起来，提供给全人类一个统一的服从，这个统一的服从重新定义了什么是困难、珍贵和神圣（《扎》"一千又一个目标"）。

如果每种道德都是自然的，"都需要有限的地平线""传播着狭隘的视野，在某种意义上传播着作为生命条件和成长条件的愚蠢"，那么，对于作为哲学核心和本书主旨的对真理之爱将意味着什么呢？尼采一向承认，某种意义上，哲学看上去是不自然的，是反生活的，因为哲学的动机是打开所有的地平线，飞进没有地平线的地方，正如扎拉图斯特拉竭力所为一样，创造新视野，直到陶醉于我们无限视野的新的无限之中（《快乐的科学》，条374）。这种新的服从，或者说新的视野，如何跟作为超越一切地平线之激情的哲学保持一致，将是后面各章的主题。

第 189 条 "一定存在各种各样的斋戒"——第 189 条进一步阐明道德是对自然和理性进行专制这个主题。从"立法者"的箴言中，欲望一方面学会了"委曲求全，俯首称臣"，另一方面也学会了"洁身自好，自我修炼"，得到升华之后，适宜完成那些看来与其本性相违的使命。站在欲望"更高的有利点"，本条鸟瞰了"哲学派别"中"欧洲基督教鼎盛时期"世世代代的"道德狂热主义"。本条似乎在为下面几条论述苏格拉底和柏拉图做准备，这些立法者的思想都隐藏在道德狂热主义的事件背后。

苏格拉底—柏拉图转向：道德自然史上的
重大事件（第 190 – 191 条）

第 190 条和第 191 条之间以一句希腊诗行隔开。结尾这一行诗巧妙地改动了荷马的诗歌，是"一句笑话，一个荷马擅长的那种笑话"。[154] 这两条面临一个共同的问题：苏格拉底的问题，或尼采在这里所谓的"柏拉图的道德"问题。第 190 条讨论的是苏格拉底主义以及"一切阐释者中最大胆的"柏拉图如何对待苏格拉底的道德主义。用荷马似的谜语过渡后，第 191 条为苏格拉底主义和柏拉图对苏格拉底主义的系统阐述进行解谜。

然而，在论述道德自然史的本章中，有关苏格拉底和柏拉图的这两条起什么作用？隐而不彰的答案是，这两条涉及西方道德史上的重大事件：苏格拉底转向，即塑造了希腊成就的希腊哲学内部的道德和政治转向。更清楚点说，这两条将苏格拉底转向处理成柏拉图道德推动的转向；柏拉图发明了存在着绝对的精神和善的柏拉图主义。在《悲剧的诞生》中，尼采曾经称苏格拉底是"所谓的世界史中的转折点、漩涡"（《悲剧的诞生》，条15）。这两条表明了尼采对于这个转折点的深刻理解——大众在希腊是如何占据了上风（条49），如何将希腊从荷马的、真正的道德观引向陌生的、外来的、"亚细亚"的道德观，从而为基督教、最终为现代观铺平了道路。荷马的玩笑，一个关于魔鬼的谜，暗示了对柏拉图的苏格拉底进行解谜，能够将我们从苏格拉底的主宰权力之中解放出来，同时也许能够为回到荷马那里做好准备。

我们只有认识到，尼采的苏格拉底和柏拉图与现代主流学术中的苏格拉底和柏拉图存在距离，才能成功地进入第 190 和 191 条，有所收获。尼采意识到了要运用虔诚欺诈，意识到了哲人的全部野心。这两个方面——真正的哲人和哲人的秘传术——加上尼采自己谈到与苏格拉底和柏拉图论争时使用的快板风格，使得这两条涵义特别丰富，但对于阐释者而言极具阻抗性。① ［155］

第 190 条　尼采至少在某方面将苏格拉底主义和柏拉图主义视为哲学面具或藏身之地。在此他认同了先前阐述的观点，即启蒙运动之前的哲人都把他们的真实想法掩藏于外在的面具之后（条 30、289）。

---

① 终其一生，尼采对苏格拉底都极其着迷。在《悲剧的诞生》中（尤其是条 11 - 17），留下了尼采对苏格拉底的基本论断，尽管这基本论断必须参照其后期修正了的观点才能全面理解。最直接的修正是"十六年后"写的那篇导言"自我批评的实验"，集中讨论了作为科学问题的苏格拉底问题，同时特别谴责了苏格拉底的道德主义（第 4 页）。更多的修正见于《瞧，这个人》中对《悲剧的诞生》的评论，以及《偶像的黄昏》中"苏格拉底的问题"一条。同时还可参见《快乐的科学》（条 340）：《快乐的科学》初版倒数第三条标题就是"垂死的苏格拉底"，这一条是对前面各条论述的人类历史上的现在时刻的总结；为最后两条引入永恒轮回和扎拉图斯特拉做好了准备。苏格拉底这个人类历史上提供了新理念的转折点，必须被克服："我们甚至必须克服希腊人！"甚至苏格拉底和扎拉图斯特拉都努力这样做。"垂死的苏格拉底"中呈现的形象与尼采在从《悲剧的诞生》到《偶像的黄昏》中对苏格拉底的反思基本一致。尼采赞美"苏格拉底所做、所言与所不言任何事情的勇气和智慧"（《快乐的科学》第 340 页），但他似乎看来并不赞扬柏拉图在《斐多》中记载的苏格拉底的临终遗言，他总结说，这些话背叛了这样的判断，那就是，对于苏格拉底来说，生活也是一种病。也许尼采误解了这番话。因为苏格拉底这个伟大的谈话者"同时也是个伟大的沉默者"。他至死都在谈灵魂的不朽，反倒盖住了他说的欠医药神阿斯克勒庇俄斯（Ascelpius）一只鸡，将这句话打入沉默之中；他欠医药神一只鸡，表明他获得了真正的疗救，治愈了他厌恶知识和厌恶人类的疾病；如果追求哲学之人，不能承担哲学揭示的致命真理，必然会患上厌恶知识和厌恶人类之病。

尼采认为，苏格拉底主义的典型逻辑是，将善等同于有用合宜，恶等同于愚昧无知——尼采说，这恰是大众的逻辑，是以行为结果为依据的道德化说教，是道德理性的原始阶段（条32）。这种苏格拉底主义"并不真正属于柏拉图"本人，只不过"仅仅出现在柏拉图的哲学中"。对于苏格拉底主义来说，柏拉图"真是太高贵了"。强调柏拉图的高贵，显然是要跟持有通俗观念的苏格拉底拉开距离。但下一条表明，苏格拉底"私下暗自"并不认同理性最终能够引导本能。在对本章进行总结那一条，尼采指出，功利的通俗观念仅仅是"那条著名的古老的蛇许诺教导"的善恶知识，而不是他自己"知道"（条202）的知识——这说明苏格拉底也是利用通俗观念为其目的服务的哲人。

为了显示"柏拉图是如何竭力将某种高贵雅致的东西阐释进入他老师的学说"，尼采将之比成是一个作曲家，拣起"街上的流行小调，将之改造成变化无穷、匪夷所思的音乐"。柏拉图主义就是柏拉图大胆的作曲，将变化无穷、匪夷所思的东西注入进苏格拉底的功利思想，附加了一个本体、一个神话、一个神学，保证苏格拉底主义的形而上地位，假装看来只有运用智力才可以接近。在序言中，尼采更是直言不讳地指控柏拉图对苏格拉底主义创造性的篡改，称之为"一切错误中最糟糕、最持久、最危险的错误"；本条后面一点，尼采解释"作为畏惧的道德"取得历史性胜利背后的原因时，柏拉图主义被算作是企图驯化"散发出……另外世界气息"激情的罪魁祸首，尼采将这样的驯化行为描述成"谨慎、谨慎、谨慎，但夹杂着愚昧、愚昧、愚昧"（条198）。道德自然史将今天道德灾难的根源追回到一切阐释者中最大胆的那一位阐释者的谨慎举动上，[156] 赋予道德一个看起来理性的基础，这种谨慎最终证明了却是轻率。

尼采难道是说，柏拉图就是一切阐释者中最轻率的那人吗？不会是个玩笑吧？只有柏拉图主义的统治还在继续，看来尼采说的就是真的。柏拉图轻率地将哲学和他知道是一个谎言的东西绑在一起，其行为的轻率在于颠倒真理、否认远近（序言）。柏拉图之罪不在于容易引起报复、而在于轻率，在于轻率地引入了一种单调的"事物之善"。那些图谋报复之人可能把"善"拿来当成道德恐吓的工具。尼采判定，重新认识我们道德史上这桩独特的重大事件，并不是轻率的行动。①

　　作为枢纽的那个荷马式玩笑，改变自荷马描述的希腊神话怪物"客迈拉"——"狮头、羊身、蛇尾"（《伊利亚特》6. 181）。柏拉图的苏格拉底是"柏拉图的头、客迈拉的身、柏拉图的尾"——柏拉图为他自己的篡改缝制了一个安全袋，罩住已经成为荷马笔下怪物的那样一个苏格拉底。"柏拉图韬光养晦的斯芬克司气质"（条28）促使他要替老师——相对而言不太戒备的苏格拉底——设防，办法就是跟苏格拉底加上一个柏拉图一样的头尾。这种成功的伪装策略在某些方面深受伊壁鸠鲁羡慕（条7），也使哲学在某些方面深受僭主青睐。在序言中，尼采的行为就如一个医生，专心探究"古代最美好的产物"从"雅典青年的毒药"苏格拉底那里究竟染上什么病。在这一条，尼采将柏拉图笔下的苏格拉底描绘成一个需要揭开的谜语；在下一条，尼采对"苏格拉底这个人"进行了猜谜，看看没有柏拉图在前在后的苏格拉底究竟是怎样一个荷马笔下的怪物。

　　第191条　关于苏格拉底主义和柏拉图主义这两条之间的断裂，给了尼采空间做他经常做的东西：从一个新视角——这个新视角远离

---

　　①　施特劳斯尽管没有完全明说，但还是把柏拉图主义的东西挑明了：关于致命的真理，"尼采可能选择以下两条路径之一：他可能坚持对生命进行理论分析，带有严格的秘传色彩——换言之，回到柏拉图的高贵谎言——另一条路，他可能否认正当理论的可能性，因此将思想看成本质上服从依靠于生活或命运"（《自然权与历史》，页25 -26）。施特劳斯只说了"尼采后继者"选择了后一条路。施特劳斯没有说出他自己选择了回到柏拉图主义，或者说选择回到他称为柏拉图政治哲学的东西，某种程度上说也是出于善意的谎言。施特劳斯认识到，尼采既没有选择高贵的谎言也没有选择诡辩，而是选择了可能存在的第三条道，即公开质疑真理价值这一条危险途径，为了验证其声称的致命性，且最终做一次为了使其致命重新复活的试验。

了业已敞开的核心——考察同样的思想。[157]"'信仰'和'理性'这个古老的神学问题",一个长期以来看来是基督教的问题,实际上是个道德问题,最初就出现在"苏格拉底这个人"身上,"早在基督教兴起之前,就把知识世界一分为二",沿着柏拉图为哲学出谋划策而划定的线,一边是"苏格拉底及其道德说教之病"的追随者,一边是继承"再也没有达到那样高度的德谟克利特、希波克拉底、修昔底德等人的学说"(《全集》II. 36 [11])。伊壁鸠鲁是后一个传统的传人,并取得过胜利:"罗马帝国每一个值得尊敬的人都是伊壁鸠鲁的信徒"(《敌基督》,条58)。为了明白现在看来是神学问题或基督教问题的道德问题,需要管窥道德问题在哲学中的历史根源,进入希腊和罗马关于哲学的政治争论。①

　　信仰和知识这个古老的神学问题"更显然"是"本能和理性"的问题,"因此,这个问题也就是,在关系到事物价值判断的时候,本能是否比理性更有权威。理性总是想知道根据什么依据、'缘故'、用途和功用来判断和行动"。苏格拉底面对本能和理性这个重大问题的时是怎么回答的呢?切合"他天才的趣味——一个出类拔萃的辩证主义者的趣味",苏格拉底的立场非常微妙,既是表面的,又是终极的。在此,zunachst 和 zuletzt 这两个术语的意思似乎不是它们通常意义上的时间内涵——"最初"和"最后",而是更冷僻的含义——"表面的"和"终极的"。因为尼采不是在从头到尾绘制苏格拉底的思想传记——他甚至宣称自己"一生所做的"就是苏格拉底"表面"所做的。尼采暗示,苏格拉底给了一个公开的表象,保护住一个秘密的真实,他这个伟大的辩证主义者"悄悄地、秘密地"守住的真实。

---

　　① 尼采的反柏拉图主义重估了智术师的价值,但并没有将毕达哥拉斯、高尔吉亚或希匹阿斯放在最高位置:在修昔底德那里,"智术师们的文化,也就是现实主义者们的文化,得到了完美的表述;这个可贵的运动正处在苏格拉底派的道德和理想骗局正四处爆发的当口"(《偶像的黄昏》"古代人",条2)。

表面上，终其一生，苏格拉底站在理性一边，嘲笑"高贵的雅典人笨拙无能，他们像所有一切高贵之人一样，都是按照本能生活的人，从来不能合理解释他们行为的理由"。然而，悄悄地、秘密的，苏格拉底最终也在嘲笑他自己，因为他在"好良心和自我质问"面前，发现了同样的困境和无能。苏格拉底是希腊哲人例外中的例外，[158]是第一个为了研究常人和他自己身上的那个常人而甘愿暂时悬隔自身孤独的哲人（条26）。研究自己和他人的苏格拉底，学到了自己和他人之间存在的区别，知道了秘传教义的必要性。上一条中，把苏格拉底主义等同于苏格拉底的真实思想，实质上就如同把柏拉图主义等同于柏拉图的真实思想。

"但为了什么目的，他鼓励自己，独自远离本能！"根本不为什么目的：苏格拉底洞见到他自身和他人身上理性的局限，从而明白了理性不是一个人远离本能的理由；他明白自己的理性是自己的本能的仆人。找不到一个脱离本能的目的，苏格拉底为本能和理性都找了一个位置："人们必须"帮助本能和理性"找到依据""人们必须遵循本能，但又要用更好的理由劝说理性帮助本能"。苏格拉底解答苏格拉底主义的这个结论引导尼采增加了另外一个结论："这是那个神秘莫测的伟大反讽者真正的错误"——苏格拉底并没有将这个洞见用来回顾自身；他允许人们得出这样的错误印象：他赋予了理性高于本能的优先地位。苏格拉底"把他的良心"———颗敏感的良心——"带到了这样的地步，可以满足于某种自我欺骗：而在他的心灵深处，他已经看穿了道德判断中的非理性"。苏格拉底并没有愚弄自己，他愚弄了别人对他的看法；他将自己超迈的思想包裹起来藏于世俗之见之中，这其实是一个伟大的秘传教义者、反讽者的伪装术。柏拉图利用变化无穷、匪夷所思的策略保护起来的苏格拉底这个怪物是一个神秘的思想家，他洞察了道德判断的非理性，将自己的良心带到一个能够忍受谎言的地步，可以让良心满足于自我欺骗，假装好像不知道他事实上已经知道的东西，假装认为理性在主宰本能。西方道德的理性传统可以回溯到苏格拉底，回溯到这个伟大的反讽者，他不相信任何对立的价值，不相信理性和本能起源有什么不同。这个反讽者知道，道德缺乏理性依据，但是，他却要为行动找到道德理由，似乎道德本来就有理据似的。① ［159］

尼采将苏格拉底的转向看成是心甘情愿承受道德谎言，② 接着他笔锋一转，突然回到柏拉图。一个破折号引出了这个阴险的单句，开始了柏拉图命中注定对苏格拉底转向的延伸。柏拉图，这个古代最美妙的产物，有着"迄今为止哲人能够支配的最大力量"！柏拉图，这个高贵的雅典青年，用最轻率的方式诠释苏格拉底的伪装术，将之转化为某种雅致的东西。柏拉图对苏格拉底转向的阐释创造出了柏拉图的苏格拉底这个怪物；道德自然史上的这个重大事件改变了希腊宗教的面目，不知不觉间为基督教的来临铺好了道路（条49）。

"——柏拉图，他在那些事物中更无辜，他没有平民那样狡诈，他竭尽全力，想要……向自己证明，理性和本能都趋向一个目标，趋向善，趋向'神'"。理性和本能发明了"一切错误中最糟糕、最长久、最危险的错误"，将"所有的神学家和哲人放在同一条道上"，产

---

① 苏格拉底理性作为本能，参尼采《悲剧的诞生》（条13）中对"戴蒙"（dai-monion）的看法。尼采早期对苏格拉底的反思认为，"柏拉图的对话并不允许我们将［苏格拉底］仅仅看成是一种否定性力量"（《悲剧的诞生》，条14）。积极的力量是对知识热烈的科学追求，尽管在这样的幻象下，即，科学能完全理解存在甚至校正存在（条15）；那样一种追求挡住了实际上的悲观主义，作为一种对生命的刺激，激发高贵的青年。除了这些积极的因素之外，尼采暗示了推进苏格拉底的可能性，一个"艺术的苏格拉底"，一个"创造音乐的苏格拉底"（条15、17），这个苏格拉底将把苏格拉底本能的辩证力量同他最明显缺乏的东西——音乐或（狄奥尼索斯的）酒神精神——结合起来。在为1886年第二版的《悲剧的诞生》增加的序言中，尼采问道："我想知道读者是否明白我用本书已经大胆承担起来的使命"（条6）；他并没有明确说出他的使命，但是可以猜想，他的使命就是推进苏格拉底，他将这一使命赋予了扎拉图斯特拉，而他自己的使命，却被误以为是赋予了《悲剧的诞生》中的瓦格纳。

② 参柏拉图《王制》（7.537e－40a），哲人需要忍受道德谎言。

生了主宰欧洲思想的教条主义。尼采本条的结语十分引人注目，它是
对西方道德中理性传统的盖棺定论：

> 这意味着，迄今为止，就道德而言，本能，或者基督徒所说
> 的"信仰"，或我所说的"群体动物"（herd），已经取得了胜利。

本能在道德的理性传统中最终胜出。尼采当然提倡本能先于理
性，先于他先前论说过的目的（条32）——"理性仅仅是一种工具"，
他在本条结尾如是说。但借助柏拉图主义取得胜利的本能只是"群体
动物"的本能——只是一类本能；本章和下一章对道德类型的讨论将
梳理出建立于两类本能之上的两类道德，即作为世界本质的权力意志
表现于人类身上最原始东西的两种方式。本章结尾论述的是卑贱本能
的胜利在历史上究竟意味着什么，尼采在此使用的一个关键术语"群
体"为本章结尾埋下了伏笔：苏格拉底的转向最终使现代"群体动物
的自治"（条202）成为可能，"群体动物的自治"也就是新的转向成
为必须的前提，即转向未来哲人的统治（条203）。苏格拉底的转向促
使了尼采的转向，[160] 都是哲学的转向，转向人，最终转向为了哲
学利益的一种政治。道德自然史的观察者在他所观察对象的逼迫下被
迫加入战斗。

尼采的道德自然史——他对本能在仍然未完成的人类动物史中命
运的思考——延续了他在序言中的暗示：它将重新审判苏格拉底。苏
格拉底应该受那杯毒酒吗？从现代回头看，以最终后果来衡量，尼采
暗示，苏格拉底的确罪有应得，不是因为他诱导了费迪皮迪兹（Phei-
dippideses）等人堕落，如阿里斯托芬所说，更不是因为诱导了克里底
亚（Critiases）和阿尔喀比亚德（Alcibiadeses）等人堕落，如雅典人
相信的对他的指控，而是因为他诱导了柏拉图这个轻率的辩护者的堕
落。柏拉图为苏格拉底的辩护为卑贱本能压倒高贵本能开辟了道路，

将理性交给卑贱本能之手为所欲为。①

尼采正确理解柏拉图了吗？他知道柏拉图秘传性质的写作，知道柏拉图主义是哲学统治的工具，但他完全探测出这个"骄傲的魔鬼、统治的恶魔"（《快乐的科学》，条351）"韬光养晦的斯芬克司面目"（条28）了吗？他赦免了柏拉图引来的复仇——心怀不满之人出于道德动机而复仇——之罪，辨别出柏拉图宣称的爱智慧（《快乐的科学》，条359）的仁爱冲动。尽管如此，对于发明了柏拉图主义的柏拉图，尼采依据两个方面的判断加以谴责。尼采的第一种谴责是他作为史家的判断。普鲁塔克认为，柏拉图的柏拉图主义拯救了希腊科学和希腊哲学，免受迷信的迫害，② 但尼采断言，这样的拯救比无序的局面还糟糕，言下之意是，苏格拉底的道德主义作为哲学的拯救方案，比起德谟克利特、伊壁鸠鲁、卢克莱修等人的策略还不如。尼采的第二种谴责是他作为医生的判断。柏拉图主义似乎印证了其始作俑者身上的一种病，因为柏拉图主义本质上是反真实、反生命的（序言）。但这层暗示看来被几个月后形成的一个著名观点断然驳斥，这个观点似乎就像医生最后的诊断：在总结对唯心主义的批判时，尼采说，

> 目前为止，一切唯心主义都是某种病态的东西，除非它是像柏拉图的情形一样，对于营养过剩的危险的健康保持警惕，对于**过分有力**的感官保持恐惧，一个谨慎的苏格拉底那样的谨慎（《快乐的科学》条372）。

警惕，不是对疾病的警惕而是对某种特殊健康的警惕，隐藏在柏拉图的唯心主义之后；在几条之后，尼采用"伟大的健康"结束了

---

① 参见"苏格拉底的问题"，《偶像的黄昏》。

② 参见"尼西亚斯的一生"23.5。

《快乐的科学》（条382）。恐惧，不是担心他自己的感官力量方面强于他的判断那种恐惧，隐藏在柏拉图的唯心主义之后：本条开始就影射了奥德修斯要求他朋友掩盖耳朵的行为，[161] 使他们不被塞壬的歌声诱惑，而他自己却捆绑在桅杆上张开耳朵面对诱惑。最后，柏拉图的唯心主义是苏格拉底那样的谨慎，一种过分的谨慎，把已经足够谨慎的苏格拉底包藏在一个更加层层设防的谜之中。

柏拉图引出的复仇之罪可以赦免，但他轻率地使用道德主义这种疾病作为解毒剂所犯下的罪行则不可赦免；他轻率的罪行之所以不可赦免，因为他的解毒剂大获成功。将哲学跟变化多端、匪夷所思的东西纠缠在一起，以此来捍卫哲学，这样轻率的策略现在已经将哲学置于危险的境地。轻率的柏拉图带出了轻率的尼采：尼采大声宣布，诸神也会哲学思考。但是，如果诸神争吵，尼采似乎断定，这符合他的目的，在争吵中使这个事实再次呈现：把希腊智者的争论弄得路人皆知，对于智慧不无好处。

谎言与梦想（第 192－193 条）

关于苏格拉底和柏拉图在我们道德自然史中地位这两条，引出了另外两条对更为普遍教训的讨论。这些引人注目的教训是关于谎言和梦想的，似乎是对苏格拉底主义和柏拉图主义的回顾反思。

第192条　道德自然史学允许人们将道德带入一个更广阔的人类意识领域，一个它一直缺席的地方："一切'知识和认知'的领域"。之所以能这样做，是因为这门科学，如同任何科学的历史，提供了"一条线索，理解知识最古老、最普遍的过程"。在这些过程中，"怀疑的缺席"从一开始就存在，那时，感官主要还是直接受制于自觉情感的影响；在怀疑缺席的情况下形成的印象持续产生力量，规定了后来的一切认知。① 道德自然史因此建议一种新的怀疑的道德，在这种怀疑的道德中，怀疑是不自然的，因为所有感官一直天然就是信任和创造的工具，倾向于将一切都转化为看上去已经熟悉的东西。② ［162］任何新的观点必须跟进入感官的天然的保守主义作斗争；比起它要反抗的那些观点来说，新的观点需要"更多的力量，更多的'道德'"。

　　这种怀疑的新道德从它对熟悉之物惰性力量的理解中得出普遍结论："我们从根本上、自古以来——习惯了谎言。"这有关新道德的结论可能听上去不道德，于是尼采用更美好的言词对它进行了重述："人人都是更好的艺术家，只是他不知道而已。"那样的谎言，那样的艺术，覆盖了更广袤范围，远胜于苏格拉底和柏拉图他们为了大多数人的道德利益而有意识的撒谎。道德科学，其微妙、怀疑和耐心，将道德带进已经被人接受的那些道德中，并且逐渐明白一切洞见和认识都以道德的艺术性谎言为基础。

　　第 193 条　早期感觉的残余物不是唯一帮助规定有意识经验的认知：梦想起着同样的作用。尼采认为，习惯性梦想中经验到的东西，"一勺勺地喂育"了即便是最快活时刻的清醒头脑，给予它快感和渴望的东西。这个一般论断得到一个例子的支撑说明，更具有说服力：梦中飞翔的经历把清醒时刻的幸福感或有待实现的东西变

---

　　① 笛卡儿对成熟的、理性的怀疑缺席之后果十分清楚；参见 *Discourse on the Method*（《方法论》）第二章第一段结尾。

　　② 哲人"怀疑的天职"——平民生活将之衡量为不明智、"'坏品格'的标志"（条34）——从道德史中获得了额外的依据。Graham Parkes 将第 192 条插入进他对"经验的织体"的延伸性分析之中，对尼采这个观点——"贡献幻想进入经验的组织"——进行了卓有洞见的阐述，参见 *Composing the Soul*（《创造灵魂》），页 310，289－305。

得多姿多彩。① 或许这个例子必须被视为上下文中整个观点——历史上形成的无意识先于仅仅是工具的理性——的一部分，或许甚至是这个语境中特别核心的观点——苏格拉底和柏拉图的理性主义引起了道德自然史的转向——的一部分。柏拉图梦见飞翔，梦见提升，梦见对世俗必朽的超越，从中得到的幸福，使清醒时刻的人生一切都更加多彩。理性于是囚禁在它自以为具有超越能力理解的形上之物——"纯粹精神和纯粹精神中的善"——的梦中。我们现在刚从这一迷梦中醒来。在黑暗中发生的东西还在光明中继续：尼采用不同的梦反驳柏拉图的梦。走出黑暗，走出迷梦，走出健康本能的愚昧，一种新的清醒的经验诞生了，具有最清晰的理性，用《扎拉图斯特拉如是说》（"三件恶行"）中的意象来说就是，白日的智慧捍卫了更深沉的黑夜的智慧。[163]

爱与占有的本能：我们道德的起源（第 194 – 195 条）

"由此可以推论……"第 194 条以省略句结尾，接着过渡到第 195 条。尼采在本书最中间的一章的中间位置安排的这两条，用逻辑推理来连接。这逻辑推理构成了《善恶的彼岸》最适合的中心，因为它暗示了留个我们的一个冷静推断，从对爱的沉思（条 194）转向善恶的自然史上的一个决定性事件（条 195）：在一个本质是权力意志（条 186）的世界，对人类感情的理解导致了对我们偶然过去的合理阐释，也许还为把握人类的未来准备了必要的工具（条 203）。尼采对道德的分类，旨在展示人类的根本差异，在此（条 194），他转到甚至比人类创造出的千百种善恶更大差异的某种东西：通过显示人类视为真正拥

---

① 　出版时有重大改变：用客观的"某人"代替了"我"，留给人推测经验是尼采自己的。飞翔，挣脱地球的引力，是《扎》中的核心意象，是扎拉图斯特拉同他的恶魔和死敌——引力的精灵——斗争的核心。

有或占有一种善的差异。尼采关于占有的现象学研究发展了这个主题，其核心观点是将世界的本质看成是权力意志：人类的权力意志如何表现于最根本的占有关系中。尼采在他举的最后一个例子——父母占有子女——的结尾写道，"由此可以推论……"，接下来第195条一开始就说"犹太人"——犹太人掀起了"道德中的奴隶造反"，犹太人占有孩子的方式是让孩子恪守父辈的准则，使孩子能够传承那种"颠倒"的善恶。在论述道德自然史的这一章中心，尼采已经讨论了引向今日道德（条190，191）的哲学中的关键事件，接下来他将处理宗教中的相应事件。

第194条 在一番阐明其学说主要观点的讲话中，扎拉图斯特拉强调一千种善恶条目的重要性：它们繁复多变，有助于人们理解人类的区别，理解区别背后的东西（《扎》"一千又一个目标"）。在此，再次重复了这些条目的重要性之后，尼采宣称，人与人的区别"甚至更多"地显现于"作为真正拥有或占有一种善"的东西上。这里存在道德自然史中的一个基本事实，即占有的心理学，或者说，权力意志如何表现于基本的人际关系。尼采用了四个例子来说明占有的内涵。这四个例子中有四类不同的占有对象——女人、民族、受惠者和孩子。这四个例子分别涉及四种爱，尽管尼采只在第一个例子中使用了爱这个词。[164]

在这四个例子中，尼采都只提到占有者的视角。但他的处理方式在某种程度上说也是片段式的，因为从第一个例子到第四个例子，处理过程中变得越来越不完善：第一个例子给出了三种占有类型，第二个例子只包括两种占有类型，第三个例子和第四个例子都只有一种占有类型。第一个例子中的占有类型牵涉到占有者或爱者知识的精进，或者说求知欲望和被感知欲望的精进。这部分主要观点是在讨论占有一种善的不同方式，所以很奇怪，没有为后面两个例子暗示不同的方式，只有愚昧者或更无知的占有形式被讨论。但这条结尾"由此可以推论……"——这最后几个词和省略号似乎邀请受过前两个例子博雅教育的读者为第三个和第四个例子补充他们自己的占有形式。运用于仁爱和父母之爱的知识和自知的提高，触及了尼采的最微妙的核心思想，这些羞怯的思想留给读者品尝。

关于男人对女人的占有，尼采描述了三类"占有的渴望"。首先是"有点节制的"男人的占有渴望，以身体的支配和性享受为标志。其次是一种更多猜忌、更多贪欲的占有渴望，它不仅仅需要女人委身于他，"而且要把她所有的或愿意想有的东西都给他"。但"猜忌和贪欲"在第三种也是最多要求的占有渴望中发生了转向。这类占有渴望要求放弃任何对他的误解；这份爱要求爱的对象从"根本上甚至从最深处"认识爱者；而爱者"冒着自己被探测的危险""冒着自己的谜底被人猜中的危险"。这种情形下真正视为拥有或占有的，取决于知识和自知，取决于被爱，"不仅因为他的善良、耐心和灵性，同样也因为他的恶和不为人知的难填欲壑"。这是一个男女之爱的伟大神话的片段，尼采经常将男女之爱置于他对自然反思的核心。这只是一个片段（如果说是一个关键的片段），这点在几个月后完成的《快乐的科学》（卷五）中间那条（条363）中得到明显的印证。在那里，男性之爱作为一个问题加以完整分析，因为它缺乏尼采在女性之爱中找到的特征，即对被爱对象的忠诚；男性之爱的问题在于，终极目标就是占有追求对象，一旦认为再没有新东西可占有之后，就抛弃了被爱的对象。但是，在那里，尼采还提到一种"更雅致的、更猜忌的占有渴望"，用来解决男性之爱存在的问题。在《扎拉图斯特拉如是说》中，男女之爱的片段以其融合一体的方式呈现；[165] 可探测性的问题和"不为人知的难填欲壑"的问题已经被处理，作为延续爱的解决方案；另外，权力意志、占有、男女之爱，它们的关联也得到完全诗意的展示。① 《善恶的彼岸》将男女问题放在全书中心章节的中间位置，将

---

① 尤其参第二、三部分中的舞曲及其周围的章节。另外参见 Lampert，*Nietzsche and Modern Times*（《尼采与现代时代》），页 376 – 387。

其与本章的主题（勾勒道德自然史，梳理道德史中的重要历史转向，阐明在世界本质中的转向理由）联系在一起。①

尼采的第二个例子讨论的是统治者对一个民族的占有。他区分了两类不同的统治者，但跟前面的例子一样，这两类统治者都利用了"占有渴望"中同样的雅致。这个例子对身体统治那种愚蠢的形式弃之不顾，直接开始于"更高级的卡格里奥斯特罗和卡蒂利纳的艺术"——这种统治艺术乐于采用一切欺骗的手段为其利益服务——然后走向了另一种统治艺术，一种被欺骗激怒、被假面统治激怒的统治艺术，致力于借助真正的知识来统治。这种统治艺术要求统治者"首先知道自己"！基于自知之明原则的统治似乎就是哲学的统治，是基于对人性洞察的智慧的统治。

前两个例子暗示，对自知的渴望将占有转为对某些主动自我选择的东西。后两个例子对于这种成熟的占有没有提及；它们缺乏前两个例子中展示的雅致。第三个例子涉及的是"乐善好施之人"。"赠予的美德"是扎拉图斯特拉最初选来命名他身上最好的东西（《扎》"赠予的美德"），但他后来放弃了这个命名，代之以"统治的欲望"（《扎》"三件恶行"）。在本条，尼采重新使用了"赠予的美德"来连接第二个和第三个关于占有或爱的例子。乐善好施这个例子中的施予者还比较粗俗，他对看起来的仁慈中的占有动机一无所知。

最后一个例子也停留在这种粗俗的层面：父母对孩子的占有。在这种形式的占有中，父母"不由自主地将孩子改造成跟他们相似"。"由此可以推论……"若父母对子女的占有欲望变得雅致，结果将是自知和被感知的欲望：更高形式的父母之爱将学会如何放弃，学会任其自然；父母将学会允许孩子自然生长，[166]开花结果。这样一种放任自流的态度最终是更成功的占有，因为爱者允许顺其自然，被爱

----

① 在"我们的美德"中的最后几条（条231－239），尼采对男女问题进行了进一步反思。

自然感恩。

在一个本质是权力意志的世界，爱、统治、赠予和养育子女，都是可理解的占有形式。这些占有或多或少都有几分雅致。之所以说雅致，主要是包含了自知，包含了希望被占有对象所知。借助这些雅致的占有，基本的人际关系就能转变，从而不会违逆他们权力意志中的冲动和源泉，也不会通过发明敌对的价值或自以为不是权力意志的源泉作为虚构的替代。为了获得对人类史更全面的看法，道德的自然史辨认出了这些存在于人际关系基本过程的基础及它们的转变。下一条指出了道德自然史中的一个重大的转折点。"由此可以推论……"和"犹太人"之间语词的连接暗示了一种观念的连接，把父母对子女占有关系这个例子和以对祖先忠诚为特征的民族之间连接起来。父母占有子女这种最低级的占有形式，不由自主地要求占有对象不由自主的忠诚，尼采借用塔西佗的话来说，就是一种奴役形式。①

第195条　尼采断定犹太人是"'天生受到奴役'的民族"。这个观点和塔西佗乃至整个古代世界一致。犹太民族奴役命运的根源可追溯到父母本能地占有子女，使子女跟在身后亦步亦趋。但是，尼采是一个姗姗来迟的古人，他从近现代的视角来看待犹太人的历史，这是一个更有利的视角，从更广阔的道德自然史来审视。从这个视角来看，"犹太民族的重要性"在于，"他们掀起了道德中的奴隶造反"。现在看来，基督教（《道德的谱系》I.7）和法国大革命（条46）都忠实地推进了这场造反。第五章的中心因此处理了现在全球性的道德问题的心理和历史起源；现代道德在粗俗的占有形式中找到了其心理起

---

① 本条结束的五点省略号（……）在本章中也用于第202条的结尾，在那里清楚地将第202条和第203条联系在一起。尼采经常使用省略号作为结束符号：序言、第3，11，87，108，172，205，214，239，252，271，292条的结尾都使用了省略号；此外，他在第62，211，213，227，230，277，278条使用四点省略号（……），在第236，245，295条使用了三点省略号（…）。

源，在奴隶道德中找到了其历史起源。"Ni dieu ni maitre"就是一条曲折但可预测之路的必然终点，这条路的起点就是对上帝的臣服。

尼采对于犹太人成功传承价值对换或价值颠倒表示了感谢：[167]"正因为犹太人，地球上的生命才受到一种数千年来一直新的危险的吸引"。尼采所说的超越一切价值的价值，旨在带来同样重大的转移；在超越善恶的运动中，重估价值恢复了道德中奴隶造反后遮蔽的善恶，即高贵道德，另外，重估价值还暗示了朝建立在自知之上的更雅致的占有形式推进。①

运用于畏惧道德的道德推论（第 196－198 条）

第 196 条 第五章的后半部分考察了占主导地位的道德——"畏惧的道德"——的基础。本条一开头就用了一个与即将采用的方法相关的比喻，从可见之物推断不可见之物的推论法。这个比喻将道德的新科学比为天文学；尽管道德新科学的轨迹不似行星或彗星那样确定，但既然它声称具有科学的性质，那么其推论就可验证。这种研究人类道德价值观表达的基本现象的道德新科学，正是第一章结尾处就预言了的危险科学，是作为权力意志（条 23）演变学说的道德心理学。"道德心理学家"将推断有许多"黑暗天体"的存在，这些"黑暗天体"被太阳光或理念的阳光遮蔽。尽管"我们永远看不见它们"，但这些黑暗天体作为最强大的力量，左右着被视为高贵的东西、有价值的东西，却能被道德的天文学验证。但是，因为道德理念的"整个星云图谱"是一种"感情的语言符号"，一定程度上允许保持沉默，那么，需要用一种合宜的相面术－心理学来解释理念背后没有说出或

---

① 《道德的谱系》（第一章第 7－10 条）回应了《善恶的彼岸》这一条，延伸了其历史观点，注意到"我们不再看见"道德中的奴隶革命，"因为道德中的奴隶革命已经取得了成功"（条 7）。

难以说出的现实，将其等同于天然适合于某类人的道德。

第 197 条　尼采本条推论出"几乎所有的道德主义者"都反对"Raubmenschen"背后潜藏的原因。"Raubmenschen"是一类特别的人，他们既是"捕食动物"（predatory animal）又是"被捕食动物"（beast of prey）。尼采的推论引出了第五章后半部分的主题：我们人类中自然产生出的稀世个体（rare individuals），他们由于偏离了人类的规范，所以我们的主流道德抱之以猜忌。尼采推断出的猜忌原因是什么？本条暗示的答案将在下一条（条 198）展开讨论。[168] 猜忌引起的后果则在第 199 条到 203 条（本章最后一条）中讨论。本章最后还将暗示这些极少数人如何可能被未来的哲学加以区别对待。

问题的焦点恰是对人性如何正确理解。迄今为止，几乎所有的道德主义者都认为，这些最优秀的人要么有病，要么正遭受某种内在的折磨。为什么会这样？是什么促使几乎所有的道德主义者误解了促使稀世之人生长的原因？尼采的回答也用了世界地理的比喻，这个比喻使本条显得十分生动："为了'温带'的利益？为了中庸者的利益？为了'道德'之人的利益？为了平庸者的利益？"这个被推断出来的黑暗天体——为了平庸道德之徒的利益所以需要怀疑最高贵的人——是对"'作为畏惧的道德'这一部分"的贡献。怎样的贡献？它暗示了（下一条会使此点更明确）柏拉图为首的道德主义者并不是畏惧自己，而是畏惧平庸的道德之徒，出于谨慎，他们才把道德哲学同他们对于超凡脱俗之人的普通自然的恐惧连在一起。这种谨慎已经把我们带到哪里？本章剩下的部分将勾勒出答案。接下来怎么办？答案要到本章结尾才揭晓。

尼采举的既是"捕食动物"又是"被捕食动物"的例子是博尔吉亚（1476－1507,）。尼采将这个例子放在思考畏惧道德的开头这样突出的位置，似乎是在张扬他自己并不畏惧，张扬他愿意鼓励人们对他本人产生畏惧和仇恨。这一态度将他同马基雅维里这个哲学家联系到一起。正是马基雅维里负有不可推卸的责任，使博尔吉亚如此引人瞩目。马基雅维里也是个不一般的道德主义者，他从来不与那些普通的畏惧和怀恨少数人的道德主义者混同，他是一个敢于招惹"邪恶教师"标签的哲学家。然而，尼采并没有将博尔吉亚当成最突出的例子，正如马基雅维里也没有把博尔吉亚当成最突出的例子一样。马基雅维里笔下的博尔吉亚只是其父的工具而已，这父子两人都是他的工具而已。尼采用了博尔吉亚打头阵后，接下来的例子典型性越来越强。紧随其后的就是阿尔喀比亚德和恺撒（条200），他们都是自身文化中含混不清的狮子。最后最具典型的例子是新哲人，"别无选择"（条203）。① 这一条开始显示出尼采在第五章的后半部分发展出来的观点，他原则上同意马基雅维里的看法：马基雅维里认为，"每个城市都能发现两类不同的幽默""两种不同的口味"，他们交替出现在"民众"和"伟人"、劳力者和劳心者身上："民众既不愿意接受伟人的命令也不愿意接受伟人的压迫，而伟人却既想命令民众又想压迫民众。"②同样，尼采也认为，[169] 伟人中的伟人必须知道如何运用这两类幽默，看起来，要运用这两类幽默首先必须获得"恶"教师之名。

第 198 条 对"作为畏惧的道德"这一部分的第二个贡献，第198 条只有一句话，但却长达一页。这个句子写到一半，在用五个例子证明其中心论点时，修辞达到最佳效果。"迄今为止几乎所有的道德主义者"（条197）提倡的"所有那些道德"针对的都是生活在"温带"（条197）的居民，对他们允诺"所谓的幸福"。从这些道德中可以推断的是，它们是"同危险度成正比的行为建议，这些危险个体要独自面对"。"这些针对情感的秘方"旨在驯服情感，"只要它们有权力意志，愿意成为主人"——它们装着能够治疗表现于人类动物身上的权力意志（条187）。除了这些道德之外，推论出的黑暗天体就是存

---

① 关于 Cesare Borgia，参见《偶像的黄昏》（条37）和《敌基督》（条61）。

② *The Prince*（《君主论》），第九章。

在于自然本身的平庸阶级中的畏惧。

本条在某种意义上是对道德中无条件的推论进行批判，但在推导所有这些道德的时候，本条也犯了同样的毛病，在开始表达自己观点的时候反复使用"所有这些道德"。这些推论都是没有道理的，因为"它们将难以归纳的东西加以归纳"——并非所有的人都生活在温带，为了所谓的幸福而生活。这样的做法：无条件地言说，无条件地服从——全都是带有不成熟征兆的病理学（条154），无法充分享受人生，难以体察入微（条31）。所有这一切，"从知识的角度来衡量，是无价值的，凭瞎猜也不是'科学'，更别提什么'智慧'"。如果既不是科学，也不是智慧，那所有这些主流道德又一直是什么？——"所有这些道德都是，再说一次，也是我第三次重复，就是谨慎，谨慎，谨慎，夹杂着愚昧、愚昧、愚昧"。柏拉图的哲学策略将过人的谨慎同常人的愚昧混在一起，在苏格拉底临难之日才能称这种策略才是安全之策（《斐多》100d-e）。但是，过度谨慎名义上很安全，实质上证明却是轻率的误算，因为过度的谨慎导致对人类做了普世性推论，这些推论现在威胁着稀世之人生长的可能。

群体动物的胆怯道德（第199-201条）

第199条 第199条描写了一种道德类型。本条一开始就证明，为什么仅有两种可能的道德类型，其中之一会逐渐在欧洲取得主导地位，为什么因此必须要以另一类人［170］——第197条中在热带生长的稀世之人——道德的名义采取行动。答案可以在人类的自然史中找到，尤其是在全人类范围的良心成长史中找到。尼采对人类自然史下了一系列简短的结论。这些结论将在《道德的谱系》第二卷中深入论述。整个人类的史前史和历史，服从的大多数在数量上远远超过了发号施令的少数人；服从得以不断操练，得到最好、最久的培育；因此，"人们也许会正确地认为，一般而言，现在人人身上服从的需要都是天生的，像某种形式上的良心"。形式上的良心命令，"你将无条件地做这做那，无条件地允许这允许那"，满足于某种父母一样的实体提供的这种仅仅是形式的命令。"人类发展的这种奇怪的局限性"，可以由以下事实加以解释："服从的群体动物本性"之所以得到遗传，前提是以牺牲"发号施令的艺术"为代价。

回头寻找服从的历史原因，为探索具有服从倾向的人类现世的后果和他们的未来做好了准备。"发号施令的人、独立的人"将来要么完全匮乏，要么成为内在疾病坏良心的牺牲品，他们为了发号施令必须欺骗坏良心也服从一致。服从的大多数将把他们自己当成"唯一被允许的一类人"，他们的财产是"人类真正的美德"，尼采列举了八种美德，最后一种美德就是同情。对良心无条件的要求预示着服从者无条件的胜利。本条因此为第五章最后的主要论点做好了铺垫：群体动物的自我统治为其未来的压倒性胜利奠定了基础，而这又使得未来哲人统治的转向变得合乎情理。

第200条　本条放在详细讨论人类群体动物和畏惧道德两条之间，强调的是例外性。尼采认为，畏惧道德的基础在"四分五裂的时代"尤其肥沃，如现代文化这样的晚期文化中，不同种族的遗产相互交错。但本条的主要观点看来出现在后半部分：四分五裂的时代也证明是肥沃的时代，能够出现伟大的例外之人，他们的道德偏离了普通人的道德，是另类的道德。① 例外之人超凡脱俗的气质被准确地描述，一开始看来是最基本的特征，"在那样一个自然中，反抗和战争更像护身符和兴奋剂一样起作用"。那样一种肯定的、好战的天性可能发现"跟其强大的、不妥协的动机格格不入，是在和自己的战斗中一次真正的主宰和升华，[171] 或者自我主宰和自我欺骗"——好战性格内化，主宰了其强大的动机。在四分五裂的时代，那样一种自我命令

---

① 第200条因此重复了第199条的结构，都以拿破仑的出现结尾，而拿破仑是一个服从时代例外的领袖。

的气质可能导致"那些注定要取得成功、注定要去引诱、谜一样之人的出现，这些品质在阿尔喀比亚德和恺撒之人身上得到最完美的体现"。这些骚动不安、好战的例外之人不像大多数人，他们不安于自身，也不安于他们的时代。他们对胜利的激情和他们引诱的力量结合在一起，推动他们在所处的动荡时代做出开拓之举，而这些开拓行为恰恰看来与大多数人的气质格格不入。尼采把德国皇帝弗里德里希二世和达·芬奇也列在这些非凡人物的名单中，他似乎想暗示，西方基督世界中两个不同的文艺复兴时期也是产生对立类型人物的时期。

尼采将阿尔喀比亚德与恺撒相提并论，对此，施特劳斯做了精到的评论：尼采"一口气提到恺撒和阿尔喀比亚德，再没有比这更有力地展示他从民众道德中获得的自由了。可以说恺撒对于罗马已经完成了一个伟大的历史功能，已经将自己奉献给了这个功能——正如其所是，已经成为罗马历史上一个功能性人物；但是对于阿尔喀比亚德，雅典只不过是基座，如果需要的话，为了他自己的光荣和伟大，他可以拿来与斯巴达交换，可以跟波斯交换"。① 尼采的自由将他和其他一切道德主义者区别开来，后者谨慎地照看着大多数人的幸福。相反，尼采在意的是阿尔喀比亚德和恺撒等少数人的幸福。

在历史学家修昔底德笔下，阿尔喀比亚德是最招摇的人物，他的反伯里克利策略将雅典推上了再生的帝国征服之路。修昔底德令其读者相信，如果授权阿尔喀比亚德领导希腊，这条道路有可能获得成功。② 在柏拉图对话录中，阿尔喀比亚德也是个重要人物，提及的次数仅次于苏格拉底。柏拉图的苏格拉底精于情事，显示他狂热追求的

---

①　*Studies in Platonic Political Philosopgy*（《学习柏拉图式的政治哲学》），页184。

② 在本条早期的草稿中，尼采暗示其中一个四分五裂的时代就是"伯里克利的雅典时期"，但他没有提到阿尔喀比亚德这个名字；通过提及阿尔喀比亚德的名字，本条的定稿认为，凭借他对胜利的爱和他勾引的能力，他能够在一个大多数人都只想刀枪入库马放南山的时代取得成功。

就是阿尔喀比亚德。苏格拉底可能告诉了卡利克勒斯（Callicles），他有两个爱人，"哲学和阿尔喀比亚德，西尼里亚斯之子"（《高尔吉亚》481d）。根据柏拉图的说法，苏格拉底是在开始其政治生涯之前追求的阿尔喀比亚德（《普罗泰戈拉》），并且柏拉图让阿尔喀比亚德自己说出为什么苏格拉底没有得到他的爱（《会饮》）。柏拉图还表明，在审判和处死苏格拉底的背后，隐藏着雅典人的怀疑，他们怀疑苏格拉底败坏了阿尔喀比亚德，[172]为此，柏拉图不遗余力地为苏格拉底进行辩护，驳斥这些怀疑。尼采提出了这个怀疑，苏格拉底败坏的不是英俊的阿尔喀比亚德，而是"古代最美妙的生灵"柏拉图自己。在这一章，尼采已经认为苏格拉底的败坏引起柏拉图跟愚昧进行谨慎的妥协，从而为民众最终的自治助了一臂之力。因此，他逐渐说明，为什么序言中提及的被败坏的柏拉图的错误可以说是"一切错误中最糟糕、最长久、最危险的错误"：因为它鼓励业已存在于大众身上的追求休息的倾向，柏拉图的教条主义强有力地促进了一种普遍化的道德，这种道德威胁着任何其他类型的人在追求休息的普通人身边出现。

苏格拉底对柏拉图的败坏，以及他败坏阿尔喀比亚德的失败，表明了败坏者尼采的抱负。在一个比起任何时代都更加四分五裂的时代诞生的狂热的例外者，被战斗的人生而非和平的人生所激励，受其好战的、领袖的气质训练为自我主宰的人，尼采旨在败坏未来的哲人们，将他们放在同一条道上，这条道承认世界的本质就是权力意志。因此，尼采拒绝为了大众的利益与愚昧妥协，相反，他站在阿尔喀比亚德这样的少数人一边，全身心地支持骚动不安的少数人而不是支持那些寻求休息的大多数人。"我们拿阿尔喀比亚德怎么办？"狄奥尼索斯在阿里斯托芬的《蛙》中问道。因其智慧建议得到了奖赏的阿喀琉斯回答说："最好在城邦中不要养一头狮子。但如果一定要养，城邦就必须臣服于狮子之道。"尼采只同意阿喀琉斯的后半部分建议，而不同意其前半部分建议：现在我们中间养狮子是必要的，是值得的。

第 201 条 在本条中，尼采总结了他对所谓的畏惧道德的自然史得出的结论，追溯了其兴起的条件和称霸的前提，勾勒了其终极胜利对现代欧洲的威胁。根据尼采的论述，畏惧在两个重要阶段创造了道德价值。首先，社群必须达到安定的水平，才能不受到永远是其敌人的邻人的威胁。因此，第一个重要阶段是建立在"对邻人的畏惧"之上，决定了对朋友和共同体成员行善而对敌人和邻人作恶的道德。后来被基督教化为美德、本质上是"对邻人的爱"的显著特征——"体贴、同情、公平、温和、互助"——尽管一直都存在，但它们仍然是"道德之外"的东西。尼采为这一阶段举的例子是"罗马人的黄金时代"，即基督教到来之前的罗马时代；同情被实践，但不是作为一种美德；同情远低于那些被看成是美德的东西，即"为了全体的利益"、为了整个罗马利益的行为。在那种条件下培养出来的、被尊为美德的是"探险猎奇、胆大妄为、快意恩仇、［173］阴险狡诈、贪婪劫掠、权欲野心"，这些品质更受人欢迎，因为对于畏惧外来危险的共同体来说，它们才是必不可少的东西，所以需要在富于这些"美德"潜质的稀世之人身上栽培，放任它们在一个需要他们特殊性的环境中欣欣向荣地生长。

在第二个阶段，在更安定的条件下，"相反的动机和倾向获得了道德的光荣"。"畏惧再次成为道德之母"，但这是不同的畏惧，是畏惧稀世之人自己，他们一度被需要，因此被赞扬和培育。一旦不再需要他们了，这些稀世之人也不再需要被容忍。"高尚独立的精神，承受孤立的意志，甚至更强大的理性现在都当成危险来经历"；那些打动他们的动机"现在被贴上不道德的标签，遭到遗弃，受到中伤"，尤其是中伤为恶。正如尼采描述了社会进程的轨迹，和平的环境最终实现，在此之下，是各种各样的严厉形式，包括正义的严厉，开始骚扰良心。畏惧道德的倒数第二步就是对惩罚的畏惧。如果所有的危险，所有畏惧的基石，都可能废除的话，那么就要采取畏惧道德的最后一步；那时，畏惧道德就将自动废除，因为"任何抵达这一理想境界的人因为抵达了该境界从而也就超越了该境界"（条73）。

在本条最后几句话中，尼采把这一结果运用到了现在欧洲身上："无论是谁来验证现代欧洲的良心"，都将发现"群体动物畏惧"的必要性："我们希望在某个时候再也没有更多畏惧的东西！""某个时候——到那一点的意志和方法在今日的欧洲无处不在，那就是所谓的'进步'"。畏惧的谱系为良心的研究者设定了使命：要提倡稀世之人，提倡仅有的另一类道德，就必须提倡严厉；要反对我们时代的道德氛围，尼采首先必须变成一个教唆恶的教师。掌握了人类未来的新科学这门利器，他获得了行动的动力；本章的最后两条描写的就是他要采取的行动。

两种信仰（第202－203条）

"让我们立即再说一次，我们前面已经说了数百次的东西，因为今日的耳朵十分不情愿听到这些真理——我们的真理"（条202）。"我能否对你们大声地说出来，你们这些自由的精神？"（条203）第五章的最后两条，即第202条和第203条，强调了它们必须说出来但几乎又不可言说的特性。这两条同时还给出了为什么不可言说的原因：我们现在已经沉湎于一种统一的道德教条主义，任何外来的观点必然被误听，必然受伤害。这种道德教条主义劝我们相信，我们比苏格拉底还聪明（条202）：我们确信知道苏格拉底知道他自己不知道的东西，[174]即"何为善？何为恶？"知道他不知道何为善何为恶，"那条著名的、古老的蛇才许诺教它"。尼采因此表明，苏格拉底掩藏了他知道自己无知，施行的是标准的哲学秘传教义。采取影射不可言说的东西和苏格拉底躲躲闪闪的言辞来开头，这两条宣告了它们的迫不及待，宣告了它们对过去哲人秘传警示的拒绝。他们说了数百遍我们听上去受到侮辱的东西——我们人类不过是动物，在进化的道路上处于可被预谋的节点上。他们请求允许说出不被允许大声说出的东西——

我们需要例外之人，这些稀世的教师，将为我们全人类铸就新的良心。这两条可能有些迫不及待，完全不像苏格拉底那样的风格，但它们仍然是一条蛇的工作。它们许诺我们获得善恶的新知识；这些新知识是由一个清楚地意识到人类认知局限的人来教导的。

第202条　尼采知道，将人视为动物有侮辱之意。他也知道，人们会把账算在他头上，因为跟现代观念不同，他不断地使用"群体动物""群集本能"这些术语，简直就是罪恶。为什么明明知道后果，他仍然要侮辱人，仍然要使自己看来像个罪人？原因就在于，他"只能这样做，因为正是在这里隐藏着我们新的洞见"。这侮辱性的、听上去有点犯罪感似的洞见看透了现代人的道德前提："人这种群体动物的本能"，决定了统一的现代善恶"知识"，群集本能的胜利遮蔽控制了其他本能，使人类同质一体。尼采冒险说出大逆不道之话，因为一个道德帝国主义正威胁着主宰、甚至消除具有根本价值的人类多样性方面，即高低卑贱的等级，只有通过这等级，才能抵达"崇高独立的精神、忍受孤独的意志和伟大的理性"（条201）。道德自然史的危机促使尼采发言，他用特殊的字体对他的发言做了强调："今日欧洲的道德是群体动物的道德"。用海德格尔的话问，为什么"是尼采这个最安静最害羞之人……来承受必须呼号的痛苦"？① 海德格尔的答案与尼采在本条的论述如出一辙：在一个最为强调进步的文化中，所谓的进步实际上是某一特别类型之人的堕落，落入追求安乐舒适本能独裁的陷阱。本条将这个危机看成是西方精神思想史中的重大事件，一次要求采取行动、首要是采取言说来行动的事件。

在本条的剩余部分和最后一条，尼采用宗教话语来谈论他不受欢迎的观点。道德的历史危机［175］可以看成是两种信仰——多神论和一神论——的冲突；道德冲突是精神之战。唯一的神——无论死活

---

① *Was Heisst Denken*? (Tubingen: Max Niemeyer Verlag, 1962) 19 (English trans., 48)

——和他服务的统一大众联手对抗诸神和诸神服务的高贵人。"一类人的道德"宣称,"我就是道德本身,此外别无道德"！由此宣布其他一切可能的道德——尤其是"更高的道德"——都是非道德,并努力抹杀、污蔑有关这些道德的记忆。在此,触及尼采的西方精神史的关节点:现代"民主运动已经汇入基督教运动的遗产"——现代世俗社会是个忘恩负义的家伙,它否认自己的父母,将父母当成精神敌人。尼采认为,现代观念和基督教在道德上都是一致的,都代表了同样的基本本能,都走向了唯一,唯一允许的善恶。对于民众来说,它们都是柏拉图主义,共同见证了柏拉图妥协带来的灾难。基督教纵容吹捧了"最极端的群体动物需要"——向几乎任何人许诺几乎任何东西且几乎不要任何回报——这为纵容吹捧现代民主运动做好了准备。

"进步"（这是上一条的最后一个词,为本条做好了准备）的民主运动包含了许多派别;但正如这一运动给人的假象是与其基督教祖先的决裂,它也造成了有意义的道德多元的假象。本条剩余的部分集中摧毁这个假象,力求证明彼此尖锐对立的现代道德观念在道德本质上的一致性:"无政府主义的狗东西"只是表面上跟"温和勤勉的民主派,跟受意识形态蛊惑的革命派"以及自封的社会主义者格格不入,在道德的骨子里没有两样。尼采说,看上去五花八门,"其实都是一个样"——在列举了八条真正重要的相同点之时,他把一个样重复说了八次。在论述道德自然史这一章的结尾,再度聚焦了序言中出现的重要主题:尼采之所以反对民主启蒙运动,部分原因是出于道德同一性政治的考虑,在两千余年柏拉图主义的影响下,道德已经积蓄了力量,发挥出堑壕的封闭阻隔作用。在对"最后的人"（《扎》前言）——尼采在此所说的"自主性群体动物"——的统治中,今日自然的进程威胁着要终结自己。尼采列出的八个相同点,每一点因其独特性都同样重要,都有共同的特性,这些特征在最中间一组变得十分明显:它们都是新宗教的信条,基督教的世俗后裔,对于摆脱诸神的大众来说的一种柏拉图主义,因为它必须摆脱优等人类的观念。现代无神论——第 2 条中的"第二次、也是更雅致的无神论",在那里,尼采首次使用了这个术语,此处第一条中重复的术语"既不是上帝也不是主人"——是一个羽翼丰满的人类宗教,在其中,[176]一切人似乎都成为知道善恶的神;他们就是善的化身,任何偏离都是恶。这些信条最中间的一组提到了新的"同情的宗教"。"同情的宗教"是由"对受苦致命的仇恨"推动的,是一种"缺乏容忍受苦的能力"。这种新的宗教,这种传承基督教纵容的"纵容",有一个信仰——"相信分享同情的道德是本来的道德,是人类可到达的道德顶峰"。它把自己解释为未来的唯一希望,解释为现在的安慰,解释为解脱过去的罪恶。它甚至是救赎,对人类共同体来说唯一可能的救赎。紧接对现代观念信条的总结,下一条开始就说:"我们,有着另一种信仰的这个我们"。论道德自然史的本章最后一条阐明了这另一类不同信仰的信条——其希望、解脱、安慰、救赎——如其必然,它最后呼喊行动:信仰之间的精神战斗。

第 203 条　有着另一种信仰的这个我们,又把希望放在哪里?放在激进的人身上。如何合理对此进行解释,只有借助于它极端畏惧的东西或民主启蒙意味的东西。尼采再次想到了柏拉图。我们这些有另一种信仰之人,并不像柏拉图在《王制》中那样把民主运动看成是堕落的"政治组织"形式,永远处于贵族制、元老制、寡头制、民主制和僭主制的循环往复之中。相反,我们现在将其看成是人类自身堕落的形式,其胜利之日就是历史终结之时;这是一种民主的僭主制,排除了更高政治组织形式的新一轮循环。因此,另一种信仰的希望寄托在最激进的人身上,"在新哲人身上,此外别无选择"。回顾自然哲学史的这一章,却以期盼未来的两种可能结尾:期盼柏拉图主义道德的终结,期盼言传身教新道德的新哲人的出现。人类这种命运未卜的动物,如今正处于自然史的危机点上。

需要新哲人,这点早在本书论述哲学那两章的最后几条中就已经公开宣布了。在那些地方,新哲人被视为"勾引者"(条 42),贴上了

"未来哲人"的标签，跟先前的哲人（条43）和一般人理解的自由精神（条44）简单区别开来。在本书讨论宗教那一章的结尾，强调了新哲人对于宗教的责任（条61－62）。现在，在论述道德自然史这一章的结尾，新哲人是作为唯一的希望出现，面对以柏拉图主义道德之后果为代表的威胁，他们出来拯救人类。新哲人不同于柏拉图放在"同一条道上"的老哲人（条191）：他们将"打上结，推动千年的意志走上新的轨道"。新哲人有着柏拉图主义者同样伟大的抱负——他们将足够强大，"超越价值、颠覆'永恒的价值'"、柏拉图主义的价值[177]——但从他们立法的东西来看，他们是反柏拉图主义的；在教导"人类，人类的未来是其自我的意志，人类的未来依赖于人的意志"这点上，他们是反柏拉图主义的。尼采也希望历史终结，可他指的是"迄今以来一直称为是'历史'的荒唐与偶然之恐怖统治"的终结。尼采也面向未来，但他期盼的是"新型的哲人和领袖，在他们面前，世上一切隐藏的、畏惧的、善良的精神都将自惭形秽"。"隐藏的、畏惧的、善良的"——这三个互补的词汇代表着真正的哲人：身居他人难以接近的高处，他们有必要隐藏起来；因其与众不同，神秘莫测，所以令人畏惧；但是，为了吸引未来的人类，他们又必须善良仁慈。正如施特劳斯所言，尼采准备的不是一次新价值的转变，而是从偶然的统治向未来哲人的统治的这次转变。①

　　"正是这样的领袖形象浮现在我们的眼前"——在说出这句勾勒出该形象的话之前，尼采必须要求同意："能否允许我把它大声说出来，你们这些自由的精神？"大声说完这句长长的话语之后，尼采加了一个问题，"你们是否知道这一切，你们这些自由的精神？"尼采真正的听众原来是不被允许听到的，更何况他们对尼采最大的希望也一无所知——正是这种急迫性，促使尼采公开说出先前哲人不会说出的

_____

①　关于尼采的一次讲座的未刊稿，芝加哥大学，冬季学期，1967，第8－13页。

哲学的使命。因为他说出的不允许说的东西最后证明就是他究竟是谁，他的使命为何：他的句子描述了自己的使命，描述与新哲人的诞生和成熟相关的特殊使命。他是这类新哲人学说的创始人；尼采之于这类新哲人就如柏拉图之于柏拉图主义者。他的使命，正如他所言，包含了他称为"我们真正的关注点"中的三部分。首先，人们必须部分创造前提，部分利用前提，从而使新哲人的诞生成为可能。其次，紧接新哲人诞生的成熟：借助可能的办法和考验，灵魂将长成那样的高度和力量，感觉到完成新哲人使命的冲动，成长成哲学——对世界的双重洞见，即权力意志和对权力意志的肯定——同时也是成长为责任，在获得了洞见之后，屈尊去统治。因此，最后一点，第三个关注点是"超越一切价值的价值"，与价值相关的新哲人必须承担的伟大创造使命。超越价值不仅仅是创造新价值，还创造决心："在压力和铁锤之下，铸就出的良心，是一颗钢铁般的心"。钢铁般的心打造出坚定不移的内在领袖，[178]完全脱离了最初按照上帝或祖先的吩咐完成的构造，反过来，依附于道德时期终结产生的精神使命的知识。由钢铁铸造的良心和由精神强化的灵魂团结一致，肩负起了战斗的使命，反抗同情的道德。

尼采第四个真正的关注点重复了前三点——诞生、成熟、强化——只是以失败的方式：关注"他们可能会不出现或者他们可能变质堕落。"这些深沉的关心，甚至最优秀的现代人也不知道，引出了尼采最后一个问题，关心这一切的这个人他究竟看见了什么，理解了什么：有着"非凡的眼睛"，洞察出人类堕落的全部危险，他以"难以言喻的恐慌"看透了发生在人类身上的事，这恐慌因以下事实而加剧：在人类未来这样的大事上，"甚至连上帝都懒得动一根手指"。与此同时，他"捕捉到，是的，就用一个眼神"，捕捉到人类可能的成就。恐慌和希望交织的心态，流露于本章最后的几个语词："一个新的使命！……"这使命刚被勾勒，但关于这使命还有更多的话说：最后的省略号引出了后面四章，帮助现代的自由精神理解和拥抱几乎不可言说的新的伟大使命。

因此，"未来哲学的序曲"变成了未来哲人的序曲，接下来几章分别讨论新哲人的责任或使命。第六章使用了一个反讽性的标题"我们学者们"，讨论"真正哲人"的工作如何与一般人理解的哲人——"哲学劳动者"——的工作兼容。第七章标题"我们的美德"有些含混，这一章将现代知识分子的美德和新哲人的美德做了比较，关键一点是，新哲人的美德在于提倡残酷和受苦。第八章"民族与祖国"揭示出新哲人——这些"好欧洲人"——在未来欧洲文明中必须扮演的政治角色。第九章"何为高贵？"对新哲人政治任务中的"高贵"一词进行具体阐释——高贵正是现代观念最为憎恶的东西，但同时也是最需要重新恢复活力的新理念。

出于历史危机的比较意义和对决定性哲学行动的需要，或许有必要研究一下柏拉图的《斐多》。① 在罹难之日，苏格拉底说出了促使他早年转变成苏格拉底主义者或者思想"安全"捍卫者的必要性：他认识到厌恶知识和厌恶人类威胁着哲学（89d - 91c）。苏格拉底对人的研究，尤其是对普通人的研究，使他认识到理性本身具有的仇恨［179］——因为它剥夺了人类最心仪的希望——使他认识到对人的本能的仇恨——因为它难以实现它的梦想。苏格拉底对人的洞察，促使他为哲学发明了新的策略。② 这一策略的终极命运要求带有同样优雅的方式和同样野心的目标的一次哲学行动——哲人的语文学（philology）和对人类的爱（philanthropy）。

---

① 人们也可研究另一次哲学革命的成因：参见 Lampert ed. , *An Advertisement Touching a Holy War* （《引发一次圣战的广告》）。

② 参见 Peter Ahrensdorf, *The Death of Socrates and the Life of Philosophy* （《苏格拉底的死与哲学的生》），页 129 - 148。另外参见 David Bolotin, The Life of Philosophy and the Immortality of the Soul：An Introduction to Plato's Phaedo （哲学之生与灵魂之不朽：柏拉图《斐多》导引）。

如同诗人史蒂文森一样，尼采问道：

我们怎么才会这样想，
秋天才是真正的季节？

知道了这个答案，知道了这个一切答案中最大的答案，借助对道
德自然史的勇敢调查，再次如同史蒂文森一样，尼采创造了本质上的
诗歌，"上帝是善。这是一个美丽的夜"，

从夏日的残根里，
挤出最红的芬芳。①［180］

---

① 引文中史蒂文森（Wallace Stevens）的诗行出自 Parts of a World（《世界的部
分》）最后一首 Examination of the Hero in a Time of War（考察战争时代的英雄）和他下
一部诗集 Transport to Summer（《流放到夏天》）开头的一首诗 God is Good. It is a Beauti-
ful Night（上帝是善。这是一个美丽的夜）。

第六章 我们学者们

> 我从小就在思考智者的生存条件。我愉快地相信，智者有可能在今日欧洲重临，尽管可能只是一瞬；为此，我不想保持沉默。
>
> ——《全集》II. 26 [75]

第五章结束的时候点出了那些不信仰民主的少数人的希望。他们把希望寄托在新哲人身上，这些新哲人能够借助超越一切价值观的价值来统治。第六章对新哲人进行了限定，不但显示他们为什么必须区别于科学家和学者，而且说明了科学和学术为什么成为和如何必须成为他们用来统治的适当工具。

《善恶的彼岸》共有九章。本章是最具诗意的一章，共十条，最短的一条长仅一页。本章从多个层面论述了一个中心观点，这个观点就集中在具有反讽意味的标题上："我们学者们"。由哲人写的"我们学者们"，目的是为了将这些学者置于哲学的自然统治之下。尼采的论证并不是邀请学者和科学家成为哲人，或者甚至期望他们成为哲人。相反，尼采旨在劝说他们承认哲人——作为智者——的可能，赋予哲人优先地位和责任感。本章开头谈到哲学的现代衰落（条204）[181]和现代对哲学的妨碍（条205），描写了哲学作为自然稀缺的生命注定招人嫉妒（条206）。本章虽然赞扬了科学的客观性精神（条207），赞扬了科学的怀疑主义精神非常可取（条208－209），赞扬了科学批判精神的成就（条210），但本章论证的重点还是对"真正的哲人"（条211）、他的独特使命（条212）及其独特的经历（条213）进行定义。

尼采写作本章有着其政治目的：铸造对哲学的信仰，承认哲学是现代的精神统治者。既然存在政治目的，就得利用政治手段：第六章是劝诱练习，针对骄傲者的骄傲；科学至上的信仰者和实践者被迫承认哲人经验到的王国要高于他们经验到的王国。如何保证这样的劝诱可能成功？只有迫使学者和科学家明白，哲人是一个更高意义上的知者，他显然知道他们的本性和基础（条 204－206），知道他们的最高成就虽然达到了某种高度但在一定意义上还有超越的可能（条 207－210），知道他们自己可能超越的经验和必须负担的责任（条 211－213）。只有证明了自己知道他们的本性并且投合了他们的本性，才能把这些学者和科学家征用过来，自愿加入成为他所需要的盟友。尼采就是这样一个征集自愿盟友的雇佣者。

哲学和科学：统治性问题（第 204 条）

尼采冒险撕开自己的伤口。只有哲人个体遭受的创伤才能象征我们时代哲学遭受的创伤：由于科学的挤压，哲学的逐渐式微，有完全消失之虞。尼采不怕丢脸，站出来反对科学和哲学之间"等级错乱，不但危险，而且不合礼仪"。因为真正的哲学经验只对"极少数人"敞开（条 203），所以，为了哲学统治科学的利益，站出来发言意味着最多创造一种对哲学的信仰。然而，现代社会只有对哲学的不信仰，"不相信哲人具有统治的责任，不相信哲学的统治权"。① 这种对哲学的不信任是完全可理解的。

问题就在于"独立宣言"，科学家宣称要从哲学中获得"解放"。[182] 精神领域中的这场政治革命是整个现代革命中精华部分，是整个政治革命的组成部分，叫嚣着要"打破一切主人的枷锁"！这最后

---

① 艾登（Robert Eden）问道，风险是什么？答案是，通过提醒对手他们可以破坏的权力，给了对手战略先机。*Political Leadership and Nihilism*（《政治领袖与虚无主义》），页 79。艾登对第六章的阐述为尼采的哲学政治提供了洞见，尽管他的论述断定这些政治最终是虚无主义的政治。

的主人就是上帝。① 尼采把科学和哲学之间等级关系的倒置描述为第二次解放行动。它打开了闸门，"科学将自己从神学——科学长时间以来是神学的'仆人'——中解放出来，取得了最甜蜜的成功"。取得胜利的科学，现在"生机勃勃、目空一切"，要为哲学立法，"一度要扮演'主人'——我现在说的哲人的主人"。科学现在的目的是为立法者立法。

由此观之，现代科学对哲学的革命性颠覆是柏拉图的伟大政治始料未及的后果。尼采对于西方精神史的看法重新把焦点对准在柏拉图主义及其思想后果之上：一度对于哲学成功的策略如今威胁着哲学的存在。苏格拉底转向——背离希腊自然科学和其他希腊启蒙运动的成就、用高贵的谎言来保护苏格拉底哲学——现在迫使哲人尼采公开站出来为了哲学的生存而战。如果哲人苏格拉底的命运教导了柏拉图需要用最为传统的方式护卫哲学这种最为不凡的人类事业，柏拉图哲学的命运则教导了尼采公开张扬哲学的非同寻常，超越于科学之上；对于科学家和学者来说，他们原本以为他们从事的事业就是最高的精神活动和知识活动。

科学家对哲学的天真误解，尼采是耳熟能详，他举了六个例子。最后一个例子说明了多数年轻学者误解哲学的根源：某个年轻人跟从一个哲人学习了一段时间后，得出的唯一教训是，哲人之间互相攻伐，你死我活。哲人之间的争斗使外人不再相信哲学。② 但是，尼采对哲人们的偏见的攻击是什么？难道这不会进一步强化哲学是骗人玩意儿的恶名吗？尼采举的最后一个例子衍生出对现代哲学的全盘思考又是什么：它缺乏"全部类型的赫拉克里特、柏拉图、恩培多

---

① 第 22 条同样将现代物理学和现代无神论的精神政治捆绑在一起："既无上帝又无主人！"

② 艾登在《政治领袖与虚无主义》（页 81）中说，尼采接受了此原则，科学管理不善的责任在于哲学；哲学的崩溃在于自身的疏忽或错误。

克勒……所有这些高贵而辉煌的隐士的精神"。尼采打乱了时间顺序，将柏拉图置于希腊悲剧时代他最推崇的两个哲人之间，［183］这两个哲人王的地位被柏拉图的统治所遮蔽和僭夺。在现代哲学中这一类哲人的缺失已经大大破坏了前现代时期哲学所赢得的尊重。哲人之名现在已经落在另一些人手中，他们的言行代表了对哲人的统治任务和哲学的统治权的不信任。尼采对哲人们偏见的攻击划出了完全不同的哲人类型：它源于一个属于赫拉克里特、柏拉图、恩培多克勒这一类型的思想家，目的就是取得统治地位。

"真正哲人"的渴望（第 205 条）

赫拉克里特、柏拉图、恩培多克勒如何成为所是？尼采对哲学渴望分层的简要勾勒包括了最高渴望的简短声明，即哲人对整个人生的判决权。在第六章的开头，尼采将此渴望置于危险重重的语境中，这些危险通常在哲人这种最为稀缺的生命成熟之前就将其摧毁。① 既然哲人是自然生长的生命，可能会开花结果，那么他面临危险当然也是同样自然。

哲人面临的第一个危险是"科学的范围和摩天大楼"：它们已经生长得如此庞大，以至于预告了哲人要生长到更高的高度，才能环视周围、俯瞰足下。换言之，它们迫使哲人很晚才达到那高度，使得"他的视野、他全面的价值判断"受限。或者这潜在的哲人被他自己的"知识良心"的敏感性压倒，害怕成为"一个伟大的演员……精神魔笛的歌手……一个勾引者"。这个演员的问题，在此简洁地表述出来，触及尼采对瓦格纳事件反思之后的根本问题，这个问题在《扎拉图斯特拉如是说》中的第四部最为清楚地勾勒出来：这个最古老的魔法师是个伟大的

---

① 参见《全集》11. 26［47］题为"智慧之道"；接下来的注［48］以三个相似的步骤展开了统一主题。

演员，是个纯粹的演员；他同扎拉图斯特拉争夺高贵之人的领导权，是纯粹演员同哲学演员的戏剧性争斗；哲学演员还没有失去作为知者对自己的尊重——扎拉图斯特拉，这个演员的动机不是源于对不朽光荣的渴望，而是源于知识和某类博爱，这是本章将着力阐述的知识与仁爱。即便变成纯粹演员这个问题不是知识良心的问题，它仍将是"一个品味的问题"。"品味"是一个比良心更高、更雅致的标准。反感，[184] 促使哲人从那些丧失的自尊后退，丧失自尊是成为魔笛手的必要前提。如何推崇品味，仍然成为精神的魔笛手的部分问题，这是在"何为高贵"中处理的问题。在那一章的最后——也是全书的最后——出现了神圣化的哲学的魔笛手狄奥尼索斯这个勾引者。

如果良心与品味使成为哲人加倍困难，这个困难由于一切困难中最大的困难再次加倍：哲人"需要对他自己进行判断，无论是或否，不是关于科学的判断，而是关于生活/和生活价值的判断"。哲人"好不容易学会相信他有这个权利、甚至是义务从事这个判断，只有在最全面的——也许是最不安定的、最具有毁灭性——的经历的基础上，并且经常怀着迟疑的、怀疑的、沉默的心态，他必须追求他的道路通向这个权利和信仰"。这是对尼采在第56条中描写的经历更加正式的说明：只有几乎全部否定了所有可能的思维方式后，洞见才能重新塑造成新的信仰。哲人发现加于自己的最困难的权利，是对生活和生活价值进行最高判断的权利；对于这种令人吃惊的权利，尼采在写作伊始（《历史》条7）就进行了反思，这反思在扎拉图斯特拉身上得到最明晰的描述。①

_____

① 参见在"三件恶行"的开头扎拉图斯特拉梦到衡量世界。在《偶像的黄昏》（"苏格拉底"，条2）中，运用这种权利被视为智者身上最本能驱动的征兆，尼采进一步说，"一个人绝对需要出来努力抓住这令人吃惊的微妙，否则生活的价值不可能估量"。本段话表明这一说法不必理解成哲人必须放弃终极判断——它并没有赦免哲人展示他的征兆。另外参《善恶的彼岸》（条30）；从哲人的高度终极判断关注痛苦的衡量：是否痛苦的总量需要判断世界是在恐惧还是在怜悯中？

从这个高度的权利或义务，尼采直接进入人们对哲人的一般看法——关于哲人的"一切通俗之见"都是"错误的"（条213）。这错误观点在人们身上可辨别出是一种柏拉图主义，因为它将哲学尊为是对节制的最好操练，对激情的严格规训。矫正了这一错误看法，尼采突然对"我的朋友们"旁白了几句，这是第六章中仅有的一次插话——"那么我们看来是这样吗，我的朋友们？"他们看来不是如此，正如尼采非常清楚——第六章的目的就是要纠正他们分享的大众误解。① 正如只有哲人知道，"真正的哲人是以'非哲学'［185］、'不明智'、首先是有失谨慎的方式生存"。首要的是以肆无忌惮的方式生活，颠覆柏拉图提醒的谨慎，使哲人成为最大胆的、危险的探索者。② 真正的哲人"感到生活万千希望和诱惑的压力与责任"。这样的生活经历意味着"他自己不断在冒险，玩着这种邪恶的游戏"。玩这种邪恶的游戏是使自己成为一个演员，参与最高的游戏中，一个心知肚明的演员被迫相信他有权利对生活的价值进行判断。像赫拉克里特、柏拉图、恩培多克勒一样，他进而相信哲学包括了作为判断的行动的需要。第六章按照这个思路，揭示这些行动是什么，为什么在现在科学的时代需要它们。

---

① 此处跟别处一样，当尼采对他的朋友说话时，他避免说"正如我知道没有朋友"（《道德的谱系》第三章第27条）。

② 在《快乐的科学》（第5章第351条）中论哲学的公共面孔时谈到类似的观点，尼采提到"知识的追求者最大的激情是生活在且必须连续生活在最高困难和最厚责任的雷雨云之中"。本条末尾暗示了柏拉图，并点明，发明了哲人公共形象最为谨慎节制之人的始作俑者就生活在那雷雨云中。施特劳斯一生的工作——本身就是展示了重新发现哲学可能性的活动——已经显示，如何必须把柏拉图所写的对话录解读成是节制的讲话行为包含着最不节制的思想。

嫉妒与崇拜（第 206 条）

第 206 条 侮辱性的修辞——直接针对合适的读者——描摹出"学者、科学平均主义家"身上缺乏的恰是与之成为对照的天才们身上那种东西，他"这种人既不会繁衍也不会承受"。将这些生育性的词汇放在"它们最高的意义范畴"，就能够理解它们的创造性，这创造性正是哲学天才自然具备的东西。天才的哲人，就是繁衍价值、孕育价值、创造价值（211）。学者既不是父亲，也不是母亲；他们跟老处女类似；他们自我理解不是奠基于"人的两个最有价值的功能"之上，而是放在尊重之上。但是，如果我们"更仔细考察"科学人，我们发现尊重本身源于嫉妒。嫉妒这种情感像任何其他情感一样，有其美德，也有其弊病。

学者处女一样的美德与弊病是"非高贵类型之人"的美德与弊病。尼采用了三个否定词来修饰这类人——"非统治阶级，非权威阶级，也非自足阶级"。这三个否定词强调出他们需要统治。尼采列出了学者类型人物的四种美德。这四种美德是任何勤劳、温顺的群居动物都具有的美德。尼采比他的前驱更大胆。[186] 培根最先解释了科学工作者的这些美德，需要这些美德，才能获得他所说的科学成功。①这些美德的最后一点讲到本能，这点在对科学家和学者类型人物的四个简洁要求中进一步加以阐述。除第一个要求外（它本身是本质具有依赖性的东西对一点独立性的要求），其他所有都要求承认它们"内在不信任"的基础必须总是被克服，并且只能从外在来克服，通过确信同类他者授予的价值。

---

① 培根对寓言代达洛斯的分析提供了与尼采相似的对科学家的描述，尤其是在强调嫉妒感情上面，一种操纵性情感，培根说，是建立科学社会的关键情感。参 Lampert，*Nietzsche and Modern Times*（《尼采与现时代》），页 34 – 38。

与这些美德对应的是其弊病，科学类型人物易于感染的疾病。尼采命名了最终堕落到"最糟糕、最危险"的三种弊病，每一种弊病都从比较的角度将他与哲人进行对照。第一，"他充满了小小的嫉妒"本身就表示，他尤其嫉妒那些占有不可抵达高度的哲人：他"敏锐的眼睛只看见卑贱之物，因此难以抵达那样的高度"。第二，尽管他友好，可靠，但"仍然，只是像个体，只能大步前行，但不可跨越河流"。在此，流动的感情看起来也是嫉妒，因为尼采拉开了大步前行与跨过河流的对比：面对"汹涌流动的人群"——一个人的步伐也许就像恒河的流动（条27）——他变得"越冷酷、越封闭"，就是内心控制嫉妒的表象。第三，学者最糟糕、最危险的疾病来自一种本能的意识，他们学者—科学家这一类型人物处于中间等级。尼采描写这点时，回到了在前言中就已经暗示过的另一类老处女——耶稣会会士——他们设法拉直现代知识渴望与精神渴望这一紧张的弓弦。学者—科学家"本能地意识到自身的平庸"就像"平庸的耶稣会本能地疯狂吞噬卓越之人"——一种建立在自我仇恨之上的积极嫉妒的形式，一种对自己所属的中间等级本能的防御，从而将站得更高的人拉下来。从前言开始，尼采描摹这个意象：耶稣会"致力于打碎每把张开的弓弦，甚至要拉直弓弦，瓦解其张力"。它以微妙狡黠的方式做到这一点："大大地解除张力，当然是用巧妙的手——用友情和同情来瓦解张力：这是耶稣会真正的艺术，总是知道如何讨人喜欢，成为同情的宗教"。耶稣会努力解除现代之弓的张力，是现代精神史上最伟大的事件之一，但却因为孤独的帕斯卡尔致命的写作而功败垂成，功亏一篑。［187］耶稣会的精神，经由科学的嫉妒情感复兴来统治哲学，如今再次被一个孤独的写作者反对。《善恶的彼岸》对于科学中的耶稣会来说就如《外省书》对于耶稣会一样，但尼采的精神战斗更加彻底、决绝，因为他是一个以最高的哲学的名义敢于公开言说的哲人，而不是以基督教的名义公开言说的基督教思想家。

正如罗伯特·艾登认为，本条中侮辱性的言辞必须视为是精心筹划的行动："为了在哲人和某一类不太典型的学者们之间建立一个纽带——最初是敌意的纽带，尼采故意不够公正"。① 学者们中的例外将被迫进行自我反思，最终放弃自身的嫉妒，开始羡慕另外更超越性的东西，这另外的东西站得更高，比他们学者—科学家最为骄傲的成就都还高。因为尼采的呼吁最终是对美德的呼吁，对耶稣会中间性美德之外的其他美德的呼吁，这种美德能够承认高于自己的美德。接下来四条将分别处理学者—科学家的特有美德：客观性（条207）、怀疑主义（条208－09）和批判精神（条210）；尽管每种美德都有缺陷，但依然得到赞扬，对这些美德缺陷的暗示是为定义哲人、定义哲人统治的权利做准备。这些站在高处的学者—科学家，他们暴露在站在最高处的哲人的新视野之下，暗示着要邀请他们来为哲人服务。在此开始关于美德等级的论述构成了下一章"我们的美德"的核心。在下一章，哲人的美德声称能够衡量并指挥学者—科学家的美德。②

客观头脑和互补人（第207条）

在下一条中，尼采说，仔细听听第207条，你将听到在那里批评科学家—学者精神的哲人不是怀疑论者。尼采老早就说明，他对自然一体性毫无怀疑——存在就是权力意志。在本条，他"要人们明白"，

① *Political Leadership and Nihilism*（《政治领袖与虚无主义》），页83。艾登还察觉到第六章后半部分尼采修辞的合理转移："此前，尼采设法伤害挑战更高贵的学者的自豪；在论证的结尾他企图说服这些人通过展示他们一个困难的任务'为这个任务服务，每一微妙的自豪，每一坚强的意志都将能找到满足'"（页88）。
② 艾登对尼采修辞策略的洞察性的分析最后功亏一篑，在我看来，是他没有欣赏到尼采的哲学美德。尼采呼吁的根本性因素最终不过是"伟大的犯罪和道德虚无主义"（《政治领袖与虚无主义》，页86）。

他也不是一个只讲究实际的怀疑者，因为他有清晰的战略，［188］知道要做什么。不像客观头脑，"互补人"（这个名字在此指哲人）"能够在善恶之间立足"；知道其立足之地，知道必须做的后果，他开始为了哲学的利益把科学家变成哲人的盟友。哲学和科学的合理等级关系建立了一个联盟，在此联盟中，科学家是哲人利用的工具。尼采描述这个联盟的时候，采用了柏拉图曾经用来描述他自己在哲人和诗人之间建立联盟的意象，这个联盟解决了他们之间古老的争论：诗人映照整个自然，作为镜子的诗人，对于使用者来说同样非常有用；无论这个使用者时是神（柏拉图在第一次描写使用者和被用之物的关系时说的是神）还是哲人（柏拉图在第二次描述时候暗示的是哲人）。① 学者—科学家的目的是映照自然的本来面貌，尼采说，在他们的映照活动中，他们充当了某种器材或工具，处于某个人的手中，这个人从事的不仅仅是映照自然的活动。对客观头脑的描述因此提供了机会描述作为对立面的那个统治者，即互补人。

对"客观头脑"的感激引起了尼采慨叹："对于一切主观之物和该死的自我癫狂，谁不万分厌倦！"但对于欢迎进入客观的感激之情不会引导我们无限制地赞颂客观性：那样"精神的非自我和非人化"不应该被颂扬为"目的本身，作为救赎，加以神圣化"。但是，这里的确存在应该被颂扬为目的，或者救赎，或者神圣化的东西，本条结尾就是对这样一个人的描述。客观头脑，即理想的学者，本身就是珍贵的成就，是自然生长的生命，在千万次失败和失意中，他们身上"科学的本能一度开花甚至趋于完善"。这珍稀的生命为了知识不惜牺牲自我，映照出这个世界的某个事实或某些事

---

① 《王制》10 -596d - e, 597b, e；施特劳斯，*The City and Man*（《城邦与人》），页136；施特劳斯的论述带出了柏拉图政治对于哲学和诗歌潜藏的激进主义，根据哪些诗歌变成哲学的宠臣。在这一点上，为了解释哲学和诗歌的关系，施特劳斯引用了尼采："诗人总是某种道德的男仆"，现在，道德是由奠基性的哲人来立法。

实，正如《扎拉图斯特拉如是说》（条4）中典型的科学家所做，"他自身就是谨慎"，为了血吸虫似的头脑中的知识牺牲了自己。①这种没有其他情感只有映照的激情，[189]使客观头脑牺牲了常人的激情；作为纯粹的反映者，他不再熟悉那个作为人的他自己，这种经历类似于苏格拉底描述在他早年追求探询一切事物因由时候的失落感（《斐多》96）。客观性最大的失败是对于主观性能力的丧失，尽管主观性能力备受诅咒和谴责。"认识你自己"，这一箴言在主观转向客观的过程中失落，这一失落是致命的，如果说精神学是通往根本问题之路的话（条23）。

客观头脑的"欢欣总体主义"，愿意用同样客观方法对待一切，使他对家庭和人等原本熟悉之物完全陌生，对自然原始的爱恨情感完全陌生。只有在他欢欣的总体主义中"他才是'自然'和'自然的'"。"自然"一词中的引号暗示了这是篡改了的自然，是非自然的自然，是将一切事物抽离了爱恨，然后进行抽象审视。一个小小的玩笑表明，尼采认为，所谓的客观头脑中依然残留了自然情感：所有客观头脑都宣称，"我对几乎任何事情都无偏见"；不要低估这句话中的"几乎"，因为客观头脑唯一的歧视就是对他自身的歧视；这唯一没有欢欣的例外破坏了拒绝进行价值判断的总体欢欣性。在取名为《善恶的彼岸》这样一本书中，也许关于客观头脑的盖棺定论出现在与哲人的对照中："他不是模范之人，他不带任何人前行，他也不随人后；他将自己置于一个遥远的距离，有充分的回旋之地，以在善恶之间选取立场"。在善恶之间存在立场选择的充足空间，等待着互补人的出现，他能对新的肯定和否定承担责任，对整个生活判断负责（条

---

① 在对第四部分的大多数的阐释中，对于谨慎的尊重失落了，正如他将科学和扎拉图斯特拉的学说辩护为与科学相符合中表现出这失落。相反，阐释者看来不惜一切投入古老的占卜者编制的狡猾的解构之网，因此使优秀之人更难理解扎拉图斯特拉与科学的联盟。参见 Lampert, *Nietzsche's Teaching*，页 301–303。

205）。判断权力的巨大反差将在下一章"我们的美德"中详细阐明，在那一章中，"缺乏尺度"据说是自由头脑的特征，将他们打入半野蛮人的位置；正是哲人的美德教会他们有了新的尺度，使他们重新成为文明人。

将客观头脑和哲人混为一谈，表明了等级标准的缺失，统治者和被统治标准的缺失。只有这些标准才能把处于最高地位的哲人和处于高位的客观头脑区别出来。因为哲人是统治者，"恺撒似的文化生产者和文化暴力"。对于这样一个文化恺撒来说，客观头脑是"一种工具，奴隶一样的东西，即便是最高等的奴隶，他们还是一无所有——几乎一无所有"！考虑到后面几章中关于奴隶的分析，客观头脑作为"最高等的奴隶"占据了某种极高的位置，[190] 几乎逃离了我们一般人类注定了的奴役命运。他们接近了自由，因为可能抵达这自由，尽管没有抵达最稀罕的状态，即授权自由审判的权力和统治责任的自由。只是因为本条的视野采用的是最高位置哲人的视野，客观头脑的成就才可能被描写成是有局限的，所以受到嘲笑。

客观头脑的局限提供了尼采定义哲人的机会。他将"互补人"定义为客观头脑的对立面："互补人"是一个"目标"、一条"出路、上进之路"，"因为他，他人的存在才有道理"；[①] 他是"目的"，更是"一次开始，一次繁衍的首要原因"，他有些"结实、强壮、自持、希望成为主人"。真正的哲人统治的品格首先出现在跟他统治的工具（现代科学的最高仆人）的对照上，他将迫使这仆人为他服务。没有人可能称得上是一个怀疑论者，如果他能这样声明对科学家—学者的现代理念之外的可能性。他的声明表达他已经洞察了人性，知道了在

---

① 参第 28 条和互补之人阿里斯托芬的辩护。

一个科学统治的时代必须怎么做才能推进人类。①

怀疑主义和知道怎么做（第208－209条）

第六章中心两条——第208条和209条——连续处理了两类怀疑主义，科学家—学者的怀疑美德和另一种"不同的、更强大的怀疑主义"，其"大胆的男人气概"知道必须怎么做。尼采在一个寓言中谈到了第二类怀疑主义。这个寓言是关于能够为了伟大的目标而采取历史行动的某种弗里德里希主义（条209）。这是一个愉快的寓言，我们的弗里德里希，他知道必须做什么，当然，他跟科学家—学者不同，科学家－学者的怀疑主义使他们对必做之事原则上一无所知。[191]本章中关于哲人和科学的论证核心是暗示，在目前，存在可知的空间进行历史行动。尼采描绘知识和行动之间的联系是知道如何去梦想。明白了哲学和科学关系的哲人，他伟大的政治就是依靠教导怀疑论者用希望武装自己。

第208条　这个不是怀疑论者的哲人——上一条中教导我们要听其声——现在解释为什么他对于当代怀疑论者显得如此邪恶，这些怀疑论者是知识"警察"，把非怀疑主义看成是威胁他们世界的炸药：现代怀疑主义拥抱的畏惧道德不欢迎一种说是和说不的新知识，因为新的知识不可避免地走向否定的行动。

---

①　对观互补的人与第219条提到的"高贵的精神"。另外参《道德的谱系》第二章第2条中的"主权个体"，是长期的结果也是对这一过程的明证：他已经"成为自由……自由意志的主人，这个主权体"。免于什么的自由？是"责任的奇特特权吗？这种责任已经坠落入他的最深处，成为本能，主要的本能：——他称这主要的本能？……但无疑：这主权人称它就是他的良心……""他的良心是什么"？以不信之人的口吻尼采在下一条的开头问道，从而将论文推进到最终成为互补人和真正哲人、最高责任的人的起源和历史上去。

在推动本条的对话中，怀疑主义为了禁止公开言说秘密，只有出来讲话。在一场大地震的震荡中，不知道究竟畏惧什么，畏惧的怀疑主义者就命令全体保持沉默：是和不是都违反了他的道德。蒙田和苏格拉底都是这种怀疑主义的典范。但这是对哲学史的误用，因为这两个人是真正的哲人，他们装着无知，苏格拉底是为了保护公众不受悬而未决的知识误导；蒙田则将人们从未知的知识中解放出来。今日畏惧的怀疑论者比不上那些伟大、大胆、足智多谋的典范。在对知识的终极服务上，他们没有假装无知，而是捍卫真正的无知，把无知用来作为使人保持沉默的工具。他的精神与本书开头一条中的真理意志格格不入，因为它不断安慰自己，不要去追寻真理起源和真理价值等问题的危险秘密。

发现一种为了安全需要的怀疑主义在对自己说话，尼采探询其根源：它是"神经脆弱的、病态的"，根由在于安全和确定的文化断裂。在这革命性的时代，"一切都是不确定的、动荡的、怀疑的、实验性的"；缺乏的恰是"平衡、重心、安全、稳定"。对于缺乏分寸、手足无措的怀疑论者来说，他们把怀疑主义当成是动荡时代的镇定剂；在下一章"我们的美德"中，尼采提供了一个适当的措施，尽管这措施也从来不稳定、安全，永远也不会变成教条。

尼采声称，现代人中病得最重、堕落最深的是意志；"他们甚至在梦里都怀疑'自由意志'"。自由意志——充满了世界知识和时代知识的意志——都不能梦想，怎可能发现哲学。《善恶的彼岸》的目的在于，使一种自由的、非常自由的精神可能重新想象；[192]本书正是通过展示自由精神如何克服现代社会认知的和实践的怀疑主义来做到的。第二章已经论证，哲人，即非常自由的精神，完全有理由超越认知的怀疑主义，从而得出关于众生之道的可信推论；第六章及其后面几章论证，哲人能超越实践的怀疑主义，并为"我们今日的欧洲"、一个正经历道德自然史的危机的欧洲，谋划一条合理的道路以实现革命性的政治哲学。

在这一条，尼采只是勾勒了一下他所熟悉的当代欧洲的思想政治，更详细关于欧洲的论述在第八章"民族与祖国"。现在，通过把怀疑主义描述成意志的瘫痪和一种特殊的法国现象，尼采引入本章一个主要的问题。相比较而言，存在一个德国的意志力量，这力量将在下一条的寓言中展开并在第八章中描述为德意志哲学。那种意志的力量知道希望什么，尼采用这种希望结束本条；这希望是危险的，与现代欧洲文化的怀疑主义相反，这希望是哲学的政治，在许多方面将成为贯穿本书后面部分的主题。尼采的愿望是，欧洲重新成长为具有威胁性的欧洲，拥有单一意志，"一个属于它自己的长期的可怕意志，能够将目标投向千年之后"。为欧洲文化——起源于希腊，继承和发扬了罗马和早期现代欧洲，如今在不作为的怀疑主义的威胁下消亡——设定那样长久的目标，将需要"一个统治欧洲的新阶层"作为其手段。

西方文明的现状没有使哲人举手投降，袖手旁观；拥有西方文明全球未来新希望的哲人，通过强调这个新希望，为他的弗里德里希主义的寓言做好了准备："下个世纪将是为世界统治而战——这是伟大政治的冲动"。伟大政治是时代的需要。一种经验的、实验的、科学的、普世性的文化，根在欧洲的文化，将要统一整个世界，还是将被另一类人的命运观激励的新野蛮主义遮蔽？弗里德里希主义或尼采主义要依靠学者和科学家这个精神阶层，因为这些人认识到合法怀疑主义的认知局限和实践局限。哲学必须主宰科学，因为失去科学这个盟友，欧洲对人类的决定性贡献也就可能丧失了——哲学主宰科学的实际问题构成了第六章的中心，精神能否主宰整个地球实难预料。尼采希望的是某种哲学帝国主义；［193］在最伟大的哲学孤独者的写作中，在柏拉图的对话录中，在早期欧洲哲人如培根和笛卡儿的身上，都能辨认出这种哲学帝国主义。现在，在一个名叫弗里德里希的哲人的写作中，对于这种哲学帝国主义的渴望再次变得依稀可见；这个弗里德里希在阿尔本洛斯宾馆吃饭，在德里斯的家里的一间房中打磨他的思想。

第 209 条　怀疑主义的主题，一个四分五裂时代的主题，径直延伸到第 209 条。本条是一则关于现代实践怀疑主义的寓言。在这个寓言中，怀疑主义首先显得是某种值得畏惧的东西，一只"蜘蛛"，一只大大的"血吸虫"，"一颗难以救药的怜悯之心无法狠心面对善恶"的源泉——年老的威廉一世担心他儿子落入的怀疑主义，"无神论，机智，聪明法国人快乐轻浮的谈话"。但怀疑主义接下来却以事实上在他儿子身上的形式出现；这个最伟大的普鲁士统治者弗里德里希大帝的怀疑主义，是一种"更危险、更强悍的新型怀疑主义"，"这种大胆英勇的男子气概的怀疑主义是这个战争天才和征服天才的本能"。这种怀疑主义"赋予精神危险的自由，但也无情地绑住了心灵"；这样的怀疑主义是"德国形式的怀疑主义"。德国的怀疑主义不但没有落入机智世故法国人怀疑主义的魔爪，相反却成功地将"欧洲带到德意志精神的霸权之下"。这个德意志对欧洲的胜利并不是因为弗里德里希大帝自己，而是因为分享了他大胆的男性气概的怀疑主义，"一种更好的弗里德里希主义登上了最高级的精神领域"。对于德意志在欧洲的胜利，尼采归因于"伟大的德语语文学家和批判史学家"这些人是"解构和消解的艺术大师"，"坚强、勇敢、不可征服，充满了阳刚之气"。

现在，到了欣赏这个弗里德里希主义寓言的时候了。作为哲人的弗里德里希·尼采，将这个寓言当成愉快的措施把自己介绍给世界。"我们学者们"被招来排练最小的阐释丝线，以欣赏一个不是怀疑论者的哲人大胆的节制。这个哲人把整个人类的未来放在心上。尼采宣称，一个雄性的怀疑主义的传统正准备行动，在比惟一通向意志的意志更坚强得多的基础上行动。这种通向意志的意志，在理解自然和历史的基础上准备行动。这一寓言接下来的几条集中展示作为历史演员

的哲人——真正的哲人，他的洞见迫使他进入行动的责任。① ［194］

尼采的未来哲人（第210条）

在第210条，本章的关键问题揭晓：谁是天生就要统治科学和学术的未来哲人？"他们自己"是什么？我们怎能称呼他们？正如前一条寓言中所述，他们敢于大胆怀疑，但是，相当烦恼的是，不能称他们为怀疑论者。能够称他们为批评家吗？最终答案显然也是否定的。尼采之所以提供了批评家这个答案，是因为他证明了，批评家比怀疑论者更适合作为未来哲人之名。然而，如果怀疑但又不是怀疑论者，批评但又不是批评家，那又如何来限定他们的特性？答案留到下一条才揭晓：价值的创造者。第六章论证严密，为这个答案的揭晓做好了铺垫，宣布其为他们真正的特性，这个特性超越了其他重要但存在缺陷的品质。

但是，尼采已经为他们取了一个名字：他提醒读者，在第42条中，他大胆地称他们为"尝试者"。这个名字暗示着实验者、勾引者、阴谋家、文学家等涵义，尼采虽然没有取消这个名字，但他承认这个名字有局限，并把这个名字跟当前语境下暗示的其他合适但有局限的

---

① 皮希特将第209，210和211三条当成一个序列来对待，每条涉及正义的一个方面，这个正义在尼采的笔记中的一句话中表达出来："正义，作为思想建构、分割或吞噬的方式，超越了价值判断：是生命本身最高的表达形式"（《全集》11.26［484］）。海德格尔诽谤性地误解尼采正义观，并给予这一注释以突出的位置（《尼采》Ⅱ. 198）。在一章名为"作为'未来哲学'核心"（《尼采》，页122 – 131）中，皮希特认为，"吞噬"在第209条的怀疑主义中得到描述；"分割"在第210条的批评中得到描述；而"建构"在第211条的价值创造中得到描述。皮希特的讨论是一个发展中的论述的一部分，这个论述的重点是在"作为立法者的哲人"这一概念中（《尼采》，页226 – 238）。皮希特著作最大价值的部分在于它证明了尼采的正义事实上可理解为"生命本身的最高表现形式"，可诠释为所有人类有意识的价值。另外参见"真理与正义"一章（《尼采》，页94 – 122）。

名字"大胆的怀疑论者"与"批评家"相提并论。作为"尝试者",他们将试图以最危险的实验,揭示等级秩序,将哲人放在最高点。

尼采认为,批评家这个名字比怀疑论者更合适,因为未来的哲人拥有怀疑论者必须否定的知识,包括必须完成的困难方面的知识。用了一个非常适合拒绝怀疑主义的无条件句——"毫无疑问"——尼采列举了五种"严肃且无论如何也没有任何问题的品质",将批评家同怀疑论者区别开来。这五种品质是未来哲人"最不允许免除的":"价值标准的确定性、[195]有意识地贯彻方法的统一性、狡诈的勇气、忍受孤立的能力、承担责任的能力"。第 7 章将强调前面两个品质,同时清楚表明,正是我们的美德剥夺了我们价值标准的确定性和方法的统一性,使我们成为半个野蛮人,需要新的尺度准则。

批评家的这五种品质如此突出,值得反思,但它们仍然不够,尼采另外增加了一个品质:说不的能力,从而将批评家同害怕说不的怀疑论者(条 208)区别开来:"是的,他们有权乐于说不,乐于分裂,乐于享受冷酷,这冷酷知道如何保险而细致地操刀,即便他们的心在流血"。批评家的冷酷根源于其对真理的态度:他的头脑"卷入"真理,不是因为真理起着取悦、提升或激发思想的作用;他的头脑对着所有天真幼稚的东西产生的微笑最后逐渐转为真正的厌恶。批评家对待冷酷真理的这种态度,决定了他们缺乏任何理由调和"基督教情感"与"古典品味"——基督徒阐述者和现代阐释者兜售的虚假调和遮蔽了这个事实:耶路撒冷征服了雅典。把未来的哲人描述成批评家,尼采最后落在这个关节点上:冷酷头脑、毫不妥协的这类批评家既关心追求真理也关心讲述真理。他们想要别人看见他们的真面目,所以不能容忍他们所追求的冷酷真理戴上任何神秘的面具。他们不是内在的批评家,也不是外在的守成者。相反,未来的哲人不但要求自身"严格遵守纪律,培养精神方面走向纯粹严格的习惯",而且要把这种纪律和习惯作为他们的某种装饰和点缀,作为他们的金银首饰佩戴在身上。他们抛弃了柏拉图式不够纯粹的秘传术,转而炫耀柏拉图式的哲人首先需要隐藏的东西——真理是冷酷无情的。

无论是内在的批评家还是外在的批评家，未来的哲人仍然不想被称为批评家。为什么不呢？因为

> 在他们看来，当某人宣称……"哲学本身就是批评，一门关于批评的学问——此外别无所有！"之时，他们不会感到对哲学有丝毫的羞辱。

相反，像康德那样将哲学限制在其某项功能之内，哲学倒是被羞辱了；更可怕的是，因为这样的限制，剥夺了哲学真正特有的活动，沦为了科学宰制的对象。"批评家乃是哲人的工具"；如果哲学能够正确地被人理解，那么，批评也将被看成是为哲学服务；因为它为哲学提供了服务，推动了哲学的发展，批评也就找到了其用途。

如果将要主宰科学的未来哲人不能称为怀疑论者或批评家，那又该如何称呼他们呢？[196]

真正的哲人——价值的创造者（第211条）

> 从来没有人像尼采那样讲过哲人是如此伟大、如此高贵；这绝非夸大其词。
>
> ——施特劳斯①

本章论述哲人有权统治科学，高潮就出现在第211条。尼采最终找到了真正哲人的特性：真正的哲人虽然本身也是一个客观的科学家、一个怀疑论者、一个批评家，但他更是一个价值的创造者，是"发号施令者和立法者"那样的人物。真正的哲人是赫拉克利特、柏

①　*The Rebirth of Classical Political Rationalism*（《古典政治理性主义的重生》），页40。

拉图和恩佩德克勒斯式的人物（条204）；是柏拉图在《王制》中说的
那样一个可能的哲人，一个睿智的人，他理解自然和人的天性，适合
担当统治者，并且事实上也是借助为他服务的喉舌来统治，借助劝诱
性的诗歌来统治。

　　本章中论述的观点只剩下了这关键的一环，尼采现在以武断的口吻
——"我坚持"——开头把这个观点说了出来。尼采坚持科学和哲学
的混淆应该叫停。科学和哲学的区分在这一条中用新的话语来阐明，但
观念一直贯穿于全书："真正的哲人"是最稀有的人，他的真理意志驱
使他发现世界"可理解的品质"，洞见切合这个世界的理想；"哲学工作
者"是哲学科学人—学者。尼采坚持应该严格公平地对待"真正的哲
人"和"哲学工作者"："正是在这里，人们应该严格地对待给予'每
个人他自己的东西'"——既然是公平，就要求给予真正的哲人应该属
于他的东西。混淆科学和哲学的区别是不公平的，因为这种混淆给予
"一个太多，另一个太少"。尼采并不坚持用词的严谨：哲人就是哲人或
真实的哲人或真正的哲人。但是公平决定了那些不是哲人的人（nonphi-
losophers），即便他们在哲学上消磨一生，即便他们是罕见的天才，能与
康德和黑格尔等量齐观，也不能称之为哲人，而只能是"哲学工作者"
或"科学人"。他们之间的区别某种程度上可以从政治的角度、用统治
的话语来理解：哲人爬上一个高位，将科学家变成自己的仆人。但是，
这个区别最终必须以哲人是什么的术语来理解：哲人主宰的权利来自他
的智慧。

　　哲人的教育，他的教养和培育，可能要求他本身也曾经一度站在所
有这些哲学的科学工作者必须一直站立的阶梯上。[197] 这个阶梯的名
单用"也许"开头，跟了十一类人，最后还加了"几乎一切"才结束。
名单中打头阵的就是上一条中点明的身居高位的批评家（条210），然后
自然过渡到在前面几条分析过的怀疑论者（条208-09），紧随其后的是
一些在《善恶的彼岸》和《扎拉图斯特拉如是说》其他地方讨论过的
人物类型，最终以"自由精神"——所谓的自由精神就是本书的特定读

者——垫底。哲人都在这些阶梯站立过，但并没有就永远站在这些阶梯上不动。在这张名单之后，尼采解释了为何要全部站在这些阶梯上的理由：像必然超越其上的那一级阶梯，为了超越自身某种东西的目的，每一级阶梯都必须经历；为了"跑完人的价值和价值感的整个边界"，每一级阶梯都必须超越。尼采还给了一个理由："为了能够以不同的眼光和良心从高处看见任何远处，从深处望见任何高处，从角落处看见任何开阔处"。哲人的教育和抚养受到一种激情的驱使，想从任何可能想到的角度体验认识万物。

在尼采的描述中，哲人的求知热情或许有些气势恢弘、席卷一切，可后面接下来出现了一个转折词"但是"，将前面所说的一切全都降格为前提，来为真正的哲人定义：哲人的使命。"但是，所有这些只是他使命的前提：他的使命需要某种不同的东西——它需要哲人创造价值"。对尼采心目中他那一类哲人而言，洞见，尽管最初是其所有激情的终点，但绝不是最后的落脚点。哲人渐渐明白的东西促使其行动；他获得了行动的支持。显然，从各种各样关于哲人的描述中，哲人并不是带着他的使命开始行动的；但是，一旦他带着使命开始行动之后，结果就是，真理意志不请自到，就降落在他的身上了。真理意志最终带他找到洞见，有了洞见，就能指令行动。洞见带来了责任，将最有激情的追寻者转变成行动者。哲学衍生了政治哲学，以哲学的名义行动，以理性的名义行动。[①] 尽管将哲人描述为创造价值的行动者可能显得有点奇怪，但这样一种对哲人的描述正是由柏拉图谨慎提出的描述，也是最终产生了深远影响的描述。柏拉图虽然认为，知识的终点是沉思，但他又写下了对话录，创造了我们的文明和价值，这绝非偶然。柏拉图描述过哲人地位崇高，此点见于哲人听见

---

　　① 第211条一个更早的版本通过举柏拉图和穆罕默德为证，将哲学行动说得更清楚。（《全集》II. 38［13］）

[198] 苏格拉底的呼吁："你必须下去！"① 这个祈使句惟妙惟肖地模仿了《王制》中的第一句话："我下到。"《王制》本身就是一个真正哲人的政治哲学行动，价值创造的行动。那天晚上，在比雷埃夫斯港，与苏格拉底待了一夜之后，发生变化的不仅仅是格劳孔和阿德曼托乌斯。

尼采宣布完哲人的使命之后，回到了哲学工作者的话题。之所以如此安排，是为了将哲人的特殊使命跟哲学工作最高可能的任务形成对比。哲学工作者中"高贵的典范"令人震惊：康德和黑格尔。把当代最伟大的德国"哲人"视为哲学工作者的典范，尼采强调了真正的哲人如此稀有，他们的使命如此独特，让人过目不忘。康德和黑格尔是如何站在价值创造的对立面的呢？原来，他们固守在先前的"价值定位中，固守在已经成为主流并早就名之为'真理'的价值创造中"——他们固守在基督教化的柏拉图主义的价值定位中，将这些价值事实——他们大量给予的东西——压制成可理解的、充满意义的、可接受的公式。他们面向过去，"压倒过去"，缩写过去，使过去便于管理，或者充满意义。哲学工作是"一项巨大而美妙的使命，为之效劳，任何雅致的骄傲，任何坚韧的意志，肯定都能自得其乐"。尼采抬高哲学工作者的伟大使命，言语中并没有任何讥讽。尼采可能把它看成是人类可能的使命中的最高使命，仅次于他所说的真正哲人的使命。

谈论了最有抱负、最为成功、最富成果的哲学工作之后，尼采再次回到真正的哲人身上。"但是"一词并非暗示哲学劳动者不是天才，不够真实，是个骗子或江湖郎中，而是暗示他不是严格意义上的哲人，只是哲学科学工作者。赞美完哲学工作之后的这一句话是全书中最为强调的一句话，用了两行斜体重点标示。对真正的哲人进行描

---

① 《王制》7－520c。

述，最终达到一个修辞高潮——"权力意志"；这是本章中惟一使用"权力意志"，这一处用法呼应了本书中第一次点出的权力意志（条9），表明权力意志不是对哲学的批评，而是哲学最高成就的恰当命名。"但是，真正的哲人就是发号施令者和立法者"。创造价值的发号施令者与立法者不能仅仅是自我的立法；它跟要求人们发现自身价值特性的现代自主性观念毫无关系。[199] 在尼采这个教导恶的教师看来，自主性这个荒唐的观念只是个现代观念而已；但是，从我们每个人自由地成为想要成为的人来看，从纯粹的存在主义角度来看，尼采认为，自主性这个美国人虚构出来的典型观念已经成为现代的终极观念（《快乐的科学》条356）。①

发号施令者和立法者在此必须完全按照柏拉图的血统理解成是为整个时代立法的哲学统治者。哲学的统治者应该是由阿尔法拉比、培根这样等级的柏拉图式哲人所理解的和所体现的人；或者是由施特劳斯这样伟大的二十世纪柏拉图政治哲学学者所理解的和谨慎接近的人。尼采不需要历数家谱就将思想完美表达出来；真正的哲人说，"就让它那样吧!"这句话中的"它"究竟意味着什么，马上就有了解释："他们首先决定了人类去哪里，为什么要去"。这样的解释很明显，"就让它那样吧"并没有暗示人类意志可以塑造一切。真正的哲人不能对自然发号施令和立法，他们不是魔术师。这是尼采书中的第211条：他早就说明，自然，物理，是其所是，在某些基本方面，以其可理解的特性，人类能够接近，知道它有不可改变的权力意志。作为人类去哪里和为什么去的立法者，未来的哲人为人类生存所依靠的价值立法，为界定庇护所有民族、最终是整个人类的价值立法。在下一条中，尼采将具体说明去哪里和为什么去的内涵，他以美妙简洁的话语传达了真正哲人的使命：真正的哲人说，我们必须走这条路。尼

---

① 批发的尼采主义专注于误读尼采明确声明的排他性。学院尼采协会的会议包括真正哲人的整个空间。每个都高于康德和黑格尔？每个都是有文化的恺撒吗？

采这个山路上的行者，借用登山者的语言，清晰地传达出价值创造的范围：真正的哲人对整个时代言说，我们必须走这条路，一条不同的路，一条从未走过的路。这也是《扎拉图斯特拉如是说》一段关键性话语中的意象；在那段话中，他将权力意志的学说传授给"最有智慧的你"（"超越自己"）：人类是一个过程，总是行走在路上，总是按照其价值设定的方向前进。因为只有真正的哲人才有洞见，所以委任他来创造价值，充当牧羊人，引导人类前进。[1]［200］

尼采将哲学工作者和真正哲人的区别放在他们对待时间的差异上。哲学工作者压倒过去，真正的哲人创造未来。这个区别提供了未来哲人的简洁定义：他们是人类未来的创造者，利用"压倒过去的哲学工作者"的劳动来创造人类未来。因为他们的创造使命跟未来相关，所以"一切现存的东西，一切曾经的东西，都是作为手段、工具和锤子，为他们服务"。尼采并没有说整个过去都在未来哲人的支配之下，在他的锤子下塑造成他喜欢的任何形状；相反，他说的是人类的整个过去可以作为锤子一样的工具为他服务，将人类的未来打造成合意的形状。了解了人类的过去，了解了《善恶的彼岸》呈现出来的我们自然的过去与非自然的过去，未来哲人决定重新指引人类前进的方向。

尼采在追问一连串问题之前的最后这句话讲清了真正的哲人所"知"的内涵："他们的'知'就是创造；他们的创造就是立法；他

---

[1]　皮希特关于尼采的讲座共四部分，其中第三部分已作打算但从没完成，其标题是"尼采价值重估中形而上的颠倒——作为立法者的哲人"。遗憾的是，只完成（接上页）零散的前言（《尼采》，页 226 – 238），其第一个小标题是"尼采与柏拉图——作为生活立法者和诗人的哲人"。其中包括了对《快乐的科学》中两个值得注意的小条的启发性反思，这两条诗意地呈现了这个伟大的主题，一是关于普罗米修斯（《快乐的科学》，条 300），另一是"沉思"（《快乐的科学》，条 301）。皮希特认为，两者都是渐渐地或慢慢地学会知道他们给予光、立法的能力，只是在反对宙斯、反对体制化的权威的时候才渐渐明白其力量。

们的真理意志就是——权力意志"。"真理意志"是本书第一条开端的几个词，作者用它们来描述所有潜在的俄狄浦斯追求真理意志的起源和价值的勇敢行为。危险的真理正是：真理意志是最有灵性的权力意志。这是真理意志的根源。真理意志的价值是什么？最终其价值似乎就是创造价值的权力，即，真理意志有权力宣称某某比某某更有价值，敢于对整个生活下这样的判断（条 205）并在此基础上创造价值，创造赋予生活最有价值的价值。

随着关于真正哲人的真理公开化，显然，这样对真正哲人的书写不是邀请；没有人被告知要做什么，除了理解一个核心事实。对真正哲人的书写只讲出了一个经验，这个经验注定了几乎与所有的读者无缘。给出这样的经验不是为了创造新的渴望，而是为了创造新的认同，也就是说，认同哲学既可能是洞见也可能是行动。随着关于真正哲人的真理的公开化，第六章的论述也就圆满结束：如果能够正确理解哲学，科学和哲学就不再可能混淆。[201] 科学伟大的使命、不可或缺的使命将得到应有的承认；同样，哲学不同的使命、甚至更高的使命也将给予认同。科学和哲学都要得到公平对待。人类也要公平对待：我们人类中诞生的那些智慧的典范，天生的王者，他们应该成为我们合适的导师和向导。

第 211 条结尾处不失时机地追问了三个问题。这三个问题呼吁学者和科学家把哲学的过去、现在和未来看成是我们人类文明过去、现在和未来的一部分。只要重新设置智慧在立法中的优先地位，赫拉克利特、柏拉图、恩培多克勒这些哲人的统治，在一个由客观观察、怀疑主义和批判等美德统治的时代就可能成为现实。因为要实践这些美德，就得迫使具有美德之人承认那些高于他们美德的那些美德，而不是抛开那些更高的美德。

今日未来的哲人（第212条）

第212条回答了上一条结尾问的三个问题，阐明了哲人"在所有时代""在任何时代"是什么和在"这个时代""我们时代"必须是什么。哲人身份由一个使命来决定：哲人"艰难困苦的、毫不情愿的、无可推卸的使命"就是推进人类的使命，这个使命要求哲人具有他那个时代的"恶的良心"。在我们时代，哲人就要具有公平时代的恶的良心；他的使命就是去做《善恶的彼岸》正在做的事情，把不公平暴露出来，这种不公平正是其他时代的哲人竭力掩藏于一张破碎的反讽面具之后的东西。我们时代哲学的未来依靠那个选择"没有走过的路"的哲人，只有他敢于将哲人带到光天化日之下，敢于揭露人类的等级秩序。

哲人的使命就是运用"刀子对他们时代的那些美德进行活体解剖"——正如尼采在下一章"我们的美德"中所为。运用这把刀子，"他们泄露了他们的秘密：他们知道一个全新的伟大的人，一条推进人的从未走过的新道路"。担当立法职责的哲人将把什么从未走过的伟大的新道路带进"一个充满'现代观念'的世界"呢？尼采的答案放在属于哲人的伟大品质上面。在这个四分五裂、专家遍地的时代，需要的正是在广泛性和多样性方面的伟大，这种伟大可能在"既统一又多变"的哲人身上发现，在他"职责可能达到"的广度上发现。在这个"意志薄弱"的时代，伟大可以在"强大的意志、冷酷以及长期决断所需的能力"中找到。[202]

在回到伟大的最后那些特征之前，尼采引了两段历史为例，暗示他要参照过去哲人不合时宜的行为来衡量今日哲人不合时宜的行为。这两个时代范例是作为现代开端的十六世纪和作为柏拉图主义开端的苏格拉底时代。在十六世纪，"自私自利最狂野的洪流"，席卷欧洲的宗教之战的狂热和动荡，哲人蒙田说，"我必须走这条道"，一条信守

"沉默、克己、谦卑、无私"之人生理念的平静道路①——这条道已经变成了现代之道，现在必须修补。与此相反，苏格拉底时代的标志是"疲惫的本能"，是"保守的雅典老人放纵自我"，堕入纯粹的欢娱"而仍然大言不惭地说着他们无权再用的华丽旧词"。"也许"——这一声也许包含了苏格拉底所说的最有争议现象的全部内涵——也许后荷马时代、后马拉松时代需要达到灵魂伟大的东西就是从苏格拉底那里汲取的东西：反讽。苏格拉底的反讽伤及了他的肉体，也切割进贵族的肉体，因为它"用一个完全能够理解的眼神讲话"。对于苏格拉底可理解的眼神，尼采设计出了一席话："不要在我们面前掩饰！在这里——我们是平等的！"苏格拉底让古老的贵族知道行动已经开始，只不过他是采取了新的行动：为苏格拉底眼神设计的那一席话充满了反讽，是禁止旧的掩饰性话语的掩饰性话语。因为宣称与古老贵族平等的苏格拉底是在掩饰他比他们高贵；为了反对一个破败的不平等，苏格拉底宣称平等，像哲人必须意识到的那样，完全清楚地知道他的等级更高贵。

"而今天，情况恰恰相反"——今天，苏格拉底时代的古老贵族统治已经不再，现代早期那样的动荡不安局面也已经不再。主宰今天的是"平等权利"的呼声。这声音正是苏格拉底以反讽的口吻宣称平等的终极结果，是蒙田为了结束宗教之战的动荡而提倡的谦卑人生现代理念的终极结果。今日，作为先前哲人立法的后果，[203] 哲人发现自己处在这样一个时代：这个时代针对哲学发起了一场全面战争，

---

① 其他的一些论述蒙田的话语暗示了尼采对于他哲学立法的判断："在宗教改革精神激荡的年代，孤独的蒙田象征着求得一己之宁静，一己平和之存在和呼吸，这当然是他最好的读者莎士比亚所感受到的蒙田——"（《瓦格纳》，条3）；"蒙田……最自由最强大的灵魂……我会与他同在，如果这个使命使一个人在这世界有在家的感觉的话"（《叔本华》，条2）——在我们时代这使命不再是使命。蒙田和苏格拉底在第208条还放在一起相提并论，在那里，关于知识的反讽性言论作为当代怀疑主义的楷模。参见第212条对蒙田的论述；另外参见艾登：《政治领袖与虚无主义》，页60－62。

全面反对一切"稀世的东西、奇异的东西、特殊的东西、更高贵的人、更高贵的灵魂、更高级的使命、更高级的责任、丰沛的创造力、发号施令的主人"。以先前哲学行动者为楷模，今日哲人指出了一条通向伟大的新路："属于'伟大'这个概念的是高贵的存在、想为自己而存在、能够成为他人、忍受孤立、必须依靠自己"。尼采之所以用一连串的合成词，是因为没有发明单个的词汇表达哲人这个奇怪的、秘密的自我。哲人使用的这些合成词"泄露了他自己理想中的某些东西"，泄露了总能打动他（无论是蒙田还是苏格拉底）的理想：无论是怎样的反讽话语，他们发现都需要发明出来用于自身。正是哲人的理想，扩大了他推进人类必须进行长期决断的责任。

泄露了自己的理想，我们时代的哲人的使命终结了反讽的自留地，这块自留地曾经默默地将与众不同的哲人保护起来。今日哲人甚至公开发言泄露他的理想，他的话语折射出运用于苏格拉底眼神的反讽话语，并且说出了现在必需的东西。这席话不仅仅是哲人在言说他的理想，而且在言说他的位置，言说他当成圈套布下的东西，言说他当成策略布置的东西。这席谈论伟大的话语是由创造价值的哲人对他的时代说的，"现在朝这条路来看伟大！"：

> 最伟大之人，就是最孤独之人、最隐蔽之人、最不同寻常之人、超越善恶的人、诸美德的主人，意志充沛之人；这就可称为**伟大**：既统一又多变，既有深度又有广度。

在科学的时代和平等的时代，"我们必须走这条路"，这条最高贵之人为代表的路，讴歌不平等之路，这条路早就存在于我们人类中最深刻的思想家身上。

但是，在揭示了所有时代的哲人的秘密理想之后，第211条结尾提的问题必须重复："伟大，在今日是否——可能？"重复今日哲人是否可能这个问题，原因将在本章最后一条的第一句话中揭晓。

何为哲人 （第213条）

"何为哲人？这一点很难说清，因为只可意会，不能言传：人们必须依靠自己的经验'知道'这一点——或者应该自豪不知道这一点"。第六章的结尾如其开头，谈论经验，[204] 哲人的独特经验，但到现在为止，显然，并非所有的经验都是不好的经验。袒露伤口——显示哲人遭遇的不公——已经让位于展示健康和特权。本条中唯一的例子再次成为最重要的例子，思想的特权像刚果河一样流动。第六章主要的目标在于劝诱学者—科学家认同哲人的与众不同。本章结尾把论证的焦点集中在决定性的品质——自豪——之上：论证的成功依靠于听众的自豪这种品质，他有足够强大的自豪承认某种东西高于自己，并且承认了这一点后，还有足够强大的自豪赋予这种东西更为高贵的地位。客观性、怀疑主义和批评在更大的视野内毫无反驳地运行。这种视野是智慧提供的，是经验提供的。这经验虽然不能复制，但却能够检验。

哲人尼采知道他自己的位置：在这个世界里，没落的培根主义已经失去了全部的记忆之根，这些根原本在哲学中、在迅捷简短活泼有力的培根思想中、在哲人培根启动的科学主宰社会的政治方案中。尼采的政治方案与培根的政治方案有着密切联系，因为其目的也在于促进哲学和科学的结盟。尼采与学者–科学家的结盟方案脱胎于培根方案，只不过由于真正哲学传统的遗忘而与它们的根源中断。对那些认为哲学是不可能的人袒露伤口，是为了教化（条204），为了呼吁公平（条211、213）：第六章开始、高潮、结尾，都在呼吁公平对待一切。这个呼吁仅仅对那些人有效，他们由于对科学的爱好，随时准备还万物以公道；作为自然的调查者，他们敬重那些他们慷慨地投入生命能量的东西。尼采的修辞衡量了其听众的灵魂，将自身托付给必要性：客观性、怀疑主义和批评决定了学者–科学家赞同一种更高的智慧，这种智慧符合他们的判断标准，无论其经验超越了客观性、怀疑主义和批评所能达到的东西多少。自豪对自豪进行呼吁，自豪起着主宰作用。

　　本章最后一条并不是对前面所有内容的总结，而只是复述了其核心的观点——两种思维方式的差异造就了哲学和科学的分野，重复了这种思维方式差异的结果——哲学的统治责任。尽管关于哲人和哲学王国的"一切流行观点都是谬论"，但尼采只是修正了一个错误观点，一个关于哲学思维的关键性错误。尼采论述说，哲学思维的标志是"共同在场"，一种"共在"，这是"绝大多数思想家和学者"都没有经验到的，因此他们认为这是矛盾的："一种欢快奔跑的大胆旺盛的精神性"与"一种从不失足的辩证严谨的必然性"。［205］迅捷与精确共在，严谨与欢快共在。尼采没有进一步阐释这种共在经验，或许是因为《善恶的彼岸》处处都可为证，并且在第 27 - 28 条有过专门讨论。不过，尼采强调了共在经验的难以置信：当着大多数思想家和学者的面说出那样的经验简直就是在"谈玄"。这是第六章的关键问题：对那些将一生都奉献给科学权威思维之人交流一种完全不同的思维经验。尼采对于两种不同思维的解释，暗示了他的权力意志本体论的两重性：既需要又过剩。对于许多人来说，"任何必然性就是需要"，而不是哲人尼采所言作为某种过剩溢出、编排好的辩证需要。大多数思想家和学者经验到的思维是一种服从或臣服："一种痛苦屈辱的必须服从和强迫"。对于他们来说思维本身就是"几乎跟受难一样的某种缓慢的东西、踌躇的东西"——这经验使得尼采对哲学思维的说法难以置信。① 在尼采写作《善恶的彼岸》时期所做的笔记中，他写道：

---

　　① 尼采在《快乐的科学》（条 231）中的一个玩笑中说了同样的话："这个'彻底'，只有学习迟钝的人才会认为缓慢是知识的精髓"。

抽象思维对于许多人来说是受难，但对于我而言，在身体状况不错的日子里，是盛宴，是狂欢（《全集》II. 34［130］）。

——用《善恶的彼岸》中的话说，就是"某种轻灵、神圣、与舞蹈和高贵精神紧密相连的东西"。① 在科学主宰的时代，科学思维的权威性看来对哲学思维的威胁比对其他思维的威胁更大，因为尼采认为，哲人对思想中必然性的经验可能更容易被艺术家认同，这些艺术家看来在这方面"嗅觉更加敏锐"。

诗意的第六章到此走到了辉煌的结尾：一个作家关于哲学的权威讲话。不再是个体的伤口袒露，不再教化一样急切地将本章了结。尼采最终有力的声音完全与当前戴着面具之人格格不入；这些面具在他的周围生长，有怀疑的、批评的面具，有故意的、虚无的面具。尼采有力的声音完全与本书中其他精心准备的时刻遥相呼应。哲人宣称有权［206］对统治社会的科学进行精神统治；他将这种权利奠基于最高法庭中的呼吁，如同"万物的原始律令"，这律令不能被取消，尽管现代观念看起来不受其控制。哲学统治权的最终依据就是自然和人性。②

尼采非常简洁地表达了人性与自然的和谐："最终，存在一种灵魂状态的等级秩序与问题的等级秩序的和谐"。精神和自然的天然和谐产生了哲学的独特性："最高的问题无情地逼退那些胆敢接近它们的人，如果他们没有注定要借助他精神的高度和力量解决这些问题"。

---

① 当将快乐的科学的思想带到一个新的适合的结尾，终结他关于自由思想的所有系列书籍的时候，尼采再次描述了哲学思维迅捷、简洁、严肃的特征，将其与科学的方法过程进行区分（"论可理解性"，《快乐的科学》，条381）。尼采在那里公开宣称他要十分努力使具有不同思想经验的科学头脑理解他的观点。也参《扎拉图斯特拉》有关的尼采关于灵感的言论：灵感，那些"有一点点迷信"的人会说它是"显灵、启示"（《瞧，这个人》"扎拉图斯特拉如是说"，条3）。

② 艾登认为这是"玩笑式戏谑性的音符"仅仅是修辞性的努力：尼采试图用"自然秩序的面具"保持哲人和科学家之间的差异（《政治领袖和虚无主义》，页92 – 93）。

最高的问题，就是真理的问题和真理价值的问题。这是哲人的领域；哲人才是将严谨和欢快辩证结合在一起的思想家。尼采甚至重复了哲人与众不同的这个例子，提到"哲人思维人胆、轻灵、优雅的步伐和路线"，但他这样做是为了再次阐明某种更多的东西是"高于"真正哲人的需要。正如第六章诱使我们期待的那样，高于需要的东西就是价值的创造，一种作为其政治或立法的哲学思维行动。

尼采本条中最后一句话使用了一串历史悠久的语词，将本章伟大的主题归纳进入最后的陈述："权利……美德……责任……公平……爱"。这些言词，经过重新思考，经过重新铸造，进入了尼采的语言，作为一个服从万物原始法令并因此遵照要求行动的哲人的重要词汇。因此，第六章在对自然的宣称、在对权利的宣称中结束，悠久历史传统单独授予了"哲学的权利"，神圣赋予了哲人或慷慨地给予哲人必要的美德，在通往哲学权利的过程中哲人学到了责任。

为了照顾他那些迟钝的读者，尼采在最后一句话的结尾还使用了另一串伟大的语词。这七个属于哲人"重大责任"的伟大语词，其重心是公平美德。"伟大的公平"符合万物的原始律令，尼采将在"我们的美德"中为其定义（条219）。但作为一串表达责任的语词，其结尾出人意料，不是呼唤行动，而是思考激发出的感情。如果哲人缓慢的眼睛"很少崇拜、很少仰望、很少爱……"，那么，它崇拜、仰望和爱的只是稀世的东西、极度稀世的东西。本章结尾对哲人下了定义，指出了哲人今日需要的行动。尼采把哲人描述成［207］仰望真正高度的爱者。爱欲，自柏拉图以降，一直是哲人的特质。这种爱也随之打量一切。爱将具有特权的观者转化为一个声称除了知道爱万物之外就一无所知的人。哲人对总体的判断就是一个爱者的判断。今日，这种爱，不再是可以进入纯净头脑的永恒观念的神话。它可以用相反的理想来表达；这是一个思想家的理想，他想把过去和现在一直重复的语词永远传下去。［208］

第七章　我们的美德

　　跟"我们学者们"中的"我们"一样，"我们的美德"中的"我们"同样含混不清。相同的是，第一人称复数把独特哲人的差异包含进了广大读者的特征之中；不同的是，当要显示这差异对于广大读者意味着什么的时候，本章的论述逐渐将哲人的差异隔离出来。我们的美德论述的路径是：从一般现代人的美德（同情和历史感）到具有自由精神的现代人的美德（诚实）再到独特哲人的美德。独特哲人的美德将诚实追究到两种相反的自然精神身上：一是现代人追求舒适享乐的"精神的基本意志"；二是求知者不顾危险压力追求真理的精神意志。（条229－230）要理解这两种精神，就要理解为什么现代人的美德与求知者的美德之间必须存在不可调和的冲突，为什么现代人要说求知者不道德，为什么说求知者对现代人构成了威胁。这两类美德的冲突与受苦的问题相关。现代人的美德旨在铲除受苦，求知者的美德由于坚持真理价值似乎带来了受苦。本章重点在于将残酷、言说真理的残酷当成个案来描述，此处就是《善恶的彼岸》的关键。这种言说真理的残酷就是新哲人的残酷。他知道他为什么要拒绝柏拉图主义，因为柏拉图主义哲学的高贵谎言将哲学与追求舒适享乐的精神的基本意志连在一起。[209]

基督辫子的孙子，反基督愤怒的儿子
（第214－217条）

　　第214条　第七章的开篇，和前面几章的开头一样，笔调轻快，复杂难解。本条追查了我们美德的家谱，回到了我们的远祖、我们基督的"祖父"和我们现代的"父亲"（条 216）。我们没有继承我们祖父的基督美德；相反，我们的美德是反基督的美德，因为它们符合我们秘密的倾向和我们最炽热的欲求。这些倾向和欲求，尼采列举的是好奇、伪装术及精神与感官的残酷。但在我们的迷宫搜寻我们的美德之时，我们碰到的正是我们从祖父那里保留的东西：插在我们脑后的好良心的辫子。尼采暗示，在我们的迷宫中搜寻将耗去我们留存的那一点好良心，剥夺我们继承那一点好良心。开篇一条似乎暗示了第七章的进程，追寻好奇、伪装和残酷，逐渐剥夺具有自由精神美德的好良心，扰之或代之以哲人带来的不安的良心或坏的良心（条212）。①

第 215－217 条　这三条很短，似乎是搜寻我们美德的探子；它们共同指明：在一个进步的时代，道德的进步因为过于道德而不炫耀自己是进步。尼采宣称，我们的道德进步已经超越了我们的祖父，也超越了我们的父亲——那些启蒙思想家首先是对宗教的态度感到羞辱然后才对反宗教的愤怒而感到羞辱。我们的美德提倡节制，提倡隐藏好良心，禁止用任何美德公式炫耀。趣味在起统治作用：我们的父亲无法容忍宗教的态度；我们无法容忍道德的态度。如果我们的趣味禁止掩饰我们的非道德主义，拒绝对它撒谎，那么，我们的美德不可能包括古老的隐性书写的节制美德，正是节制美德庇护我们和他人远离了致命的真理。第七章渐渐转到我们残酷的诚实美德带来的问题上。

与高贵精神为敌的普通人（第 218－221 条）

第218条下了一道任务："研究跟'例外之人'作斗争的'普通

---

①　《快乐的科学》卷 5 的开头对于书中将获取的知识做了类似的允诺。《道德的谱系》序言开篇的那一条也包含了类似的邀请，邀请"知识之人""认识他们自己"，暗示获得知识就必须失去纯真。

人'的哲学。"第 219－221 条执行这项任务，将普通人进行活体解剖，以弄清例外之人为何与众不同。这几条中贯穿着一种高贵的精神：一个例外之人置身于一场高风险高赌注斗争中，大胆炫耀他的欢快，[210] 尽管看起来他不可能赢这场斗争，但他的表现看起来好像不可能输。

第 218 条　尼采观察到，近来对精神进行最敏锐的研究较少集中在最高贵的心灵，较少由最高贵的人来完成。由于平庸之辈的平庸研究"正逐渐厌倦"，尼采建议，为了消遣，可以转换角度：不妨考察一下"精巧的、复杂的、耶稣会士的狡猾"，看看普通人怎么用之来应对"更高贵精神之人及其使命"。这种作为本能的狡猾，比作为其受害者的更高贵精神之人所理解的狡猾还要精巧千倍。研究普通人作为哲人的必修课，在前面已经建议过，现在应该把研究重点放在普通人对更高贵精神之人的本能反应上。尼采的建议变成研究哲学的一道命令："你们这些心理学家，研究跟'例外之人'作斗争的'普通人'的哲学"。普通人与例外之人之间的哲学战争是第五章已经勾勒出来的全面精神之战，如今这场战争已经成为自主的群体动物与未来哲人的统治之间的斗争。例外之人又如何有望赢得这场对抗本能的战争，一场以残酷的名义进行的战争？本章将逐渐回答这些问题。

第 219 条　尼采本人也在响应他自己的号召，研究普通人的哲学。他简明地阐述了自己对作为美德的公平的研究结果：公平来自本能，站在普通人的哲学立场来看，就是"恶意的精神化"；站在例外之人的哲学立场来看，就是还万物以公道的本能的"精神化"。本条还初步谈到了"精神"与"精神性"，或者说，心智与智性，为本章后面关于灵性/智性的结论做准备：哲学扎根于两种自然但又彼此竞争的灵性/智性之中（条229－231）。

尼采研究普通人哲学与例外之人哲学之间的争斗，重点集中在"道德判断和道德谴责"之上。他发现了道德判断的三种基本用途。首先，道德判断是"灵性/智性上有缺陷之人""喜欢使用的报复"手段，用来对抗"那些灵性或智性上高于他们之人"。尽管这里只是一语带过，但这种情感报复在扎拉图斯特拉关于平等的布道中做过专门处理，在尼采的下一本书《道德的谱系》作为怨恨加以详细分析（尤其参见第一章第10－17条）。其次，道德判断"对于受到自然不公对待的人来说是某种安慰"，可以引导这些人谴责自然。最后，道德判断是"获取精神和变得雅致的机会：将恶意精神化"。道德因此是对抗他人的武器，［211］是反对自然不公的安慰，是用于自我完善的工具。这三种用途的核心就是一个标准，在此标准前，不平等也显得平等：对人类和自然进行报复的这种道德，孕育出了一个执法的上帝，在他面前，众生平等。

本条立刻跳到一个带有总结意味的反问：面对根植于本能且得到神助的道德判断，如何说出等级秩序这个残酷的真理？尼采可能说，"一个纯道德之人的坚强和体面和一个高贵之人的灵性/智性根本不能相提并论"。但是，用这样的方式说出真理，"将使他们恼羞成怒：──我要留神不这样做"。尼采不想故意激怒那些感到愤慨的普通人，他们的愤慨已经引起了对人类、自然和神灵的疯狂报复，尼采选择了一条奉承讨好他们的策略来阐明他的"观点"。他分析了"高贵的灵性/智性"① 的三点内涵，强调高贵的灵性/智性跟道德的必然联系。前两点是，高贵的灵性/智性是各种道德品质的最后产物和复合体，是各种道德品质栽培、改良、发展的最终结果。第三点是，用公平美德来称呼最高贵的灵性/智性，同时定义了其使命："高贵的灵性/智性是正义的精神化，是优雅严格的精神化；它知道自己受委托在世界万物中间而非仅仅在人类中间维持等级秩序"。②

―――――――――

① 对观第61条对高贵的灵性/智性的描述。

② 皮希特将这样的公平看做是"'未来哲人们'的本质"（《尼采》，页94－131）。尼采更早就表达了同样的看法："一切的存在之物是公平还是不公平，都同样公平对待"（《悲剧的诞生》，条9）。

高贵灵性又是通过什么得知自己被委托了这个使命呢？尼采后来回答了这个问题，他能给出的最佳答案是：通过自然本身（条230-231）。自然委托最高级的自然人维持世界的自然等级秩序。这个伟大使命维护的正是受到道德人威胁着要毁灭的等级秩序。本条的上下文都集中在人类中间关于灵性／智性的等级秩序，维护等级秩序看来是最重要的使命。这个使命，尼采愿意对道德之人说，但在他愿意讲的关键之处，事实上重点不是放在人的等级秩序。相反，它甚至故意排斥人的等级秩序，说哲人的首要使命是维持"事物"中间的等级秩序。本条已经说明，道德之人的报复泄露了他们对自然的看法，他们谴责自然忽视了普通人的利益。为了维持事物的等级秩序，看来就需要还自然以清白，洗刷这种道德谴责。最终，道德之人的报复孕育出了压倒诸神的一神论教义；在高高在上的上帝面前，人人平等，自然受到谴责，认为它已经堕落。为了维持万物的等级秩序，看来不仅要洗刷自然的罪名，[212] 而且要洗刷道德上帝加于诸神的罪名。道德上帝放逐了诸神，他高高在上地创立了违背自然和公平的人人平等这个道德学说。尼采已经预言，对于普通人和例外之人斗争的研究将上演"一出精彩大戏，充分展现诸神和恶毒的上帝"（条218）！这是创造诸神为人的利益服务的大戏。这出大戏还在继续上演：由于受命维持万物的等级秩序，关于众神的一种学说就变得十分需要；道德的、超哲学的众神和柏拉图主义的神都死了，取而代之的是具有哲思的诸神，他们虽然没有多少人性，但他们对人类非常友善，希望推进人类，使人类"更强大、更邪恶、更深沉；也更美丽"（条295）。

第220条 尼采本分地执行他的命令，"研究跟'例外之人'斗争的'普通人'的哲学"。现在，这项研究已经引出了本书的主要问题：对真理的追求。普通人和例外之人如何理解这个追求？

普通人受其利益驱使，看不出追求真理有任何利益，因此，他们说对追求真理——用某些哲人鼓励的话说——不感兴趣。① 更高贵的自然人受其利益的驱使，认识到追求真理没有利益这种说法是多么虚伪，因为这里明摆着赤裸裸的真理："这'不感兴趣'的行为很有趣、很有利，前提是……"——前提是，他对利益的看法比普通人更全面、更精确，他知道有多少不同的利益就有多少不同的精神。

对于普通人提出的第一个反证——"爱不就是无私的？"——尼采的回答相当粗暴，"什么？难道出于爱的行为就应当是'无私的'吗？但是，你们这些傻瓜——！""出于爱而做的任何事情都是超善恶的"（条153）。对真理的爱是本条的终极关怀——也是本书关注的焦点，正如本书开篇就已经表明的（序言，条24，45，63，186，214）。最高贵的爱者——哲人——对真理的追求肯定是自私的，是由最强烈的情感驱动的，[213] 尽管许多哲人选择了掩饰他们的事业自私、充满激情。对于第二个可能提出的反证——"对牺牲者的赞扬呢？"——尼采回答说，真正的牺牲总是与利益有关的，总是为了某种不能放弃的东西而放弃另外的东西，比如，为了不牺牲心灵就只好牺牲心脏（条23）。

尼采辩证地展示了关于爱和牺牲的真理很有利也很有趣。突然，他以一声警告收场："但这是一个问答的领域，一个更挑剔的头脑不喜欢在此纠缠过久"。考虑到他终日生活在爱和牺牲中，为什么不呢？也许是因为他不喜欢被问及他私密的情感，不喜欢被迫回答那些不感兴趣的人。为什么不回答？因为"最终，真理是个女人；人们不应该亵渎她"。追求真理、知道真理是个女人的这个哲人告诉了人们这个真理，他知道真理是个女人，因为他刚刚分享了真理自己对关于爱与牺牲的问答的反应："当真理必须作答的时候，真理已经发现非常必要压制住她的呵欠"。真理要打呵欠。但是，对于真理来说，追求关于真理的赤裸真理

---

① 本条将哲学劳动者康德作为关于利益的普通人代表。当阿得曼托斯发言反对苏格拉底引起轩然大波的观点——统治者应该是真理的爱者——之时，普通人对哲人的反应成为柏拉图《王制》中的重要主题。（《王制》6. 487 ff.）。

可能并不比她充满激情的追求者更无聊和没趣。她不可能被这些问题弄得无聊——但她会被这些问题亵渎。如何抢在亵渎前行动？狡猾一点，就是保持她的本性。装着无聊，她避免了亵渎；装着与利益无关，她伪装了她最深处的利益。她的爱人是她的同盟，为了他们的利益，才故意宣称她与利益无关。然而，她的秘密不能只是获得秘密的这个人的私有财富：正如扎拉图斯特拉获得生命最深的秘密之后，他呼吁"你们这些最有智慧的人"一起加入，追求秘密，分享秘密。真理将被分享，但只在爱好真理的人中间分享。在追求真理这个女人时没有教条主义者，在讲述真理的秘密时候他也不是教条主义者。

第 221 条　尼采在本条继续导演自我利益这出戏。他允许"一个贩卖鸡毛蒜皮小事的道德学究"登上他的舞台，从道德角度阐明他关于美德的最重要教义。然后，他才亲自登台捍卫这个遭到观众奚落的角色。像阿里斯托芬一样，尼采目的在于赢得发笑的人；同样，他的目标甚至是赢得发笑者中的思考者，这些人为了明白他们为何发笑才继续留下来看演出。

尼采的道德学究以一个不错的玩笑开头，嘲笑某个据说是无私的人。但是，他接着说，"够了"——玩笑已经够了——他接下来就开始布道。他的道德跟本章中尼采的主要观点没有二致：受命主宰之人身上的无私不但不是美德，而是浪费美德。尼采的观点在学究这一句结语中清楚地传达出来 ［214］："任何无私的道德——无条件地对任何人讲话——不但挑起了对趣味的犯罪，而且煽动人玩忽职守，不如说是躲在博爱的假面背后的一种引诱"。这种无私的道德引诱的是少数人去否定他们的稀世性，去压抑他的差异，以博爱的名义，浪费他人本应该致力于自身的东西。① 借用犯罪和引诱这样的词汇，宣传尼

---

①　论无私的美德，参见《朝霞》"理想的无私"（条522）和《偶像的黄昏》"一个不合时宜之人的战争"（条33）："利己主义的自然价值——自私的价值等同于拥有自私之人的生理价值"。

采主义的学究用不可置疑的话说："人们必须首先强迫各种道德在等级秩序面前低头"。他向良心发出了呼吁："人们必须强加假定于他们的良心"。他强加关于各种道德的道德：他们必须同意，"'对一个人是正确的，对另一个就是合理的'，这种说法是不道德的"。

编导了这场喜剧的尼采最后登台亮相，简明点评了可能对这场戏的反应：我们嘲笑批评了各种道德的这个道德学究。但是，如果这个学究真的应该被嘲笑，那么，他就不仅应该受人嘲笑，因为无论他说的听上去多么奇怪，他说的都是真的。尼采为他进行了辩护，

> 如果一个人想要那些发笑的人站在他那一边，他就不应该太正确；一点点小错甚至属于良好的趣味。

希望发笑的人站在他一边，并且表现出良好的趣味，尼采可能跟道德学究犯同样的错。他是喜剧的一部分，他知道这一点，但那更有助于他抓住那些爱思索的发笑之人。

我们普通现代人的美德（第 222 – 225 条）

尼采继续研究现代时期普通人的心理。本条主要讨论现代时期最主要的美德"怜悯"，或者说，同情。主要观点在这个双关中显现：本条以名词 Mitleid（怜悯）开头，以动词 mit leidein（同受苦）结尾。现代同情基于深切理解的受苦，受苦需要被所有人分摊才能得到抚慰和舒解。这个观点将在接下来几条中展开检视，最终揭示出现代美德背后的基本动机："消除受苦"（条 225）。① 然后，将反对现代美德之人合理地贴上标签——"我们的非道德主义者！"——让人以为：他

----

① 在《快乐的科学》"受苦的意志和那些感觉到同情之人"（条 333）中，尼采说，同情的宗教也许有另一宗教是其母亲——"舒适的宗教"。

们提倡最不道德之物，他们提倡受苦（条226）。[215]

第222条　尼采宣称，仔细倾听的心理学家将会听到，同情是"今日布道的唯一宗教"。进而，他们还将听到对同情的布道建立在自我鄙视之上。这简短的一条假设了其他地方将详细检视的东西：现代美德是基督教世俗的传人；自我鄙视是悲观厌世学说后面根本的动机；与厌世相反的理念可能在于对其他自我的肯定。

第223条　第223和224条论述历史感。① 开头场景是在化妆间，尼采正在嘲笑现代欧洲人绝望的穿衣行为，用过去时代的服饰掩饰贫穷的现代自我这个事实。他们没有意识到它们只是服饰，没有意识到穿戴它们的那些过去时代。但今日穿衣掩盖这个真相的全部努力最终都以绝望告终："没有东西真正可穿"，"没有东西真正适合我"。

但是，"历史精神"或"历史头脑"将这种绝望化成优势，开启了以下行动，因为穿衣的欲望导致了对服饰的研究，最终会研究作为习俗之服饰的"道德、信仰、艺术趣味和宗教"。我们时代最先明白服饰和化装的原理和基础，明白我们人类如何装饰才能取悦自己，隐藏缺点。有了这样的理解，就可能出现盛大的服饰嘉年华。服饰嘉年华这个现代欧洲的公共节日典范，是异教节日和基督教节日的杂合，成为典型的喜剧，但不再跟随在灰色星期三或封斋条身后。

第224条　服饰嘉年华重点强调了我们没有属于自己的服饰。因

---

① 在论述这一章结构的时候，施特劳斯注意到，"第223－224条对历史感的讨论包含在对同情的讨论（第222条和225条）之间：历史感以某种方式调节普通人的道德和高贵人的道德。普通人的道德炫耀对那些被自然忽略之人的同情（条219），准备消除所有的受苦；高贵的美德意识到与伟大之物同在，人就必须受苦（条225）"（施特劳斯，《学习柏拉图式的政治哲学》，页188）。高贵的道德，用这种调节的方式依赖于历史感，就是"我们非道德主义者"的道德。

此仅仅嘲笑是不够的，讨论历史感的第二条给出了原因：我们的历史感表明了我们尺度的匮乏，无法判断高雅低俗，与"高贵的趣味"形成了鲜明对比。我们的历史感目光狭隘，盲目自大，怀疑异己，因此难以接近最好的东西，如荷马。以这样的方式，尼采提出了关键问题：存在一种高贵吗，［216］它能提供具有尺度的历史感，通过提供既非武断亦非教条的尺度将半野蛮人文明化？

本章中这一条使历史感成为"我们伟大的美德"。在此，"我们"意味着"我们现代人"。接下来三条中，尼采提到诚实是"我们的美德，惟一留给我们的美德"。但在那里，"我们"意味着"我们这些自由精神"，是现代人中的一小部分，尼采对于他们发出了特别的呼吁。在第224条，这呼吁采取了邀请的形式，承认某些我们自身的东西，承认我们的某些特殊方面是现代人的：我们可以承认穿戴的特殊能力是我们自己的；① 但在同时，我们必须承认缺乏服饰尺度的半野蛮主义也是我们自己的。

尼采只是在本条开头的括号内对历史感下了一个简短的定义。本条结构谨严，勾勒了历史感的前提条件和组成成分，描述了历史感的美德和缺点，逐渐构成了历史感的完整定义。括号中的简明定义只是研究服饰中的一个教训。它描述了获得技巧的两个方面：历史感一方面是一种能力，很快猜出价值的等级秩序——这个等级秩序是民族、社会、个体活着的依据——另一方面是"预见的本能"，预见到价值的权威性与实际起作用的力量的权威性之间的关系。这种预见技巧是"第六感"，一种心灵意义上的看和听，用隐含在心理后面的操作性力量的术语读解各种价值的等级。

历史感是一种历史习得，是欧洲民主革命的间接后果，以牺牲欧洲

---

① 本条中动词"sich eingestehen""sich zugestehen"" sich gestehen"传达出呼吁自我坦白的味道。

的高贵为代价，法国就可为证。① 尼采承认，民主革命并不完全就是个损失，因为"精神在其中看见有自身的利益"（第 223 条已经注意到描述一种不同的利益）。在此，从历史中清理出的这种不同的利益是我们半野蛮人对其他异己文化开放。历史感为现代欧洲文化认识欣赏其他文化带来了巨大的利益。但历史感并不是采取民主的方式做这一切，因为它缺乏任何文化相对价值的尺度。因此，尽管它使欧洲能够重新发现荷马，却没有尺度衡量荷马的高贵，没有尺度衡量其他高贵文化的高贵。[217]

何为高贵？尼采对于现代美德的赞美，赞美现代美德对他者的开放，需要相应的对高贵美德的缺点进行批判：高贵美德对于自身的东西感到迷恋和骄傲，因此，不愿意接纳身外的东西，即便那是"世界上最好的东西"，如果不是它自己的，不能将之变成自己的战利品，它也不接受。反之，对高贵美德的赞美也需要对现代美德的缺点进行批判。将历史感称为"我们伟大的美德"，尼采展示了我们美德的缺点：它"也许处于好趣味的必要的对立面，至少是最好趣味的对立面"。这最好的趣味然后被写入一段抒情文字，让人想起《扎拉图斯特拉如是说》：

> 人生的好运和理想处处燃烧歌唱，而我们只能拙劣地、踌躇地、被迫地在自己身上复制出短暂美丽的寥寥几笔：这些时刻和奇迹，在无限之物面前，仍然有一种巨大的力量静静地站立；在突然的抑制和凝固中，坚定地站立在正在震动的大地上，享受着难以言喻的喜悦的漫溢。

---

① 下一章将具体阐明欧洲历史这个主题，重点放在欧洲历史的准确性和承认真正欧洲历史的必然性：厘清欧洲高贵的历史是建立新的贵族制的前提条件。尤其参第 253 条。

尼采最后命令，将那个"我们陌生的尺度"据为己有。在此使用"陌生"一词是绝妙的反讽：我们熟悉陌生之物，但却发现尺度的陌生。"像狂奔向前骏马上的骑手，我们在无限之物面前撒开缰绳，我们半野蛮的现代人处于危险之中——只有当我们处于最危险之中，我们才被赐福"。① 尼采自己就是这个骑手，充分体验了这现代性，象征着冲入危险的欲望。但拒绝在危险的无限之物面前悬崖勒马，就必须跟某种尺度一致；半野蛮人必须通过学会高贵才能变得文明。但是，具有高贵灵性的人能够教会半野蛮人掌握尺度吗？

第 225 条 用了两条讨论完作为"我们伟大的美德"的历史感之后，尼采回到现代占据统治地位的同情美德上来，发表了一通几近诘难的话。他看来的确应该受到嘲笑，因为他的行为就像那个道德学究一样，要对道德主义者谈论道德，布道一种合适的同情，提倡一种危险的同情。本条都是我们在对你们说话，我们在此简略为尼采一个人，你们则是教导现代同情的老师。话题就是受苦：你们想"消除受苦"，然而，"我们似乎宁愿让受苦比以前更高贵、更糟糕"！于是，残酷，或者说，提倡受苦，明确成为本章的核心问题。② [218]

在本条的开头和结尾，尼采批判了你们"这种前置思维方式的幼稚哲学"，你们将快乐和痛苦当成第一位的东西，而其实它们不过是"第二位的东西，是副产品而已"。把快乐和痛苦当成终极的东西，等于用快乐替代痛苦成为最高的善；美德，以善的名义行动，因此就可以简单等同为消除受苦。尼采急于宣称关于快乐和痛苦不过是第二位

---

① 在《快乐的科学》第五卷中，尼采再次运用了同样的意象（条 374 – 375）。

② 这一主题的不可或缺，在《道德的谱系》（条 3 – 28）第三章中能够清晰感到，在那里，受苦——"受苦的目的何在？"——被看成是人类阐释自己整个历史的基础。尼采把《瞧，这个人》结尾（"狄奥尼索斯对走上十字架的上帝"）的对立解释为关于"受苦意义"的对立。《偶像的黄昏》以同样的论调解释结尾处基督和狄奥尼索斯的对立。另外参见《道德的谱系》第 2 章第 19 – 20 条对《朝霞》中残酷欢娱的深入论述。

的东西之时，并没有为这个基本现象命名；相反，他呼吁体验具有"赋形的力量和艺术家的良心"——不过读者将知道，这个基本现象就是哲人用最具灵性的形式表现出来的权力意志。

根据快乐和痛苦来衡量事物价值，那些思维方式以同情来蔑视受苦之人。意识到赋予形式的力量和艺术家的良心，这种思维方式是用同情来蔑视那样的同情。不同的同情之间的争斗是对不同的目标的争斗。消除受苦的目的看来仅仅是目的，是人类历史终结于"最后的人"。怎样来对付这中间巨大的压力？压力带来的痛苦应该消散在温和的快乐中还是应该将它投向遥远的目标？提倡压力者，似乎是受更多苦的压力提倡者，为教导现代同情的老师们上了一堂课："难道你们不知道"历史的教训，我们人类的一切推进都来自"受苦的原理"？"你们是否明白"人性的教训，在人那里，造物和造物主是合二为一的？——人中的造物必须被具有"赋形的力量"的创造者"赋形、打碎、撕裂、铸造、焚烧、加热、净化"。"难道你没有理解"我们的同情是对你们的同情，是对你们这些最娇惯、最脆弱的教师的同情？①

"因此这是同情反抗同情！"但彼此竞争的同情中的一种同情比另一方想得更加深刻：除了快乐和痛苦的问题之外，还有更高的问题存在，"任何在它们面前止步不前的哲学都是幼稚的哲学"。建立在快乐和痛苦这种幼稚哲学上面的现代同情，最高的目标不过是消除受苦。与此相对的是，具有赋形能力的创造者的同情将世界看成是权力意志，只有权力意志，它的目标是推进人类，在受苦中推进人类。[219]

受苦现在变成了本章的关键问题。我们从基督祖父和反基督父亲那里继承下来的不同遗产联合起来实现消除受苦这一目标。而要提倡反对遗产的受苦就是要失去好良心的辫子，因而看上去似乎不道德

---

① 参见第 293 条论合适的同情。参见第 62 条和第 203 条关于现代同情的反对者所经历的"难以形容的焦虑"。

（条226）。如果诚实需要提倡受苦，诚实就似乎是纯粹的邪恶（条227）。如今占据统治地位的安慰（尽管单调）的道德教义，谴责提倡受苦是残酷的举动，是回归动物性（条229）。因此，需要给精神或头脑一个教训，显示那样的残酷是属于我们求知者的本性（条230）。如果"精神的基本意志"谴责求知者的残酷是一种犯罪，那么，对这个指控进行反驳的理由就是，求知的冲动和欲望属于我们人类天然的东西（条231）。

不道德的诚实（第226－227条）

第226条是本章的第十三条。它带有一个标题，也是本章中唯一具有标题的一条。① 本条和讨论诚实的下一条联袂构成了本章中心。② "不道德主义者"——其美德是诚实——发动了价值之战，正如在前一条中宣布的那样，发动了"同情对抗同情"之战。③

第226条　尼采关注的这个世界远比前一条中的你们关注的那个世界深邃得多。你们衡量事物价值的尺度是快乐和痛苦。但是，你们代表了主流的各种道德：无论是享乐主义还是悲观主义，无论是利他主义还是利己主义；因此，在转向我们的道德时候，我们不妨称自己

---

① 那些斜体的标题已经用于《人性》《朝霞》《快乐的科学》中的每一条。在《善恶的彼岸》中其他唯一使用了标题的是条83，87，140，165，274和294。

② 从第214条到239条应该有26条，但有两个第237条，或者说第七章总共有27条。中心要么在两组13条之间，或者两组十三条中间的第十四条，即第227条。

③ 论"不道德"参《朝霞》第103条："我不否认不言而喻的事物——假设我不是傻瓜——许多称为不道德的行为将被避免或反对，同样许多称为道德的将被做和鼓励——但我的意思是：前者跟后者一样出于其他原因远远不止于现在"。尼采解释他在《瞧，这个人》（"命运"，条2、4－6）中为何要用不道德主义者这个术语。他在1888年7月29日一封写给福克斯的信中对不道德主义者下了这样的定义："不道德主义者（直到现在'知识诚实'的最高形式，在它本身已经成为直觉和不可避免性之后被允许将道德看成虚幻）"。

为"我们这些不道德主义者",因为我们不可避免地在你们眼中显得是如此不道德。

"这个无论如何都与我们相关的世界"——这一提法早在第二章中心的第34条就已经出现,并带出了第36条的观点,即从内部来看这世界就是权力意志,除此之外,别无所有。跟我们相关的这个世界因此不仅仅是欢乐和痛苦的世界,而是包括了整个世界本身。[220]这个跟我们相关的世界"几乎是看不见的、听不着的",那些认为快乐和痛苦就是终极的幼稚哲学是抵达不了这个世界的。尼采立即定义了这个与他相关的世界是雅致命令和雅致服从的世界,雅致命令和雅致服从是他解释权力意志作为众生之道时的典型术语。如果这世界"很好地防御住笨拙的观察者和熟悉的好奇心",它就会让自己的防御者面对道德之辈没有能力自卫;这新道德教义的本体论基础将其倡导者从道德的世界放逐出来。

在这个雅致命令和雅致服从的世界,我们必须服从命令:尼采描写自己是被动地面对命令他的那些力量——他"被迫纺织进使命的严密纱线衣衫,无法自拔"。"我们是有使命之人,甚至,连我们也在内"。的确是真的,"有时候,我们在我们的'锁链'中舞蹈"——在其全部的著作中,尼采似乎总是在他自己的镣铐中舞蹈——但更常见的是,他说,"这也几乎同样是真的","我们对我们命运的一切严酷的秘密无法容忍",我们的命运,这是赋予或给予我们的东西。我们这些自由、非常自由的精神发现自己不可能逃脱地跟这样一种使命捆绑在一起。我们被捆绑,但不是捆绑到捆绑住许多头脑的各种欢乐与痛苦上,而是捆绑到使命上。这使命源于精神对这个世界的洞察:这个与我们关联的世界,这个本来的世界。降临在最自由精神身上的使命在本章中已经定义为正义的精神化,也就是最优雅的严厉"知道自己受托维持世界万物的等级秩序,而不只是维持人类的等级秩序"(条219)。这使命依然是一个"残酷的秘密",因为其必然性不那么自圆其说;相反,那些有使命感的人必须看来过分自由,不道德地选择一个毁灭性的使命。

尼采结束了对哲人注定要孤独的思考，最后他说："但我们能够做我们想做的事情：傻瓜和外表将反对我们说，'这是些没有责任的人'——我们总是会碰到傻瓜和外表反对我们！"哲人免不了受人指责，因为他宣布的命令别人听不到。尼采的断定——他的审判将以定罪告终——证明他没有考虑柏拉图和色诺芬从苏格拉底的审判和死亡中总结出的哲人策略吗？他们用高贵的谎言这样谨慎的行为来庇护哲学的不道德，因此，这种行为是有局限的和限制性的，对于你们来说是需要的也是可能想要的，但对于我们来说不是合理的限制。难道苏格拉底没有为他未能参与的哲学革命发明一条永恒的策略？① 相反，尼采坚持认为，道德的自然史要求终结苏格拉底的高贵谎言这一策略，[221] 不是因为反对谎言的严格制止谎言，而是因为道德本身已经成为对自然人的威胁。下一条讨论诚实——自由人剩下的唯一美德——宣称不再适合做柏拉图所做的，将谨慎、谨慎、谨慎和愚蠢、愚蠢、愚蠢混在一起（条197），原因很快就要揭晓（条228－231）。但下一条也认为，愚蠢的诚实也不适合。相反，诚实，尽管合理地禁止了"不道德之人"向愚昧的道德人妥协，但是为了自身的利益，并不排除谨慎；诚实需要技巧、艺术的技巧来为超道德服务，正如为自然服务一样。

第 227 条　本章认为，"我们的美德"——唯一留给我们自由人的美德——是诚实（Redlichkeit），或者更确切地说，是精神诚实，即正直坚定的诚实。② Redlichkeit 一词的词根是 reden，暗示了真诚。

---

① 色诺芬对此策略的权威性表达，参见施特劳斯的 *Xenophon's Socratic Discourse*。

② 在对《快乐的科学》第110－111条中 Redlichkeit 和 redden 的微妙区别进行精妙地分析后，阿兰·怀特证明了为什么将 Redlichkeit 翻译成 honesty（诚实）或 probity（正直）或任何其他词汇都不合适，因为没有重新思考这些词汇的内容。尼采碰到了 Redlichkeit 一样的问题：他赋予了一个旧词以新义。一个总结性的定义不可能完全抓住这新义，不过，怀特认为，诚实之人（the redlich），就是"那些意识到看见和命名之间可能存在永恒性差异之人"。

"真诚"是古雅典人最著名的美德。为了我们的美德的利益，尼采甚至祈祷："愿美德的光辉就如一缕镀金的蓝色晚霞，带着嘲弄，照耀在这日渐衰老的文化及其陈腐阴郁的严肃之上"——这严肃的时代本身以自己的方式是诚实的，但愿其诚实被一缕明亮的金黄色的、蓝色的诚实晚霞照得透亮。

本条是戏剧性的对话，尼采对着自由精神讲话，发现自由精神也在急切地对他说话。这场对话以劝告结束，因为我们的美德可能成为我们的缺点，如果不能持续由我们的"邪恶"来保持清醒。我们文化的黄昏特征暗示诚实是留给自由精神的唯一美德，因为正是这种美德才能公开被宣称。这种美德是一种幸存的基督文化。基督文化对诚实的坚持牺牲了其他所有的信条，除了诚实之外。尽管在上帝那些无神论的后裔身上幸存下来，诚实这种美德要发扬光大只有不断地"经营"，被更为原始的力量或任何存在于我们身上的邪恶促进。这种现在被视为缺点、看起来是邪恶的美德，为我们补充了一个可以公开值得接受的美德。尼采列举了这种美德邪恶的五个方面：

1. "我们对笨拙之物和不严谨之物的厌恶"，厌恶任何形式的含混（条230）；[222]

2. "我们为禁止的东西而奋斗"，奥维德对挑战道德禁令者权威的赞扬，可以成为非道德主义者恰当的座右铭；①

3. "我们冒险的勇气"，实验者的哲学勇气，这种美德在安定社会是一种罪恶，正如柏拉图的苏格拉底承认，他定义的"政治勇气"

———————————

① 奥维德《爱的艺术》（3，4，17）。尼采在《瞧，这个人》（序言，条3）中将"我们为禁止的东西而奋斗"当成征服者的座右铭，替代了过去征服者的信条："以这种符号，我的哲学某一天将征服一切，因为迄今原则上说一直被禁止的东西一直总是真理，只有真理"。根据史学家 Eusebius（260－340）的说法，送给罗马皇帝康斯坦丁的十字架这符号上刻着这样一行字，"凭此终横天下"（Life of the Blessed Emperor Constantine，页28－32）。

就是一种黏性，紧紧粘住已经漂染成一体的社会；①

4. "我们狡猾和挑剔的好奇"，不是前一条中"令人舒适的好奇"，把人们困在快乐与痛苦这个幼稚的层面；

5. "我们最雅致的、最隐蔽的、最有灵性的权力意志和征服世界的意志，充满激情地飞翔充溢于未来的每一处空间"。权力意志，这一章中只在这里使用了一次，作为这张名单的压轴。这张名单上被诅咒的邪恶是逐渐升级的，使我们的美德更加具有生机。"最有灵性/精神的权力意志"就是哲学（条9）。如果哲学也来帮助诚实，如果我们用这种邪恶来帮助我们的美德，那么，诚实就意识到了其最深的根基，"与我们相关的这一世界"，在这个世界中，"我们有我们的怕和爱"（条226）。我们的美德意识到根植于自然，它那类的精神是自然馈赠的礼物（条230）。

我们诚实的美德因此无论如何都是我们最深沉、最伟大的美德。在这个非常诚实时代，我们的美德是我们唯一公开可以防御的美德，是我们唯一神圣的美德。但即便我们这一牺牲掉的美德也将拒绝我们，正如这一出小小的戏剧所显示，它现在分裂到这个自由人中间的对话里了。尼采已经结束了他为我们的美德提供帮助的名单，再次作为神学家讲话："让我们与我们所有的'邪恶'来帮助我们的'上帝'！"这样极端的神学话语引起误解：

> 或许我们将被误解，被误为他人：这有什么关系！他们会说："他们的'诚实'——那是他们的邪恶，此外别无所有！"——这有什么关系！②

---

① 《王制》（4. 429b‑430c）。

② 尼采套用了"扎拉图斯特拉的格言'这有什么关系！'"（《扎》第4部"醉歌"）。

官方神学的监护人，他们的道德教义是建立在浅薄的快乐和痛苦之上，他们必定将我们的神追溯到一个魔鬼。尼采没有直接回答中伤污蔑我们神的人，相反宁愿检视被中伤的我们。如果我们诚实，我们将承认那些道德主义者的中伤是正确的。我们的美德被一个邪恶驱使，如果我们接纳这个看法，（"用通俗的语言来讲"），权力意志学说［223］意味着"上帝被驳倒而不是魔鬼被驳倒"（条37）。尼采以更深邃的历史化的神学来回应他敌人的神学："迄今为止所有的神谁不是那么神圣生长、重新施洗后的魔鬼？"诸神的生死是文化的过程，在此过程中，可以预料，旧的神会以它们最有效的手段反击新的神。但即便是恶魔化也是一个古老的故事，在我们的情形下难道就是真的吗？由中伤者激发的提问朝内转，随着诚实进入其自然的自我反思轨道："我们最终知道我们自己什么？①那些引导我们的各种精神需要如何命名？"我们是否可以诚实地说，引导我们的就是神性而非恶魔性？尼采显然想要实践"这种诚实"，"异于各种宗教的创立者及其同类：他们从来没有使他们的经历成为一个对知识而言的良心问题"（《快乐的科学》条319）。

"让我们小心"，尼采说，我们的诚实不要成为"我们的虚荣、我们的装饰品、我们华丽的外表、我们的局限、我们的愚蠢"——面对这些根本的问题，认为我们知道自己其实并不知道的东西之时，如果我们无法对我们的诚实做到诚实，这一切都是可能的。"让我们小心"，尼采继续说，"我们最终不会从诚实中变成圣者和令人讨厌的人！"这一警告为下一条提供了有趣的衔接。下一条主要处理单调乏味的东西对道德是多么有用、危险，如果单调乏味的东西变成了有趣的东西。敢于使道德有趣，尼采说，"生命延长一百倍是否还是太短

---

① "我们对于我们自己，我们这些知者并不知道"——尼采的下一本书就这样开头（《道德的谱系》序，条1）。这是另一种努力，诚实地追问到底什么最深切地打动了探询者。这个探询者询问自己从什么判断他人的动机为邪恶。

——在其中感到厌倦？人们真的必须信仰生命永恒，为了……"为了什么？——为了用我们的美德做柏拉图用美德做过的事情："柏拉图感到厌倦了"，柏拉图将美德不诚实地同永恒的东西——最终的厌倦——绑在一起。总是通过我们的美德来解释，让我们保持兴趣和危险的兴趣。让我们不要陷入永恒厌倦的陷阱、单调无神论的陷阱，我们是他们的后裔。让我们向超道德迈进，质疑我们的诚实中那些不由自主的东西，承认"行动的决定性价值在于行动中非故意的东西"（条32）。

我们残酷的使命（第 228 – 231 条）

如果现代美德就是旨在消除受苦的同情，那么现代最大的邪恶就是残酷，强加受苦。尼采明显是一个非道德主义者，因为他提倡残酷。本章论述到此进入关键：我们不道德的美德——诚实——最终就是哲学，是一种精神化的残酷（条229）。哲学必须面对这个事实，它是基本精神意志［224］——大多数人的天性——的对立面；但哲学本身扎根于精神的天性。精神的天性就是残酷的本性，甚至是疯狂的本性（条230）。因此，哲学对人类天性的恢复是自然的礼物（条231）。

第 228 条 毫不奇怪，本条一开头，尼采请求原谅：他这个不道德主义者证明了他的诚实是他的邪恶，他敢于对道德中的厌倦进行有趣的阐释。尼采发现"迄今为止所有的道德哲学已经变得厌倦，成了安眠药"。他自己的使命"醒过来"，已经发现，"极为重要的是很少有人思考道德"① ——而很多人都在不假思索地采取道

---

① 考虑到第 227 条和 228 条之间的其他衔接关系，"Es liegt viel daran"和"Es liegt sehr viel daran"（在下一句话）很好地呼应了扎拉图斯特拉的格言，"Was liegt daran?"这条格言在 227 条即将结尾处重复了两遍。道德中的邪恶导致了对道德中究竟什么才重要的全新理解。

德行动。"因此完全重要的是道德某天不会变得有趣"。忽略了自己长达十年的努力，尼采继续说，"不要担心！道德现在还站在它过去一直站在的地方：我看不见欧洲有任何人对此有认识（或承认这点），对道德的反思可能变得危险、着迷、诱人，带来灾难"。

本条令人感兴趣的道德鸦片是英国的功利主义。① 之所以单单挑出同时期的这个道德哲学，原因在第 8 章指明：征服欧洲的现代道德观念是英国的观念，对它们宣战一直就是德国哲学的使命。更宽泛的原因看来是在它们变成有趣之中的某种不可避免性：虚无主义的轨迹注定了"基督教的"道德在上帝死后难以延续。本条为道德主义者下了一个非道德的定义：

> 道德主义者难道不是……一个思想家吗？他将道德弄成可疑，值得打个问号。道德说教难道不是——不道德是吗？

最后这个问题带有明确的含混性，期待得到肯定的答复，无论是道德意义上还是非道德意义上的道德说教。本条邪恶的口吻，包括用英语恰到好处的猛刺——这点在一个英语并不流利的作家身上的确令人惊奇②——使得尼采一方面保持着不道德，一方面又像他的道德主义者学究在发言（条 221）。[225]

第 229 条 尼采认为，残酷是人类这种动物真正的天性，如果我们人类要推进，就需要更残酷。但我们的时代，像"任何末代"，沾沾自喜于驯化了人类中"野蛮残酷的动物"。在一个同情的时代，提

---

① 这一条在《道德的谱系》第一篇中得到极大丰富。尼采关于功利主义者的小小玩笑有助于使他们更有趣："你们这些功利主义者啊，你们也太热爱一切有用的东西了，作为你们倾向的载体——你们难道真的发现了它不能承受的车轮上的刺耳抗议声吗？"（条 174）

② 例如，尼采采用英语词汇 cant 的双关，让人联想到康德（Kant）。

倡残酷，就冒犯了"几个世纪"对人类动物性这个真理保持沉默的
"共谋"。尼采意识到，他拒绝遵守大家的沉默，并以打破沉默为荣，
甘冒风险。他让"这个真理溜出嘴边"，让它以蔑视反抗的姿态溜走，
他说："让其他人再次抓住它吧，喂它如此多'虔诚思维的牛奶'，这
思维就在古老的角落安静地蛰伏，处于遗忘状态"。尼采放任逃逸的
真理就是他宣传的"我的原则"："几乎我们所谓的任何'高雅'文
化都建立在残酷的精神化和深化。"假如这是真的，旨在消除受苦的
这种美德学说就威胁着人类成就的真正源泉。①

　　要理解残酷的文化价值，就有必要放弃相反价值的旧脑筋，换个
新思维。新思维只承认动机、激情和它们的精神化。旧脑筋视残酷为
他人的受苦。新思维揭开了在自己受苦、自我舍弃、自我摧毁，尤其
是在"帕斯卡尔（1623 - 1662）式的思想献祭"中有一丝享乐。"最
终"，将宗教残酷（为了心——同情和安慰的源泉，牺牲精神——知识的唯
一源泉）的成就留在身后，继续前进，尼采转向了哲学残酷的成就，
那些"认识者"或"求知者"②的成就："最终，可以考虑一下，即
便是求知者，他强迫自己的精神违背其精神的嗜好，甚至违背他内心
的愿望，也就是说，他的精神在想肯定、热爱和崇拜的地方却说不，
此时，他作为残酷的艺术家和变形者就已经占据了上风"。残酷最高
的艺术就是知识；它残酷地追求真理，即便精神最想爱的是不真实。
本书最一贯的主题——真理意志的价值——再次成了焦点。本条最后
一句话总结道：

---

　　①　参见《道德的谱系》（第二章第 6 条）："在《善恶的彼岸》第 229 条（乃至更
早时期《朝霞》中第 18，77，113 条）中，我就小心翼翼地指出，贯穿整个高雅文化
史（在某种重要意义上甚至构成了高雅文化史）的残酷，在不断地精神化和'神圣
化'"。

　　②　参见克拉克与斯文森编，《道德的谱系》，第一章第 1 条的尾注，页 119 - 120。

事实上，任何深入彻底的索取都是一种冒犯（一种强奸行为），一种因为不断需要表象的精神意志而施加痛苦的愿望——在每一次求知的愿望中，总有残酷的踪迹。

[226] 精神冒犯了精神：哲学就是残酷，违背了自己根本的愿望。① 宣称知识的残酷，对于正确理解美德非常重要，尼采认为有必要多说几句："允许我解释一下"，他在下一条的开头就说。下一条是高潮，是本章全部论证一直推进的高潮。这个解释进一步阐明了尼采放之逃逸的那个真理，反抗那长达几个世纪保守的秘密，关于残酷的真理：知识，对于我们肯定的本能和爱的本能来说都是残酷，它剥夺了人们认为没有就不能活下去的东西。

长达几个世纪沉默的共谋包括柏拉图主义为了哲学的防御策略，对基本精神意志的退让允许它有自己安慰的玩具。本章的重点就在于尼采反对柏拉图的哲学策略，他放任柏拉图主义保守的残酷真理逃逸。一旦任其逃逸之后，他人还能将其作为秘密放回到过去的角落，喂养它"虔诚思维的牛奶"吗？不在诚实的夜空下，不在道德时代的末期，这道德时期还希望实验气质的未来哲人的出现。尼采放任逃逸的是难以忘怀的残酷。

第230条　尼采澄清基本精神意志的目的，是为了解释认识者及其残酷。它提供了对扎根于本体论认识万物之道的解释，最终是对残酷哲人的美德进行辩护：哲学是最高的自然，它肯定了全部自然，包括认识到基本精神的意志具有自然的反自然性。

尼采的澄清经历了三个主要阶段：首先，精神的基本意志是由某种知识驱使的统治欲望。其次，无知的意志仅仅是表面相反的欲望，

---

① 这一思路跟在第55和56条中发现的类似，在那里"宗教残酷"包括了认识者的残酷；但尼采在此甚至没有暗示在那里强调的东西：肯定、热爱和崇拜的激情可以被这些精神重新得到，但只见于残酷的精神瞥见世界作为本原的东西。

实际上是对精神的基本意志的微妙修正。第三，认识者的意志真正地反对精神的基本意志。已经抵达了不可调和的对立面，尼采表明——在"我们的美德"中——为什么认识者为了其精神的倾向必须拒绝美德之名的化妆品；本书中最值得记取、最重要的一些句子能够解释落在认识者身上的使命。但是坚定、理智的精神的基本意志可能仍然合理地质疑认识者"疯狂的使命"。本条就以此问题结束，但没有给出答案。［227］答案在下一条对自然的呼吁中揭晓。对残酷的捍卫，也就是对哲学的捍卫，最终落在对自然的呼吁上。

"人们称之为'精神'的这种威严的东西"——精神（mind）、灵魂（spirit）、带着鬼魂（ghost）的回声——尼采称之为本质上是某种权力意志，尽管权力意志一语没有用在这里。精神"愿意成为身内和身外的主人，愿意感觉自己是主人"。精神的命令与精神的认识方式密不可分："从繁复到简朴的意志，一种约束、驯化、渴望统治、真正统治的意志"。① 精神的基本意志为"一切活着、生长、繁衍之物"所分享。在类别上与其他生命一致，精神的基本意志根本上说，不是自我保护的欲望，而是自我促进和扩张的欲望，是演化成统治工具的精神。将他者精神化为己有的力量表现于"一种强大的倾向中，化新如旧，化繁为简，忽视，甚至撇开完全矛盾的东西"，总之，是伪造整个经验世界，以利于统治。精神"意图"的基本活动是"整合新'经验'，收编新事物，——即生长，或更确切地说是，生长的感觉，力量不断生长的感觉"。精神的基本意志因此借助一种有利于统治的方式歪曲事实来整合；在其他地方（条268，《快乐的科学》条354），尼采将歪曲事实的自然史描述为自然选择的过程，如今，"生理学和动物史"使我们能够开始理解自然选择过程。尼采的进化心理学和进化生物学看来对于这些学科有启迪作用，正如他的能量模型对

---

① 参论述自由精神那一章开头对"简化和歪曲"的反思（条24）；另外参见第34条。

物理学有启迪作用一样。

尼采接着考察了"表面相反的精神欲望"。这种欲望其实服务于同样的统治意志，只不过是以自欺欺人的方式来服务。尼采数十年来对人类的简化倾向和歪曲倾向进行调查研究，现在，他把研究成果浓缩进二十行的文字，并对其分类。精神的基本意志不能消化的东西，它就撇开或否认；精神的基本意志不能通过整合来主宰的东西，它就通过无知意志的拒绝来主宰。关于精神歪曲性统治，尼采增加了两个重要的小类。这两小类是更加高明的谎言形式、更具有自我意识的谎言形式。一种形式是"精神偶尔自我蒙蔽的意志"；精神的基本意志在此得到肯定的描写，在其灵性的、文化创造的游戏中，游戏的边界是任意的、自我强加的，目的是获得"威严的东西"，即有灵性的精神，对世界的主宰，[228] 没有它这世界就要被推翻。精神歪曲性统治的第二种形式更高明，是积极欺骗他人，"精神无论如何毫无疑问都是时刻准备蒙蔽他人并在他们面前歪曲精神"。欺骗的范畴相当丰富，既包括化妆品式的个人美化行为，又包括"我研究最久的问题，即作为人类'推进者'心理"的虔诚谎言问题，这个"'推进'了人类的哲人和教士的传家宝"。尼采称呼这一种精神活动为"创造的、赋予形式的、可变的力量之连续冲动和激荡"。作为哲人和教士欺骗艺术的研究者，尼采声称，"精神陶醉于……此中的安全感——恰是通过其变化多端的艺术，精神才得以最好的防护和隐藏"！

为了阐明精神的基本意志，尼采强调了风俗、信仰和习惯的自然性，这些风俗、习惯、信仰是为了统治世界而歪曲了世界。对于人类精神来说，反自然是自然的；它自然就反对那些可见的但不容易消化的自然的真理，如人类的动物性，这个真理是尼采故意任其逃逸宣扬出来的真理（条229）。人类精神的基本意志强有力地倾向于美化和谎言，迄今为止的哲学默许甚至鼓励这个自然倾向。

精神的基本意志的澄清以一个感叹号加一个破折号结束后，尼采转而解释为什么要澄清、解释认识者精神的对立倾向。"认识者的崇高倾向是反对基本意志追求表象、简化、伪饰、遮蔽、表层的倾向"。
这个对立的倾向"希望对待事物且的确是深刻、广泛、彻底地对待事
物"。"每个勇敢的思想家",在审视一切的时候也审视自己,都将承
认其心智良知的残酷,他将对自己说,"在我的精神倾向中存在着某
种残酷的东西"。但与此同时,他将执著于这残酷的倾向,无论有德
之人对他如何劝告。本章的论证——反对旨在消除受苦因此将残酷视
为终极之恶的现代美德——至此达到了最高点,认识者的残酷,这个
真理意志似乎是反人类的。

尼采对于认识者残酷的"理性良知与趣味"进行了辩护。他的辩
护在三个层面展开:认识者应该戴上面具掩饰他自己的倾向吗?不,
哲学当下的使命严禁这样做。但是,哲人必须经受考验,洗刷"人
人"对他的一个指控。

尼采虚构出了一种更加温和的指控方式,指控"我们这些自由
的、非常自由的精神":"如果人们指控我们的不是残酷,而是 [229]
……某种如泛滥的诚实、无节制的诚实,也许听上去就好多了"。要
是我们受到指责的是我们的美德,听上去就要好得多。这一句话中
nachsagte 的使用暗示了两个动词的加入:nachraunte、nachruhmte——
轻言细语、赞扬——nachruhmte 自然就引向了 Nachruhm——荣誉:
"它或许是我们不朽的荣誉",难道将用无节制的诚实而非残酷来形
容?尼采残酷之名声最终是否将被过度美德的名声取代?"同时——
因为到那时还有充足的时间",尼采回到现在,现在他注定要被人指
责为残酷。"目前为止,我们全部的工作就是使我们对该道德的趣味
感到恶心";研究道德自然史的尼采发现,自己不能忍受否定我们动
物性的那些标签。尼采拒绝了用于描述打动哲人的美德词汇,从
Redlichkeit 开始,他已经用这个词来命名我们的美德,并转到本书前
面使用过的类似词汇,"热爱真理、热爱智慧、为知识献身、追求真
理的英雄主义"。他拒绝当然看上去像失控的 Redlichkeit。对其倾向的
忠诚但不能忍受用道德的词汇来命名之的美德,尼采选用了残酷作为

标志性术语，但同时心里想的是将来或许会选择一个更温和的术语来用在他身上。这是尼采精神内心倾向的一份公报：它难道不也是一种道德姿态，勇敢到虚张声势的地步？没有学者用尼采雅致的姿态出现，宣布自己是不用"装模作样"的装模作样的敌人。

尼采自称的那些名字——"我们这些隐士和土拨鼠"——将哲学和人类中的孤独者和挖地打洞害羞的哺乳动物联系在一起——西斯马莉亚地区的隐士发现自己跟周围山上盛产的土拨鼠之间有着亲和性，这些土拨鼠尖利的叫声在山谷中发出 unheimlich 的回声。这些名字暗示了指派给精神的使命，反对精神的基本意志。在精神的基本意志已经统治了上千年之后：孤独的、秘密的发现将被拉到光天化日之下，并挑战哲学的道德谎言史，这种道德谎言使我们相信我们不是我们应该是的动物。几个世纪来共同掩藏的秘密现在任其泄露；个体的诚实作为残酷进入公共视野。隐士的良知拒绝伪装，将伪装的术语"放进无意识的人类虚荣心的古老谎言的化妆品、无用之物和金粉之中"。尼采这个老到的语文学家利用语文学的术语来表达他的关键点："自然人这个可怕的底本必须再次被带出来加以承认"。人性存在一个底本。这个底本很可怕。这个底本此前曾经承认过。擦去粉饰在表面的谄媚与谎言，这个底本可以重现。这些声明在这个长达十行的句子中得到扩展，将本条和本章送达难忘的高潮。[230]

哲人的残酷与其使命密不可分。三个动词生动地说明了该使命如何残酷：重译、变成主人、成为。

重译（Zuruckübersetzen）：作为语文学家的哲人面临一个翻译任务，使人重新回归自然；正如后面两个动词暗示，翻译任务是双重的，一方面要对一张重新书写的羊皮纸进行诠释，另一方面要坚持底本的优先性。

变为主人（Herr werden）：尼采用一个形容词替代他的术语"自然人的底本"，为的是暗示翻译任务的需要：可怕的底本也是"永恒"的。尼采，作为否定任何文本的本原性的解构源泉，却说人性就是永恒的文本。人性是进化史的产物，是化妆品难以抹杀的，无论表面上怎么被服务于精神基本意志的作家和艺术家"刻写和粉饰"，人性一直根深蒂固地保持到现在。对立的意志反对这个基本意志，借助成为这些阐释的主人，将道德歪曲追溯到道德文本之前的文本。

成为（Machen）：今日哲人的使命是继承伟大哲人培根和笛卡儿良好开端的使命："在科学里艰难生长"。人类现在必须被迫站在自己面前，正如现代科学已经迫使它站在自然的其他东西面前一样。科学服务于对立的精神意志，通过对自然去道德化的诠释来规训人类。尼采利用了现代科学的优势，将哲学当前的使命定义为利用科学为人类服务。① 哲学的使命是使人类成为其所是；这是认识者的使命。这个认识者甚至超越了古希腊英勇的认识者，超越了俄狄浦斯，超越了奥德修斯，拒绝步他们后尘。今天认识者的使命就是去凝视关于人类的真理，"用一双不受惊吓的俄狄浦斯的眼睛"，这双眼睛还没有挖出来，尽管它们看见了恐怖的真理。这个使命要求从关于人类的动人故事转身，用"被掩住的奥德修斯耳朵"，不再想去听见塞壬的歌声，

> 这古老的形而上的捕鸟者吹着关于人类的短笛已经太久了，"你更多！你更伟大！你是不同的起源！"

张开眼睛面对人类起源的真理，掩住耳朵不听那些背叛眼睛所见的诠释，这个土拨鼠一样的隐士有教育人类关于人性真理的任务。[231] 重译、变成主人、成为，这"可能是一个奇怪而疯狂的使命，但它是一个使命——谁愿意否认这一点呢"？

像本书其他戏剧性高潮一样，这一次也有回应，代表我们大家，

---

① 参见《快乐的科学》（条109）："我们什么时候才能完成我们对自然的去神圣化？我们什么时候才能开始以纯净、新发现的、救赎的自然来使我们人类自然化？"整个第109条勾勒出自然的去神圣化的哲人的任务。

尼采问道："为什么我们要选择这个疯狂的使命呢？换言之，'为什么要认识？'"这个问题是本书的问题，是第一条中斯芬克斯、俄狄浦斯提的问题：真理意志的价值是什么？为什么不要令人感到安慰的谎言？本章对哲学再次进行审判。人人都对哲学提出了指控，由陷于无边畏惧的、受到安全道德承诺护卫起来的精神的基本意志来指控：为什么不要安宁和健康？为什么要这疯狂和邪恶？①

> 而我们，被迫走此路，这个我们已经数百次地自问的问题，我们过去没有找到更好的答案，我们现在也没有找到更好的答案……

比什么更好的答案？受到指控的哲学没有比刚才给出的那个答案更好的答案：这里存在两类精神的自然倾向。或者是在下一条将提供的答案：哲学是自然给予的不可逃避的礼物。或者是整本书给出的答案：哲学与其发现的东西一致，与万物之道一致，哲学瞥见了肯定万物的新理想，为了万物自然的等级秩序，开始了终极的政治。对残酷的指控是已经数百次提出的指控："为什么要哲学？"

第231条 学习改造了我们，第231条开头如是说，但尼采立即声明，在我们的内心深处，隐藏着某种学习改造不了的东西，"这是不可教导的东西，一块有灵性的花岗岩，一块对预先注定问题做出预

---

① 这是20世纪一个伟大的事件。几个世纪以来（也许是自阿尔法拉比之后）最伟大的柏拉图主义者施特劳斯似乎否认这是一个值得的使命。施特劳斯公开站在柏拉图一边，反对尼采的使命。正如可预料的一样，施特劳斯的立场得到许多支持者；施特劳斯让更广范围重新发现真实的柏拉图传统成为可能，然而伴随而来的却是对尼采的仇恨，而这点恰是施特劳斯并不认同的。施特劳斯主义继续坚持"柏拉图的高贵谎言"（施特劳斯，《自然权利和历史》，页26），似乎欺骗大众仍然是高贵的，这些大众是由一个道德上帝来统治，将他们与民族主义政治的人联系在一起是值得赞扬的，另一方面采取行动，似乎我们整个人类的完全自然的高贵和不高贵不敢以公开面目示人。

先选择和回答的花岗岩"。《善恶的彼岸》的全部内容，连带诸如《道德的谱系》序言中的自传性内容，共同表明，对于尼采而言，这个预先注定的问题就是，"为什么要认识？"为什么要反抗精神的基本意志？为什么是哲学在沉默激荡的世界中重新残酷发现我们的动物性？因为，第231条的回答是，那样的灵性给予了我们，[232]作为我们的精神命运。在声称一个预先注定的精神命运预先注定了对这些基本问题的答案之时，本条回答上一条的问题的方式适合这个道德重估时期（条32），将行动或思想的价值放在非故意的东西之中。本条因此为本章的主要问题——为什么要残酷？为什么要哲学？——提供了预设的终极答案。

本章高潮的论述借用了残酷的名义、真理的名义或真理价值的名义。《善恶的彼岸》对柏拉图主义的持续反击在真理和残酷问题上抵达了关键点。柏拉图和尼采两人都承认真理是致命的，对于精神的基本意志是致命的。简单说来，柏拉图主义是柏拉图对这个残酷事实的回应，是柏拉图公开否认哲学有害于城邦或公民社会的基本需要，是柏拉图公开证明哲学不但尊重而且符合这些需要。换言之，柏拉图主义认为，虚假作为一种哲学的政治比真理更有价值。尼采否认基本意志的需求必须决定社会的需求；他否认真理的价值必须保留为真理追求者的个人价值，否认真理的价值必须避开公众，让公众与这一更高的价值不可调和。

真理对精神的基本意志是致命的，对这个残酷事实，尼采用尼采主义来回应。尼采主义的一大历史信条在此明显体现：重新发现自然人这一可怕的底本是有美德的、理性诚实的科学不可逆转的成果，是公开的成果，不能也不必重新指派到私下的角落。但尼采主义的核心要旨在这点上必须由读者提供，因为尼采自己并没有提供；他并没有明确地将他的论述和两类精神联系在一起，其中一类精神是残酷的精神，激发完成疯狂的使命，推动《善恶的彼岸》的总体论述，即通过适合的诗歌、颂扬永恒回归的诗歌跟社会的基本需要联系起来，真理可能更好相处。施特劳斯对《善恶的彼岸》之方案的深刻洞察，标志之一是，为了询问为什么需要坚持永恒回归，他在这一点上他偏离了这个方案。① 永恒回归的教义——发现万物之道后的狂喜但合理的对万物的肯定——也是尼采政治学的核心要素，尼采政治学就是一种价值政治学，为新的善恶立法。

接下来，本章突然转到一个不同的话题，"女人本身"。② ［233］难道本章结尾处的问题跟前面论述的政治没有关系？男人和女人的问题作为尼采哲学政治不可分割的部分逐渐呈现出来，都是为真理价值和推进人类服务。尼采反现代的哲学政治包含了性别政治。

精神化的公平：保持女人性和男人性
（第 232 – 239 条）

第 231 条是尼采关于女人究竟是什么的思想导论，需要"从外部明白，这些思想仅仅——是我的真理"。这是否暗示，这些思想可以被当成一个不可教导的男性的怪癖而忽视？相反，我的真理是一个思想家的东西。这个思想家的残酷使命就是要重新恢复自然人的底本，并利用此底本发动对抗现代观念之战。与现代观念相反，男人性和女人性有着根深蒂固的差异。这是我们人类动物不可言传、不可改变的古老遗产。将这几条关于男女的讨论放在"我们的美德"这一章的结尾，揭示出男女平等这个现代美德是对人类遗传底本的粉饰。本章强调，我们的追问是种罪行。这几条有关性别的讨论正是此罪行的组成部分，"你们是魔鬼，除此之外，别无所有"。

这几条关于男女的论述在多大程度上延续了第 230 条的主要问

---

① 参《学习柏拉图式的政治哲学》，页 189 – 190。

② 尼采原本计划在《善恶的彼岸》中写标题为"女人本身"的一章。在《人性》中对应的第 7 章标题是"女人和孩子"。

题，即精神的两种对立意志？精神的基本意志是否更多属于女性而其
对立的意志更多属于男性？精神的基本意志看来超越了性别。但对立
意志是否可能属于少数的男性，他们的任务就是寻找女性的真理？若
是，那么，本章最后的主题，性别之战，用性别的自然分裂表现了精
神的两种不同倾向，精神的基本意志去创造和维持艺术性的外表而对
立的意志则穿透真正的深度。那么，尼采关于两性的立场从根源上说
也是本体论的和认识论的；化妆品或女性艺术跟男性智力故意的穿透
表层形成鲜明的对比并不可避免地决斗。然而，尼采对于该问题的反
思一直暗示，性别间的冲突并不排除某种和谐，因为它可能在生产的
统一中达到高潮，正如在男性和女性、扎拉图斯特拉和生命、狄奥尼
索斯和阿莉阿德涅这些诗意的传说中告诉的那样。

许多人已经认为，尼采对于性别的反思，[234] 做了他说的没有
哲人有权力做的事情：表演一次孤立的行动，得出一个结论，这结论
不能来自其哲学的根本根基。但尼采费尽心机地争论，他关于男人和
女人的结论是其基本视角的一部分，他把男女问题当作“根本问题”，
在这个问题上的错误证明了一个思想家几乎是不称职的（条238）。仍
然，即便他关于男女的思想事实上的确属于其思想的自然果实，他为
它们经常选择的修辞——被一个趾高气扬的男人戳着脊梁——真正适
合吗？也许如果这几条放在本章结尾这个语境来看，其内涵和修辞能
更好地得到欣赏。①

面对现代为了同化或隐藏重大差异于平等和同一而发起的袭击，
高贵灵性（道德的终极产物）的使命是维护万物的等级秩序。只有非道
德主义者才承担该使命，知道诚实必然被指责为魔鬼。公然推进残酷
的使命，一个非道德主义者或许会重新发现自然人的底本，包括男人
和女人的差异。看清了这个区别，就产生了保护它的冲动，教导人们

① 一些关于女人和男人的短论散落于第四章：条84，85，86，114，115，127，
131，144，145，147，148。我将主要讨论最打动我的第232－239几条。

接受性别间的张力，可以推进人类，借助最亲密地分享经验到最宽泛形式的公共节日等富有成果的争斗，驱使它前进。为了保留此底本，要完全避免重回到柏拉图主义看来是不可能的，因为人们必须行动，似乎这里没有"真正女人"那样的东西，对待我们人类进化的自然史，似乎已经产生了某种不可改变的东西。另外，保留这一区别就是将其同美德捆在一起，与服务于善的有原则的行动联系在一起，在此，善就是推进人类。最后，保留这一区别产生了神学化的诗歌，阿莉阿德涅和狄奥尼索斯的神话诗歌。精神的基本意志神圣化后进入最有艺术性的人——神圣的女性，相反的精神意志神圣化后进入哲思的神——神圣的男人。神圣的女人和神圣的男人的结合就是两种真正精神的结合，是我们人类不和谐的两类人光芒四射的生产的和谐。

第232条　本条作为讨论男女问题的开头很重要，旨在导入主题，接下来几条将具体论述和完善，直到最后第239条。第239条跟本条一样，讨论了自立、启蒙、羞耻、畏惧、丑化、进步等主题。为了理解从231到239这几条，同样重要的是尼采没有说的［235］：他从来没有提他理解男性和女性的一些关键因素，这些关键因素在写作《善恶的彼岸》《扎》和《快乐的科学》等书前后中有详细讨论。这部分说明《善恶的彼岸》的意图是对现代的激烈反驳。这几条贯穿的主要问题是：民主启蒙激发了女性想要启蒙男性认识女人本质。任何此类的启蒙都存在简化和歪曲等问题，将神秘的女性本质简略为某种清晰的没有微妙差异的东西（现代人的观念）。那样一种假想的启蒙掩盖了性别差异这个最基本的事实，摧毁了性别双方一度建立的关于对方的有用信念，这种他者观念在某种程度上是虚构的，但是将危险的差异进行了理想化的建构。

为什么要从事这样的启蒙？出于获得自立这个现代原因。但现代的自立或自主，尼采说，是群居动物的自主，是现代最主要的幻象："自主的群体动物"不仅是没有牧人的群体动物，而且据说是获得自立的群体动物。这些人依靠他人来自我界定和自我认识。现代女性追求的自立是依靠现代男性的虚幻自立。直到本章结束，既没有暗示，更没有完全展开论述的是尼采的这个观点：在传统的贵族社会或军事社会中，女性对男性物质上、法律上的依赖是事实上内心独立的前奏，这种内心独立表现于更高的艺术。独立的本质在这几条中从来没有提到，但是在《扎》中却是主要的：男人仅仅是工具而已，女人利用男人找到了真正幸福——孩子，她生下孩子，塑造孩子，投入创造性的爱。

为什么要追求自立？尼采认为，最根本的原因是，为了克服恐惧，最终抱着"再也不用害怕"（条201）的希望。但是，对恐惧的现代恐惧消除了冒险和危险感。尼采发现冒险和危险感是男女关系游戏和舞蹈的根本。女性对恐惧的放弃成为可能，正如男性在现代的观念下有可能变得无害。当女性开始从观念中消除她们过去用来对付男性的"谨慎和艺术"，结果就是欧洲的"丑化"和"无聊化"。女性的艺术——"优雅、游戏、驱逐忧虑、减轻负担、轻松对待事物……对于令人愉快的欲望的精致高超的能力"——都是最初与男人有关而培养出的品质：她聪明而狡诈地扮演着取悦她恐惧的男性的角色，并且至少做这一切的时候部分是为了她自己的目的。

现代女性努力启蒙男性究竟意味着什么？尼采暗示，"在我们中间"，在我们男性中间，[236] 也许女性依然是女性，尽管她想当然在启蒙我们：她放弃了谨慎和狡诈简直难以置信。像个怀疑的男人，尼采恐惧地回答：女性的启蒙肯定是一次新的装饰，一次谨慎而狡诈的企图，目的是激发她的恐惧，"也许她希望成为主人"。主—奴辩证关系的暗示，在尼采男女关系的一切讨论中是如此明显，指向双方不可逃避的奴隶形式和双方都可达到的主人形式：在超越了最初的男女关系、更广阔的男人世界中；在为女性创造和塑造的孩子中。如果在更大的世界中，男性的统治扩展到包含了女性和在男女关系中的主人形式，那么，这种包含存在的张力产生了聪明和狡诈，女性需要用这聪明和狡诈主宰她们的主宰者。①

尼采暗示，他对女性启蒙充满了恐惧和怀疑，因为女人不需要真理："对女人来说，真理是什么？"女人的兴趣就在于谎言、外表和美丽。这绝非偶然："我们应该承认，我们男人，我们尊重热爱的恰恰是女人身上的这种狡诈和这种本能"——女人打扮漂亮并乐此不疲，是对我们优雅的回应。因为我们是什么？

> ——我们这些人的使命十分艰巨，而且为了我们的娱乐喜欢与她们结伴，在她们的手中、她们的目光中、她们的脆弱愚行之下，我们严肃的东西、我们重要的东西、我们深沉的东西，几乎也像我们的愚行。

我们这些自我吹嘘的男人，在这世界中带有这样的苦命，发现自己被女性纵容。她们纵容我们，她们纵容我们的自我形象。我们又怎能不喜欢呢？喜欢它如我们做的，我们又如何回答这新的启蒙呢，这显然是在蔑视我们的苦命？——当然想象我们仍然是苦命的，我们具有冒险精神，我们这些危险的爱好者，需要重新创新，假想我们并非已经是现代男性。

---

① 色诺芬在《家政学》中表达了对主人统治的敏锐理解：苏格拉底告诉立志做绅士的年轻人克里托布勒斯（克里同的儿子），他从最好的绅士伊斯霍玛霍斯那里学到的绅士品质；伊斯霍玛霍斯自信有能力教育他年轻的妻子，但结果却委婉地表明了男性的愚蠢。当她答应丈夫的要求，不再继续伪装的时候，伊斯霍玛霍斯已经落入了女人谨慎设下的高明圈套。施特劳斯的评论之所以使我们能够理解色诺芬的诡计，部分原因是通过唤起注意苏格拉底笔下的女性性格。参见施特劳斯，《色诺芬笔下的苏格拉底对话》，尤其是"男性学"和"女性学"两章。关于伪装，参《善恶的彼岸》（条145）："对男人和女人进行全面比较，人们或许会说，女人将没有伪装（修饰、美化）的天赋，如果她没有对第二角色的直觉本能的话"。放弃统治男人的角色之后，伪装就成为继续统治的必不可少的手段。

最后，女人已经承认女人是什么？她们知道自身更多，[237] 比男性可能知道得更多。如果他们谨慎和狡诈，她们不可能像男人一样被狡诈所迷惑；她们知道那样的谨慎和狡诈，他们深谙此道。不承认女人头脑深刻，女人心地公平，女人怎能够公平对待女人，怎能告诉她们自己的真理？只有男人才可能相信这点。因此，在今日，只有为女人提出忠告的人才是女人真正的朋友：对女人保持沉默。谨慎地沉默。狡诈地沉默。以取悦男性、使男性血脉燃烧的方式沉默。

像一个恐惧和怀疑女性启蒙的男人一样讲话，说男人爱女人什么，尼采选择不去启蒙他的读者关于男人之爱的秘密，而他在《扎拉图斯特拉如是说》中却是这样做的，并且在《快乐的科学》（条363）中做得更直接：一旦拥有了激情追求的东西，男人的爱就失去了热情；男人的爱是没有信仰的爱，任其不惜一切赢得的东西失落。这几条中关于女性的谈话，除了对现代男性的攻击之外，保留了它知道关于男性的其他东西。

第236条 最伟大的诗人对女人的信念——"永恒女性引导我们上升"——不是更高贵女性的信仰，因为她们相信男人同样引领她们上升。男性诗人和高贵女性都相信使对方高贵，在某种程度上是虚构的，并且心照不宣。而且，在面对他者的高尚理想的时候，说自己的真理总是丑陋无聊的。这是不名誉的，不尽力做到对方相信你会做的或想你去做的。尽管一个拥有者用某种灵性爱着被拥有者，他仍然想要爱的回报（条194），不是为了他自己的幻影，即便某些理想化的形象，而是为他之所是：拥有的精神化是微妙爱者和微妙被爱对象间游戏得以升华的源泉。①

第237条 呼应着但丁和歌德的信念，直到现在，男人一直把女

---

① 尼采开了一个恰当的小玩笑，关于升华被爱者的欲望："发现被爱之人，作为回报，真的应该用被爱之人使爱者清醒过来：'什么？这个人足够谦虚，甚至爱你？或者足够愚蠢？或者——或者——？'"（《善恶的彼岸》，条102）。

人"像从高空迷路下降到男人怀里的鸟儿一样对待：作为某种更高雅、更脆弱、更野性、更陌生、更甜美、更深情的东西"。担心他们会失去这一误打误撞来到他们身边的财富，他们将她囚禁起来，害怕她重新飞走。将这个高贵的财富囚禁起来，也可能采取了将被爱者同爱者捆绑在一起的精神化形式，爱者知道自己拥有他可能不配拥有的财富。

第 238 条 囚禁从高空中迷失的鸟儿这个想法引出了对拥有的进一步思考。对于思想家尼采来说，[238] 张力是推进人类的前提，他发现在男女的关系中，存在着"最深刻的对抗"。男女关系这个"基本问题"对思想家是个衡量标尺：否认这种"永恒敌对的紧张关系"的必然性，就是"被背叛，被揭露"，被证明"太'短'，不适合思考任何生活中的基本问题"。对不够格的男人开这样的性玩笑，尼采引入了本条主要的思想，一个真正的男人如何思考男人和女人。除了精神和欲望的深度外，真正的男人还具有"慈善的深度"。那样一种善良愿望，但是，可能不会显得人道或仁慈，因为它可能被轻易当成仅仅是"严肃和冷酷"，而严肃和冷酷是必要的，尤其当看似人道的东西不能满足人类的真正利益时。尼采笔下这种冷酷的善良与最重要的历史例子联系在一起。

一个严厉而善良的思想家必须"东方式"地思考女性，那意味着"作为固定的财产，作为预先注定为之服务并在服务中完善自身的东西"。为了支持他的观点，尼采提到了"亚洲惊人的巨大的理性……亚洲在本能上的优越性"，同时提到欧洲在此方面依靠亚洲的例子："希腊人……就是亚洲最优秀的继承人和学生"，希腊人"从荷马时代一直到伯里克利时代"。希腊荷马时期，尼采认为出现了人类最伟大成就的希腊悲剧时代，伴随的是日益强烈的"对女性的严厉"。他在结尾处呼吁：

这是多么必要，多么合乎逻辑，多么合乎人们的愿望：让双方默默反省吧！

尼采公开邀请我们默默反省的究竟是什么？这几条讨论男女关系的大背景暗示出基本思想是这样的：人类的最高成就，希腊悲剧时期的成就，是某些精神对精神的基本意志的抵制才赢得的，是发现了俄狄浦斯精神、奥德修斯精神是英雄精神的那些精神对简朴安逸的残酷拒绝后赢得的。希腊男性，受到荷马对英雄竞争的训练，将竞争和超越当成生活的意义。他们受到驱使，献身于那些所谓的伟大事业，那些不属于这个世界的需要征服的东西，他们离开了舒适和愉悦。尼采似乎在暗示，希腊男性的竞争开始于在家中与最温顺的女人的竞争，开始于男性对女性和迄今为止女性所代表的精神的基本意志的女性之物的估量。因为对一个参与竞争的男性而言，女性就是重造物，一次游戏的机会，是某种更微妙、狂野的东西，某种游离了某高度且必须禁锢起来以防丢失的东西。尼采建议要反思男人和女人的关系，是他培养真正男人要上的一课。在这里，真正的男人被认为比以前更有灵性。"拥有"对于真正男人的精神究竟意味着什么？［239］不是完全囚禁最少灵性的男人的特征。在男女之间永恒敌对的矛盾冲突中，它必须意味着拥有，这拥有是自愿赋予男性的，他需要像一个真正的男人那样被爱，一个比荷马的英雄更有灵性的男人，一个抬头看见女性像鸟儿一样从空中迷途掉进怀里的男人。

源于亚细亚的希腊遗产引导写出了《扎拉图斯特拉如是说》的尼采思考男女问题的严肃视野是多么必要、多么合乎逻辑、多么合乎人们的愿望。但在尼采的写作中，最明显的源于亚细亚的希腊遗产是后伯里克利时代的雅典人（主要是柏拉图）使之成为可能的东西，他们引进了一切亚细亚错误中最危险的错误：可以追溯到波斯寓言家扎拉图斯特拉、但被基督徒当成亚洲最可出口的东西——道德一神论。谈到柏拉图之前从亚细亚继承的是完全不同的等级秩序之时，本条期望，在这几条关于男人和女人的讨论结束之后，即在本章结束之后，神秘地回到早期亚细亚的遗产：宙斯化身为白色公牛，引诱欧罗巴自己离开亚细亚，勾引走了腓尼基公主。尼采最后在男女的问题上对欧洲发出呼吁时，其实他是在呼吁亚细亚的欧罗巴。

第 239 条　第 239 条是本章最后一条，看来是尼采思考希腊对女性的严厉是多么必要、多么合乎逻辑、多么合乎人们的愿望的一部分。本条开篇就是对现代女性解放观念的批判，结尾的时候以希腊人和他们亚细亚的遗产为标准来衡量女性的现代观念。本条重复了第 232 条中提出的大部分主题，为男女问题的讨论画上了圆满的句号。本条开头的几个词是"处于弱势的性别"，但在本条临近结尾的时候，尼采重新修正了这个术语，他说"正如人们所言，'处于弱势的性别一方'"，另外，他还谈到女人凭借"她们意志力""压倒凌驾"男人之上。①　同样，这一条开头谈到给予女性不同寻常的注意，而结尾谈到希腊时代给女性完全不同的尊重，这种尊重不是建立在现代平等理念上的尊重而是对女性本性的尊重。这两种不同态度的区别集中在畏惧这种情感上：女性有理由失去对现代男性的畏惧；而希腊男性有理由畏惧女性。

尼采说，不难理解，为什么现代女人已经失去了她们对现代男人的畏惧；难以理解的是，为什么女性允许她们自己堕落。尼采认为，现代工业社会中自立的渴望是一种堕落。比起女性在"军事和贵族精神"统治的社会所处的依赖地位来说，这是女性的堕落。[240] 尼采描述了现代女性追求的自立是"一个店员的经济自立和法律自立"，这种自立与现代大众社会中男性的自立一样虚幻。当女性进入劳动力，以现代劳动的方式追求尊严，当她们渴望成为主人时，她们的影响力就下降了；现代的进步实质上是退步。这种以为是进步的退步，是"完全男子气的愚蠢"。尼采发现很难理解，为什么女性，本性说

---

①　尼采说女人"在性别之间的永恒战争中一直处于领先位置"（《瞧，这个人》卷五）。

来更谨慎的人，为什么会如此愚蠢。他列举了愚蠢的六项不同表现，每项表现都假设女性在性的对抗中占据上风，并且消除对抗是违背女性利益的。这一视角的基本差异在最后一项中最直白地呈现，即现代人在前现代和现代状况下的妇女身上寻找"一切奴隶或农奴一样的东西"，"似乎奴役是一个反证，而不是任何高贵文化的条件，任何文化进步的条件"。这种奴役观是"我们的美德"中的基本前提，在"何为高贵"那一章中将具体阐明。这不是为恢复古老的奴隶制度鼓与呼，而是说明需要承认自然人的底本：即便是求知者的最高贵的渴望，对于自由精神的渴望，也是一种奴役的形式，服从于不可置疑的深沉东西。

那些将她们的过去谴责为是奴役状态的现代妇女，她们自己却被现代自主性观念和理想所奴役，完全无视自身过去的高贵。这是怎么发生的呢？现代教育当然"瓦解了女性本能"，但现代教育不是唯一的理由，因为不能解释为什么女性会同意现代教育中对人日渐匮乏的理解。以民主启蒙的方式"栽培"女性是"历史尽力教诲"的典范：栽培削弱了意志力。正是意志力才使女性更坚强："世界上最强有力和最有影响力的妇女（最近的例子就是拿破仑的母亲）将她们对男人的权力和对男人的优势归功于她们的意志力"。对历史的这一声明引出了对自然的这一声明，换言之，女人的本性迫使男性尊重女性。激发对女性的尊重、"经常让人足够畏惧的，是女人的本性，这是比男性的本性更加'自然'的本性"——男性比女性遭受更多的栽培或者说去自然化。恢复自然人可怕的底本，就得从一个尊重的、畏惧的男性角度理解女性的本质：

> 她像真正的食肉动物一样，狡猾，灵活，机智，她藏在手套中的虎爪，她利己主义的天真，她的桀骜不驯，她内心的狂野，她的欲望与美德的不可理喻、范围和摇摆。

男人站在女人前面，正如被教化或打压了的人站在神秘的未被驯化的人前面；[241] 在对女人的畏惧中，男人畏惧他不能捉摸控制的东西。

除了畏惧，男性另一种丰富的情感被女人的本性激发出来。这就是同情，或者说，怜悯。根据经典分析，畏惧和怜悯都是经历悲剧的基本情感。怜悯是由表象激发起的："她显得更受伤，更加脆弱，更加需要爱，比起任何动物来她都更遭失望诅咒"。真正难以控制的本性——畏惧——加上脆弱易受伤的表象引起的怜悯：

> 恐惧和怜悯，迄今为止，带着这样的感情，男人站在女人面前，总是一只脚在悲剧中，但悲剧因为悲剧的迷人和吸引而破碎。

在此，隐含着女性主宰男性的秘密。意识到她在男性心中诱发的畏惧和怜悯，女人利用她更高的意志力和聪明主宰了她那爱炫耀的主人。意识到男人的位置，意识到男人如何看待她，这两者结合在一起，女人左右了她自己表面看来摇摆不定难以教化的本性。更多是统治而不是被统治，迄今为止女性一直都知道如何让男人感到他"一只脚总是已经在悲剧之中"。感到他自己在边缘，畏惧而迷人的边缘，男人比看起来更脆弱的女人还要脆弱。

一只脚在悲剧中，这不是哀叹的根源，因为真正的男人喜欢危险和游戏。危险的张力，允诺了甜蜜的胜利，对他身上的最佳品质提出了挑战。① 女性最佳品质和男性最佳品质的互惠互补，两性的游戏不仅仅利于人类的延续，也是人类的精神动力正确引向最高境界的努力

---

① 在《偶像的黄昏》的结尾，尼采反驳了亚里士多德把悲剧中的同情和畏惧经验作为宣泄的解释：不是需要清洗剂，那样的情感是刺激物（《偶像的黄昏》"古代人"，条5）。关于悲剧，另外参见《善恶的彼岸》（条29，30，150）。

的绝妙意象：假使真理就是一个女人，然后呢？毫不奇怪，当众神在《善恶的彼岸》结尾处归来的时候，一对男女神也归来。①

　　怎么回事？现在一切都结束了吗？女人的魔力现在就在解体了吗？女人使人厌倦的面貌渐渐袒露了吗？

　　发出这样的哀叹，尼采为了我们的美德对女性发出了最后的呼吁："啊，欧罗巴！欧罗巴！"欧罗巴是下一章中的欧洲，为了欧洲的未来而对"好欧洲人"谈话，让人回想起欧洲的过去和从亚细亚继承的遗产。[242]但是，欧罗巴也是亚洲的公主，腓尼基人的女儿，她被希腊的宙斯这一个欧洲神勾引，这就是欧洲的起源。一个希腊的男性之神化身为白色的公牛引诱了欧罗巴，将她带到克里特岛，在那里她生下了拉达曼堤斯、弥诺斯、萨耳珀冬，生育了荷马和荷马时代的希腊人，从那以后，真正的欧洲就开始了。②

　　"我们认识那头一直深深吸引你的头上长角的野兽，他的危险总是一再威胁着你"。如果在我们时代欧罗巴古老的寓言"可能再次成为'历史'"，那它也不会类似于从荷马到伯里克利时代光辉的希腊史。如果"一种巨大的愚蠢再一次成为你的主人并把你带走"，寓言将随着"最后的人"的无聊未来成为历史。再没有神藏在那头上长角的动物中了，除了"一个观念，一个现代观念"！最高级的理想群体

---

①　男人和女人的主题是接下来的一部书（《快乐的科学》）第五卷中最重要的主题。在准备谈论"男女对爱情的偏见"（条363）之前，他先讨论了艺术性（条361）和男性气质（条362）。第363条是第五卷中的中心条，其焦点是两种爱。参见，Lampert，《尼采与现时代》（368–387）。[译注]中译本，北京：华夏出版社，2009年1月版。

②　参见Robert Calssso在 *The Marriage of Cadmus*（《卡德摩斯的婚礼》）中对故事的重写。通过欧洲起源于宙斯勾引欧罗巴的种种传说，卡拉索一再追问，"这一切是怎么开始的"？

动物——绵羊——用新的平等的信仰引诱了女人。尼采提供给欧罗巴不同的头上长角的动物，藏着一个神的动物——山羊。山羊是悲剧之神狄奥尼索斯的象征，山羊被肢解是所有悲剧的主题，是赞颂人之必朽的诗意生存观的主题，强调了在一个漠然惊奇的宇宙中的伟大和神秘。当狄奥尼索斯在《善恶的彼岸》结尾回来的时候（正如在《扎拉图斯特拉如是说》结尾一样），① 阿莉阿德涅跟他一起回来。神的回归使男人性和女人性都得到神圣化；他们的结合将性别的差异纳入肥沃多产的和谐之中。[243]

---

① 尼采写作时就预见到全书的结尾。在《扎》第 3 部结尾"伟大的渴望"中，狄奥尼索斯和阿莉阿德涅（尽管没有点明他们名字）的回归已经非常明显。接下来就是他们的舞蹈（"另一曲舞蹈之歌"）和他们的婚姻（"七重封印"）。对狄奥尼索斯主题的阐释，参见，Lampert, *Nietzsche's Teaching*（《尼采的教诲》），页 223 – 244。

第八章　民族与祖国

　　"民族与祖国"的主题是直面过去的西方文明未来在知性和智性上的统一。① 本章总共 17 条，论述自成一体，提倡泛欧洲主义，有意识地推进希腊—罗马传统及犹太—基督教的传统，熔铸欧亚的遗产。尼采在上一章结尾急呼："啊！欧罗巴！欧罗巴！"——似乎欧洲仍然是腓尼基公主，被化身为白色公牛的宙斯拐走。本章中，尼采说的欧罗巴是业已被前面几章内容教育过的听众。当政治转向本土，正如目前所为，［244］预设了业已论证的关于哲学政治的观点。未来的哲人，作为哲学首要使命之本体论和认知论的实验者，为了将欧洲从自主的群体动物的道德（破产的柏拉图哲学政治的遗产）中引开，也必须将目标定位于精神统治。科学家和学者是新哲学必不可少的工具，借助他们创造新的价值，实现新哲学的统治。新的价值将继承欧洲的美德传统，即精神自由探索的美德；这种残酷的美德使其成为当前欧洲主流价值观的非道德敌人，在这样一个过渡时期，哲学为其提供了安全保障和大力支持。

　　由于尼采已经突出强调了哲学主宰科学的政治观点，尼采可以专

---

　　① "国家之管窥"是《人性》共九章中的第八章。对"国家之管窥"的管窥彻底显示了尼采作为思想家的野心如何膨胀，因为那里缺乏《善恶的彼岸》中这一章所具有的东西，在此尼采依靠其新发现的理由清楚地意识到将做什么。最有趣的是第475 条：它提倡反对民族主义的好欧洲主义，将德意志人视为好欧洲主义的最佳代言人；它还提到欧洲民族主义对犹太人的危害以及好欧洲主义相应的承诺；它称赞犹太人面对中世纪基督教努力磨灭过去记忆之时，传承了"古希腊和罗马的文明"。

章讨论欧洲的哲学政治，而不再提及这个核心问题。但是，正如他在写给妹妹的信中解释为什么巴拉圭对于他这样一个漫游者来说不可想象，"我认为，欧洲才是必要的，因为它是地球上科学的中心"。① 科学的进步以及科学推动的世界观的进步居于尼采的欧洲主义（扎根于哲学、被不朽诗篇赞颂的快乐科学）的核心。"民族与祖国"只处理了哲学政治更传统的一些方面，很少讲哲学对科学的领导权和哲学首要的本体论和认识论问题。本章也没宽泛论述泛欧洲的政治使命；早在1879年，尼采阐明了这个政治使命，当时他说，

> 伟大的使命将落在好欧洲人的手中，因为他们指引监督着全球文化的方向，虽然时机还很遥远（《漫游者》条87）。

《善恶的彼岸》将仍然遥远的事态拉近，将这全球文化的使命放在新的本体论和新的最高价值中。因此，尼采的使命就是呼吁欧洲回到其应当承担的使命。

在本章的17条中，根据内容推进的不同层面，自然分成几个部分。[245] 开头几条和结尾几条都是论述本土，瓦格纳的音乐和德意志。开头四条（条240–243）的本土视野在渐渐全球化：前三条分别谈德意志音乐、德意志政治和欧洲政治，最后一条只有四行，表达了

---

① 致伊丽莎白（1886年11月3日）。在1875年尼采的一则笔记中，"欧洲究竟是什么？——衍生于色雷斯人的希腊文化、腓尼基因子、希腊精神、罗马亲希腊精神、他们的基督世界帝国、作为古代各种因子承担者的基督教世界，从这些因子中科学的种子最终萌芽，在亲希腊精神中生长出哲人王国：只要科学到那里，今日欧洲就到了那里。罗马帝国消亡了；基督世界烟消云散了。我们并不比伊壁鸠鲁走得远：但他的统治在无限扩展——以繁多的粗糙和无理由的方式希腊化"（《全集》8–33 [9]）。另外参见《人性》，条265。关于尼采的好欧洲主义，参见 Krell & Bates 的 *The Good European*（《这个好欧洲人》），精致的图片，配以精致的文字，拍摄尼采的"工作场所"，提供了一次美妙的视听盛宴。

对未来指引人类方向的愿望。接下来又用了四条（条244－247）谈德意志，两条谈音乐，两条谈文学，音乐与文学最宽泛的功能就在于塑造灵魂。谈完文学之后，尼采花了两条（条248－249），一条讨论天才，另一条只有三行，讨论可知性的局限。本章的后半部分转向其他民族，两条谈犹太人（条250－251），三条谈英国人和法国人（条252－254），都是从德意志人的视角出发。本章结尾再用了两条谈德意志人（条255－256），结尾处引用诗文表现"这还是德意志吗？"这个主题。

从本土到全球，从瓦格纳到赫拉克勒斯
（第240－243条）

第240条　本章标题是"民族与祖国"，本条作为开头就显得有点古怪，因为本条反思的是"每次都如初次"听到瓦格纳《著名歌唱家》中序曲的感受。① 但本条毕竟证明是合理的，因为它逐渐深入到反思瓦格纳音乐中德意志性问题，因此开启了本章中的德意志主题。②

第241条　本条点出了以第240条开头的理由：倾听瓦格纳，即便在身为"好欧洲人"的德意志人身上，也会有暂时的"衷心感受到

---

① 在17年前写给Rohde的一封信（1868年10月27日）中，尼采提到过《著名歌唱家》中的序曲："我难以抑制心情，客观评价这段音乐：我身上每处毛孔、每条神经都在颤抖；当我听见《著名歌唱家》的序曲时体验到的那种持久的狂喜，这种狂喜我很久都没有体验到了"。尼采参加了1866年1月在德累斯顿举行的歌剧《著名歌唱家》的首演吗？（1885年10月致Schuch）第240条结尾提到"我对德意志人的认识：他们属于前天和后天——他们尚未拥有今天"。但是，正如施特劳斯指出，这说法是海因里希·海涅从巴黎发回给德意志人的报道，说法国人是如何看待德意志人的（第三封信结尾）施特劳斯，《学习柏拉图式的政治哲学》，页190。

② 除了关于德意志人、犹太人、英国人和法国人之外，本章还有几条提及俄国人（条251）、意大利人（条247、251）和波兰人（条251）。另外参《偶像的黄昏》中"德意志人缺少什么"一条，其中重点放在教育方面，说德意志人缺少的是教育家。

祖国的豪情"，几个"小时民族的激情和爱国主义澎湃"——在第240条中，尼采如是说。[246] 开头这条因此是作者有胆有识的行为，他冒险将自己置于最突出的位置，敢将他在几个小时才恢复平静的"狂热的民族主义"（条256）体验放在开头。如果说，尼采本人都要几个小时才能克服狂热，其他人假若消化得特别慢——这是尼采嘲笑德意志同胞的典型方式——可能要花上半年、半生、甚至半个世纪。不过，尼采的观点是冷静的：德意志音乐点燃的德意志民族主义激情将在几十年内危及欧洲的统一。但是，最终，尼采做了大胆预测，狂热的民族主义将回归"理性"，回归"好欧洲主义"。

尼采用了几个小时才回归理性之后，他发现自己再次成为一个听者，现在是听两个上了年岁的爱国者关于当代德意志政治的对话。这两个人的耳朵都有点背，彼此高声激烈地反驳对方关于何为"伟大的政治"和何为"政治的伟大"的观点。他们的大声争论提供了第八章一个重要主题的最初见解，为尼采冷静地解释政治中的伟大做了铺垫。一个年老的爱国者拒绝认为俾斯麦伟大的政治成其为伟大，因为"惟有伟大的思想才赋予一项事业或行动伟大"。另一个年老的爱国者挖苦这条准则：如果俾斯麦不伟大，"他不可能这么做！想这么做，难道不是疯了？也许一切伟大的事物都源于疯狂！"[1]"你简直是胡说八道，强词夺理！"前者反驳道，"强大！强大！强大而疯狂！不是伟大！"两个爱国者各自忠实于不同的指令，前者是古老的爱国信条，是尼采将要追溯到路德文章中的德意志的博大精深；后者信守今日成功及不断增长的德意志霸权在欧洲的承诺。尼采冷静地反思他们喧嚣的对话，但仅在报告了自己作为听者处境的身份后：快乐、超然、摆脱瓦格纳音乐的魔咒，免于沉浸关于俾斯麦政治的吵闹争论，尼采通过两个思想衡量这一争论，解释了为什么置身事外的听者是幸福快

---

[1]　对观第227条："那些所有的神祇，迄今为止，难道不都是在神圣的光环中成长起来的重新受洗过的魔鬼？"

乐的：

> 很快，一个更强大的人将成为这些强者的主人；这也是……
> 对一个精神委顿的民族来说是次拯救，换言之，即通过另一个精
> 神深化的民族来重新校准失衡的天平。

这场对话以及尼采的评论为第八章的一个主要问题做好了铺垫，
即哲人对欧洲政治中的强大和伟大进行的反思。尽管他站在前者的立
场反对后者，但尼采展示，即便是那样的爱国者所秉持的理念也具有
局限，同时显示哲人忠诚的东西远远宏大、远远古老于德意志的过
去：整个欧洲的过去被一种声称是正确的新奇阐释带入意识。因为尼
采令人宽慰的两点思想就是：［247］更强的人就是哲人，其思想赋予
了建立于其上的政治的伟大；德意志民族精神的委顿需要由其他欧洲
民族的精神深化来拯救，通过比俾斯麦更强大的哲人思想来拯救。

第 242 条　尼采通过阐释与此根本相联的人类史观引入这个扩
大化的视野。他开头就强调要抛开习惯性用于描绘欧洲差异的那些
自我粉饰的词汇（文明、教化、进步），同样，他还抛开了对欧洲差
异的中性政治命名（“欧洲的民主运动”）。尼采认为，欧洲的民主运
动是一个生理过程，是对欧洲人的需求和欲望的改变。这个生理过
程就如“成长”一样。成长那样的过程，就是不断解放体现差异的
地方特色。欧洲历史将欧洲混杂的差异同化，“超民族”类型的人
类正在慢慢出现，他们的特征是最大限度的适应技巧与适应能力。①

---

①　用当代的术语来讲，尼采的欧洲史是社会生物史：原始人是社会动物，受到事
件的驱使，受到组建社会的后天倾向的指令，社会的形成条件反过来制约最初生成他们
的那些事件——基因与文化相辅相成，共同演进。这一演进的特征是倾向于形成更具包
容性的整体。在目前这个时代，这个倾向成为有意识的倾向，也许能够理性引导。参见
E. O. Wilson 的 *Consilience*（《符合一致》），页 150 - 183。

尼采因此跳过当代的民族主义，看到他在欧洲的历史中看到的更深刻的倾向：同化本土进入更大群体，最终走向最强大习俗的全球化，因此，欧洲的历史轨迹暗示了整个人类最终的成长道路。①

尼采追问，同化的全球走势后果会是什么？他的回答是，全球化的过程或许演变出的结果是"其鼓吹者，那些'现代观念'的信徒们，最不愿意看到那些结果"。也就是说，在同样的条件下，同样的土壤，既能生长出同化的现代工人，也能诞生最危险、最有魅力的稀世之才。尼采认为，同化的大众"在最微妙的意义上，是为奴役做准备的人"，最微妙一词暗示着这些奴隶认为他们自己是自由的，或者甚至是在整个奴役的历史终端第一次真正意义上自由的人，是扎拉图斯特拉第一次讲话中提到的"最后的人"，[248] 但是，他们根本上说来，是领薪水的奴隶，是现代进步观念的奴隶。②那稀世之人又是什么？

——欧洲的民主化同时也不由自主地成为孕育独裁的温床，——独裁这个词可在任何层面理解，（当然）包括最具知性或智性的精神独裁。

---

① 尼采并没有明确将地球村的最终实现同通讯科技联系在一起，也许他看见了这些都是走向承认共性的更基本的冲动的衍生品而已。尼采认为，普世主义肇端于希腊哲学，希腊人按照事物的本性理解事物，所以人性是全体人类都共有的特性。

② 对于尼采奴役观的一个具有洞见的看法在一则日记中发现，其中几部分后来糅合进了《善恶的彼岸》这本书。他问"必须得有奴役""这个激进问题"，尼采的回答是，"事实上，奴役总会存在"，同时举了"普鲁士的公务员、教师、僧人"等为例。（《全集》II. 25［225］）如果这些人都是奴隶，人们肯定要问，尼采所谓的自由又是什么，这个问题的答案将是自由精神，也就是说，一种自由、非常自由的精神。尼采因此复兴了希腊哲人们的观点，"他们走过人生，默默地感受到这世界有远比人们想象到的还多的奴隶——言下之意，除了哲人之外，人人都是奴隶"（《快乐的科学》，条18）。第九章中关于何为高贵的论述与对奴役和自由的区分紧密相连。

认为俾斯麦是伟大的那个年老爱国者是现代激情的奴隶，欢迎一个现代的独裁者。这个独裁者乐于投其所好，讨好这些激情。第一个年老的爱国者说得没错：俾斯麦只是强大，不是伟大；俾斯麦不懂哲学，不能将伟大的行动建立在伟大的思想之上，因此不是"最具知性或智性"意义上的精神独裁者。在《善恶的彼岸》中，智性一词具有规约性，是一个思想家的决定性词汇，其使命是弄清维护事物本身而非仅仅人伦的等级秩序（条219）。首次使用这个词是在第一次对哲学下的定义中，"本身是独裁的动力，最具知性和智性的权力意志"（条9）。表面上，是对哲学的批评（正如在批评禁欲主义者显得像在批评哲学），实际上是在承认人的最高活动：真正的哲人运用最具灵性/智性的权力意志。伟大的力量，本书前面明言，是最具灵性/智性的力量，柏拉图那样的力量，将自己的印记留上千年，如今我们还生活在这样力量的废墟之中。民主也是这类独裁者诞生的温床，尼采提出了两个理由，说明民主孕育哲人的能力：一是允许，二是在实践、艺术和伪装方面的巨大的多样性。民主允许例外存在，并通过多种方式有助于例外之人的生长。

尼采并不是第一个得到这些结论的研究民主的学者，因为这些都是柏拉图在《王制》第八部分中讨论民主的结论。尼采的话更冷静的意旨早就无言地存在于柏拉图那里了：民主，自由和平等兼收并蓄之地，可能成为政治独裁者诞生的土壤，但是，作为一切政制都能看见，一切都被允许的地方，民主也是哲人诞生的温床，[249] 哲人渐渐识到自己对某一特殊的、对哲学友善的政制的隐秘兴趣，这种政制从最好说来不是民主制而是对哲学友善的贵族制统治。① 尼采因此敢于正面使用僭主一词，在最具灵性/智性的意义上，这个独裁者就是哲人王，或者说是哲人—僭主。

---

① 《王制》8.557c–558a.

第 243 条　这种意义上的僭政（对于后现代的欧洲来说，对于现代观念造就的地球人来说，是一种新的哲学政治）在仅有四行的第 243 条淡淡地提到，从而愉快地结束了本章开头几条的反思：

> 我高兴地听到，我们的太阳正朝赫拉克勒斯的星座快速前进：我希望这个地球上的人都像太阳那样。我们走在前列，我们这些好欧洲人！——

尼采希望人类在好欧洲人的带领下，向着现代民主孕育的一个新的灵性/智性的精神独裁者（一个强大！强大！强大且伟大！没有疯狂的例外之人）快速前进！被赋予了这样使命的一个新的赫拉克勒斯几乎不可避免会显得相当疯狂。

德意志的音乐和文学（第 244 – 247 条）

这四条作为一个系列回到了"什么是德意志"这个主题，更加冷静地考察两个年老的爱国者高声叫嚷的位置。这四条最终暗示，创造了更古老的德意志之文学力量和创造了某些德意志人新东西的新文学力量之间存在对立（条 247）。第 244 条将古老德意志人博学深思的名声同新的俾斯麦主义形成对比。后者由于急于抛弃过去，无法在过去大出风头，而是弄得十分尴尬。但这一条结尾暗示古老的声誉应该维系——这暗示用明白无误的出风头、用时髦的炫耀来掩饰其博学深思。这个说明尼采论点的小小玩笑，① 他对于德意志人欺骗的戏谑，

---

① 尼采暗示，现代德意志人的坦荡诚实是一种美德，一种成功的艺术性服饰：德意志人公开场合穿着衣裳，外国人误以为他穿的是睡袍。尼采解释他的小小玩笑："我的意思是说"，我们应该做好保持古老的深沉的衣服，无论如何被它遮蔽，不要拿它同普鲁士人的爱出风头进行廉价交易。一个让人当成是深沉的民族是聪明的民族——这样

［250］暗示了德意志身上某些新的东西，尼采将其看成是哲学思考的典型节奏（条27－28、213）。他在几个月后完成的第五本著作《快乐的科学》（条382）中写出来：迅疾和简洁并不意味着深沉的匮乏，轻佻并不意味着严肃的缺失。尼采用了一条来清理德意志音乐从整个欧洲现象到仅仅德意志现象的长达百年的衰落轨迹（条245），然后在接下来两个更重要的小条中转向德意志的文学。

第246条 本条一开始就说德意志文学中多少写得糟糕的书籍，然后，尼采转向读书或误读的德意志人，他们没有经过写作艺术的熏陶，尤其不解伟大文学表现艺术和目的的节奏。主题，通过这种对本土的严厉批评达到的主题，是伟大作品的力量，真正优秀的书是如何写出来的，真正伟大的作品能创造什么。①尼采说他关于这个问题的思想，起源于他对两个文学大师写作艺术的粗俗无知的混淆。他描述了大师的技艺，但却没有透露大师的名字。一个大师能够使语词"像从潮湿洞穴岩顶犹疑滴落的冰冷水滴——他料想到水滴的单调潮湿的声音及回声"。但为了什么呢？尼采刚刚才问了与正确阅读优秀作品密切相关的目的问题，所以将这个问题搁在一旁没有问出来。第一个大师的目的，像他的身份一样，看来也是秘而不宣；谜底留到下一条

的民族可能甚至就是……深沉的。尼采以其小小的德意志伪装结尾：他说，人们应该使自己的名字光荣，为了使 deutsch 光荣，他为 deutsch 发明了一个错误词根 Tausche（欺骗）。德意志——欺骗。被尼采的词源学蒙骗，无异于将德意志人和他穿的衣裳等同起来。但他穿的服饰说明，这是个欺骗。那么制造这骗局之人究竟欺骗了没有？换言之，他装出来的欺骗是不是欺骗？但他仅仅制造了一场骗局来证明他不是骗子。这是一个值得哲人思考的小小玩笑。

① 关于用他自己的德意志写作来训练风格的职责，参见尼采22岁写给 von Gers-dorff 的信（1867年4月6日）："我最为关心也用力最深的是我的德语风格……我尽力想写好，突然笔就在手中软弱无力……首先，几个开心的灵魂必须在我的风格中不守羁绊，我必须学会，像在键盘上面，不仅仅是弹奏几个早已排练好的小曲，而且还要学会即席创作梦幻曲——尽可能自由，但仍有逻辑和美"。

结尾才揭开。第二个文学大师，同样没有透露他是谁，他为什么要这样写，尼采只是点明，他"操纵语言如一把轻柔灵活的双刃剑，从手臂到脚尖，都兴奋地感到危险带来的战栗，尖锐无比的剑锋，作势欲刺、欲呲、欲斩"。在第一个作家中的丁冬和第二个作家中的丁当，每个人的风格特征都呼之欲出能够耳闻。如果前者预料到了其单调沉闷的丁冬之声，后者也预料到了其丁当的砍伐清脆。

第 247[a] 条　上条意犹未尽，尼采于是在本条中继续论德意志风格，[251] 一个具有"第三只耳朵"的读者对其他把"耳朵放进了抽屉"的读者讲话。[①] 尼采说，总体看来，德意志风格现在跟"声音和耳朵"没有多大关系，同"古人的阅读"相比处于下风，因为"现在读书只用眼睛"。如果我们径直采纳尼采大声阅读的建议，我们将听到关于第247a 条略为古怪的一点：它在本书中与众不同，数字的右上标有个小小的 a，眼睛虽然能看见却并不抢眼。[②] 但是，大声阅读，那看起来容易忽略的细小差别突然就不同凡响了。为什么是 a? 右上标的 a 突然就那么引人注目，宣示了它的奇怪性，强迫我们思考，它在此是什么意思。一个简便的答案可能就是，它提供了一个快乐的小小例子，证明只用眼睛阅读和外用耳朵阅读是不同的。作为一个没有解释的例子，它确证了我们正在阅读的这个作家的特征，他是一个细微差别的爱好者，未加特别注明的原因的爱好者，为愿意慢下来的读者种下缄默愉快的小种子的作者。他那些愿意慢下来的读者逐渐学会了相信，这个作者非常仔细，许多东西只有用耳朵去倾听才能体会。

这个小小的 a，难道完全就只是为了建立读者和作者之间的亲密关系，分享交流那小小的乐趣吗？这一细微的差别是否可能暗示了其他信息，或许更关键的问题？大声阅读的建议引导尼采思考，究竟是

①　论德意志风格和节奏，另外参第 28 条。

②　这个符号在第一版中出现，后来在很多版本中都被抹去了，包括 Colli - Montinari 版在内也省略了。

什么使得古代作家可能让读者拥有更积极的耳朵。狄摩西尼和西塞罗的那几篇"伟大时期"的演说依赖于有教养的听者，伟大的作家知道如何利用读者的期待。① 在反思了古代演说存在开放的可能性之后，尼采回到德意志，注意到德意志人的耳朵毕竟是受训于某类演说术，即布道者的演讲修辞。尼采因此独辟蹊径，抵达他的终点，关于写作的终点，他宣称，德语版圣经，"德语文学经典"，"这是迄今为止最好的德语书籍"。他重点落在路德的《圣经》，这一条借读者之口说出上一条没有明说的第一位德语文学大师：[252] 路德的"文字像从潮湿洞穴岩顶犹疑滴落的冰冷水滴"。② 点出路德的名字引出了点出的意图：路德指望他语词单调的声音与回声"在德意志人心中生长"，通过公共演讲台的修辞，在四分五裂混杂的民族中建构出德意志民族；路德的作品成功地塑造了德意志深沉的传统，对于这个传统，第一个年老的爱国者仍然信守不疑。

如果路德是前一条未被点名的第一位文学艺术大师，那么，拿把灵巧双刃剑的大师又是谁呢？就连他的译者考夫曼，尽管并非总是注意到尼采令人相当不快的自吹自擂，也指出"第二个大师显然就是尼采本人"。如果第一个大师是德意志"最伟大的牧师"，通过其抑扬顿挫的演讲铸造了德意志灵魂，那第二个大师又在暗示什么？张开耳朵大声阅读，借助前几章必不可少的帮助，这几条提供

---

① 《善恶的彼岸》部分章节采取了口语体的演说形式：1885 年夏，尼采在 Sils - Maria Frau 对 Roder Wiederholt 口授了部分章节。在迄今保存下来的那些笔记中，WI16（《全集》II. 37），是她的手迹，夹杂着尼采的一些更正。笔记中包含了第 241，244，256 条的雏形。尼采多封信中说，Roder Wiederholt 已经"在 1848 年大革命的血中施洗"，因此责备他反民主的政治（参见尼采 1885 年 6 月至 7 月间致母亲、von Schirnhofer, Koselitz, and Overbeck 信）。

② 一则 1885 年的笔记倾向于证实，路德就是没有明白说出的大师；此中提到德国文学起源就具有"严肃、高贵、平缓、肃穆"等特征，这些特征可以追溯到那些"德意志牧人（师）的子孙"身上（《全集》II. 34 [102]）。

了这个答案，尼采就是这个当代德国哲人，其艺术性的写作用迄今最好的德文书籍创造出的方式激发创造，但其视野更加宏大，辐射整个欧洲，在民族混杂的欧洲中塑造出一个欧洲民族。①

这些关于阅读和写作的建议跟这一章谈论政治中的伟大有何关系，起什么作用？这把用于写作切割句子的双刃剑是如何进入伟大的政治、伟大思想的政治的核心，这个伟大思想的政治被第一个年老的爱国者错误地以为只存在于过去，而第二个年老的爱国者错误地以为仅仅是语词的重新受洗。这些句子宣称文学艺术为四分五裂的混杂民族创造出了一颗共同的德意志灵魂，但它们进了一步：它们宣布了第二个文学大师提出的更宏大的目标。用这样关于伟大写作的暗示，第八章抵达了政治的最深层次：民族是由大师的演说辞、诗歌和小说创造出来的，这些伟大的作品打上了共同体成员的全部印记，赋予他们独特的性格，他们善恶的标准，用扎拉图斯特拉［253］在"一千又一个目标"中的话说，这又一个目标，即第 1001 个目标，是扎拉图斯特拉自己承担的建构民族的目标。②

这个右上标 a 并不能依靠本身使这一切观点自明，但它至少提示人们警惕，暗示有可听到的东西在场，教育把耳朵放进抽屉的读者，把耳朵拿回来，在这几条文字中，有许多值得注意的东西：没有进入德意志灵魂深处的扑通的回声，而是咝咝的一声，喀嚓的一声，是一

---

① 《漫游者》第 87 条："每个好欧洲人现在必须学会如何写好，甚至如何写得更好……但是，要写得更好同时意味着思考得更深入……使我们更能让那些学习我们语言的外国人更能进入和理解；帮助将一切美好的东西转化成一切自由精神之人的共同财富，能为他们自由运用；最后，为仍然遥远的事物状态做好铺垫，在那遥远的事物状态中，好欧洲人将进入他们伟大的使命：引导地球文化"。

② 《扎》（条 1）。关于哲人作为文化奠基者的角色，参见 Alex McIntyre, *The Sovereignty of Joy: Nietzsche's Vision of Grand Politics*（《快乐的领域：尼采的宏大政治观》）第 74 – 99 页中的精彩论述。

次撕裂，被一种良好的欧洲感觉，从他的手臂到脚尖，体验到他那锋利的剑刃危险的快感。

这两条关于阅读和写作的言外之意在读者耳朵中起了作用，它们开始试探伟大政治的中心问题——民族是以言辞来创造——这一核心问题及时地在中心一条，即下一条中到来。伟大句子的周期是否和伟大段落以及伟大段落的组合有着同步的周期？这些段落组合的结构，在许多事件中，包括了中心问题的艺术性中心？"民族与祖国"的中心一条看来处理的就是中心问题。其主题，用简明扼要、斩钉截铁的方式表达出来，其风格正适合尼采这个拿着双刃剑写作的作家。其主题是两类天才及其如何塑造两类创造性的民族，一个父亲一样的男性天才，一个母亲一样的女性天才，一个播种的天才，一个生养的天才。

居于中心的天才问题（第 248 – 249 条）

尼采把其他场合作为中心讨论的问题①也放在"民族与祖国"的最中间位置，并且他刚刚在前一章的结尾处理过这个中心问题，即男性和女性的自然区别基于体验到不同的生殖动机。作为本章的中心，"民族与祖国"将性别差异运用到民族上，所以有父性民族和母性民族之分。男性被理解为不仅是生殖，而且是"生命新秩序的源泉"；女性被理解为不仅受孕繁衍，而且承担"成形、成熟、完善的秘密使命"。尼采列举了古代的民族和现代的民族来说明这两类不同的民族。[254] 本章中首次出现其他民族成为主要焦点。② 古代受孕、养育、

---

① 参《善恶的彼岸》条 194；《快乐的科学》（条 363）；另参见《扎》第 2 部分"舞蹈之歌"；《扎》第三部分"另一曲舞蹈之歌"。

② 在第 247 条中已经提到过意大利和意大利人。

完善的民族是希腊人；古代播种的民族是犹太人和罗马人。① 这一章没有进一步讨论希腊人和罗马人，但在这中心条后的两条中，尼采说明了犹太人对欧洲究竟代表着什么。受孕完善的现代民族典型是法兰西人；现代播种的典型民族则以反问的形式出现，"十分谦虚地问一下，是德意志人吗？"② 法兰西人和德意志人的关系成为本章后半部分的主要问题，这一关系的核心问题看来就暗藏在本条性别的隐喻之中：法兰西这个逐渐完善的民族，这个抚养、哺育、完善它从其他民族得到的东西——如文艺复兴时期的欧洲文明，如培根、洛克和休谟这些英国人中生长出来的东西（条253）——这个法兰西民族会同样哺育完善在德意志人中正在崛起的东西吗？

紧随中间一条之后是这谜一样短小的一条（条249），似乎看来是将可知性的与不可知性进行对照。自我终极的不可知性并不能驳斥对于不同自我汇集的可知性。这些不同的自我构成了民族，通过言辞定义其美德或共同的伪善来建构民族。在此，在这一条的中心，在如此众多可以知道的东西之中，尼采表面看来重新强调了给予一个人身上终极的不可知性，那根深蒂固的愚昧，为此一个人可能最终只是感恩的愚昧（条231）。③ 可知与不可知的共在看来属于对民族与祖国反思的中心，可知之物根植于人类伟大的差异。"可知的极限／是不可知

---

① 扎拉图斯特拉在"一千又一个目标"中举了四个古代民族为典型，尼采在此只重复了其中三个民族，漏掉的一个民族是波斯人。

② 将德意志人和罗马人并举而不与希腊人等同，或许有助于解释《偶像的黄昏》中的这个观点，尼采受惠于罗马人远多于受惠于希腊人。（"古代人"，条2）尼采在那一章对罗马人和希腊人的评价为对本条的评价提供了重要的参照。如果尼采在这一章开头给罗马人以优先性，这优先性是尼采"对风格的感受"，这是一个重要的问题，但比起尼采从希腊人那里受惠的来说，重要性又要次之，正如在这共有五条的一章的后四条说明的那样："带有狄奥尼索斯之名的奇怪现象"——使"性象征成为最受尊重、最为卓越的符号"的这一现象（"古代人"，条4）。

③ 同样的思想看来表现于第四章第80和81条的格言中。

的极限"，用尼采一样的诗人斯蒂文森的诗句来说。[255] 或者，用史蒂文森充满激情的语言，转换意象，但表达看来同样是尼采的思想和情感："最亮的烛光／能照进黑暗多深远"。①

犹太人（第 250－251 条）

接下来两条，即第 250 和 251 条，谈论古老民族之一的犹太人。这两条开头就问，"欧洲人可能感谢犹太人什么？"——某些读者似乎早就怀疑甚至反对将不属于欧洲的犹太人与现代欧洲真正相关的民族并举（条248）。尼采的答复似乎像是以广而告之的方式进行辩护，他说犹太人做了"许多事，有好事，也有坏事"，然后逐渐落到"首先这件事情上，既是最好的事也是最坏的事"（条195）。最坏的是"道德中的伟大风格，无限要求无穷意义的畏惧与庄严，可疑道德的浪漫与崇高"。② 最好的是这最坏之事的历史后果："那些五彩缤纷、诱向生活的游戏中最诱人、最迷人、最精华的部分，在其余光之中，我们欧洲文化的天空，我们欧洲文化的黄昏天空，正落霞满天——也许渐渐熄灭"。这赞扬出自最后一句话点明的独特视角："我们这些艺术家"——我们这些杂耍艺人，我们这些走钢丝的艺术家，我们这些变戏法的魔术师和小丑——"我们这些艺术家夹在观众和哲人之中，为此原因，要多谢犹太人"。对那些见证伟大历史奇观的特殊看客，最重要的不仅仅是迷恋，他们更需要利用现在欧洲的张力，为遥远伟大的目标而奋斗。欧洲文化天空的落霞已经燃尽，但命运的可能性促使哲人为欧洲新的朝霞奋进，这朝霞某种程度上要感激古代天才的民

---

① 《史蒂文森诗集》，"致一位古老的罗马哲人"和"心中情人最后的独白"。

② 序言中使用了类似的语言将"最坏"作为"永恒的要求"由柏拉图主义刻在欧洲人心中，一切错误之中"最坏的、最持久的、最危险的"，被基督教这样一种流行的柏拉图主义发扬光大。

族，那些希腊人、罗马人和犹太人。

第 251 条　一个德国艺术家在此表达了他对犹太人的感激。在提到德意志人对犹太人的病态看法之前，尼采请求人们原谅他自己羁留在"一个重灾区"期间也没有幸免。这句话似乎在影射瓦格纳及其圈子中人的反犹主义，[256] 代表了作者对自己在 19 世纪 60 年代短暂反犹言论的公开道歉。① 他对德意志人和犹太人的总结是，"我还从来没有遇见过一个对犹太人友好的德意志人"。直到他最后提出建议，为了欧洲的未来，德意志人和犹太人必须联合起来，读者才会突然明白，他攻击的对象包括一个蛊惑人心的政客，毕生志在反犹的伯恩哈特·福斯特——福斯特令尼采感到恐惧的是他娶了姐姐伊丽莎白·尼采，在她的帮助下，雇佣德意志人，在尼采写作《善恶的彼岸》这几个月间于巴拉圭建立了纯粹雅利安人的殖民地。② 这一条，在我看来，只有将这个反犹主义者关于德意志人和犹太人的观点作为尼采话语的沉默背景，才有足够的严肃，因为，惟其如此，其严肃才能被其轻浮所衡量；尼采认为，对种族仇恨的喜剧性嘲讽是德意志加于欧洲的最大危险。当他的嘲讽谴责到他自家成员伯恩哈特和伊丽莎白，尼采说，"听着"。③ 同样，当他显示自己就是那个对犹太人非常友好的德意志人时，他也说，"听着"。④

---

① 参见 Yirmiyahu Yovel, *Dark Riddle*：*Hegel*, *Nietzsche*, *and the Jews*（《黑色之谜：黑格尔，尼采，犹太人》），尤其参见页 120 - 224，其中一条标题就是"瘟疫地的尼采"。

② 关于尼采生活中的这一幕，参 Ben McIntyre 的 *Forgotten Fatherland*：*The Search for Elisabeth Nietzsche*（《被忘却的祖国：寻找伊丽莎白·尼采》）。

③ 1885 年秋，尼采读到 Forster 的书《上拉普拉塔地区的德国殖民地》（1885 年 11 月 23 日致伊丽莎白信、1885 年 12 月 10 日致母亲大人信、1886 年 4 月 11 日致 Forster 信）；后两封信中都简称为"那本绿皮书"。

④ 参《快乐的科学》（条 377），尼采对欧洲发出的警告，德意志人有种族仇视的倾向。

尼采的话，不仅仅是作为德意志人反对反犹主义那些危险的形式，而是反对反犹主义的这一根本观念。德意志人（"多种族的大混杂与大融合"条244）被描述为是一个仍然根基未稳、摇摆不定的民族，比起意大利人、法兰西人和英国人时尚且如此，更遑论与犹太人（"迄今为止生活在欧洲的最强大、最坚强、最纯洁的种族"）相提并论。尼采甚至走得很远，否认德意志人这种欧洲"民族"的"种族"地位，而在同时却尊崇犹太人足堪一个种族。① 似乎是为了证实和嘲讽福斯特的最大恐惧，尼采宣布，

> 犹太人，只要他们想要——或者说只要他们被迫像反犹主义看来想要的那样——他们就完全能够占据显著地位，或者直接点说，完全能够主导欧洲，这是肯定的。

似乎是为了打消福斯特的最大疑虑，他接着说："只是他们没有这样做，也不打算这样做"。[257] 相反，尼采听到了一个愿望，犹太人的愿望，希望接纳进欧洲，即便是吸纳和同化；他建议欧洲应该接受包容犹太人这个愿望，他说应该推进怀柔同化政策，如果把那些叫嚣着反犹之人驱赶出德国。"驱赶出"，哲人使用这个优雅的辞令，为他妹夫福斯特送别，这个狂热的反犹主义者为了保证德意志"人种"的"纯洁"正准备带着十四个佃农户到巴拉圭。

尼采还有一条建议，这条建议是给犹太人的：他们应该开始密谋主宰欧洲的未来。他们应该这样做，跟德意志人联手。不是通过小心翼翼的政治联盟，而是与德意志贵族阶层通婚。在一个德意志人身上，反犹主义者正疯狂对其鼓吹繁衍纯种雅利安人，尼采想象出一个

---

① 贺拉斯所说的"比青铜还长久"，指的是他自己的《颂歌》（3-30-1），庆贺的是作为他们的作者所取得的不朽成就。参《偶像的黄昏》（"古代人"，条1），在那里，这个短语代表了罗马风格。

推进了的欧洲未来，只要犹太人愿意与普鲁士官僚集团的贵族（德意志高贵血统的源泉）结为秦晋。利用这个建议，尼采中断了他的演说——实事求是地称这是演说：他"快乐的亲德的演说"，他对于一个德意志的 7 月 4 日所做的为德意志疯狂的节日演说，他以福斯特的方式站在公共平台上对德意志人和犹太人演说。尼采声称，如果纯正、强大的犹太种族通过与一个混杂弱小的民族（我们德意志人）中最高贵的血统通婚来密谋接掌欧洲，欧洲的未来就能推进。① 冷静地看着这一次口头表演，在其主题早就不再是玩笑的时候，难道我们仍然要将它算成是尼采开过的最大玩笑吗？

但尼采喜剧的表演反对德意志人的反犹触及了一个在他看来非常严肃的问题，正如他现在命名的"欧洲问题"："为欧洲培育一个新的统治阶层"。如果尼采对于欧洲未来的严肃态度不能完全在他的婚配方案、他的婚姻安排中找到，那么培育一个新的统治阶层又将如何理解？尼采的新统治阶层又如何抵抗业已统治着欧洲的那些权力？下一条突然转向英国人，这最强大、正在建立帝国的欧洲民族，将她视为现代观念的终极源泉。再接下来的几条转到法兰西人和英国人建立起来征服法兰西人的帝国、一个观念的帝国。这几条表明，新的统治阶层仅仅通过思想的联姻就能塑造；反现代、反英国的德国哲学观念将尤其同法国人的观念联姻，法国人是一个天才的母性民族，身不由己地要成为一个父亲民族求偶者的猎物。[258]

英国人和法兰西人（第 252 – 254 条）

尼采在上一条严肃地提到新的统治阶层，为下面三条做了准备。第 252 – 254 条就转向了现代史上两个举足轻重的欧洲民族：英国人和

---

① 尼采心知肚明，很少有普鲁士的贵族血统会欢迎这一结合：1885 年 10 月 6 日致 Overbeck 信中，他说："在我看来，整个普鲁士贵族阶层都疯狂地迷恋"反犹。

法兰西人。这几条重点放在尼采对于欧洲现代思想史的理解上。在细节背后，偶尔走上前台，隐藏着本书的主题，即未来的哲学，或者说，好欧洲德意志哲学如何实现其欧洲渐趋一体化的目标。这几条的顺序是从英国人（条252），到英国人对法国人的影响（条253），再到法国人（条254）。尼采暗藏的论点渐渐显豁：法国人，这个具有母性天才、承担抚育完善功能的民族，必须放弃甚至殖民他们的来自英国的自由主义（现代理念就是英国理念），相反要恢复自身高贵的传统。但高贵这个词在德语中的对等词是 Vornehmheit，因此本章有必要增加最后论述德意志人的两条，而且还要再写一章（"何为高贵？"）以新的方式为高贵进行定义。第九章的重点就是哲人的高贵，孤独的德意志漫游者的高贵，他的目标是给欧洲民族新的方向，这新的方向忠实于那些如父母一样生养过欧洲民族的那些民族——希腊人、罗马人和犹太人。

第252条　尼采的论述是历时性的。英国借助观念逐渐统治了欧洲。这些观念可以追溯到英国的那些哲人身上，如培根、霍布斯、洛克和休谟。德意志哲学（康德、席勒、黑格尔和叔本华）虽然以完全对立的观念崛起，但其能量在浪漫主义中耗损殆尽。与此同时，英国观念逐渐被等同于现代观念、甚至被认为是法国观念。在19世纪，达尔文、密尔和斯宾塞等人的英国观念进一步强化了英国人对欧洲的思想殖民（条253）。①

第253条　尼采为什么如此激烈地挞伐"可恶的、亲英的'现代观念'"，谴责这种观念对法兰西人的征服——法兰西人只是这些观念的"邯郸学步的戏子""最好的兵士"，但同时也是"最早最彻底的

_____

①　尼采显然对基督教的循道公会和救世军（循道公会中独立的分支运动，成立于1867年）很感兴趣，因为在第47条提到他们后，在此他再次转引他们。循道公会被认为提倡宗教狂热，主张净化野蛮人——"酒鬼、色狼"——也许先验地承认基督教内可以生长出恢复性宗教。

牺牲品"？因为法兰西人在欧洲精神思想史上代表的东西：从现在往回看，尼采认为，人们"几乎难以置信地回想起"十六、十七世纪的那些法兰西灵魂，是道德主义者蒙田、笛卡儿、帕斯卡尔等人的世纪。尼采决心坚定地修正［259］对欧洲精神思想史的误读，即将现在占主导地位的英国观念看作是在先前法兰西人成就上的进步："人们必须咬紧牙关恪守历史正义这个命题，防范眼前片刻的表象"。他咬紧牙关恪守的历史命题就是："欧洲的高贵——无论是情感的高贵、审美的高贵还是举止的高贵，总之，任何意义上的高贵——都是法兰西人的杰作与发明"。

反抗现代观念之战，就是反抗英国人之战。德意志哲学最初对英国观念的反抗消散于浪漫主义，因为浪漫主义限制了知识的疆域，将深邃的东西都拱手让给了智性无法抵达的直觉。这种德意志哲学的回答现在看来显然是不够的，"人在成长，梦在消失"。成长起来的德意志哲学不再做梦，在尼采的后浪漫、后柏拉图、后道德的思想中再次站起来反抗英国观念。哲人尼采的历史意识恪守了历史事实：欧洲的高贵是法兰西人的杰作与发明。

第 254 条　尼采对法兰西人、英国人跟德意志人关系的反思最后暗示，法兰西人必须拥抱他的思想才能重新夺回在欧洲的文化主导权，才能维系他们高贵的传统。法兰西文化在欧洲的优越性是显而易见的，尼采说，它汇聚南北之精华，流着"普罗旺斯人和利古里亚人的血液"，使法兰西免受"德意志人"患有的"灰中之灰"这种"审美病"。但正是尼采将行吟诗人的普罗旺斯文化当成是欧洲最伟大的成就之一，列入他自己"快乐的科学"之中，作为恢复欧洲精神的妙方。① 同样，正是尼采将自己描绘成是利古里亚人，一个哥伦布式的

---

　　① 参 206 条，该条结尾处说，"这些普洛旺斯的骑士诗人，这些多姿多彩、创意无穷的'快乐骑士'，欧洲如此多的东西都应该感谢他们，甚至欧洲本身都应该感谢他们"。

日内瓦探险者，为欧洲人开辟了新的领域。尼采说，此时的德意志正流传着一个关于德国审美病的一则逸事，也就是说，"铁和血，就是'伟大的政治'"。尼采对俾斯麦的伟大政治不抱希望（俾斯麦的伟大政治纯粹是对"伟大政治"的滥用），但他作为俾斯麦的哲学对手，似乎又在声称他有那妙手回春的危险艺术。

尼采说，法兰西人才开放，他们欢迎

> 罕见之奇才，欢迎那些很难满足之人；这些人涉猎之广，不满足于任何祖国，他们知道怎样在北方热爱南方，怎样在南方热爱北方，——他们是天生的中部人，他们是"好欧洲人"。

尼采提到了"发现了一曲'南方之音'"的比才，[260] 但这段话同样最贴切于他自己，他这个德国思想家，现在与黑格尔、叔本华、海涅和瓦格纳同列，法兰西人设法抵制过他们，但都功亏一篑。

从全球到本土：欢乐的赫拉克勒斯（第255–256条）

本章最后两条，即第255条和256条，回到了本土，回到了德意志音乐，同时暗示着整个欧洲的未来存在于德意志哲学。第255条利用了《扎拉图斯特拉如是说》中的语言来描述欧洲南部和欧洲之外、南方之外的沙漠和生长着棕榈树的绿洲中的后道德音乐，一曲康复、健康、救赎、转世的音乐——扎拉图斯特拉的音乐，没有善恶，除了一个旅人对留在身后的一个世界的思念。

第256条　第256条是本章圆满的休止符，总结强调了其首要主题："欧洲希望统一"，再次暗示了欧洲统一的方式是经过法兰西文化调和的德意志哲学。使欧洲各民族纷纷离心的狂热民族主义，遮蔽了业已存在的泛欧洲主义，这种观念在这个世纪最伟大的精神和思想中出现——拿破仑、歌德、贝多芬、司汤达、海涅、叔本华——"如果我再加上瓦格纳，请不要生我气"，尼采说。惟一要生他气的是，把瓦格纳拉进这个好欧洲人名单的是那些德意志民族主义者，为这些原因他们更会生气疯狂，这暗示了唯一添加的名字必须加入这个名单。尼采没有把自己的名字加进去，但他促使读者把他加进去，通过描写瓦格纳的使命就是整个欧洲的终极使命——这个终极使命现在落在了《善恶的彼岸》的作者身上。

尼采的观点再次依赖于对历史的正确理解，但现在他关心的恰是欧洲近代思想史和浪漫主义现象。他似乎对瓦格纳的浪漫主义和他自己后浪漫主义哲学的关系有点模糊不清，但几个月后，在他的第五本著作《快乐的科学》中（条370），他公开阐明了这些问题：叔本华与瓦格纳的"浪漫悲观主义是我们文化命运史上最近的伟大事件"。那么，下一个事件呢？一个"未来的悲观主义——正在来临！我看见它正在来临！——狄奥尼索斯的悲观主义"。[261]他没有明确阐释新的狄奥尼索斯的悲观主义究竟是什么。在本章结束前，尼采转向了本土主题，瓦格纳那些德意志信徒。他用一首小诗结束全章，对他们进行了奚落嘲讽。这首诗能让"不太敏锐的耳朵也能"猜出他反对"最后的瓦格纳"的理由，那就是，瓦格纳在歌剧《帕西法尔》中布道宣扬的"罗马之路"：瓦格纳并不足够是德意志，并不足够是野蛮人。你们这些德意志爱国者如何能够去拥抱这些不是德意志的东西呢？第八章的结束一如其开头，都是关于瓦格纳和衷心感受到的祖国情怀，但到现在为止，毫无疑问，尼采已经完全克服了这种本土主义，从而进入了好欧洲主义。瓦格纳的爱国诗得到了宽恕，因为他最终的观点是，对于祖国来说，爱国主义是变态的、狂热的。但是，这最后的诗篇暗示，只要我们还与变态狂热的爱国主义打交道，这一首小诗总会有些作用，它给人们假想的德意志英雄瓦格纳松绑，虽然他的音乐创造了狂热的民族主义，如果没有帮助的话，这种狂热的民族主义可能需要半个世纪才能克服。因此，为了自身，为了基督，为了整个德意志，为了欧洲，尼采在本章结尾喜剧性地扭转了袒护祖国的本土偏见。

从第五章回顾道德的自然史开始，《善恶的彼岸》压倒一切的主题就变为需要新的哲人来主宰欧洲未来。谁适合担此重任？已经表明哲学统治者如何面对民族与祖国的挑战，尼采现在回到最后一个问题，哲人适合统治，因为他的高贵。在最智性/灵性的意义上，"高贵"是对这类贵族的命名。自毕达哥拉斯和赫拉克勒斯以降，哲人一直被视为最高贵的人，其优越性适合担当统治的重任。尼采站在一个政治哲学的悠久传统中；根据该传统，统治的合法性是由自然、精神和思想的优越性授予的，统治的取得是通过言辞，通过创造出整个民族的劝诱性言辞来取得。[262]

第九章　何为高贵？

　　《善恶的彼岸》第9章起到了教化的作用：它描绘的是值得敬畏的高贵之人所取得的最高人类成就。这些高贵之人旨在完成第5－8章中提出的伟大道德使命和政治使命。他们的统治才是真正的贵族制，才是由最好的人（未来的哲人或能够承担人类未来重任的稀世之人）来统治。但是，这样一个由稀世之人组成的贵族制要成其可能，前提是整个社会是贵族社会，公开尊崇等级秩序或高贵品第，尤其看重智慧的高下。因此，"何为高贵？"这一章可以一分为二：前半部分考察贵族社会的特征，后半部分考察贵族的气质。本书最后以作为智慧之人的哲人形象结束；在处理与才智平平的他人的关系上，这个哲人也有着足够的智慧。

　　这本反柏拉图主义的著作最终的结尾却是一个柏拉图主义的主题：最好的社会等级秩序以及哲人治理。全书的后半部分，即第5－8章，为此结尾做好了铺垫。民主启蒙的目标（柏拉图主义的结果或者说群体自治）只有新哲人才能超越（第五章）；这些新哲人创造了新价值，利用科学家和学者来为其道德目的和政治目的服务（第六章）；这些新价值塑造的美德［263］使人类顺应自然，直面真实的残酷（第七章）；新哲人的统治符合欧洲真正的传统（第八章）。本书的前半部分，即关于哲学和宗教那三章，也显示了本书为什么必须以此方式结束。那三章认为，哲学或世界之道的洞见自然产生了与此洞见一致的宗教，这宗教也将是哲学用于统治的工具。哲人认识到宗教的价值所在（条58），认识到如何利用宗教实现他们的教化（条61），认识到必须彻底反击借助柏拉图主义实现自治的宗教（条62）。因此，第九章

对哲人的画像以神学家似的尼采演讲来结束，这是完全合适的。最后
回来的神是大笑的神（条294），他们是狄奥尼索斯和阿莉阿德涅，他
们性别化的神性对人类提出了更高的要求（条295）。尼采的哲学因此
渴望主宰未来，正如柏拉图主义统治着过去和现在，以哲学的名义来
统治，通过宗教来统治。但本书结尾的宗教并没有反对真理，也没有
反对生活；相反，它忠实于真理、忠实于生活，它是一个世俗的宗
教，能够折射人的自然等级经验，从最为人类共享的经验到最稀罕的
经验；它将人从其性繁衍的初始起源到哲学的深邃经验都神圣化：狄
奥尼索斯是一个进行哲思的神，不乐意承认阿莉阿德涅没有更多的东
西给他（《快乐的科学》条363）。本书的结尾就像其开头，出现了真理
和真理的追求者，不过在结尾的时候把他们升华和神化。

"何为高贵？"——如果不是尼采，换了任何人来谈论高贵，看来
都是莽撞无礼、不合时宜的，因为比起其他任何地方，他谈的就是自
己和自己的经验；同样，比起其他任何地方，良好的趣味和简洁决定
了他只需暗示，前面的内容足以证明他有权利站在最高的阶梯来谈论
人类等级。但尼采故意断定，那看起来的不合适（由非哲人来谈论哲人
的经验）不但必要而且值得欢迎，因为他迫使读者面对那些永远不可
能是他们的经验。然而，当以玩笑口吻，谜一样的格言警句来传达某
些经验之时，尼采呼吁要谦恭有礼；这谦恭有礼来自一种虔敬，认识
到有些东西即便可见也是不可及的。哲人，最值得敬畏的高贵之人，
意识到这种敬畏的局限和微妙。

艾登认为，第九章"最精妙地阐明了尼采的政治"。他将第九章
与修昔底德、[264] 柏拉图和亚里士多德的经典文本相提并论，揭示
了它何等精妙。艾登的论述令人耳目一新。① 本章布局依其划分，我
只做一点微调。② 第一条自成一部分，是本章导论；最后一条自成一

---

① *Political Leadership and Nihilism*（《政治领袖与虚无主义》），页99。
② 艾登把本章分成五部分的说服力不够，前揭，页286，173。

体，为全书作结。① 中间部分集中持续论述人类的推进。论述以社会
贵族统治开始（条258–262），接着讨论繁衍的问题（条263–267），再
接着讨论高等人（条268–276），落脚点在于一种独特性，人性所能达
到的最高境界，哲人及其使命（条277–295）。

推进人类（第257条）

"真理是残酷的"：纲领性的第257条居于第九章开头，就以特别
直率的方式宣布主题——第一个句子就阐明了贵族制度和奴役不可或
缺。尼采的政治目的是推进或提升人类，通过提升灵魂推进人类。贵
族社会及其预设的奴役是基本工具需要，是真正目标的前提条件，这
目标就是贵族个体。哲人尼采的政治，如同哲人柏拉图的政治，是为
哲学的利益服务，不过，哲学的利益也就是人类的最高利益。

关键一点是尼采所说的"同情距离"。② "同情"带有升华感情的
内涵，对于语文学者来说，也必须保留其受苦或不幸的希腊语意。本
章可被视为从最远地方的视角来为同情的距离做解释和辩护。在最重
要的第260条中，承认这一经验必定要从下面、从一个被嫉妒、仇
视、[265] 最终被报复和怨恨扭曲的视角来阐释。③ 为了恢复贵族统
治这个人类事实，第九章期望为高贵赢得尊重和尊敬。"同情之距离"

---

① 第296条放在本章最后，是《善恶的彼岸》成书过程中很后面的事情。尼采给
印刷商 C. G. Naumann 寄了一张明信片，上面写道："第四章开头用三颗星号标明、未
编号的内容……请将它移至第九章的结尾，即整本书的结尾，同时去掉星号，标上最后
一条编码"（1886年6月13日）。

② 在此首次使用，这一术语后来又出现在《快乐的科学》（I. 条2）；《偶像的黄
昏》（条37）。也参《全集》12. I [7.10]；2 [13]；II [363, 377]。关于"同情的距
离"，参见康威（Conway）的 *Nietzsche and the Political*（《尼采与政治》），页39–42。

③ 《道德的谱系》特别针对这一点展开论述，补充了《善恶的彼岸》的不足，追
溯了对贵族社会进行谴责及其同情距离的谱系。

这一术语暗示了本章的另一重要主题：最宽容大量的乃是最脆弱的。最宽容大量的东西可能完全不能得到同情，因此不能成为所是。正如尼采的定义，同情的距离首先是俯视臣服于他并成为其特权工具的贵族阶级的体验。这种同情距离的社会如果不存在，"其他更神秘的同情可能根本就难以生长"，（这更神秘的就是）贵族心灵中距离和差异的（同情）体验，它要求"不断增加新距离……不断建构更高、更罕见、更遥远、更辽阔、更无所不包的王国"。

开头这一条还对贵族等级制的起源提出了警告。本章的目的就在于要产生新的贵族等级，在这一章开头，就提到这个话题，无疑是十分合适的。尼采的警告是：贵族社会的起源必定看上去是罪恶的，是与看起来掉以轻心的野蛮人所固守的等级秩序之间的一次决裂。第八章中那个独特的野蛮人，那个为整个西方文明提供一个文化方案的好欧洲人、德意志哲人，奋不顾身地冲击民主启蒙的既定等级秩序，决心用他这样的野蛮人主宰的社会等级秩序来取而代之。

前半部分：贵族社会

第九章前半部分提供了历史上各种贵族制的谱系，阐明了它们的根本特征。这部分回顾了一些本质上是后视的社会，顶礼膜拜先祖的光荣。尼采的回顾，某种程度上是要理解为什么贵族社会衰落了，为何被民主理念所取代。在此背景后隐藏的一个根源就是重估一切价值。作为精神之战的价值重估，早在罗马帝国时期就发生过，"罗马人对抗犹太人，犹太人对抗罗马人"，尼采早在《道德的谱系》中说过，"迄今为止，再没有比这场战争更重大的事件"。第九章重燃了这场战斗，尽管有意识地赞美对阵的双方都是我们血液的部分，但却并没有回归过去的愿望。新生的贵族，像《扎拉图斯特拉如是说》"古老的法版和新的法版"中强调的那样，不光膜拜先祖，更需要展望未来。[266]

贵族与奴役（第258－262条）

尼采宣扬奴役。没有什么比公开宣扬奴役更能明白无误地败坏他的名声了，因为如此宣扬不可避免地听上去暗含着罪恶的愿望，回归到现代理念费尽九牛二虎之力才消灭掉的社会。但是，正如尼采宣扬的残酷必须在精神的意义上理解，同样，我们必须在精神的意义上理解他对奴役的宣扬。过着奴役的生活，这是我们人类的宿命。"真理"和观点，决定了我们生活经历的全部空间。这种奴役是自然的、不可超越的，业已为希腊哲人们清晰洞察：他们

> 走过一生，默默地感受到，世间的奴隶，远多于人们的想象，换言之，除了哲人之外，人人都是奴隶。他们的骄傲，溢于言表，当他们意识到，即便世间最有权力之人，也不过是他们的奴隶而已（《快乐的科学》条18）。

但是，他们将奴役的思想悄悄遮蔽起来，正如亚里士多德写作《政治学》的开篇那样。尼采为什么选择公开谈论奴役？某种原因看来是，对自由的现代理解掩盖了其自身精神奴役这一事实。所谓的精神奴役，就是受制于那些排除了可能更真实、更高贵视野的思想。[1]但是，更重要的理由看来是关乎哲学本身。作为通往真正精神自由的激情意志，哲学获得的自由意识到自身不可避免的奴役，并最终以爱欲的方式渴求奴役，即爱智慧的人臣服于终极被爱的智慧。在这一点上，也许尼采赞成莱辛的说法：只存在一种哲学，那就是斯宾诺莎的

---

[1] 第260条包含了对现代自由意识形态的奴役性起源的重要反思。

哲学。①

第 258 条　要明白欧洲高贵的腐朽没落，就必须理解一个健全贵族制的根本所系：社会之所以存在的信念。健全的贵族制"心安理得地接受蒙在鼓里之人的牺牲，为了贵族社会的存在，必须将这些愚民退化，贬低为不健全的人，贬为奴隶和工具"。贵族制的堕落始于其放弃了"统治特权"意识之日，从而成为另一主宰权力如君主制或联邦制的工具。[267] 考虑到第八章赋予法国作为欧洲高贵之源泉的地位（条253），法兰西无疑是尼采贴切的例子。尼采用了爪哇岛上喜光植物这个比喻，证实独立的最高行为是实际上依靠的成就；在哲人这里，随着这一依靠变为自我意识，它就成为优雅的、受人欢迎的依靠。

第 259 条　第 259 条针对前一条展开论述，尼采阐明了主张贵族制的根本理由：贵族制是与生命和自然契合的社会制度。② 再次，也是最后一次，在论述高贵的本章，给出了为何写作本章的理由。无论是内容，还是风格，本章都足以成为尼采写作的典范。"社会的基本原则"究竟是什么？是不是现代理论所言的"互不伤害、侵犯和剥削"？思考"基本原则"，就得承认"生命本质上是对异己和弱者的占有、伤害和征服，就是压制、强硬、强加自己形式、同化，最起码的、最温和的，就是剥削"。作为一种政体，健全的贵族制将像任何其他健全的有机体一样行动：它将"是权利意志的化身，它需要生长、扩张、攫取、占上风——不是出于任何道德或不道德，而是因为

---

①　在此，斯宾诺莎不是尼采惟一的先驱。如果注意到笛卡儿的隐微写作，显然其著名的论断（动物只是机器而已，受制于刺激－反应的机制）实际上就是另一个更难让人接受的论断（所有的人，除了很少的理性哲人之外，都是机器）。参见笛卡儿《方法论》第五讲结尾时的精心措辞。另外参见 Lampert, *Nietzsche and Modern Times*（《尼采与现时代》），页 254－259。

②　另外参见《道德的谱系》第二章第11 条。

它需要生存，而生存，简单说来，就是权力意志"。它将去剥削，因为剥削"属于有机体基本功能的生存本质；剥削是权力意志，简单地说就是生命意志的必然后果"。本书关于权力意志最后的声明为第九条中首次提到的权力意志提供了限制性视角：在描述自然对禁欲主义者十分冷淡、而禁欲主义者却认为自然善意地对待人类最好的冲动之时，尼采已经问过，谁能依照自然而生活？这里的暗示似乎是，没有人与自然保持一致的生活，因此，哲学必须发挥最大的精神权力意志，将自然理解为不同于自然本身的东西，正如我们教条式的柏拉图主义所做的那样。但是，《善恶的彼岸》却认为，人类可以通过学习跟自然保持一致而获得成熟。从政治的角度理解，这意味着贵族对奴隶的统治（未来哲人对人类的统治）是由自然和习俗所决定的。

尼采意识到，权力意志学说的政治意义会招致反感。本条开始就突显了它反对民主启蒙理念，通过借用自卢梭以来革命政治所利用的现代口号："剥削"。它用这一教诲提出了第一个相反的观点："人们必须防范一切情感的弱点"。在重复了"剥削"一词之后，接着问道：[268]"但是，人们为什么总是只用这些词呢？这些词汇早就刻上了恶毒中伤的意图！"在两次宣称生命就是权力意志后，这一条继续说，"欧洲人的共同意识中再也没有比在这里更对此教诲反感的了"。在第三次宣称生命就是权力意志之后，本条以呼吁结束："假使作为一门理论它是一种创新，——作为一种现实，它是一切历史的原初事实：那么，至少到此为止，我们应该对自己保持诚实！"需要不动感情的诚实来判断的，不仅仅是关于贵族制本体基础的那些观点，而且还包括接下来几条有关历史的看法，因为如果反贵族制的政治是违反生活和自然的，那么它们又是如何取得胜利的呢？

第 260 条　尼采在呼吁对权力意志保持诚实之后，最终道出了善恶的起源。他区分了主人道德和奴隶道德。这个著名的区分几个月后在《道德的谱系》开篇中具体展开；尼采强调，"关于我们道德偏见起源"的那些观点属于他毕生工作的永恒主题，尽管在《人性的，一切都太人性的》① 的第一版中才正式公之于众，但以此为研究对象还可以回溯到许久之前（《道德的谱系》序言，条2）。不仅如此，他关于善恶的思想是其知识树上果实的一部分——禁果，然后，其味变质。尼采拒绝以任何方式公之于众："我们这些果实，它们是否合你们口味？这对果树来说算什么！这对我们、我们这些哲人来说，又算什么！"《善恶的彼岸》也承认这些思想带来的困难：极具说服力的现代观念使得关于主人道德的真理"在今日很难得到同情"，除此之外，尼采提到另一个与其自身使命相关的困难：它们"也太难挖掘和发现"。

权力意志，这"一切历史的原初事实"（条259），在道德时期作为两种道德的权力之争出现于人类历史。尼采试图集中在它们的社会起源和心理起源，厘清这两种道德的精神分野。主人道德的标志是光荣和敬畏。②"高贵之人在赋予价值中体验到高贵……他知道自身使命就是赋予万物光荣；他自身就是价值创造。③ 他完全知道自身就以创造价值为荣；这样一种道德其实是自我美化与颂扬"。[269] 创造高贵价值、赋予万物光荣，首要的就是获得"想要漫溢的圆满感、权力感"——这一番话将价值创造的源泉跟作为权力意志的生命中积极的一面结合在一起。同样，创造高贵价值、赋予万物光荣，还需具有"愿意给予或赠予财富的意识"——扎拉图斯特拉用这席话来定义其美德（《扎》第一部，"论赠予的美德"）。在前面论述贵族制的这三条中，尼采设定的根本问题是，究竟主要是什么把主人道德从现代观念中分离出来。他的回答是，"人们只对同类负责的基本原则"。也就是

---

① 《人性》第45条的小标题就是"善恶的两重前史"。

② 德语词根将这两词连接在一起：光荣（Ehre）是敬畏（Ehrfurcht，直译就是光荣－恐惧）的根源。

③ 这里的价值创造与真正哲人的价值创造（条211）的区别在于它是自发的、没有经过反思的、没有进行研究，只集中在某一传统的起源，而没有深入这传统的历史。

说，社会的其他成员之存在，仅是出于他们的利益。在主人道德拥抱的特殊美德中，就有诚实这一美德：古希腊贵族阶层总喜欢自称是"我们这些诚实之辈"，这使柏拉图高贵的谎言尤其难以容忍，苏格拉底警告哲人要接受耐心的考验之时对此有所暗示。（《王制》7. 537e -539e）

奴隶道德"可能"的标志是对整个人类状况的悲观怀疑，另一"或许"的标志是固守这种状况对人类进行谴责。奴隶道德尤其怀疑自我肯定为善的东西，相反，他们抬高了那些能够化苦为乐的品质。在他自己的标题中直接声明是"著名的反对意见"，尼采将善恶的根源都追回到恶行身上。善的、与己类同的高贵道德所找到的"权力和危险"，恰恰是由恶行的、诱致恐惧的奴隶道德来衡量。高贵道德断定为恶的、需要鄙弃的东西，奴隶道德却判定为善；但是，最终，奴隶道德会带着一丝歧视的眼光来看待自身的善。从奴隶道德的视角来看，人类状况的确引发了悲观或谴责，因为整个人类一边朝着受到歧视的善上升，一边又向恶行沉沦。

在此，尼采加上了另一个"根本区别"：①"对'自由'的渴望"。奴隶道德"对感受自由之幸福及微妙的本能"与主人道德"敬畏奉献的艺术和热情"大相径庭。尼采将自由与锁链做了对照，这锁链有锁链的利益，是跟高贵之物捆绑的高贵锁链。那些在社会政治意义上已经自由的道德心甘情愿地跟敬畏和奉献捆绑在一起；高贵的道德自由地臣服于其需要的主宰。尼采的例子是有说服力的："爱即激情"。这样的爱必须有着高贵的源泉，因为爱者心甘情愿被爱奴役，将爱的对象放在更高的位置。高贵的锁链获得了一个更广阔的历史视野：作为激情的爱是"欧洲人的特性"；"这个特性必须归功于普洛旺斯那些骑士诗人，他们这些光辉灿烂的人物发明了'快乐的科学'"。第 8 章已经阐明，［270］欧洲的高贵是法兰西的创造发明（条 253）；而在本

---

① 这一条一开始就将道德分成"两种基本类型……他们之间存在一个根本区别"。

章，尼采也刚刚说明法兰西的高贵在为法兰西君主制服务的过程中已经挥霍干净，最终拱手让出了对法国大革命的主导权（条258）。法兰西挥霍掉的一部分就是其高贵诗歌的遗产。这些高贵诗歌起源于十二世纪法国南部。它们是爱者追求更高的被爱对象之诗，是"几乎整个欧洲都要感恩"的歌。一个为自己祖先感到自豪的欧洲思想家，一个诊断欧洲为何背叛其最优秀祖先的欧洲思想家，由此站出来宣布这高贵的后裔：起源于法兰西并将他们的印记盖满整个欧洲的快乐科学的诗人。他们的诗歌与音乐将欧洲定义为文明的爱者，愿意将光荣生命献身于更光荣的被爱。本书表明，这些诗歌在哲学中达到顶峰，因为哲学中的被爱对象即是真理，最终是全部的真理，是真理之爱发现的全部真理，是人们不想渴望摆脱的全部真理，是人们渴望以爱欲的忠诚为之献身的全部真理。

　　这一条在结尾处将奴性自由和高贵锁链进行了对照。别忘记，这一条的大背景是：论述奴役是自然的、不可避免的。因此，它为从高贵的视角重新恢复敬畏做了准备。敬畏是第263和265条关注的主要问题，但也贯穿了本章的整个后半部分。① 恢复敬畏是尼采全部使命中的一部分。尼采的使命是要克服奴隶对真正主人主导之可能的怀疑，克服奴隶对不可能获得之自由的渴望。在其反击违背自然的虚构之战中，尼采旨在以对自然中人所处位置的真正理解来取代人类自由这个现代虚构观念，对人在视为完全是权力意志之自然中位置的真正理解能够赋予自然中人的尊严甚至高贵。在《偶像的黄昏》中，尼采对"自由意志的谬误"进行了再次反驳，接着全面阐明了他关于人类自由的观点（"本质上说，意志学说完全是出于想要发现人的罪恶之目的而创立"[《偶像的黄昏》"谬误"7]）。"光有我们的学说能成为什么？"尼采追问（《偶像的黄昏》"谬误"8），在对其观点的基本意图进行描述的

---

　　① 第263、265、270、287、295条都提到了敬畏。

时候他做了回答:

> 没有人给出过人类的品质……没有人首先在这里负责……我们致命的本质不能跟过去一切、将来一切的致命本质分开……每个人都是必要的,每个人都是命运的一部分,每个人都属于整体,每个人都在整体之中……只有这才是伟大的解放——只有以这样的方式,无辜的生成才会回来。

这种何为高贵的新见,自然是来源于对自然的新见。①

第261条 尼采所说的奴役是什么意思?第261条帮助回答了这个问题。[271]本条将对高贵道德和奴隶道德的区分运用于虚荣心这个现象。尼采断言,虚荣在高贵之人看来是难以想象的,然而,对于其他人来说,要避免虚荣几乎是不可能的。如果虚荣是为了努力给自己创造一个本不具有的好印象,是希望努力相信这个创造出的好印象通过他者反射回来,那么,虚荣不过是种奴性状态,受制于他者的意见。与之相反,高贵之人为自己赋予价值,要求别人分享他的价值。他所赋予自身的价值可能实际上超过了他的价值本身,如自负中体现出多余的价值那样;也许他赋予自身的价值低于他的价值本身,正如"人们常说的'自贬'或'自谦'"中被压制的价值那样——但是,"无论如何,这些都不是虚荣"。要理解需要这种异己的体验,高贵之人必须回顾历史:那些寄生阶层,别人如何看他,他就是怎样的人;即便到了现在,普通人依然会先等待别人对自己的看法,然后就服从这看法。尼采随之预言:正在形成的民主等级将鼓励自己赋予自身价值,但价值赋予过程将招致更根深蒂固的虚荣倾向反对,从而受制于他者赋予的价值;在奴隶道德内的主—奴辩证关系中,根深蒂固的倾

---

① 另外参见"我的自由观"(《偶像的黄昏》,条38)。

向"成为新的倾向的主人"。尼采重复说了两次："虚荣是一种返祖的现象"，是奴性先祖的再生。

　　本章主要谈论高贵，但是为何在此着力谈论虚荣？答案也许就在于历史上对虚荣的争夺。对虚荣的争夺体现于尼采的每个例子中：基督教攻击古典美德时就声称，高贵的骄傲是虚荣，或者说是虚荣的姿态。在用基督教的遗产复兴高贵的骄傲这个争论时，尼采否认高贵就是虚荣。他发掘出了后基督时代的虚荣，作为跟奴隶道德的一次返祖的决裂。

　　第 262 条　尼采用生命进化三段论模式勾勒出了贵族制度史，重点强调了每阶段的平衡。第一阶段是一个长期的阶段，在持续恶劣的条件下，最终形成了一个固定的种类。然后，随着条件变得宽松，允许个体变异生长，固定的种类逐渐衰落，新的种类不断勃兴，主导权的竞争就在所难免，从而出现了所谓的"历史转折点"，这是第二阶段。在第三阶段，新兴的变异个体由于受到一种非自然力量的打压面临灭绝；非自然力量就是道德说教之徒，他们竭力鼓吹要从道德上维护旧的种类，要对其进行保护。然而，道德上被保护下来的旧的种类可能仅仅是对最初恶劣条件下产生种类的平庸反思。①

　　尼采只举了古希腊城邦和威尼斯为例，但他的分析适用于整个人类史：现在，我们发现业已置身于前所未有、危机四伏、天罗地网一般的第三阶段。道德时代尽头"张开的弓弦"［272］产生了新的变异个体。绝大多数人感到这些勃兴的变异是一种危险。危险是"道德之母"——它孕育出道德说教之徒。这些说教者的使命就是要消灭新生事物，为此他们喋喋不休地诉说旧事物该当如何永恒，援引"节制、庄严、义务和对邻人的爱"这些古老的语汇，从而不可避免地陷入平庸的道德说教。然而，危险也是非道德之母。作为道德说教之徒的敌

---

　　①　参《快乐的科学》（条354），后来反思"人类中天才"，作为人类多元化生产及人类哲人的生产。

人，谨慎地宣扬危险，通过鼓励变异之间的竞争，在丛林文化中生长，旨在推进人类。不过，鼓励危险仅仅暗示了尼采使命中毁灭性的部分，这一部分几乎就是尼采的代名词。尼采的使命中还存在另一部分，也是更困难的部分，那就是利用危险建立一个贵族社会。现在，尼采将逐渐转向这一使命。尼采认为，面对整个文明的衰落，平庸的道德说教也是可理解的恐惧反应。在这片平庸的道德说教声中，尼采另辟蹊径。他的目标是塑造新的贵族阶层，所以他使用危险的、有别他人的写作魔力，像吹奏魔笛的乐手一样为本性倾慕高贵的心灵写作。因此，第九章将重点逐渐从社会转向个体，从曾经主宰社会、回顾先祖光荣的贵族阶层转向贵族气质的个体。通过受难的体验和面向未来的体验，这些高贵之人将自己和同伴跟芸芸众生区别开来。

敬畏（第263－267条）

如果要再次满足贵族制的前提，陈言就必须赋予新意。但这些陈言，如"敬畏"和"敬重"，恰是现代理念攻击贵族制和宗教中受伤最重的语词。

第263条 第263条主要谈"敬畏的本能"。这一条认为，无论是贵族，还是奴隶，都非常敬畏他们认为比自己高贵的东西，这无疑是正确的做法。就贵族而言，尼采以此来对高贵灵魂进行"危险的测试"：假使某种一流之物擦身而过，而它正好尚未"套上权威护体的战栗盔甲以防人们贸然攫取"，那么，那些识别出其等级之人，就显示了其敬畏的本能，他们是高贵的灵魂。对于奴隶来说，他用了不同的测试：擦身而过的东西必须带有外在明显的权威等级标记，以便能够识别。值得敬畏的权威引起奴隶两种完全不同的反应：敌视或敬畏。敌视之人泄露了卑贱的灵魂；敬畏之人几乎都有着尼采所言"朝向人性最伟大的进步"；"最伟大的进步"对"多数众生"都是可能的。[273] 奴隶这点对于贵族制至关重要：如果感觉到已经成功地教诲多数众生懂得"并非事事都能碰"，懂得世界上还有值得敬畏惊叹之物，那么，"斩益已经颇丰"。同样受益良多的是，《敌基督》的作者能够赞扬基督教为欧洲"培育了对《圣经》的敬畏"，而《圣经》这本书中，最乏敬畏的就是基督那一部分。本条结尾同上条结尾思路如出一辙，都指向道德哲人平庸的说教。因了他们的说教，欧洲受过教育的后基督徒都"长着一双傲慢的眼睛，一双不耐烦的手，到处摸、到处动、到处碰"。比起这些受过教育的愤世嫉俗之徒，虔敬的大众当然更受青睐。

《善恶的彼岸》开篇即攻击哲学中受到敬畏的东西（受到敬畏的哲学?），继而攻击宗教和道德中受到敬畏的东西。在行将结束之时，《善恶的彼岸》强调这些攻击声中不太为人听出来的东西：那就是对于真正有价值之物的敬畏。这样一本"未被标记、未被发现、充满诱惑，或许故弄玄虚、隐藏伪装"起来之书的鱼钩，某种意义上，是对"寻找灵魂"之艺术的一次演练。通过测试对某一真正有价值但如此容易被人视为恶行之物是否产生"本能的敬畏"，尼采借此希望找到他心灵的战友和思想的传人。

第 264 条　现代教育者是一个现代谎言的受害者；这个现代谎言就是：根本没有什么可以遗传，一切重要的东西都可以通过教育改变。① 现代教育因此是"欺骗的艺术——蒙蔽了起源，蒙蔽了身体和灵魂中遗传下来的乌合之众"。然而，吊诡的是，即便一个现代的蠢驴也会说教，"要真实！要自然！不要伪装！"就是这样的傻瓜最终也将明白，他必须使用贺拉斯所说的干草叉，竭力驱除自然。尼采似的教育者，必须记住贺拉斯的教诲，自然会永劫回归，所以并不致力于改变根深蒂固的自然。因此，他并不对真实这一高贵美德（条260）进行说教，而是通过他自身欺骗的艺术添光，作为一种危险的测试，

---

① 《快乐的科学》（条348，349）延伸了学者的起源及其起源对工作的影响等主题。

对天性高贵之人进行呼吁；这些天性高贵之人，原本受到教育要去相信天生的高贵不过是一枕黄粱。

第 265 – 267 条　太关注于真实才不去说教真实，尼采渴望有关高贵的真理能为人所知，哪怕这一真理招人反感："利己思想属于高贵灵魂之本质"。① 天生的利己思想又如何看待社会——是俯视、平视、还是仰视？［274］利己思想的俯视是尼采在第九章开头以来一直重点强调的问题，在此他重申：

> 这是一个不变的信仰，其他生灵按其本性必然臣服于"我们"这样一种生灵，并为此做出牺牲。

高贵的灵魂甚至将这一必然性看成是"万物的原始律令"②。同样，尼采将等级秩序这一为最优秀的人留下的最伟大难题（条213）③ 之基础追溯到这个"万物的原始律令"。高贵灵魂本性中的利己思想用自然权的观点来看，就获得了稳定地位，换用美德的术语来说，它是"正义本身"。平视的利己思想得到羞答答的承认，他可以有赋予自身的值得尊重的向外凝视。利己思想的仰视表明它不具"德行"；德行是来自上苍的恩宠，而非行善积下的功德。④ 天性使然，利己思想不愿仰视。尼采在论哲人那一章结尾的时候谈到过这种不情愿（条213），在本书即将结束的时候，他又再次提及，扩大了其内涵。

————————

① 《扎》也意识到，有关高贵灵魂的观点会招人抵制；自私是扎拉图斯特拉重估为美德的第三种"恶"（《扎》3 "三件恶行"）。

② 有人说过这一点，在对物理学家讲话时，他坚持不要将自然看作受法则统治（条22）。

③ 第213条和第265条之间存在紧密联系，正如这些关键词就能证明：万物原始律令、文化、起源、祖先、血、俯视、正义，绝少仰视。

④ 论恩宠，另参考第261条和高贵灵魂之不知虚荣。论恩宠作为"保罗、奥古斯丁、路德"之基督本质的必然性，参《全集》12. I［5］。

通过描写对自然进行阐释采用的高贵俯视、平视和仰视，最后谈到恩宠，尼采有可能再次想起决定古代自然贵族观之命运的那些具有重大历史意义的冲突：罗马人和犹太人之间的冲突，以及他们对何为自然、何为恩宠的竞争性阐释之间的冲突。接下来非常短的两条看来是对这一闪念的反省，前一条求助于后基督时代最伟大的异教徒歌德的权威（条266）；后一条求助于古希腊自身的看法（条267）。

常人之生存（第268－276条）

尼采的贵族政治背后隐藏着对人类自然史的诠释：自然选择青睐常人。为反抗自然选择，贵族政治自然会选择符合自身的路径。

第268条　"何为共性？"共性就是进化青睐的东西。共性是我们人类自然史中的适应性，因为最受威胁的人类，要通过交流才能生存，然而交流就要依靠共享或共性。［275］尽管他们最能保护自己，我们人类中最伟大、最强大的那一小部分也是最脆弱的一部分，最不可能成功推进使他们如此高贵的那些独特品质。他们很脆弱这一事实并不能反驳他们实际上的优越性；他们的脆弱仅仅证明，他们超凡的力量仍然不足以完成留给他们的使命。①

本条最后一个词是动词kreuzen。该词意味深长，因为它含有三重含义：首先是最普通的意义，指反击、瓦解自然选择的强力；其次是植物学意义上的，指杂交培育新品种；最后暗示了基督教的十字架。

---

①　在第276条中对此直接地再次阐明，以此论点的关键一点结束了第九章前半部分。在《快乐的科学》第五部分"论'人类天才'"中，尼采回到了这一主题，他说，天才首先不仅仅是独特的种类，而且还要朝有利的方向进化，保护共性，办法是将个体经验的特性不可避免地转化成概念与语词的共性。论稀世之物的脆弱性。参《全集》13.14［133］＝WP 684。标题为"反达尔文"这则笔记事实上完全与达尔文主义一致；参见Cox的《尼采》，页223－229："尼采的干预完成了达尔文的革命"。前揭，页236。

十字架马上就会出场，下一条最后一个例子就跟耶稣十字架受难有关。① 尼采将要钉上十字架的东西，就包括了用十字架这一符号推翻贵族统治所取得的那些具有重大历史意义的胜利。

第 269 条　稀世之人又如何生存？更确切地说，稀世之人中那个"天生的心理学家、灵魂的破译者"、命定要去研究稀世之人命运的人又将如何生存？这个主题的严肃性和必要性在这一事实中得到暗示：尼采写完《扎拉图斯特拉如是说》第三部之后觉得自己已经言尽于此，但后来想了想又加了一部分，而本条主题恰是所加部分的首要主题。此刻，即在完成《扎拉图斯特拉如是说》第四部的一年之后，尼采重提"高等人"命运这个话题；尽管其话语的风格节奏有变，但视角未改：那就是，被高等人命运折磨着的这个破译者自身的命运又如何？他看见几乎所有的高等人都屈从于常人，臣服于常人敬畏和神圣化的东西。② 作为"切入"值得敬畏的、"高贵"的灵魂之后果，现在必须忍受那些暴露出来的东西之人，不是扎拉图斯特拉，而是尼采自己。"成功一直都是最伟大的骗子"，人类灵魂的这个研究者必须看穿受到敬畏之人所取得的成功，才不会堕入单纯的同情，才不会丧失对可能存在之真正高贵的信仰。[276]

研究稀世之人的这个心理学家如何面对如此卑贱的"高贵"灵魂而不沉湎于怜悯和同情？公开地说，是要用欺骗的策略——掩藏在赞同声后一张"不动声色的脸"或沉默。私下呢，要依靠"毅力和欢欣"。如此做好准备，心理学家转向"最痛苦的个案"："一个伟大艺术家""高等人"的毁灭——"神圣寓言和谎言包裹的耶稣一生"。尼采对耶稣的心理分析出于三点考虑。首先，出于女人信念的考虑，

---

① 英语"crucify"（十字架受难）一词的德语对等词是"kreuzigen"。

② 本条可补充说明人们普遍误解了《扎》第四卷，即，尼采解构了扎拉图斯特拉（也是他自己）的差异性或优越性，同时承认前三卷完全是他犯的一个大错。

"爱可以实现一切"，① 这个女人信念在一种"无限忠诚的同情"基础上"帮助赎罪"，而这种同情是"产生敬畏的多数人"必然误解的。其次，来自灵魂破译者的警告：

> 啊！灵魂的破译者知道，我们的内心是多么贫乏、多么愚蠢、多么无助、多么专横、多么误导，与其说是救赎，不如说更轻易地摧毁甚至是最好的、最深沉的爱！

最后，尼采对耶稣的精神分析可以当成是一声忠告："有可能"——尼采用习惯性的话语承认破译灵魂的实验性质——耶稣是其"爱的知识"的殉道者，"一次隐蔽的自杀"。但在临死之前，作为伟大艺术家的耶稣创造出两种爱：一是地狱之爱，给那些不够爱他之人；一是上帝之爱，一种大爱、兼爱。上帝对人的爱充满悲悯同情，因为人的爱是那么微不足道。②

为什么在此要分析耶稣的心理？当然，将其作为研究稀世之人的心理学家典型的毁灭例子，这是本条再好不过的结尾。但是，理由绝非仅此，通过提供欧洲敬畏的大众尊崇神圣的一个对象的系谱，耶稣这个例子被一个好欧洲人用来扩展了论述高贵这一章的最为重要的历史性主题：罗马人对抗犹太人。这正好暗示人类要为稀世之人的毁灭付出惨重代价。另外，作为对基督教人爱的神学反思，它与最后一条（条295）中出现的对爱的神学反思形成了鲜明对比。在那里也有神爱

---

① 在《扎》第一部"年老的年轻的女人"中，类似引用圣经中《洛克福音书》（1：37）占有论述女人爱的重要部分。

② 这个主题的重要性在《扎》卷四中可以折射出来，更为明显地是在《道德的谱系》中对此深一层的反思。在那里，耶稣和在此归因于他的创造性神学脱离了干系，而信徒保罗成了罪魁祸首。这一观点变化的迹象明显反映在尼采1888年为《尼采反瓦格纳》编辑的这一条：他略去了耶稣这个例子，直接将对女人之爱的论述过渡到《善恶的彼岸》中的第270条（《尼采反瓦格纳》"心理学家如是说"）。

这个主题，狄奥尼索斯对人的爱。狄奥尼索斯发出爱的誓言时，当然他爱的对象是阿莉阿德涅，但他也是对整个人类发誓。他如此热爱人类。他希望人类更美好、更可爱。[277] 他虽然没有能力创造一个地狱和一个兼爱的上帝，但他对爱勇敢的表达是如此的无情，以至于他最后的信徒都必须假装要去调和这份爱。

研究稀世之人的心理学家必须追寻痛苦的事件，比如追寻耶稣艺术性创造的理由。他必须追寻所有的痛苦事件吗？接下来几条的回答是否定的。这几条为对高贵的调查提供了节制和尊重的标准，为本章处理最后一个主题——最高贵的创造者——做了必要的提醒。

第 270 – 271 条　耶稣这个痛苦的例子促使这个心理学家追问，究竟是什么挑选出高等的人，使他们如此高贵，脱离众生。尼采的答案是：伟大的受难。伟大的受难在创造方式上跟耶稣的受难大不相同：伟大的受难可能掩饰于欢欣的面具背后。尼采从四个例子中得出的教训看来是心理学家追寻痛苦事件的准则："'在面具面前'保持敬畏，不在错误的地方探询心理、追逐好奇，这本身就是高贵的品质"。最痛苦的稀世之人毁灭例子必须进行追查；其他的例子，如果其遗世独立和卓尔不群隐藏在欢欣的面具之后，则不必深究。"深沉的受难成就了高贵，将其与他者分离"（条270）；"最为彻底分离的……是某种不同的纯洁感和纯洁度"（条271）。[①] 圣洁不仅是纯洁，而且是"最高理想化"的"本能的纯洁"。受难者身上存在的纯洁约束着纯洁的调查者，使其尊重纯洁的面具；纯洁本能清除掉的东西就不要去追究。伟大的受难起着创造作用，引导着心理学家从那些允许他"在面具前保持敬畏"、在高贵前保持高贵尊重的例子中区别出他必须追寻的痛苦例子。

第 272 – 276 条　其他"高贵的标志"为本章后半部分考察哲学的高贵做好了准备。这几条看来尤其关注高贵的兴起和出现的时机，

---

① 论纯洁，参第58、74、210、284条。

结尾一条重复了这个重要主题（条276）：常人比稀世之人生存的机会更大，因为稀世之人要想茁壮成长，必须满足更多的条件。

后半部分：最具灵性/智性的高贵

《善恶的彼岸》结尾部分充满了谜一样费解的几个小条。要阐释这些小条中戏剧化的思想与事件，可以说头绪众多。只有"何为高贵？"这一整章的大背景［278］以及本书作为整体的大背景，才稍微对它们的阐释有所帮助。哲学是可能的吗？阐明对哲人的基本要求的前八章和追问"何为高贵？"的第九章已经暗示了贵族制的社会结构，只有在此社会结构之中，最具贵族气质之人才能如鱼得水。结尾的任务就是要呈现人类成就的高贵顶峰如何以既激发他人效仿又能明哲保身的方式登上高位。本书结尾处的教化作用，暗藏在人类成就的高峰这个思想之中。将这最后部分的各条集中起来放在一个更大的语境之中加以阐释，方能欣赏到各条奇妙的变化多姿，像一系列问题的求索或者思想的火花，照亮了高贵灵魂终极的使命。高贵灵魂的终极使命是本书最后一个主题。这一使命是去分享不能分享的东西，是最值得崇拜之人允许自身可以用来崇拜的使命。以此美丽的方式，最高统治者施行统治。

尼采的面临一个基本困境很容易理解：作为重新诠释高贵的教师，他必须找出两全其美之法，既要尊重隐士品味的严格规则，又要明白指向自身。在《瞧，这个人》一书中，尼采用一种不太安全的方式解答了这个问题，办法就是臣服于"我的习惯、甚至我本能的骄傲打心底反抗的使命"（《瞧，这个人》序，条1）。不能成为自己楷模的人（条281），必须使自己成为他人的楷模，尽管不是能够复制的楷模。他并不追求高贵，而高贵却不知不觉降临其身。他自身证明高贵的方式恰是庸俗卑贱。然而，呈现高贵一直是他的终极使命。品味决定了他隐身于误解之中，而使命注定他不能任由他人完全误解。在此，在最困难的地方，他的笔触却最轻柔。没有地方比这里更不公平的阐释。它削平了高峰，将只在诗意最浓时出现的东西突然转化为平淡。然而，如果不进行阐释，这些思想就面临失落的危险，因为它们对品味是如此谦恭、如此苛求、如此遵从，以至于不允许我们接近它们豪华的内涵。

卓立的孤独（第 277 – 284 条）

哲人的高贵这个最后的主题始于何处？始于第 278 条这个直接的问题吗？——"漫游者，你是谁？"还是始于本章的中心点第 277 条："太糟了！又是老调重弹！……万事皆休的忧伤！……"？然而，尼采并没有言尽于此，结束的真正忧伤只流露于本章最后那一条，即第296 条；这忧伤不是事后聪明的悔之晚矣，[279] 相反，来自最优秀之物的不可沟通性。但是，即便是本章结尾，尼采仍然没有感慨，万事皆休，因为还有回指到开端的终曲，扎拉图斯特拉的到来。根本上说来，哲人永远没有完工的时候，而是不断地潜入新的深度，将深度置于新的前台（289）。在转向哲人这最后一个主题之前，尼采并没有获得只有全书完成之后他才知道的心得。《善恶的彼岸》的写作紧接着《扎拉图斯特拉如是说》，在写完《扎拉图斯特拉如是说》一书之后的心得，基本上在本书都已经传达；一本书是在前有的思想上建构起来的。最终到来的属于从开始出发的这本书的主题，哲学的真实。因为不是老调重弹，所以才需要追问，"漫游者，你是谁？"这个问题必须由对漫游者十分好奇的人提出。

尼采的著作中经常出现与漫游者的对话。① 在此，这个询问漫游

---

① 漫游者第一次出现是在《人性》最后一条（条 638）。漫游者和其影子的对话出现在《漫游者》的开头和结尾。他们在《快乐的科学》（条 287）中再次出场（条309，380）。扎拉图斯特拉本人在《扎》第三部开头就是那个"漫游者"；另外参见，第四部中"影子"、"荒野中的笑"和第二部中"重大事件"。

者的人看见他从某个深渊变形后回来，但不能辨别他去了什么地方或他已经化身成什么。但他要求回答，所以再次发问，"你是谁？"并继续追问，"你做了些什么？"像这样一本书的结尾，这个问题由作者来问是十分合适的。询问者富有同情心，他以为漫游者肯定需要休息，所以主动提出给予帮助。漫游者没有接受帮助，相反他针对询问者的好奇，促使询问者再次追问他能给予漫游者什么。最终他得到了答复："多一个面具！第二个面具！……"这个漫游者已经带了一个面具，显然希望别人问他是谁，他做了些什么，为什么他又要一个面具呢？为什么必须是好心的询问者给他面具，而这个好心者希望帮助他，只是错误地以为休息是唯一能提供的帮助？唯一能帮助漫游者的这个人是那个打破砂锅问到底、迫使自己搞清这个漫游者的面具后隐藏了什么的人吗？仅仅提供另一个面具、一个仅仅现在就戴上的面具，通过这样的共谋他就能帮助漫游者吗？

这另一个面具是什么？从第九章和全书的主旨来判断，答案也许可以在剩下的几条中合力寻找，在这几条对哲人的高贵、哲人高贵与通过尊崇高贵来定义的社会之间的暗示关联中去寻找。也许答案就在剩余几条的高潮处。[280] 因为另一个面具看来是面具大师在漫游者漫游结束时候给他的，是戏剧之神、面具之神狄奥尼索斯关门弟子的面具。漫游者结束漫游后，发表神学讲话，庆祝狄奥尼索斯和阿莉阿德涅；哲人用宗教结束他的讲话，尽管没有停下来休息，戏剧性地将自己描绘成漫游的哲思之神的虔诚信徒。"多一个面具！第二个面具！……"意识到深刻思想周围面具不由自主地在增长（条40），新的哲人用面具将自己隐藏在快乐科学的宗教之中，怀疑快乐的科学能够成为一个仅仅围绕狄奥尼索斯和阿莉阿德涅周围的世界。

第 279 条 新哲人并不是深沉忧伤之人，不像传统的智者那样对生活做出评判——"一无是处"（《偶像的黄昏》"苏格拉底"，条1）。本书几乎就要以衡量哲人的新标准作结：他们的笑声一路高扬，最后汇成洪钟大吕之音（条294）。"奥林匹亚的恶行"是笑声的恶行：诸神不够人性，所以才不会沉湎于深沉的忧伤。

第 280 条　"糟了! 糟了! 怎么可能? 难道他不——回来?"《扎拉图斯特拉如是说》的作者难道已经退回到写作《扎》之前的风格了吗? 像任何人想要朝前面跳跃一样，他现在首先要后退一步。《善恶的彼岸》对于《权力意志: 重估一切价值的尝试》来说只是准备性工作; 现在它退回到对自由精神言说的那些作品的主题和风格，目的是为了朝前跨一大步，完成扉页中预告的杰作。

第 281 条　本条全部内容加了引号，看来是在记录尼采同日神阿波罗或苏格拉底的训谕"认识你自己"（条 80 – 81）之间的内心对话。他要求我们相信，他并没有全身心地投入研究自我。对"认识你自己"的训诫表示怀疑，在"即时知识"中感觉到了矛盾（条 16），为了认识自己，他是一个引导自己朝外看的哲人。这个未解之谜可能向我们这类人泄露了他的另类身份: 哲人看来是追求自我知识的认识者，不仅仅依靠内省，而且平视他所属于的一切。如果对他人泄露了哲人的身份，那么，看来就不是哲人在进行自我解谜: 他看来想为自己保留这个谜语或问题，作为一个漫游者，他发现守住这个谜底不无好处。

第 282 条　如果现代提供给"最具灵性之人"的是尤其不具吸引力的营养，如果现代有助于解释为何他们如此易于毁灭，那么，《快乐的科学》（条 364）将为克服这一问题提供几条烹饪原则。

第 283 条　这条看来，包围着尼采的是保护哲人本质孤独的一种古老高贵方式。[281] 这个办法就是，通过赞扬他不赞成之事，主动引起别人的误解。主观上要去赞扬，但又不愿意赞扬自己，当他不赞成的时候，他也就难以享受赞扬的奢侈，因为他不属于狡诈之人。缺乏狡诈，被赞扬的人可能毁灭他的孤独，如果他撒谎暗示他同意了他们。

本条在其他几条的大背景下，为确定是尼采泄露哲人是什么的最伟大收益之一做了其小小的贡献: 重新发现哲学史作为高贵的人类智慧史，希望能理解自然世界又能为人类世界指引方向。

　　哲学古老的秘传教义——通过赞扬不同意之事主动引起误解——既不再可能也不再必要；在对过去和现在秘传教义的一次生动描述中（《快乐的科学》条 3 - 10），尼采暗示说，一切都变了。尼采使其成为可能的新哲学史赋予了对那些认为秘传教义是主动引起误解的哲人更深刻的理解。柏拉图的观念、亚里士多德的神学、培根和笛卡儿表面的基督教立场、迈蒙尼德表面的犹太教立场、法拉比表面的伊斯兰教立场：全都可以敞开，可以重新审视，可以重新阐释为奇异的策略，以维护增进这个本性恶意的世界的人间智慧，借用培根的意象来说，就像轻盈浅薄之物负载沉重深邃之物在永恒的时光之流中前行。理解了秘传教义，理解了秘传教义扎根于哲人的差异——"我们之间的不平等"① ——的必要性，尼采这样的哲学史学者对不得不与禁欲理念妥协的道德时期的哲人做出了特定的阐释，并对他们的高贵充满感激：他们是他们那个时代最伟大的贵族，是抱着推进人类的期望进行写作的未来哲人。

　　第 284 条　如果不采取惑人耳目的赞扬，哲人尼采又怎能超然生存，其必要的孤独又如何免于毁灭？为了保护掩盖他立场的前景，"他的情感，他反对的情感和赞扬的情感"的主人，只选择了调皮欢快的恶行——谦恭——为伴。主宰着他的恶行，也就主宰了他的四种美德：勇气、眼光、同情和孤独。如果说尼采的四种美德让人想起柏拉图的四种美德——智慧、勇气、正义和节制，那么，现在勇气排在首位，眼光代替智慧，就显得非常重要。正义，考虑到其贡献，让位于同情，[282] 因为同情是主动的给予而非接受。这几条全都与孤独有关，而孤独是四种美德中唯一得到说明的美德。孤独取代了节制。节制这个美德本来是保护哲人的言辞，为其身为询问者并不节制的本

----

① 《蒙田随笔》第一卷第 42 章"论我们之间的不平等"：人与人之间的距离远远大于人与兽之间的距离。

性戴上一副惑人耳目的公共面具。利用毫无节制的沉默，孤独这一美德通过谦恭这个恶行得到维系：谦恭地在场，他内心却已逃遁；与人一起，他又保持了孤单，在假装享受与同伴一起的快乐的面具背后，他偷偷地放纵孤独。① 这不但是第一次暗指了尼采在阿尔彭罗斯酒店与英国女士进餐时值得称赞的举止，而且暗示他最重要的公开亮相——他的著作：他以维护了其孤独的谦恭方式走进大众。

社会（第 285 – 290 条）

第 285 条 哲人的孤独不可分享，这是一个自然事实：他并不是为同时代人而存在；他就像那光芒还没有抵达地球的星星。但这些孤独者的思想是人类史上最伟大的事件。这些孤独者认为，人们理解他们的时间越长，他们也就越重要。

第 286 条 在《浮士德》一书的结束，浮士德在仰望；在《扎拉图斯特拉如是说》的结尾，扎拉图斯特拉在仰望，同时准备下山。② 与仰望的崇拜者形成鲜明对照的那类人就是具有最高视野的哲人。从"日出之前"中可以看出，或许是扎拉图斯特拉最重要的自我表白的那一席话，仰望头顶开阔的天空，给了他责任的使命，解放了他行动的双手。以哲人的降临结尾，《善恶的彼岸》反思的是：仰望之后的降临，集市上的演说；尽管比起扎拉图斯特拉集市上的演说，哲人的演说更能教育听众，但仍要充分意识到，还不存在这样主要的公众群

---

① 哲人在人群中获得孤独的原则在《快乐的科学》（条 365）中再次以玩笑的口吻论及。

② 《偶像的黄昏》（条 46）开篇引用《浮士德》相同的文字，接下来的反思跟哲人和走下山的内在使命有关。"小小的争论"以歌德的升华结尾，但这本书又加了一章，"我欠古人什么"，在这一章中，尼采强调，他以最终是狄奥尼索斯的希腊名义欠罗马人的决断的债务。《快乐的科学》中"普林茨·维格伏雷之歌"一章开篇就是"致歌德"，对《浮士德》最后那曲颂歌进行了反思，并对浮士德的仰望提出了挑战。

体倾听他这个哲人的演说，而他真正合适的听众更是十分稀有。[283]

第287条　"何为高贵"？看来已经说了太多，现在是应该再次追问作为本章标题的问题并要给出清晰答案的时候了。在我们这个时代，乌云密布的天空，视野并不自由，但仍能解读出一些迹象，这迹象不是行动的迹象，"成就"的迹象，而是信仰的迹象。尼采，这个后基督时代路德式的人物，利用这"古老的宗教药方，赋予新的深意"，拿来作为高贵的象征，"高贵灵魂对自身的敬畏"。作为贵族社会中高贵的标志，敬畏一直是第九章前半部分的首要主题：第260和263条都对敬畏下了定义；第265条，将敬畏和信念及对自身的敬畏联系在一起，以从某一高度看出去作结；第266条则引用了歌德。高贵的不同传统有助于为一个甚至超越了歌德的高贵观念做好准备。

第288条　高的智性/灵性在谦恭中得到庇护。谦恭"成功地使一个人看上去要比他本来面目愚笨"。这样一种高贵的谦恭就是施特劳斯暗指苏格拉底的反讽：

> 反讽是……对自身价值、自身优越性的高贵掩饰……最高形式的优越性就是智慧。那么，反讽，从最深刻的意义上说，就将是对自身智慧的掩饰，比如，对自身智慧思想的掩饰。①

尼采将这一掩饰的手段命名为热情，一个大得足以囊括美德的范畴。

第289条　尼采看来提供了一个有利的视角：考虑到哲人首先是个隐士，那么，隐士也就泄露了隐士书写的特征、哲人书写的特征。②这个隐士的写作本身就应该小心对待，因为隐士并不相信一个隐士会

---

① 《城邦与人》，页51。施特劳斯看来也用眼光来取代智慧。
② 论哲人与隐士，参施特劳斯，《迫害与写作艺术》，页135–141。

"在写作中表达他真正终极的观念：著书立说难道不正是为了掩饰用心隐藏的东西"？① 用言辞来掩饰显然是经过精心算计过的，因为只需保持沉默，一个人完全能掩藏心中所藏。相反，一旦著书立说，这些著述使其所藏成为那些具有隐士般怀疑精神的人寻找对象。这样的寻找受到这种怀疑精神的火上加油——"真正终极的观念"不是哲人所有的东西：在其每处洞穴的背后还有更深的洞穴，"每一个地方之后，每一层'基础'下面，还有一个深渊般深的地方"。② 这是对柏拉图进入哲学的邀请的颠覆：不是邀请上升到永恒的太阳之光下，而是邀请更进一步地下沉到作为所有地方基础的黑暗之中。但这不是对哲人思想的解构，[284] 因为它承认他们深邃的基础，尽管它怀疑他们哲学真正基础所在的位置——不在别处，不在某个完全不同的洞穴，而在前面暗示的不断深入的下沉之路更深、更远的地方。

尼采引述了隐士的怀疑，所有的哲学都是前置哲学："他在这里停下，回顾，四望，他把铁锹放在一边，不在这里继续深挖，这些事实表明总有任性的东西，这些事实也表明总有怀疑的东西"。尼采对隐士话语的评论引起了这样的怀疑，哲人事实上并没有放下铁锹，只是看上去放下他的铁锹："每种哲学都隐藏了某种哲学；每个意见也都是遮蔽，每个语词也都是面具"。哲人的话语都是有意识选择的隐身之地；看上去像停顿不前的地方，恰恰隐含了只有隐士同道才明白的道理，他在此地挖掘得更深。③

为什么要隐蔽？第 290 条给了一个人道的原因，解释为什么"所有深沉的思想家"都建构了一个招人误解的藏身之地。单纯误解思想家的人不能还他以公道；理解他的人又被判处分享他那苦难经历。同

---

① ⋯um zu verbergen, was man bei sich birgt?

② ⋯ein Abgrund hinter jedem Grunde, unter jeder "begrundung".

③ 尼采在《快乐的科学》(条 359) 中补充了这一点，将智慧当成藏身之地，各种类型的思想可以保全自己，有些隐藏卑鄙的动机，有些勾引别人来探究。

情，这个取代了正义的美德，希望能够宽恕这个受难者。这个不可避免的新的秘传教义在根本动机上跟过去哲人的秘传教义没有二致，都是不受伤害的欲望。接下来几条暗示了必须为这一欲望设限。

凡人（第291－293条）

第291－293条　之所以放在一起，是由每条开头的词语就决定了的：人类、哲人、人。把它们放在一起，非常适合本书的压轴戏，共同构成了对人类和哲学全面总结性反思。起始的第291条谈论人类的共性，接下来过渡到第292节点明人类中最高贵典范哲人的属性，最后以第293条作结，论述人类最高的典范因为卓尔不群是故必须之所为：通过反对宗教的同情表达同情。更确切点说，正如接下来两条（条294－295）所示，哲人必须反复灌输一种新的多神论来推进人类（条257）。

人这种动物（条291），喜欢简化、弄虚作假（条24），为了头脑简单的乐趣，于是发明出了良心。一万年来的道德（条32）都是为这好良心服务。人类不惜大胆地造假，［285］利用最宽泛意义上的艺术，来维系这个良心。意识到这一有关人类的真理，哲人就将尊重不可或缺的艺术。

"哲人"。只有两句话的第292条都以这样的方式开始。第一句话将哲人从人类动物中区别开来，区别的主要标准是哲人对复杂性、真理的热爱以及他对特殊事物持续的体验；也许他自己就是雷鸣闪电。雷鸣闪电是扎拉图斯特拉指派给超人和他自己的意象。① 第二句话承认，哲人也是人，因此经常也会因为恐惧而逃避自己，但是作为一个本质上受好

---

① 《扎》前言、"山上的树""拿着镜子的小孩""七重封印""古老的法版和新的法版"都提到了孕育闪电的乌云。参《快乐的科学》（条351）：哲人居住在"最大困难、最重责任的电云之中"——尼采以毕达哥拉斯和柏拉图为例。

奇心驱使的人，他不会害怕"总要再次'回到自身'"——回到"人"，一个真正的男人。

　　一个真正的男人（条293），总会忠诚于所爱，捍卫所爱不受他人伤害。《善恶的彼岸》中的主导性问题因此得到再次也是倒数第二次公式化的表述：假如真理是个女人，一个真正的男人会怎么办？他会待她如己，为了她的利益而行动。真正的男人是"天生的主人"，出于同情而捍卫真理；这同情是对人类的同情，因为人类对于真理总是采取含混的立场。通过强调同情，本书以后面五章的首要主题收尾，即，新哲学的道德政治，换言之，各种同情之间竞争性之战（条225）。这一战争需要一个真正的男人行动起来反抗缺乏男人气概的宗教同情。这也意味着他将行动起来创立一种新的宗教，一种新的多神论——对人类残酷地大笑着的诸神。

　　尼采在风靡现代欧洲的"受难崇拜"中找到了驱除女性化宗教同情的符咒，他建议，"人人都在胸前颈上挂这道'快乐的科学'的美妙护身符"。本条因此将区别主人和奴隶那一条联系起来（条260）；将天生的主人的符咒跟风靡欧洲诗歌、几乎创造了欧洲本身的高贵艺术联系起来。最伟大的战争总是为艺术而战，为迷住心魂的信仰而战。新的爱人的艺术点燃了服务于快乐科学的精神之战。

　　在哲人不同的心灵及其随之而来必须行动的地方收笔，尼采暗示他在奉行柏拉图主义者的原则行事。像柏拉图一样，他传授一种新的高贵。但跟柏拉图不同，柏拉图将人从哲人心灵真实的视线引向纯粹精神和纯粹精神之善的虚构，尼采［286］则直指哲人就是最伟大的高贵。这样一种学说可能有害（条290），但其衡量有害的准绳是教导与愚蠢趋同合流的柏拉图主义所造成的危害；这种柏拉图主义允许动物性的人类成为某类特殊危险之人简化和虚化的玩具。尽管教导优秀之人是柏拉图的哲学使命，但现在接受优秀之人的新学派中灌输的却是跟自然保持一致的非柏拉图思想。不过，他们终极目标都是一致的：借助艺术表达对推进真理之爱的忠诚。

诸神（第 294 – 295 条）

诸神生活在凡人之上；他们是大笑的生灵，残酷的生灵，但他们跟凡人共享着最高贵的品质——哲思。

第 294 条　尼采引用的所谓霍布斯的话看来靠不住。① 急于说一个英国哲人教导任何有思维的头脑认为笑是一种恶行，这个快乐科学的哲人难道就要伪造霍布斯的话？若是，将英国放在哲人新等级的底部以反衬自以为占据的高点，这样的做法就有点可笑。发笑可能是幸灾乐祸这样的恶行，但也可能是伴随高处观望的一种美德，从高处观望，甚至悲剧也不会有悲剧效果（条 30）；意识到这一点，尼采解救了笑。诸神发笑不是什么新发现；真正发现的是他们笑的原因：他们的思维太哲学化；正因为他们的哲思，他们才以超人的新方式发笑。

哲思的诸神是反柏拉图主义的终极发明。苏格拉底创造出智者狄奥特马来教导大家，诸神并不具备哲学化思维，因为他们已经具备了漫游哲人苦苦寻觅的东西。通过奉承诸神无所不知，柏拉图将所有的哲人和神学家置于同样的溜须拍马之道。在这本反柏拉图主义的书结尾，尼采乞求神祇跟真正的哲学结成更紧密的同盟。作为严肃的反面，他们"喜欢嘲笑：即便在神圣的仪式上，它们看来也难以抑制住笑"。笑，本身看来已经成了某种神圣的仪式，庆典的一部分。在《快乐的科学》的第一条，尼采声称，悲剧教师，作为谋生之道，最终被"数不胜数的如潮笑声"（引用一个伟大悲剧家的话）赶下舞台，淹没于"笑声、理性和自然"之中。为好良心服务了万年的简化道德，现在成为一出大喜剧的部分。这出喜剧的看客，[287] 潜在地包括了受过美好的护身符——快乐科学教育过的人类。他们嘲笑尼采最酷的玩笑："某天，诸神中的一个

---

①　施特劳斯仔细地读完霍布斯著作之后说："我在霍布斯那里没有找到这一段话。"（芝加哥大学尼采讲座手稿，1967 年冬）

突然宣布，'只有一个神存在。在我面前没有其他神'。于是，其他诸神
——大笑而亡。然后，这里就只剩下一个上帝"。（《扎》第三部"背教
者"）那些在惟一上帝的独裁和鲸吞中杀死的大笑的诸神，在尼采的著
作中，已经做好了回归的准备。①

第 295 条 尼采说，他不大以神学家的口吻讲话，这难免有些夸
大其实；但他的作品中的确很少出现诸神——如狄奥尼索斯和阿莉阿
德涅——的讲话，这是事实。如果不算诸神在《扎拉图斯特拉如是
说》中化名之后显身，那这里就是第一次。② 在狄奥尼索斯开始讲话

---

① 参见，Lampert："尼采最酷的玩笑"，载 Lippitt 编，《尼采的未来》，页 65 - 81。

② 参《扎》第三部"伟大的渴望"，渴望用雅典人庆祝酒神的方式欢迎狄奥尼索
斯从海上归来；参《扎》第三部分"另一曲舞蹈之歌"和"七重封印"，庆祝狄奥尼索
斯和阿莉阿德涅的婚姻大典。这三首舞曲跟传说中的狄奥尼索斯和阿莉阿德涅之间的关
系，参见 Lampert，*Nietzsche's Teaching*，页 227 - 244。狄奥尼索斯和呵里阿德涅在尼
采其他书中也联袂出现过，如《偶像的黄昏》《瞧，这个人》等。狄奥尼索斯在传世的
笔记中，仅有五次出现：《全集》10. 13 [1，p. 433]；II. 41 [9]（本则笔记是《善恶的
彼岸》中序言的雏形）；12. 9 [115]（标题为"羊人剧"）；12. 10　[95]；13. 16 [40
$2]。关于阿莉阿德涅，也参见《全集》II. 37 [4]。尼采作品中狄奥尼索斯和阿莉阿
德涅的婚礼，参见 Deleuze，*Nietzsche and Philosophy*（《尼采与哲学》），页 188 - 189。尽
管我相信书中主要观点——尼采装疯作为给潜在信徒的礼物——及过度扭曲用来支撑其
观点的注疏使得该书价值大打折扣，但是，Claudia Crawford 的 *To Nietzsche：Dionysus，I
Love You!*（《致尼采：狄奥尼索斯，我爱你! 阿莉阿德涅》）一书因其对尼采的狄奥尼
索斯/阿莉阿德涅思想核心的强烈共鸣，还是给我留下了深刻的印象；这本书可以说是
一次爱的行动，一个女性对一个男性狂热、激情、奔放的爱。克洛佛德或阿莉阿德涅卷
入了尼采思想中最重要的情感——爱欲——在斥责尼采那些半心半意的爱人们仅仅欣赏
尼采身上这点或那点思想的同时，她们也没有能够幸免于难。尽管以不同的方式——
蔑视尼采、无休止地嘲笑尼采可能有的超越伦常的任何企图——使自己的书大打折扣，
但是，Anacleto Verrecchia 的著作 *Zarathustras Ende*（《扎拉图斯特拉的目标》）为尼采在
都灵精神崩溃前后几周提供了迷人的洞见，这些洞见进一步印证了克洛佛德的尼采装疯
一说之不可信。也参 David Farrell Krell 的 *Nietzsche：A Novel*（《关于的尼采一部小说》），
这本书对尼采的疯狂进行了酒神式的再现，从尼采疯癫那几年的事件开始回顾，通过尼
采的信件来还原尼采的人生，情节曲折，令人爱不释手。Krell 本人译出的尼采的信，
译笔漂亮，保留了原文鲜活的特征，栩栩如生，宛如初成。

前，尼采发出了几次警告。但是，最重要的警告不是已经在本书论述哲学及与哲学和宗教之间关系中提过了吗？本书作为一个整体为在倒数第二条中的顿悟做好了必要的准备。[288]

狄奥尼索斯的归来又意味着什么？这意味着，在尼采的所有著述中，在第一本书中遭到放逐的那个神——这是西方历史上最重要的事件——回来了（《悲剧的诞生》，条12–17）。在《悲剧的诞生》一书里，人们看到作为悲剧之神的狄奥尼索斯在三段论的皮鞭下被驱逐，避难于海下"受到秘密崇拜的神秘水域"（条12），在那里，他经历了"最不可思议的变形和变损"，但"从未停止为自身吸取更严肃的自然"（条17）。正如《悲剧的诞生》中的描述，这一重要事件的根源在于苏格拉底，"这最无可置疑的古代现象"，因为他"否定"了悲剧表现出的那种"希腊人的自然"（条13）。《善恶的彼岸》表明，尼采忠实于对该事件的早期判断，只不过后来扩展深化了他对当初发生该事件的看法。① 这一重要事件的根源现在更多地指向最伟大的苏格拉底主义者柏拉图的力量，尽管事件本身被置于一个更广阔的道德谱系加以更全面的审视：苏格拉底主义／柏拉图主义让西方付出的代价是丧失了希腊人的全景，这幅全景的表述可以回溯到荷马时代，其间包括了智者派、修昔底德、阿里斯托芬、前苏格拉底希腊哲学以及希腊的科学。② 现在，柏拉图是关键人物；被告是道德主义；牺牲品是希腊启蒙运动。柏拉图主义死亡之日，即是狄奥尼索斯再生之时。

尼采书写狄奥尼索斯回归意义的努力，还包括《善恶的彼岸》完

---

① 尼采在《偶像的黄昏》的结尾反思了"我们究竟欠古人什么"。他最终欠他们的是"希腊本能这一基本事实"，狄奥尼索斯的处境。在那里，尼采也在结尾注明了他的写作历程，始于《悲剧的诞生》，在随后的著述中，理解日渐深化，论述日渐清晰，最终抵达了高峰："我是哲人狄奥尼索斯最后的传人——我是传授永恒回归的导师……"

② 《悲剧的诞生》（条13）提到苏格拉底一个人就敢否定荷马、品达、埃斯库罗斯、菲迪亚斯、伯里克利、皮提亚、狄奥尼索斯等人为代表的希腊人的本质。

成几周后所写的一篇短文——"自我批评的实验"，① 后来这篇文章成为《悲剧的诞生》第二版的序言。这篇"建基于"［289］其第一部作品的文章不断积蓄力量，在倒数第二条（条6）达到高潮。在这一条，尼采阐述了两个他现在"后悔"写进第一本书的基本问题，并解释了它们为何"毁灭"了这本书。第一个问题是，他"用叔本华的公式化表述遮蔽消除了狄奥尼索斯的暗示"——"狄奥尼索斯跟我讲的是多么不同啊！"在引用叔本华的话之后，尼采发出了如此感叹（条6）。但"更糟糕的"、他现在"依然非常后悔"的是，他"毁灭了希腊的大问题"，这个大问题曾经在他眼前张开，将现代的问题全都引向自身。② 希腊的大问题是真理价值的问题。毫无疑问，尼采现在认为他已经正确地把握了这个问题，并指出了解决之道。《扎拉图斯特拉如是说》和《善恶的彼岸》正是尼采对希腊人面对的大问题的正确回应。

尼采作品中狄奥尼索斯的回归意味着人类文化多种可能性的回归。这些多种可能性并不全是新东西，因为这些艺术和科学的多种可能性早就被英勇的希腊人大规模地开创，只是被苏格拉底主义/柏拉

----

① 尼采以回忆他生活中一个重要时刻的方式开始了他的"实验"或"文章"：在"德法战争"（1870年8月8日）沃斯战役几周后，当《悲剧的诞生》的作者在"阿尔卑斯山的某个角落"——1870年8月他在 Maderanertal 山中 Hotel Alpenklub，写作一篇题名"狄奥尼索斯的世界观"的文章，他刚刚获悉他将作为卫生员上战场服兵役。"狄奥尼索斯的世界观"包含了许多狄奥尼索斯权力和爱的重要思想——"清醒和沉醉的共生"，是"希腊文化顶峰"的标志。这篇文章描述了狄奥尼索斯混沌的原始力量是如何被驯服的，如何被变形为集体的、公共的美感表述和人与自然合一的表述，在这样的表述中，"'过分'揭去了面纱，宣布自己成了真理"。但是，解读这篇早期的文章也要特别小心，在为《悲剧的诞生》写的新的序言中，尼采对此提出了警告。

② 在《瞧，这个人》一书中，尼采评论《悲剧的诞生》的时候也挑了这同样两处败笔，不过重点放在了狄奥尼索斯现象上。

图主义及其最终的后果所毁灭。① 狄奥尼索斯的回归是尼采目睹正在到来的东西，作为下一个伟大事件，紧随刚刚发生的最伟大事件——上帝之死（上帝在欧洲文明中地位的抬升，得益于苏格拉底/柏拉图主义者对真理价值这个希腊大问题的回应）。以其自身的方式，狄奥尼索斯和阿莉阿德涅就是真神。他们的神性何在？那最真实、最隐秘、表现于万物之中、汹涌奔腾的权力意志，那注入人类思想家经历中最好的灵性和智性，在他们身上突然醒来，光芒万丈，万象纷呈，以诗意的方式，表现了男人和女人的神性。自然惊人的生殖力，自然核心中最受人类谴责、被认为不受宇宙接纳的爱欲，在他们身上，汇聚成了神性。围绕着他们，任何"一种"权力意志也许都能变成一个世界，一个单一的世界。这个单一的世界再衍生出诸多的不和谐，但这些不和谐相互结合，结出硕果，变成了紧随悲剧和"羊人剧"之后关于救赎的喜剧。[290]

第 295 条 本条可能是整本书中最漂亮的文字。开始这一句话就永远没有尽头，它描写了"心灵的天才"，这个"勾引之神"，精于伪装，能够潜入每一颗心灵。在一个关键的地方（《瞧，这个人》中开始评论他著作之前），尼采重复了这句话，为他解释自己的勾引行为做好了准备，同时阻止"对我正谈论的人进行任何揣测"（《瞧，这个人》卷6）。

为了证明自己有权利来介绍狄奥尼索斯，尼采说自己从小就是一个漫游者，在路上经常遇见狄奥尼索斯这个神。如何将这个长期以来一直现身的神引见给他人呢？"正如你所知"，尼采将他"处女作秘密地、虔诚地"奉献给了狄奥尼索斯。但是，自从写了《悲剧的诞生》之后，他对"这个神的哲学"有了更多的了解，现在，作为"狄奥尼索斯这个神的关门弟子"他可能"最终"被允许"尽我所能的，开始

---

① 狄奥尼索斯的回归现在成为《悲剧的诞生》所描述的决定性的未来事件——一个"合奏爱的音乐的苏格拉底"的冉冉升起——的一部分（条15，17）。

给你，我的朋友们，品尝一点这种哲学"。他提供的浅尝必须用"小声"、压低声音来吩咐，部分原因是所告诉的内容，更主要的原因是他必须告诉的对象，"我的朋友们"。① 尽管在对他那些自由精神的朋友说话，尼采说及狄奥尼索斯的东西将完全不同地打动某些不同的听众——哲人们，尼采说，将发现他的话更多怀疑，更多冒犯。尽管狄奥尼索斯哲学中有许多"神秘的、新颖的、陌生的、古怪的、危险的"的东西，但尼采聚焦一点，他坚持称狄奥尼索斯是个哲人："狄奥尼索斯就是个哲人，是故，诸神也有哲学思维，在我看来，并非无害的新闻，这点可能恰是在哲人中会引起怀疑"。自柏拉图以降（条191），哲人都成了同道，根据柏拉图的法令——据说是狄奥提玛传授给苏格拉底的——诸神并不进行哲思，因为他们已经具有智慧。这是柏拉图主义根本的不可或缺的信条：最高级的人必须拥有纯净的头脑，思考自身永远不变的善的真实。难怪一个进行哲思的狄奥尼索斯引起了哲人的不信任：如果诸神也进行哲思，那么，柏拉图主义就必然是错误的，纯洁头脑及其中的善，必然纯属虚构。施特劳斯帮助把这一暗示推演至一种更激进的可能性：② 尼采或许一直在暗示，诸神具有哲思，哲人中早就对此存在这样的怀疑，甚至柏拉图本人也怀疑。施特劳斯的两条参考文献引用了柏拉图［291］将哲人称为神的时刻；③ 若是，这新闻可能的有害性将在于，使原本不是哲人之人能够接近哲学这项本来是神圣的活动。

但是，如果宣布诸神具有哲学思维这条新闻在哲人中尤其会引起怀疑，那么，"在你们中间，我的朋友们，很少有反对之声"。或者说，应该看起来有很少的反对，因为尼采认为，他那些具有自由精神

---

① 在书中尼采很少直接对"我的朋友们"说话：条 37，151，205。另外参见第25，27，40，43，44，209，212，217 条中对朋友们的暗指。

② 《学习柏拉图式的政治哲学》，页 175。

③ 《泰阿泰德》15；《智术师》216b。

的朋友本来就应该比那些哲人少些对此新闻的怀疑，"除非它来得太迟，来得不合时宜"。尼采对诸神的谈论可能是他最不合时宜的思考，因为有人已经向他"透露"，"今日你们都不愿意相信上帝及诸神"。尼采的朋友们，即今日这些怀疑者，看来昨天还曾经是个信徒；他们割断了自己的宗教后，就怀疑起所有的宗教。后基督时代的无神论，从最危险的一神论中解放出来，当然是值得欢迎的事，不过却付出了极度惨烈的代价：放弃了最为古老、最值得敬畏的一个假说——神论。将来还会有更新、更好的关于神性的假说吗？尼采对于朋友耳朵"严苛的习惯"十分警醒，因为他们一听到谈论诸神就立马反感，但他不能等几个世纪，等上帝已死的效应自然消逝的那样几个世纪。他必须对那些抗拒性的耳朵说出这最不合适的话，这些耳朵因为一个上帝的缘故而对其他神都抱有偏见。尼采不但坦率地讲出了他的神学故事，而且出乎他听众的料想，进一步警告说，在那些没有公开的谈话中，狄奥尼索斯走得比他愿意走的还远——因此，难以估量地远远多于他愿意讲出来的东西。

尼采另加了一道资格，以预备狄奥尼索斯在他的舞台上首次亮相：他说，他已经得到恩准，可以不照人们习俗介绍狄奥尼索斯，因为他可以证明狄奥尼索斯的美德。不过，他还是以其他方式提到了这些美德。这些美德正是本书极力赞扬的哲学美德：探险者、发现者的勇气；无畏的诚实；真实；爱智慧。人们听到尼采的狄奥尼索斯讲的第一番话，是他在一次辩论中对哲学的赞辞。这一段赞辞完全可用来介绍他自己，一个具有哲思的神："'记住这点'，他会说，'因为你，你的同伴，任何人，都可能需要它！我——我没有理由掩饰我裸露的身体！'"听到狄奥尼索斯这个赤身裸体的哲人的话，他的弟子（即尼采）立即装成一个德行之士（这个角色一直演到本条结束）大吃一惊地进行评论："人们会想，这类神性的哲人或许寡廉鲜耻吧？"从柏拉图到伊壁鸠鲁，哲人都不是不知廉耻，相反，他们选择用美德来掩饰神性。[292]狄奥尼索斯的关门弟子看来想跟柏拉图他们走，然而，狄奥尼索斯看上去却寡廉鲜耻，却拒绝合作。没有羞耻感，其实就是没有什么需要隐藏的感觉，或许是因为它会引起尴尬或羞辱，如果它看上去是如此。但从尼采书中关于哲人面具的论述来看，狄奥尼索斯缺乏的羞耻感可能是在犯罪现场当场被捉的那种羞耻感；在此，这犯罪是最高层次的犯罪，即，宣扬居于统治地位的诸神判定为魔鬼的东西。狄奥尼索斯看来毫无羞耻；意识到他总是来到充满诸神的安定世界，他总是乐意看上去像个魔鬼，不愿用道德话语遮蔽己身。

尼采的神（即狄奥尼索斯）一览无余地体现了尼采哲学的美德；哲学就是狄奥尼索斯并不为之羞愧的裸体。然而，仍然只有一个神说他没有必要掩盖他那裸露的身体，那么，另一个神——他的关门弟子——就必须为他的裸体掩饰点东西吗？在"何为高贵？"这一章的倒数第二条，这个弟子就通过藏身于没有羞耻感的师尊门前掩饰了其高贵。遮蔽就是显现；尽管弟子对师父的惊世骇俗之语大为吃惊，发表了保留意见，但师徒关系泄露了他的立场：哲学，这一真正神性的活动，几乎就是无耻的，我们应该谦卑地将这无耻的品质赋予神。

通过讨论该如何介绍他的方式来引入，狄奥尼索斯开始了跟弟子尼采的对话。某种意义上，这场对话显示了师父的裸露和弟子的遮蔽。他们对话的主题就是人。他们的对话表明神在俯视。狄奥尼索斯不是柏拉图的神，也不是伊壁鸠鲁的神（条62），因为在他的俯视中，他在寻找干预人类历史的方式。回应扎拉图斯特拉开头的话"我爱人类"，狄奥尼索斯说，"某种情形下，我爱人类"。他将给出他爱的其他理由，但在这样做之前，他告诉尼采，"他用这句话暗指的是在场的阿莉阿德涅"。在尼采的书中，狄奥尼索斯回来的时候身边总陪伴着凡人阿莉阿德涅。狄奥尼索斯用爱，将她抬高到神的位置，阿莉阿德涅和狄奥尼索斯就成了真正意义上的神仙伴侣，拥有至高无上权力的女人和男人。因此，本书倒数第二条回指到序言的开头。但现在，真理这个女人，跟一个般配的求爱者一起出现，她允许这个求爱者获取她的芳心，但她不会对他臣服——她保持着自己的本性，跟这个爱她的爱人结合。

"在我看来，人类是愉快的、勇敢的、具有创造力的动物，在世上独一无二；他甚至能在迷宫中找到出路"。通过暗示阿莉阿德涅在场的那个著名的迷宫故事，狄奥尼索斯言下之意是，正是人类的优秀品质才赢得了他的垂青。人类的优秀品质就是英雄忒修斯的品质。在迷宫深处，忒修斯借助阿莉阿德涅给的剑，杀死弥诺陶洛斯，[293]然后利用阿莉阿德涅线团的帮助，走出了迷宫（29）。① 狄奥尼索斯对人类如此充满好感，因此经常反思"究竟我该如何推进人类"。一开始就顿悟要拒绝美德外衣的这个神再次显示了其裸露的美德：通过使之"更强大、更邪恶、更深沉"，他行动起来推进他所爱的人类。这个神再次看来比他的关门弟子远远超前：

> "更强大、更邪恶、更深沉"，我惊骇地问道。② "是的"，他再次说，"更强大、更邪恶、更深沉；也更美丽"。

正是在他加上"更美丽"这话时，"这个勾引之神露出了他平静的笑容，就像他刚刚说完施了魔法的赞辞"。显然他已经下定决心，因为用这番话，这个神也肯定在勾引阿莉阿德涅，而阿莉阿德涅正好具有所有这些品质；为了推进人类，狄奥尼索斯引导人类拥有他所爱之人的品质——他使人类更加忠诚于其所是、更加忠诚于应是的人类。

在对真理这个女人的爱中，这个能够哲思的神渐渐拥有了她；而

---

① 在尼采笔记的谈话记录中，阿莉阿德涅自己就是迷宫，英雄忒修斯在她那里迷失了方向，但狄奥尼索斯却没有迷失。《全集》12. 9 [115]；10 [95]。

② 参《全集》11. 34 [176]，一则重要的笔记方案中，尼采的"狄奥尼索斯的哲学"跟反思如何在现代思想的危险语境中顺利完成创立新的道德学说的重大使命联系在一起。同样重要作为第 295 条滥觞和狄奥尼索斯哲学的是 34 [181]。

这恰是说教的哲人不能做到的。但不仅如此,在热爱真理中,他学会了去爱真实,去爱真理所是,去爱具有令人吃惊繁殖能力的残酷自然。狄奥尼索斯对阿莉阿德涅的追求遵循了《扎拉图斯特拉如说》中画出的路径:那本书中的诗歌表明,扎拉图斯特拉对荒野智慧的爱自然地、尽最大努力地转化为了对生活之爱。狄奥尼索斯对人类的推进,使其更强大、更邪恶、更深沉、更美丽,目的在于使其更自然;这样他对真理之爱也最大努力地化身为了对真实之爱。本书结尾讲述的这个神学故事用宗教仪式同样重复了本书哲学思想的核心。与此同时,用信徒来叙述他与神之间对话的方式,也传达了本书的政治思想,哲学必须成为政治哲学,着手改变大众口味:像柏拉图的苏格拉底一样,尼采用讲故事的方式结尾,终结神话;① 在结尾处,他艺术性地描绘出一幅画卷,呈现书中以议论的方式阐明的东西。② [294]

这个惊骇万分的弟子,远远地落在勾引他的那个神的身后,最后说道,"人们也将在这里看到:这个神缺乏的不仅仅是羞耻——";那他还缺乏什么? 他的话看来表明了他还缺乏使诸神成为神的东西,他看来恰是那个魔鬼,引诱我们进入邪恶。这个信徒继续说:

> 无论如何,有许多理由推测,在好几个方面,我们人类都可以教育诸神。我们人类——更具人性。——

在他最后陈词的舞台上,狄奥尼索斯的这个信徒隐身于人性之中;假装出期望他的朋友们面对他不知羞耻的邪恶之神所经历的战栗,他的行为似乎表明,教育神知羞耻,教育神明道德,教育神遮蔽裸体,勾引走他身上的魔鬼性,将是一种人性的进步。狄奥尼索斯的

---

① 柏拉图《申辩》39e,《斐多》70b;《法篇》1.632e。

② 《全集》11. 34 [232] 讲述了尼采年轻时候的经历,一个危险的神教会他保持沉默,"为了正确地保持沉默,人们必须学会说话"。

信徒必须采取狄奥尼索斯和他的关门弟子的方式，对他那帮还有一段长长的道路要走才能获得对人类之爱的朋友们讲话，承认了这点，这个信徒伪装出的人性就达到了目的。

哲学（第 296 条）

这十分漂亮的最后一条尽管作为结束语十分贴切，但是，尼采在最后一刻才将它放在此处，没有让这本书在狄奥尼索斯和阿莉阿德涅出场之时、在狄奥尼索斯的信徒努力调节神和人关系之际结束，可能看起来仍然不无遗憾。但是，尼采在怎样结束全书这一点上是不可能出错的。施特劳斯切中肯綮：紧接倒数第二条的格言警句之后的，是"《善恶的彼岸》中最后的格言警句"，① 也许，哲学最后的格言警句，哲学最终的话语，是承认哲学话语等待的命运，等待哲学思想交流的盛宴和狂欢。带着对其"邪恶思想"（书中最后的语词）命运的反思，尼采指向了本书开头的语词"真理意志"。他的邪恶思想尚处于转化为"真理"的过程中，这并不能驳斥现在已经证明了的真理意志的价值，无论其意义如何，对于尼采和他的朋友们来说，真理依然是个问题，一个爱者的问题，一个他们不可或缺的问题。[295]

---

① 《学习柏拉图式的政治哲学》，页 175。

来自高山之巅：终曲

尼采以一首长达三页的诗歌结束全书。他完全是想将它当成另外一章，所以在目录中单独给了它标题。他称这首诗歌是终曲，或最后的颂歌。① 本书开篇是演讲，结尾是颂歌，从演讲转到颂歌，演说家变成了歌手。以此观之，《善恶的彼岸》结构上也与《扎拉图斯特拉如是说》类似。在尼采刊出的版本中，《扎拉图斯特拉如说》这本演说书，开始有序言，结尾是第三部分后面的那三首诗歌。《扎拉图斯特拉如说》中最后的一首歌"七重封印"期待着"儿童"的到来，而《善恶的彼岸》最后的颂歌期待的是"朋友"的到来。②

对于朋友的要求，［296］《善恶的彼岸》整本书已经揭示。尼采生活中的一些事件对此也有所暗示。1884 年 11 月，也就是差不多在完成《善恶的彼岸》两年之后，他才写了这首诗歌放在书后。这首诗歌是为斯泰恩而做。尼采为什么要写这首诗歌，秘密不为人知，妄加揣测无助于读者的解读，但是，若能了解这首诗歌的起源，也许马上

---

① 古希腊戏剧家和抒情诗人写的颂歌由三组构成，由歌咏队吟唱。第三组颂歌（epode）前还有两组颂歌，第一组颂歌（strophe）是歌咏队从右向左回舞时唱的歌，第二组颂歌（antistrophe）是歌咏队从左向右回舞时唱的歌，第三组颂歌也即最后的颂歌，唱完后戏剧也就终止了。三组颂歌共有十五条，每条的押韵方式都采用 ABBAA 式。

② 《扎》第四部的最后几个词提到了扎拉图斯特拉，"红光闪闪，强健，像初升的太阳走出黑暗的群山"。

能够大致明白它作为全书结尾的根由。① 斯泰恩比尼采小十三岁，是个很有前途的年轻思想家，哲学学者，他是瓦格纳儿子的家庭教师，是瓦格纳圈子中人，与莎乐美、瑞保罗过从甚密，有多本著作问世。②1887 年，在狄尔泰的帮助下，柏林大学为他设立了哲学讲席，但一向似乎身体不错的斯泰恩，在登堂开讲之日却突发心脏病而死，年仅三十岁。③ 作为瓦格纳圈子的成员，又跟莎乐美等人熟识，在未谋面之前，斯泰恩就对尼采相当熟悉；同样，尼采对斯泰恩也有耳闻，《扎拉图斯特拉如是说》面世之后，他还赠书给斯泰恩。④ 直到 1884 年 8月，斯泰恩从德国中部旅行到西尔斯马莉亚，急切登门拜访尼采，他们才首次见面。在见面的三天时间里，他们一起长时间漫步，紧张谈论，给尼采留下了深刻印象。斯泰恩恰是他梦寐以求的人：他渴望的信徒。

　　1884 年 9 月 18 日，在斯泰恩来访三周之后，尼采致信给他表达了自己的希望。[297] 他将这次会面看成是"写作《扎拉图斯特拉如是说》之年最感激的三大赏心乐事之一"，他想知道，是否"也许你

---

　　① 诗歌最初的标题是"隐士的渴望"；原来只有十三节，发表时候增加了最后两节，其他还有一些小的变化和修订，如第二节和三节、第七节和第八节、第十节和第十一节的对调。诗的原稿见于尼采 1884 年 11 月底写给 Stein 的信中。

　　② 参看 Janz，《尼采》（2：325 - 336）；Stein 来访，参看尼采写给 Overbeck 的信（1884 年 9 月 14 日）和给 Koselitz 的信（1884 年 9 月 20 日）。另外参《瞧，这个人》第一卷。在 1884 年 12 月 4 日写给 Overbeck 的信中，尼采说："你读过斯泰恩的'世界英雄'没有？如果没有，请仔细读一读"。斯泰恩的著作 Heroes of the World（《世界英雄》）谈论的人物包括梭伦、亚历山大、卡萨琳拉、路德、布鲁诺、莎士比亚及克伦威尔。

　　③ 斯泰恩的死对尼采影响很大："斯泰恩去世的消息……使我悲痛欲绝，难以言表，我现在仍然难以接受。他对我是如此珍贵，他属于少数几个人，其存在给我欢乐：我从未怀疑他是为我流芳百世而生……为什么死去的不是我而是他呢？这个高贵的生灵，我一直瞩目的最美妙的人——不在了！"（1887 年 6 月 30 日致 Overbeck 信）。

　　④ Janz，《尼采》（2：287 - 288）。

会觉得更糟？谁知道呢——你也许可以再走近点，找到他岛上的菲罗克忒忒斯，甚至找到菲罗克忒忒斯的某些信念：'没有我的箭，特洛伊就不能征服！'"①。尼采就好比是希腊英雄菲罗克忒忒斯（菲罗克忒忒斯在特洛伊战争中用其父大力神赫拉克利斯所遗之弓箭杀死特洛伊王子，帮助希腊军队取得了彻底的胜利）。② 斯泰恩相当于年轻的尼奥普托列墨斯（尼奥普托列墨斯是阿喀琉斯之子，和奥德修斯一起被派往莱蒙诺斯岛寻求菲罗克忒忒斯的帮助，借他的箭来赢得特洛伊之战）。那么，尼采的特洛伊是什么？尼采的特洛伊不就是通过价值重估推翻文化世界吗？尼采写作的目的是为了吸引同伴和盟友，最终建立一支盟军，拿着"菲罗克忒忒斯的箭"完成其使命。③ 在斯泰恩来访的两个月后（即 1884 年 11 月底），尼采把这一首"隐士的渴望"送给斯泰恩，明确区分了两类朋友：一类是老朋友，他们已经证明不是隐士所需要的盟友；另一类是新朋友，他们或许是隐士所需要的盟友。尼采把莎乐美和瑞保罗当成是老朋友，那么，斯泰恩呢？斯泰恩在 1884 年 12 月 7 日回信中的答复（"黑色的"答复，尼采在一封写给他母亲和姐姐的信中哀叹道）扑灭了尼采的希望（菲罗克忒忒斯希望他可能是尼奥普托列墨斯），至少暂

---

① 另外参见写给 Overbeck 的信（1884 年 9 月 14 日）和科塞利兹的信（1884 年 9 月 20）。关于菲罗克忒忒斯的故事，请参见索福克勒斯的同名悲剧。埃斯库罗斯和欧里庇得斯也都分别写过同名悲剧，但都没有存世。

② 在 1885 年秋到 1886 年秋（这期间正写作《善恶的彼岸》）的一则笔记中，尼采写道："菲罗克忒忒斯知道，没有他的弓箭，特洛伊不会陷落"（《全集》12. 2 [64]）。

③ 参看尼采写给 Overbeck 的信件："简而言之，因为我需要信徒，在我活着的时候：如果我的书到现在还没有像鱼钩一样产生效果，它们就将'错过召唤'。最精华的东西、最根本的东西，只适合单独面授，不能'公开'，也不应该'公开'"（1884 年 11 月 6 日）。此前，尼采在给 Reinhart von Seydlitz（另一个可能的信徒）的信中坦言，他像一个海盗，早就成为捕食人了（1876 年 9 月 24 日）。尼采希望自己也像古希腊学派一样有自己的哲学门派，他只对少数严格挑选的弟子秘密传授哲学。参看尼采跟 Stein 见面后不久写给 Koselitz 的信（1884 年 9 月 2 日）。

时是扑灭了尼采的希望；因为斯泰恩委婉地宣布，他是瓦格纳坚定的信徒。① [298]

　　"隐士的渴望"表达了对志同道合新朋友的期待。将其放在《善恶的彼岸》结尾，同样表达了尼采的渴望。他希望这本书能诱使他们过来一道完成他的使命。在《瞧，这个人》中，尼采说，《善恶的彼岸》就是一个"鱼钩"，结尾的诗歌描述了布下鱼钩的渔夫，一个在他自己岛上的菲罗克忒忒斯，等待阿喀琉斯的新的子嗣前来上钩，团结一心，完成颠覆的使命。《善恶的彼岸》的终曲描述了一个处在生命"正午"的歌者，坐在夏日的花园里休息，"心潮起伏，快乐难耐"，"伫立，探望，等待"，满心期望即将到来的朋友。一旦他们到来，他就将开始午后的工作（在《扎拉图斯特拉如是说》第四部，扎拉图斯特拉的工作在那一章名为"正午"之后等待着他：也许这工作可能被那天上午抵达他洞穴的优秀之人继承下去，但最后证明他们不是能够听懂他教义的耳朵）。②《善恶的彼岸》结尾用更短小的篇幅重复了《扎拉图斯特拉如是说》第四部中的主要内容：意识到最先被他的教义吸引来的朋友不是他使命真正需要的朋友，这份遗憾和失望必须克服；只有克服了这份遗憾和失望，希望才能继续，才能继续对新朋友到来的期望。

　　终曲中的歌者并不是个纯粹的教师（在成为真理代言人之前他只是真理的追求者），但是，为了吸引朋友到他的"王国"，他已经"为你们摆下了华筵"。到来的这些朋友发现，他不是他们期待的人，正如他发现，他们也不是他期待的朋友。因为彼此的渴望和吸引，双方才聚首；但因为认清了对方，双方又分离。歌者首先接受了朋友对他的

　　① 参看 Janz：《尼采》（2：367–369，381–382），Binion，《莎乐美》，页 126–127。尼采看来比 Janz 更清楚这些事件。参看尼采 1885 年 1 月后写给母亲大人和姐姐的信。

　　② 《扎拉图斯特拉如是说》创作于 1884–1885 年间，写于 Stein 访问西尔斯马莉亚之后，也成书于《善恶的彼岸》之前。

看法，尼采三次说"我不是"。其中，第二次说"我不是"的时候稍有变化。我不是这个人，"我——不再是这个人吗？"通过语词的变动，歌者开始明白双方的不同：他不再是他原本所是，他变得越来越年轻；他们不再是他们原本所是，他们在岁月中沧桑。他年轻了；他们老了——他们各自的变化使彼此形同陌路。[①] 他们怀疑他已经变了，毁了，已经忘掉了所有的庄重礼仪得体宽容，"忘掉了人和上帝，诅咒和祈祷"。

在终曲的第七诗节，正如破折号暗示，他们对他的看法让位于他对他们的看法。他注视着他们，吩咐他们离开，安静地离去，[299] 而不是愤怒地离去，因为他们不能在他的家中安家；因为，他，这个"邪恶的猎人"，现在就是菲罗克忒忒斯，拿着弓箭，像在序言中的弓箭手，已经拉满弓弦，体味着这危险的张力。他知道他的目标特洛伊吗？在转向这目标之前，他警告业已到来的朋友离开："这支箭，如此危险，没有箭有此危险"。在第一章结尾（23）发生的场面在结尾处再次发生，警告读者转身离开最危险的东西。他原本对他们的到来充满渴望，但现在证明他们并非他真正需要的盟友，他只有遗憾地拒绝他们，他当然也会黯然神伤。但是，他仍然敞开怀抱，期待新的朋友。现在，他的老朋友正步步后退，脸色苍白，若遇鬼魂，但仍然纠缠着他，问道，"我们难道不就是你要找的人？"这是他先前悲叹的回声，"难道我不是这个人吗？"《善恶的彼岸》在甄选朋友中结束。

在终曲倒数第四节，歌者认识到他"青春的渴望"误解了自身，错误地认为只要改变他们就可以使他们成为同道。在全诗发人深省的那一句，他声称"惟有自我变化者才是我的同道"。重新焕发着青春，沐浴在"第二春"里，歌者等待着新的朋友到来，他真正的同道的到来。

---

① 变年轻了，也许暗示扎拉图斯特拉的经历发现他青春的"幻想和幽灵"（《扎》第二部分"坟墓之歌"）。

"这支歌结束了"。终曲的最后两节转而唱出了一支新歌：悲歌结束了，声音在他的嘴边消失，因为一个朋友在正午到来，把悲哀变成了狂欢。"一个魔术师的功劳"，但不要问他是谁；他的到来使人有了伴。没有必要问是谁，因为适时到来的朋友，这个正午到来的朋友是确定的："朋友扎拉图斯特拉来了，这客人中的客人！"他们一起庆祝这节日中的节日，庆祝共同的胜利。当可怕的帷幕撕开，世界在笑，没有哭泣。① 跟《扎拉图斯特拉如是说》一样，《善恶的彼岸》结尾改变了源自圣经中的灾难意象。② 在《善恶的彼岸》结尾，没有死亡引起的帷幕撕裂，而是一声笑，世界自身的笑，因为它在庆祝自己的解放，因为世界的笑不但撕裂了帷幕，它还准备了一份非常特殊的庆祝，光明与黑暗的婚礼。这婚礼象征着最多灾多难的人类谬误的终结，古老的扎拉图斯特拉的道德［300］脱离了光明与黑暗，脱离了"善恶之战成为万物机制的根本轮子：将道德植入形而上学的王国……是他的职责"。随着《善恶的彼岸》结尾处"朋友扎拉图斯特拉"的到来，尼采的使命中肯定的部分准备继承它否定的部分。超越善恶，超越古老的扎拉图斯特拉主义——柏拉图主义和圣经中的西方道德传统的源头，存在着光明与黑暗的婚礼，医治了古老的断裂。像《扎拉图斯特拉如是说》一样，《善恶的彼岸》结尾也准备了一场婚礼，一场原本以为是对立双方的婚礼。

在《善恶的彼岸》结尾处，扎拉图斯特拉的到来对尼采的使命意味着什么？尼采找寻战友争取同道的使命并没有因为扎拉图斯特拉的到来而吊销或变得无关：扎拉图斯特拉也需要伴侣——不是第一部分中的信徒，不是在第四部分中来到他洞穴的"高贵之人"，而是在第三部分结尾庆祝婚礼的孩子。在第四部分结尾，当扎拉图斯特拉准备

---

① 参看《马太福音书》27：25，《路加福音书》23：45：耶稣基督罹难之时，庙宇的顶帷幕撕成两半，黑暗笼罩了整个大地（马太福音书27：45）。

② 《扎》第三部分结尾是"七重封印"，天启意象出自启示录。

降临他们之中时，这些孩子再次被提及。在结尾回到它们自身，《善恶的彼岸》和《扎拉图斯特拉如是说》似乎解决了同样的问题：智慧之人如何播种智慧的种子，真正的哲学家，已经知道战斗的必要，如何征召战士，为他才知道必须战斗的伟大战争而战。

　　无论是在《扎拉图斯特拉如是说》的结尾，还是在《善恶的彼岸》的结尾，尼采的使命都是一致的：他是一个智慧之人，孤独地等待盟友的到来——这些盟友受他的著作引诱才加入他的使命。等待的使命是正午的使命，是更活跃的白日使命中的暂时终止和休憩。上午的使命（著书立说吸引同道）已经完成，下午的使命正在前方。他的等待为扎拉图斯特拉分享；他们相信，只要联合就能胜利；他们共同拥有征服特洛伊的箭：这是午后的使命，"伟大的战争"，现在的备战包含了等待"我的同道，他们为力量所激励，将助我一臂之力，完成摧毁的使命"。只有到那时，一座新的圣殿才能建起；只有到那时，一个新的黎明才能来临。[301]

尼采的未来

　　《善恶的彼岸》出版之后，尼采赠送了一册给品味高雅、严肃认真的老朋友莫森布（Meysenbug），但请求她不要读这本书，更不要对他谈读后的感受："我们可以想象一下，或许到了 2000 年左右才能读懂此书"。只有等到新千年来临之际，人们才读得懂，因为"最伟大的事件和思想……最终为人理解……'究竟需要多少世纪?'——这也是一把衡量的尺度，我们借以创造必须的等级秩序和道德秩序"（条 285）。《善恶的彼岸》生逢其时，它是写给即将到来的二十世纪和二十一世纪，写给上帝死后随之而来的虚无主义时代。它将读者带向了《扎拉图斯特拉如是说》。《扎拉图斯特拉如是说》是本不合时宜的书，它是为超越虚无主义时代、帮助建立遥远的未来而写；那是人类实验的未来、庆典的未来，需要用最大的耐心去准备，因为人类的未来是一盘棋，"没有手——哪怕是上帝的手指——"能起任何作用（条 203）。

　　这是哲学的本质。哲学家尼采进入了不可接近的遮蔽世界：

　　　　每个深邃精神的周围都有一张面具在不停地生长，这要归功于对他赋予生命的每一个词、每一步、每一个符号不断进行错误浅薄的阐释（条 40）。

　　尼采知道，面具是不可避免的，所以他选择编织自己的面具，[302] 一个卤莽真理代言人的面具，他口无遮拦地讲话，看上去像是一个不道德主义者，一个恶魔。这是一个极端马基雅维里主义者的面具。这个面具，以及被那些认为它不只是面具之人疯狂追寻到的恐怖外形，不可避免地赋予了他的朋友一个使命；他们是他的拥护者，迷上了他美丽严肃的著作，最终看清了面具遮蔽的是其对立面；这是一种新的善恶学说，是由一个神一样的人传授的新的善恶学说。

我认为，尼采的未来仍然存在于我们的未来。人类的未来可能被科学——尤其是作为科学基础的哲学强化为真理，激励人类大胆实验，以符合自然规律的理性天平平衡人类，让人类托庇于感恩和庆典的精神之中。

尼采的哲学是一个爱情故事。他隐藏了这个事实，因为"有些爱，是如此高雅，以至于再没有比这更好的建议，那就是拿起棍子抽打目击者——模糊他的记忆"（条40）。这样的爱虽然不需要目击证人，但它仍然渴望被知道，被猜测，被感觉，最终，被同样性情的爱者复制。因此，尼采的哲学戴着面具讲述了它的爱情故事，符合爱者与被爱者的高贵。因为在爱其所爱之中，它也爱那些或许和它一起分享爱者的故事之人，爱那些内心可能燃起爱的人。尼采的哲学是写给爱者的爱情故事。

其他哲人选择了另外的面具来写哲学的爱情故事。柏拉图笔下的苏格拉底认为，哲学就是爱欲，尽管哲人被迫隐藏爱欲以符合对立价值的道德信仰。斯宾诺莎认为，哲学是神的理智之爱，但他却同时说，神和爱的身上没有跳动喷涌的血脉（《快乐的科学》条372）。施特劳斯用一种包括了所有真正哲人的方式表达了这个问题：哲学"需要爱的陪伴、延续和升华。哲学沐浴自然的恩赐而光耀"。[①]

尼采的爱者的故事在《扎拉图斯特拉如是说》中讲得最清楚。故事中的爱者如此狂热，如此激烈，以至于他最初对于所爱者的真实身份都不知道。[303] 他认为她肯定就是智慧，直到历经万难，他才明

---

① 《自然权利与历史》（页40）。

白，他真正爱的是生命。他们的爱情走向了拥抱，因为爱者赢得了所爱，他对生命说：你，你就是我想要的，就是你，生生世世。他们的爱情最后功德圆满，结婚生子，一个希望生命永恒的教师终于有了子嗣。

在《善恶的彼岸》中，尼采以更加委婉的方式讲述了这个爱者的故事。他之所以选择比较委婉的方式，是考虑到具有客观、怀疑、批评精神的人。这些人容易沉溺于无节制的爱，这不仅仅因为他们的精神气质，也因为他们自身。尼采在《善恶的彼岸》中的使命就是哲学的根本政治使命：面对人们最深沉的自然倾向——从道德上仇视这个自然世界，编造了一套道德谎言自娱自乐——尼采的使命就是，扶植对哲学的最深沉的激情，培养对真理的爱，使其最终成熟为对这个世界的爱。[304]

参考文献

Ahrensdorf, Peter. *The Death of Socrates and the Life of Philosophy*. Albany: SUNY Press, 1995.

Ansell-Pearson, Keith. *Viroid Life: Perspectives on Nietzsche and the Transhuman Condition*. London: Routledge, 1997.

Augustine. *The City of God*. Translated by Marcus Dods. New York: Modern Library, 1950.

Bacon, Francis. *An Advertisement Touching a Holy War*. Introduction, Notes, and Interpretive Essay by Laurence Lampert. Prospect Heights: Waveland Press, 2000.

———. *Works*. Edited by J. Spedding, R. L. Ellis, and D. D. Heath. 14 vols. New York: Garrett Press, 1968 (1857–74).

Bataille, Georges. *The Accursed Share*. Translated by Robert Hurley. New York: Zone Books, 1991.

———. *On Nietzsche*. Translated by Bruce Boone. New York: Paragon House, 1992.

Beiner, Ronald. "George Grant, Nietzsche, and the Problem of a Post-Christian Theism." In *George Grant and the Subversion of Modernity*, edited by Arthur Davis, 109–38. Toronto: University of Toronto Press, 1996.

Binyon, Rudoph. *Frau Lou Nietzsche's Wayward Disciple*. Princeton: Princeton University Press, 1968.

Bolotin, David. *An Approach to Aristotle's Physics: With Particular Attention to the Role of His Manner of Writing*. Albany: SUNY Press, 1999.

———. "The Life of Philosophy and the Immortality of the Soul: An Introduction to Plato's *Phaedo*." *Ancient Philosophy* 7:39–56.

Boscovich, Roger Joseph. *A Theory of Natural Philosophy*. Translated by J. M. Child. Cambridge: MIT Press, 1966.

Calasso, Roberto. *The Marriage of Cadmus and Harmony*. Translated by Tim Parks. New York: Alfred A. Knopf, 1993.

Conway, Daniel W. *Nietzsche and the Political*. London: Routledge, 1997.

Cox, Cristoph. *Nietzsche: Naturalism and Interpretation*. Berkeley: University of California Press, 1999.

Crawford, Claudia. *To Nietzsche: Dionysus, I Love You! Ariadne*. Albany: SUNY Press, 1995.

Crescenzi, Luca. "Verzeichnis der von Nietzsche aus der Universitätsbibliothek in Basel entliehenen Bücher (1869–1879)." *Nietzsche Studien* 23 (1994): 388–422.

Deleuze, Gilles. *Nietzsche and Philosophy*. Translated by Hugh Tomlinson. New York: Columbia University Press, 1983.

Dennett, Daniel C. *Darwin's Dangerous Idea: Evolution and the Meanings of Life*. New York: Simon and Schuster, 1995.

Donnellan, Brendan. *Nietzsche and the French Moralists*. Bonn: Bouvier Verlag, 1982.

Eden, Robert. *Political Leadership and Nihilism: A Study of Weber and Nietzsche*. Gainesville: University of Florida Presses, 1983.

Hegel, G. W. F. *Phänomenologie des Geistes*. Hamburg: Felix Meiner Verlag, 1948 (1807).

Heidegger, Martin. *Was heisst Denken?* Tübingen: Max Niemeyer Verlag, 1962.

Janz, Curt Paul. *Friedrich Nietzsche: Biographie*. Munich: Hanser, 1978.

Kant, Immanuel. *Critique of Pure Reason*. Translated by Norman Kemp Smith. New York: St. Martin's Press, 1965.

Kolakowski, Leszek. *God Owes Us Nothing*. Chicago: University of Chicago Press, 1995.

Krell, David Farrell. *Postponements: Woman, Sensuality, and Death in Nietzsche*. Bloomington: Indiana University Press, 1986.

———. *Infectious Nietzsche*. Bloomington: Indiana University Press, 1996.

———. *Nietzsche: A Novel*. Albany: SUNY Press, 1996.

Krell, David Farrell, and Donald L. Bates. *The Good European: Nietzsche's Work Sites in Word and Image*. Chicago: University of Chicago Press, 1997.

Lampert, Laurence. *Nietzsche's Teaching: An Interpretation of* Thus Spoke Zarathustra. New Haven: Yale University Press, 1986.

———. *Nietzsche and Modern Times*. New Haven: Yale University Press, 1993.

———. *Leo Strauss and Nietzsche*. Chicago: University of Chicago Press, 1996.

———. "Nietzsche and Bacon." *International Journal of Philosophy* 33/3 (2001): 117–25.

Lippitt, John, ed. *Nietzsche's Futures*. London: Macmillan, 1999.

Lyotard, Jean-François. *The Postmodern Condition*. Translated by Geoff Bennington and Brian Massumi. Minneapolis: University of Minnesota Press, 1984.

Machiavelli, Niccolò. *The Prince*. Translated by Harvey C. Mansfield, Jr. Chicago: University of Chicago Press, 1985.

MacIntyre, Alisdair. *After Virtue: A Study of Moral Theory*. Notre Dame: Notre Dame University Press, 1981.

McIntyre, Alex. *The Sovereignty of Joy: Nietzsche's Vision of Grand Politics*. Toronto: University of Toronto Press, 1997.

McIntyre, Ben. *Forgotten Fatherland: The Search for Elisabeth Nietzsche.* New York: Farrar, Straus, Giroux, 1992.

Montaigne, Michel de. *Essays.* Translated by Donald Frame. Stanford: Stanford University Press, 1965.

Parkes, Graham. *Composing the Soul: Reaches of Nietzsche's Psychology.* Chicago: University of Chicago Press, 1994.

Picht, Georg. *Nietzsche.* Stuttgart: Klett-Cotta, 1988.

Pippin, Robert B. *Idealism as Modernism: Hegelian Variations.* Cambridge: Cambridge University Press, 1997.

———. "Nietzsche and the Melancholy of Modernity." *Social Research* 66/2 (Summer 1999): 495–520.

Plutarch. "Life of Nicias." In *Plutarch's Lives,* vol. 3. Loeb Classical Library, 1916.

Rahe, Paul. *Republics Ancient and Modern: New Modes and Orders in Early Modern Political Thought.* Chapel Hill: University of North Carolina Press, 1994

Richardson, John. *Nietzsche's System.* New York: Oxford University Press, 1996.

Ridley, Aaron. *Nietzsche's Conscience: Six Character Studies from the "Genealogy."* Ithaca: Cornell University Press, 1998.

Roberts, Tyler. *Contesting Spirit: Nietzsche, Affirmation, Religion.* Princeton: Princeton University Press, 1998.

Schopenhauer, Arthur. *The World as Will and Representation.* Translated by E. F. J Payne. New York: Dover Publications, 1969.

Strauss, Leo. *Natural Right and History.* Chicago: University of Chicago Press, 1953.

———. *The City and Man.* Chicago: Rand, McNally, 1964.

———. *Xenophon's Socratic Discourse: An Interpretation of the Oeconomicus.* Ithaca: Cornell University Press, 1970.

———. *Persecution and the Art of Writing.* Westport: Greenwood Press, 1973 (1952).

———. *Thoughts on Machiavelli.* Chicago: University of Chicago Press, 1978 (1958).

———. *Studies in Platonic Political Philosophy.* Chicago: University of Chicago Press, 1983.

———. *The Rebirth of Classical Political Rationalism: An Introduction to the Thought of Leo Strauss.* Selected and Introduced by Thomas L. Pangle. Chicago: University of Chicago Press, 1989.

———. *On Tyranny.* Revised and expanded edition. Edited by Victor Gourevitch and Michael S. Roth. New York: Free Press, 1991 (1963).

Stevens, Wallace. *The Collected Poems.* New York: Alfred A. Knopf, 1993 (1954).

———. *The Necessary Angel.* New York: Vintage. n.d.

Verrecchio, Anacleto. *Zarathustras Ende: Die Katastrophe Nietzsches in Turin.* Vienna: Bölhaus, 1986.

Waite, Geoff. *Nietzsche's Corps/e: Aesthetics, Politics, Prophecy, or, the Spectacular Technoculture of Everyday Life.* Durham: Duke University Press, 1996.

Whitlock, Greg. "Roger Boscovich, Benedict de Spinoza and Friedrich Nietzsche: The Untold Story." *Nietzsche Studien* 25 (1996): 200–20.

Wilson, Edward O. *Consilience: The Unity of Knowledge.* New York: Alfred A. Knopf, 1998.

Yovel, Yirmiyahu. *Dark Riddle: Hegel, Nietzsche, and the Jews.* University Park: Pennsylvania State University Press, 1998.

索 引

（以下阿拉伯数字为原书页码，即本中文版方括号中的页码）

图书在版编目（CIP）数据

尼采的使命：《善恶的彼岸》绎读／(加)劳伦斯·朗佩特(Laurence Lampert) 著；李致远，李小均译. --2 版. --北京：华夏出版社有限公司，2022.8
（西方传统：经典与解释）
书名原文：Nietzsche's Task: An Interpretation of Beyond Good and Evil
ISBN 978-7-5222-0276-1

Ⅰ.①尼… Ⅱ.①劳… ②李… ③李… Ⅲ.①尼采（Nietzsche, Friedrich Wilhelm 1844—1900）－哲学思想－研究 Ⅳ.①B516.47

中国版本图书馆 CIP 数据核字(2022)第 025325 号

北京市版权局著作权合同登记号：图字：01-2007-1573 号

尼采的使命：《善恶的彼岸》绎读

作　　者	[加]劳伦斯·朗佩特
译　　者	李致远　李小均
责任编辑	王霄翎
责任印制	刘　洋
出版发行	华夏出版社有限公司
经　　销	新华书店
印　　刷	北京汇林印务有限公司
装　　订	北京汇林印务有限公司
版　　次	2022 年 8 月北京第 2 版 2022 年 8 月北京第 1 次印刷
开　　本	880×1230　1/32 开
印　　张	12.5
字　　数	334 千字
定　　价	89.00 元

华夏出版社有限公司　　　　地址：北京市东直门外香河园北里 4 号
邮编：100028　电话：（010）64663331（转）　网址：www.hxph.com.cn
若发现本版图书有印装质量问题，请与我社营销中心联系调换。